山东建筑大学

经济管理学科论著

**A Study on the Determinants of Board Governance Performance of GEM Listed Companies:**

Based on Nonlinear Mediation Effect of Board Behavior

# 创业板上市公司董事会治理绩效影响因素研究

## ——基于非线性的董事会行为中介效应

赵　琳◎著

中国财经出版传媒集团

经济科学出版社
Economic Science Press

图书在版编目（CIP）数据

创业板上市公司董事会治理绩效影响因素研究：基于非线性的董事会行为中介效应／赵琳著．—北京：经济科学出版社，2019.1

（山东建筑大学经济管理学科论著）

ISBN 978 - 7 - 5218 - 0157 - 6

Ⅰ.①创…　Ⅱ.①赵…　Ⅲ.①创业板市场 - 上市公司 - 董事会 - 企业管理 - 研究 - 中国　Ⅳ.①F279. 246

中国版本图书馆 CIP 数据核字（2019）第 011841 号

责任编辑：崔新艳
责任校对：王肖楠
责任印制：王世伟

创业板上市公司董事会治理绩效影响因素研究
——基于非线性的董事会行为中介效应
赵　琳　著
经济科学出版社出版、发行　新华书店经销
社址：北京市海淀区阜成路甲 28 号　邮编：100142
经管中心电话：010 - 88191335　发行部电话：010 - 88191522
网址：www. esp. com. cn
电子邮箱：espcxy@ 126. com
天猫网店：经济科学出版社旗舰店
网址：http://jjkxcbs. tmall. com
北京季蜂印刷有限公司印装
880 × 1230　32 开　10. 875 印张　300000 字
2019 年 1 月第 1 版　2019 年 1 月第 1 次印刷
ISBN 978 - 7 - 5218 - 0157 - 6　定价：45. 00 元
（图书出现印装问题，本社负责调换。电话：010 - 88191510）
（版权所有　侵权必究　打击盗版　举报热线：010 - 88191661
QQ：2242791300　营销中心电话：010 - 88191537
电子邮箱：dbts@ esp. com. cn）

# 总　序

山东建筑大学商学院初期为工商管理系，1999 年正式招收工商管理专业本科生。2004 年，商学院正式成立，拥有工商管理、会计学和电子商务 3 个本科专业，2008 年，增设市场营销和财务管理两个本科专业。作为新成立的学院，商学院全体员工齐心协力谋求发展，于 2006 年率先与澳大利亚维多利亚大学开展中外合作办学项目，先后开展了国际商务、会计学、市场营销等合作办学项目，并与英国朴茨茅斯大学、新南威尔士大学和美国波特兰州立大学等建立了合作关系，初步奠定了商学院外向型办学特色，培养了一批具有国际视野的年轻教师。2010 年成功申报工商管理一级学科硕士点，设有技术经济及管理、企业管理和会计学 3 个二级学科硕士点；2010 年成功申报工商管理硕士（MBA）办学项目，目前共有在校生约 2700 人。

伴随着我国研究生教育和建筑、房地产业的发展，山东建筑大学商学院经过十几年的不懈努力，已经形成了从专科生、本科生到硕士研究生的较完整的培养体系。现已形成的稳定的研究方向为：房地产经营与管理、城市品牌管理、公司治理与企业战略管理、财务管理与资产评估等。师资队伍中已经呈现出一批优秀的骨干教师，他们既具有扎实的理论基础，又具有国际化的前沿视角。他们大多具有出国留学访学经历，其研究注重前沿性和实用性相结合，服务于地方社会经济发展。我们以这些优秀骨干教师为主成立编委会，从中推选出部分研究成果以"山东建筑大学经济管理学科论著"的形式编辑出版，以期为我国商科教育和发展做出一定贡献。这些论著介绍了本学科的最新研究成果，希望以这些论著为媒介，增强各高校、科研单位及相关部门之间的交流与合作。

我国经济和企业管理学科在快速发展，其中许多理论问题需要进一步深入研究，对于本系列论著中存在的不足，恳请专家学者给予关心、指导和匡正。

山东建筑大学商学院教授、院长：胡宁

# 前　言

董事会作为联结股东与经理层的"中枢"机构，是公司的终极控制者和最终决策者，是公司治理的核心。各个国家的立法以及各种机构的规则和指引等都把建设一个高效的董事会作为公司治理的终极目标。我国上市公司董事会治理合规性明显改善，但有效性却偏低，这一事实使得董事会制度改革的出发点应当转移至提升董事会治理绩效，而不仅是合规性建设。董事会特征是治理绩效的关键影响因素，董事会特征通过影响董事会履行职能的行为而影响治理绩效，因此，以董事会治理绩效为导向，研究如何配置董事会特征能够保障董事会有效履行职能而达到应有的效果，对于提升董事会治理绩效具有重要意义。创业板聚集了高技术、高成长性、年轻的创业型公司，是提升我国自主创新能力的重要力量。与大型成熟上市公司相比，这类公司委托代理问题较低、资源稀缺、内外部环境高度不确定，董事会更有动机和能力履行职能，因此，董事会治理绩效的影响因素具有特殊性。相关文献虽已取得较丰富的研究成果，但实证研究中：多以公司绩效代替治理绩效，未建立治理绩效的测量指标，从而缩小了治理绩效的外延，甚至造成概念的混淆；大多遵循"董事会特征→绩效"的逻辑范式，而忽视了董事会行为的中介效应，造成研究结论多种多样甚至相互矛盾；多基于线性视角研究变量之间的关系，而未关注更符合实际的非线性关系；多以大型成熟上市公司为样本，而对创业型企业的研究较为稀缺。鉴于此，本书基于创业企业董事会特点，立足于董事会治理绩效，在建

1

立董事会治理绩效测量指标的基础上，从非线性视角出发，研究董事会特征如何通过影响董事会履行职能的行为而影响治理绩效，以期对董事会治理绩效的影响因素这一科学问题进行探索。

董事会通过履行职能的治理行为而达成治理绩效。董事会行为是指董事会履行职能、实现治理目标的过程。结合股东至上主义、利益相关者理论和组织控制理论，创业板上市公司的治理目标是通过公司创新实现股东为主导的核心利益相关者利益最大化。基于资源依赖理论、管家理论和委托代理理论，董事会是通过履行战略和监督职能而实现公司治理目标。据此，董事会行为可相应划分为战略行为（包括资源提供和战略参与）和监督行为。不同情境下的董事会监督和战略行为水平是权变的，创业板上市公司董事会可能更加经常地深入经营层面进行监督，但对经理层机会主义行为，特别是公司合规和财务审计的监督水平较低；资源提供行为水平更高，战略参与行为更加积极，且范围不仅涉及战略层面而是深入管理边界之内，从而使创业板上市公司的董事会与战略、管理的交互融合性较强。

董事会治理绩效是董事会通过战略行为与监督行为，履行战略与监督职能而达到的治理效果。基于董事会战略行为和监督行为，治理绩效可以分为战略行为绩效和监督行为绩效两个维度。战略行为绩效指董事会通过战略行为履行其战略职能取得的效果，具体指标至少包括组织创新、股东财富、社会责任、规避破产风险等。监督行为绩效是指董事会实施对经理层的监督与控制行为所产生的治理效果，具体指标至少包括代理成本与效率、信息披露质量、规避违规等。

借鉴产业组织理论的 SCP 范式，董事会特征对治理绩效的影响并非简单而直接，而是通过董事会行为的传递，对治理绩效产生影响。董事会特征如董事会结构、人口学属性和人力资本的制度设计影响董事会履行职能的动机和能力，从而影响董事会战略行为和监介作用，而对战略行为绩效以及代理效率、第一类代理成本的监督行为绩效指标产生影响。由于某些董事会特征指标与行为之间存在U型或对数曲线关系，董事会行为与战略行为绩效及代理效率、第一类代理成本之间存在对数曲线关系，因此，董事会行为在董事会特征与治理绩效之间的中介效应并不是固定的常数，而是随董事会特征变量的不同取值而发生动态变化，即董事会特征通过行为对治理绩效的影响存在瞬间间接效应。董事会行为在董事会特征与代理成本、信息披露等监督行为绩效之间不存在中介效应。同时，不同董事会特征对不同治理绩效指标的影响路径存在差异，如果忽视董事会行为的中介效应直接研究董事会特征与绩效的关系，将得到不稳定甚至是错误的研究结论。

　　本书对于已有研究具有如下贡献：（1）建立"董事会特征→战略行为→战略行为绩效"和"董事会特征→监督行为→监督行为绩效"的双路径模型，深化了"结构→行为→绩效"的研究范式，丰富了董事会治理研究框架体系；（2）构建董事会治理绩效的测量指标，有助于从董事会履行职能的效果角度，为董事会有效性的实证研究提供理论依据；（3）将非线性中介效应检验方法首次应用于董事会治理的研究中，验证了董事会特征通过行为对治理绩效动态的瞬间间接效应，突破了以往研究的线性逻辑，完善了董事会研究的实证检验方法；（4）挖掘了创业型企业情境下董事会特征、行为对治理绩效影响路径的特殊性，丰富了创业企业公司治理的理论研究以及权变理论在董事会治理研究中的运用。

作者

2018 年 11 月

# 目 录

# 第1章 导　论

## 1.1　研究背景及意义

### 1.1.1　研究背景

**1. 董事会是公司治理的核心，是理论研究和制度改革的焦点**

国家的经济依赖于公司的业绩与效率，而完善的公司治理制度，是实现企业长期发展、提高竞争优势的制度保证和根本所在。董事会作为股东与经理层相联结的"中枢"、公司的终极控制者（Fama，1980）和最终决策者（Nicholson and Kiel，2004）而成为公司治理的核心。正如费方域（1998）所认为的，公司治理的问题实际上就是关于公司董事会的功能、结构以及股东权利等方面的制度安排。好的董事会在公司生命中的地位至关重要，凯德伯里（Cadbury，1992）提出，董事会的效率决定了一个公司的竞争地位。反之，当董事会作用失效时，便会出现公司治理风险，导致公司丑闻的发生，使公司的声誉轰然倒塌。比如安然、世通、帕玛拉特的公司丑闻便是这样的例子。特别是安然和世通的董事对发生的舞弊负有责任：安然的董事不得不向投资者原告支付1.68亿美元，其中1300万美元是付现费用（保险不予赔偿）；世通的董事不得不支付3600万美元，其中1800万美元是付现费用。由于这些丑闻的发生和对公司治理的持续关注，董事会已经成为治理政策改革的中心和学术研究的焦点。

我国的上市公司虽已按照《公司法》的规定设立了董事会，建立起公司治理的基本框架，但仍存在不少问题，公司治理的规范程度和运作实效不理想（陈清泰和吴敬琏，2005）。成思危于2009年指出，在我国上市公司治理状况还不尽如人意的情况下，我们的职责是加强董事会，董事会是公司治理的核心。因此，在我国建立现代企业制度的过程中，董事会也已成为公司治理改革和学术研究的重点和焦点。总之，各个国家的立法以及各种机构的规则和指引等都把建设一个高效的董事会作为公司治理的终极目标。

**2. 研究董事会治理绩效是促进董事会有效性建设的客观要求**

首先，董事会治理实践中，结构合规但有效性偏低的事实，需要理论和实务界将提升董事会治理绩效作为董事会制度建设与改革的出发点。在我国现代企业制度的建立与发展过程中，我国政策制定部门在借鉴西方国家先进经验的基础上，通过颁布相关法律法规，对公司治理结构与机制的建设，特别是对于董事会治理制度的设计如董事会规模、独立董事比例、次级委员会设置等结构层面特征，做出了详细的规定并进行严格监管。目前，围绕规则、合规进行的公司治理结构、机制建设使得上市公司治理合规性明显改善，公司治理水平整体呈上升态势。从南开大学公司治理研究院公布的公司治理指数来看，平均值由2003年的48.96提高到2012年的60.60（李维安，2013），这说明我国公司治理建设进步明显，治理质量大幅提升。然而，更应引起我们关注的是，尽管上市公司治理结构的质量逐年提升，但资本市场持续低迷，股东得不到应有回报而投资风险巨大，大股东侵占中小股东利益，创业板上市公司高管套现、违规行为等现象层出不穷，这说明我国上市公司治理有效性偏低。出现这些问题的根源之一在于，我国的公司治理制度建设，特别是董事会制度建设的基点仅局限于董事会结构的合规性，而忽视如此安排董事会结构将导致何种董事会行为，董事会行为又将导致何种效果，也即董事会治理绩效的形成机理与影响因素的问题未被充分予以重视。

　　董事会治理绩效的影响因素可分为外部环境层面（如产品市场竞争、制度）、公司层面（如企业生命周期、股权结构等）、董事会层面（如董事会结构、人口学属性、人力资本等）。对于创业板上市公司来说，外部环境与公司层面的因素具有一定相似性，因此，董事会特征成为影响治理绩效的关键因素。本书认为，董事会治理绩效是董事会履行监督职能和战略决策职能所达到的效果，而并非董事会结构如董事会规模、独立董事比例等以及董事会履行职能的行为本身。董事会结构层面的建设为董事会有效履行职能进而达到良好的治理绩效打下了坚实基础，是治理绩效的重要影响因素，但如果仅踯躅原地，而不进一步推动治理绩效的提升，那么董事会结构的建设也可能仅是"烂尾楼"工程（李维安，2013）。不管怎样的治理模式，都需要达到一定的目标，产生一定的积极效果，才能真正有利于维护资本市场和上市公司的稳健发展。公司、经济以及社会的健康均依赖于董事会如何影响绩效（Nicholson and Kiel，2004）。事实上，每个董事会都有个能力集，使它能够不同程度地执行需要的角色；不同的董事会层面介入将导致这种能力集的变化从而造成不同的组织结果（Nicholson and Kiel，2004）。因此，需要以董事会治理绩效为导向，研究董事会层面的哪些因素影响治理绩效以及这些因素如何作用于治理绩效。以董事会治理绩效为导向来安排董事会制度设计，才能有效解决实践中董事会结构合规但治理有效性偏低甚至无效的情形。李维安（2013）认为，当前公司治理进入有效性建设阶段，应加快实现公司治理建设由合规性向有效性的转变。公司治理中的主要问题已不再仅是结构问题，而是治理绩效的问题。

　　其次，确定科学的董事会治理绩效衡量指标是激励董事会有效履行职能并有效提升治理绩效的前提和基础。董事会特征无法直接作用于治理绩效，董事会特征通过影响董事会履行职能的行为而实现对治理绩效的影响。董事作为自利的个人，在合理的董事会制度安排和自身拥有专业能力的基础上，其履行职能还需要被激励。我国实践中，董事的激励措施和效果非常有限。有研究认为，我国上市公司董事会的持股是一种福利而非激励。造成这一现象的重要原因之一，是缺少对董事履职效果的科学测量指标，进而导致无法制定科学合理的激励制度。卡普兰和诺顿（Kaplan and Norton，1996）认为，没有衡量就没有管理。在董事会治理评价实践与理论中，大多对董事会的结构进行评价。事实上，董事会的结构仅代表一种制度安排，并不是董事会履行职能的结果，因此，仅对董事会结构进行评价不足以为制定激励制度提供科学标准。只有基于董事会履行职能的效果，才能形成激励制度的标准，并为董事履行职能提供明确的责任目标，有效发挥董事会的作用。构建如何衡量董事会治理绩效的指标体系便是对董事会治理绩效进行评价进而设计激励制度最关键的一步。

**3. 创业板上市公司的特殊性对董事会治理提出了新需求**

1998 年，成思危在全国政协九届一次会议上提出《关于尽快发展我国风险投资事业提案》，倡议设立创业板。2004 年 5 月 17 日，由国务院批准、证监会正式批复深交所设立中小企业板市场的申请。2009 年 3 月 31 日，中国证监会发布了《首次公开发行股票并在创业板上市管理暂行办法》，2009 年 5 月 1 日起正式实施。自此，历时 11 年且经历多个筹备阶段的创业板市场开始正式启动。我国创业板的历史使命在于落实自主创新战略，支持创业型企业的发展，因此，创业板聚集了高技术、高成长性、年轻的创业型公司。

与大型成熟上市公司一样，董事会是创业企业的内部治理机制。由于创业企业具有与大型成熟上市公司不同的特征，董事会特征、行为以及治理绩效均凸显特殊性。（1）由于风险投资公司的持股以及创始人的参与，使创业企业的董事会成员的行业知识、激励等水平均高于一般上市公司（Bagley and Dauchy，2008），这对董事会的行为进而对治理绩效的影响将可能出现不同路径。（2）CEO持有大量股份而与股东利益一致程度较高，加之企业资源缺乏使

CEO 滥用资源的机会减少，这使创业企业代理问题较一般上市公司更低（Garg，2013），内部高管和外部董事之间更多体现合作关系而非委托代理关系（Zhang，Baden-Fuller and Pool，2011）。(3) 创业企业大多处于生命周期早期，面临较高的不确定性和变革，并且是提升国家自主创新能力的重要力量，这赋予了创业型企业董事会治理绩效的新内涵，利润等指标可能通常无法全面评估创业企业治理绩效（Armanios，2011）。公司生存即避免破产、促进创新等应成为董事会治理效果的重要衡量指标之一。基于创业企业董事会特点，研究董事会治理绩效的影响因素，具体来说如何安排董事会结构、人口学属性、人力资本等特征，才能保证董事会有效履行职能进而提高治理绩效，将对完善创业企业董事会制度、促进创新和创业、实现企业高成长具有重要价值。

**4. 对创业板上市公司董事会治理绩效的理论研究尚存在一定局限性**

从实践看，关注董事会治理绩效对于促进董事会特征、行为与效果相匹配及完善董事激励制度具有重要作用，但学术界中却仍然较多关注董事会的特征，而忽视了研究董事会履行职能效果即治理绩效的重要性。

不管对创业企业还是大型成熟上市公司的研究，均基本认同董事会特征是影响治理绩效的重要因素。然而，董事会治理的主流研究验证的是董事会特征与绩效的直接关系，即"投入—产出"型研究（Huse，2011），而未深入探讨董事会特征如何作用于治理绩效。基于这一研究范式，董事会特征对绩效的作用未能得到实证研究的充分支持（Pettigrew，1992；Daily，Dalton and Cannella，2003 等），甚至出现相互矛盾的结论。除了样本不同以及研究方法的差异之外，其原因之一是董事会特征并不能直接作用于治理绩效，而是通过影响董事会行为而最终影响治理绩效（Zahra and Pearce，1989；Forbes and Milliken，1999；Garg，2013）。"董事会特征→治理绩效"的研究范式由于忽视董事会行为的中介作用而存在着较严重的局限性。虽然"董事会特征→行为→治理绩效"的逻辑范式已得到理论上的认可，但按此逻辑进行的实证研究相对较少。贾奇和蔡特哈姆尔（Judge and Zeithaml，1992），佩恩、班森和芬戈尔德（Payne，Benson and Finegold，2009）等少数学者的实证研究遵循上述思路，但他们的研究仍存在局限。（1）由于对董事会治理绩效概念缺少明确界定，也未建立治理绩效的测量指标体系，实证研究多将公司绩效等同于治理绩效而衡量董事会履行职能的效果，一方面缩小了治理绩效的外延，另一方面无法研究董事会履行不同职能所达到的效果以及有何异同。（2）均从线性角度验证董事会行为的中介效应。事实上，董事会特征对行为以及行为对治理绩效影响可能是非线性，从而董事会行为在董事会结构与治理绩效之间的中介效应也非常数，而是随董事会特征的不同取值而发生动态变化。（3）均以大型成熟上市公司为研究样本，而忽视创业型企业这一特殊组织情境中董事会治理绩效影响因素的特殊性以及董事会特征通过行为对治理绩效影响路径的特殊性。正如哈马林和斯巴赫（Hermalin and Weisbach，2003）所认为的，关于创业企业董事会的研究是缺少的。

## 1.1.2　研究意义

### 1. 理论意义

本书旨在研究创业板上市公司董事会治理绩效的影响因素。本书在建立创业板上市公司"董事会特征→行为→治理绩效"作用机理模型基础上，构建董事会治理绩效测量指标体系，并以此为被解释变量、以董事会行为作为中介变量，董事会特征作为解释变量，从非线性董事会行为中介效应的视角，分析董事会特征如何通过行为而影响治理绩效的路径，以期对董事会治理绩效影响因素这一科学问题进行探索。本书的研究具有较为重要的理论意义。

（1）本书建立的"董事会特征→行为→治理绩效"作用机理模型，有助于深化董事会治理的研究框架。以往的董事会治理文献大多遵循"董事会特征→治理绩效"的逻辑范式进行实证研究，试图为董事会结构安排的有效性提供经验证据，但由于忽视董事会行为在董事会特征与治理绩效之间的中介效应而产生了不稳定甚至相互矛盾的研究结论。本书突破传统研究中由结构直接到绩效的局限，拟建立董事会特征通过战略行为和监督行为而影响治理绩效的作用机理模型并对其进行实证研究，有助于探索董事会特征如何影响治理绩效的"黑箱"问题，能够深化董事会治理的研究框架，对于完善公司治理理论研究与实证研究具有较为重要的价值。

（2）本书建立的董事会治理绩效测量指标，有助于解决已有董事会治理研究中存在的治理绩效测评指标不科学等问题。目前董事会治理研究并未明确董事会治理绩效的概念并且未建立治理绩效的测量指标，这使实证研究文献大多采用公司绩效作为被解释变量来衡量董事会治理的有效性。公司绩效的提升作为董事会履行职能所达到的效果之一，固然是衡量董事会治理绩效的重要维度，但公司绩效与治理绩效并非完全等同。以公司绩效代替治理绩效既混淆了两者之间的概念区别，又缩小了治理绩效的外延。本书从衡量董事会实施战略行为和监督行为的效果角度，建立了包括战略行为绩效和监督行为绩效两个维度的董事会治理绩效指标体系，有助于更加科学地衡量董事会履行职能的有效性，一方面为实证研究中科学量化董事会治理绩效提供理论依据，另一方面为实证研究中探索董事会实施战略行为和监督行为效果的区别与联系提供基础。

（3）非线性中介效应检验方法的使用有助于完善董事会治理的实证研究方法。以往研究大多基于线性逻辑检验"X→M→Y"中介模型中变量 M 所起的中介效应。线性的逻辑由于简化了研究模型而使中介效应的实证检验更加容易进行，但却忽视了实践中"X→M"以及（或）"M→Y"可能存在非线性关系而使 M 的中介效应也呈非线性的现实情形。本书基于非线性视角，建立董事会特征与行为、行为与治理绩效间非线性关系的研究假设，并将最新的非线性中介效应检验方法应用于实证检验中，验证董事会行为在董事会特征与治理绩效之间所起的非线性中介效应。这将突破以往研究中遵循线性逻辑的缺陷，是对董事会治理实证研究方法的有益补充，尤其是有助于完善中介效应的检验方法。

（4）通过对创业板上市公司董事会治理绩效的研究，将有利于强化公司治理权变理论的重要性。创业型企业是我国经济发展的重要力量，这类企业因特别重视创新、股权高度集中于创始人、资源稀缺、内外部环境不确定程度高、董事会更具动机和能力履行职能而与大型成熟上市公司有所不同，但以往研究较少结合创业型企业的特殊性来探索董事会特征如何通过行为而影响治理绩效，从而使这类企业董事会治理的研究相对薄弱。由于创业板上市公司是创业型企业的典型代表且样本数据的可获取性强，本书充分考虑创业板上市公司的特殊情境，从非线性的董事会行为中介效应视角，对董事会治理绩效的影响因素进行实证研究，丰富了创业型企业董事会治理的研究成果以及权变理论在公司治理研究中的应用。

**2. 实践意义**

（1）本书建立的创业型企业董事会治理绩效测量指标，有助于对董事会及成员的履职效果进行测量，为创业企业建立科学合理的董事激励制度提供必要基础，这是董事会有效履行监督和战略职能进而提升治理绩效的重要前提之一。显然，仅通过评价董事会特征，如董事会规模的大小、独立董事比例的高低等来评价董事会并以此为标准进行董事激励是不合理的。董事会治理绩效测量指标还有助于引导监管与政策制定部门将监管视角从董事会结构的合规性安排转移至董事会治理的效果，并以提高董事会治理绩效为出发点进行董事会制度改革，促进董事会治理的有效性建设。有效防止监管部门仅依靠法律规定而评判上市公司的董事会，从而导致因被动合规而出现的"橡皮图章"现象；同时有助于避免政策制定部门在董事会制度改革时仅盲目效仿国外相关法规而忽视董事会的实际治理效果。

（2）本书基于"董事会特征→行为→治理绩效"的逻辑，从非线性动态视角，验证董事会行为在董事会特征与治理绩效间的中介效应，能够为上市公司提升治理绩效提供更为科学的实证证据。本书的研究结论有利于引导创业板上市公司关注董事会行为和治理绩效，对治理绩效及其影响因素进行自我诊断，以实现董事会结构对治理绩效的有效传递，继而提升其竞争优势，并完成董事会建设被动合规到自主治理的转变，从而促进企业成长和创业板市场的发展。

（3）本书的研究能够为风险投资公司与机构投资者的投资决策提供依据，以降低投资风险。风险投资公司与机构投资者是创业型企业重要的资金来源。作为专业投资者，它们更加关注所投资公司的治理，特别是董事会治理。本书对董事会治理绩效的研究将引导投资者特别是专业投资公司，发现公司治理被动合规的可能性，并综合董事会特征、行为与治理绩效因素，选择拟投资对象，以规避投资风险。

## 1.2　董事会治理绩效的概念界定

国内外专司公司治理绩效及董事会治理绩效研究的文献极少，与之有关的文献大多为公司治理结构与公司绩效关系的实证研究或董事会绩效评价研究。如康格、芬戈尔德和劳勒（Conger, Finegold and Lawler, 1998）从董事的知识、信息、权利、动机和时间等方面设计了董事会绩效评价指标，这些指标均为评价治理行为而非治理绩效。王斌和汪丽霞（2005），王宗军、严磊和夏天（2007），仲继银（2008）等对董事会治理绩效评价指标的构建也多从董事会治理行为与效果两方面进行测评，未对治理行为和绩效进行区分。[①] 张湄（2010）在银行业治理结构与治理效果相关性的

---

① 谢永珍、赵琳和王维祝（2013）对此进行了详细的论述。见谢永珍，赵琳，王维祝. 治理行为、治理绩效：内涵、传导机理与测量 [J]. 山东大学学报（哲学社会科学版），2013，(6)：80 - 94.

研究中，认为治理效果至少包括信息透明度、控制风险、提升绩效和发展四个方面。谭兴民（2012）在中国上市银行与治理绩效的相关性研究中，将经营绩效作为治理绩效的衡量指标。现有文献中对于治理绩效的概念没有明确界定，没有严格区分甚至混淆了公司绩效、治理行为、治理效率、治理绩效等概念。只有对董事会治理绩效进行科学的概念界定，方能科学衡量董事会治理有效性，从而为董事治理绩效影响因素的实证研究打下基础。

本书借鉴谢永珍、赵琳和王维祝（2013）对董事会治理绩效的概念界定，认为董事会治理绩效是董事会通过战略行为与监督行为，履行战略与监督职能而达到的治理效果，体现对治理目标的实现程度。董事会治理绩效与治理行为有所不同，治理行为是董事会履行职能的过程本身，而治理绩效是董事会履行职能的行为所达到的结果。治理行为与治理绩效之间是过程与结果的关系。为了进一步明确董事会治理绩效的概念，本书对治理绩效与公司绩效、治理绩效与治理效率的概念进行了区分。

**1. 治理绩效与公司绩效**

治理绩效与公司绩效既有区别又有联系。公司绩效通常是指管理绩效。本书认为，绩效是履行职能的结果，体现了对目标的实现程度。由于董事会治理与管理的目标、职能等有所区别，因此治理绩效与公司绩效的外延存在差异。董事会治理的目标在于通过创新进行价值创造，从而实现以股东为主导的利益相关性利益最大化。为了实现这一治理目标，董事会需要履行战略参与、提供资源的战略职能，以保证决策科学，其效果体现于促进创新、为股东和核心利益相关者创造财富等维度；需要履行监督、评价管理层的经营行为和财务审计等监督职能，抑制管理层的自利行为，其效果体现于降低代理成本、减少违规并提高信息披露质量等维度。管理者的目标在于执行董事会的决策，达到董事会制定的战略目标。为了达到这一目标，管理者需要履行计划、组织、指挥、协调和控制等职能，其效果体现于一定经营期间内企业的生产经营状况、资本运营效益或者经营者业绩等的提升（王化成，黄磊和杨景岩，2008）。董事会为管理者提供建议和咨询、进行战略参与以及对管理者行为与绩效进行监督与评价，可保证管理在正确的轨道上进行而不出现战略偏差，因此，董事会行为很大程度上也影响着管理绩效，使董事会治理绩效的外延高于管理绩效。

**2. 治理绩效与治理效率**

效率是指收益与成本的比例。因此，治理效率要考虑治理收益与治理成本。国内学者在理论与实证研究中经常提及公司治理效率。周清杰（2003），严若森（2005），桑士俊、吴德胜和吕斐适（2007）等认为，公司治理效率就是公司治理成本的最小化，这个命题是在假设公司治理收益给定情况下提出的。治理绩效和治理效率是两个不同的概念。若要研究公司治理效率或董事会治理效率，既要考虑董事会治理的绩效，又要考虑治理成本。由于治理成本难以测量，本书仅研究董事会治理绩效，而不是治理效率。

## 1.3　研究目标、研究思路与研究内容

### 1.3.1　研究目标

本书研究的总体目标是：创业板上市公司董事会治理绩效的影响因素。具体目标是：结合创业板上市公司的特点，构建董事会特征、行为对治理绩效的传导机制理论模型；确定董事会治理绩效测量指标体系；从非线性视角出发，运用非线性的中介效应检验方法，对我国创业板上市公司董事会特征通过行为而对治理绩效的影响进行实证研究。

### 1.3.2　研究思路

本书的研究思路如图 1-1 所示。

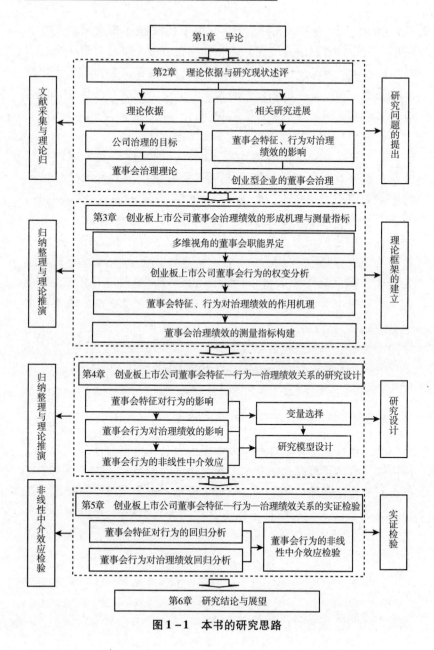

**图 1-1　本书的研究思路**

### 1.3.3 研究内容

**1. 董事会特征、行为对治理绩效作用机理模型的构建**

本书认为，董事会行为是履行职能的过程和方式，而董事会治理绩效是董事会行为的效果。在传统代理理论框架下，董事会主要履行监督职能。在资源依赖理论和管家理论的视角下，董事会主要履行资源提供和战略参与的战略职能。根据董事会职能的划分，董事会行为可相应划分为监督行为和战略行为。本书结合理论与实践，详细分析了董事会监督行为和战略行为的外延。基于权变视角，分析不同内部和外部情境下董事会治理理论的适用性以及董事会行为的权变，从而确定创业板上市公司这一特殊情境下的董事会行为。董事会特征对绩效的影响并非简单而直接，而是通过董事会战略行为和监督行为，履行战略和监督职能而达成治理绩效。本书拟分析董事会特征各维度对董事会战略行为和监督行为的影响；董事会战略行为对创新、股东财富、社会责任、风险控制等治理绩效维度的影响；董事会监督行为对代理成本、信息披露、违规规避等治理绩效维度的影响，从而建立董事会特征通过董事会行为而影响治理绩效的路径与理论模型，旨在为后续研究中董事会治理绩效测量指标的确定、治理绩效影响因素的实证分析建立逻辑基础和理论框架。

**2. 董事会治理绩效测量指标的构建**

托马斯（Thomas，2007）指出研究者在使用治理指标时首先要做的不是考虑指标误差幅度大小而是这些指标是否是所要衡量问题的有效测量标准。有的经验研究（Starbuck，2004）也认为，如果作为因变量的绩效衡量存在偏差将会导致错误的推论，因此，必须寻找绩效的更好测量方法。本书研究将基于董事会特征、行为对治理绩效的作用机制，构建董事会治理绩效测评指标体系，并以此作为后续实证研究的被解释变量。本书将系统考虑董事会治理在履行战略与监督职能方面所产生的综合治理效果，将董事会治理行为在组织创新、股东财富创造、核心利益相关者社会责任的履行、破产风险的规避与提升生存概率等方面的效果称为战略行为绩效；而将董事会治理行为在降低代理成本、提升信息披露质量、规避高管及公司违规行为等方面的效果称为监督行为绩效。在此基础上，根据理论和文献分析，确定各维度的具体指标。

**3. 非线性视角下董事会特征、行为对治理绩效影响路径的实证检验**

董事会特征是治理绩效的关键影响因素。然而，董事会特征对治理绩效的影响并非简单而直接，而是通过董事会行为的中介效应而引发的。传统董事会治理的实证研究忽略了这一关键环节，导致了董事会特征与治理绩效的脱节以及结论的不确定性乃至错误。本书拟根据董事会特征、行为对治理绩效传导机理的理论模型，关注变量之间的非线性关系，从非线性视角提出相关研究假设；以本书构建的治理绩效测评指标体系作为被解释变量；以董事会结构、人口学属性、人力资本等特征指标作为解释变量；以董事会会议次数作为董事会行为的代理变量，并以此作为中介变量；以2009～2011年我国创业板上市公司为研究样本，采纳海耶斯和普里彻（2010）的方法检验董事会行为的非线性中介效应，以验证董事会特征通过行为而对治理绩效产生的影响。

## 1.4　研究方法与创新

### 1.4.1　研究方法

**1. 规范分析法**

（1）运用规范分析法，对创业板上市公司董事会行为进行分析。董事会行为在董事会特征与治理绩效之间起到关键的中介作用，需要在界定董事会职能的基础上，对董事会行为的具体内容进行探讨。这一部分将结合代理理论、法律视角、资源依赖理论、管家理论等理论依据，运用权变理论的思想，在充分挖掘创业板上市公司特点的基础上，对创业板上市公司董事会战略行为和监督行为进行分析。

（2）运用规范分析法梳理董事会特征、行为对治理绩效的逻辑机理。董事会特征、行为对治理绩效的影响机理是本书理论分析的核心，这一部分将综合运用代理理论、资源依赖理论、管家理论以及高阶理论等，探讨董事会特征如董事会结构、人口学属性以及人力资本与董事会行为、董事会行为与治理绩效等之间的逻辑关系，构建董事会治理绩效形成机理的理论模型，并形成董事会治理绩效的测量指标体系。

（3）运用规范分析法提出研究假设。从非线性视角出发，运用理论演绎方法建立董事会特征与行为、董事会行为与治理绩效以及董事会行为中介效应的相关研究假设。

**2. 实证分析法**

本书研究以 2009 ~ 2011 年我国 509 家创业板上市公司为样本，将董事会特征如董事会结构、人口学属性、人力资本等指标作为解释变量；将本书构建的董事会治理绩效各指标作为被解释变量；将董事会会议次数作为衡量董事会行为的代理变量并作为中介变量进行实证分析。具体的实证分析方法如下。

第一，使用方差分析法，对不同年度、不同类型创业板上市公司的董事会特征、行为、治理绩效进行比较分析，并分析这些差异产生的原因。通过方差分析，一方面可以发现董事会特征、行为与治理绩效随时间演变的动态趋势；另一方面能够挖掘不同类型上市公司董事会治理差异背后的股权结构以及制度等方面的原因。方差分析使用的统计软件是 SPSS 21.0。

第二，采用多元回归法，对董事会特征与行为的关系以及董事会行为与治理绩效的关系进行实证检验。海耶斯和普里彻（2010）最新提出非线性中介效应的检验方法，该方法用于检验 $X \to M \to Y$ 的中介效应模型中，解释变量 X 对中介变量 M 存在非线性影响并且（或）M 对被解释变量 Y 存在非线性影响时，X 通过 M 对 Y 产生的瞬间间接效应。其中，X 对 M 以及 M 对 Y 影响的检验是非线性中介效应检验的前提步骤。本书拟应用海耶斯和普里彻（2010）开发的统计软件 MEDCURVE for SPSS，采用多元回归法检验董事会特征对行为以及行为对治理绩效的影响。

第三，采用 bootstrap 技术对董事会行为在董事会特征与治理绩效间的非线性中介效应进行检验。由于董事会特征对行为、董事会行为对治理绩效的影响并非直线而是非线性的，因此，董事会行为的中介效应并非常数，而是随董事会特征的不同取值而发生动态变化，即存在董事会特征通过行为对治理绩效产生的瞬间间接效应。bootstrap 技术随机生成近似的样本分布以获取置信区间在中介效应检验中应用最为广泛，这种方法比不对样本分布的形状做出任何假设的三角检验方法（delta method）更加准确。本书拟应用海耶斯和普里彻（2010）开发的 MEDCURVE for SPSS，用 bootstrap 技术对董事会特征通过行为对治理绩效产生的瞬间间接效应进行估值并检验其显著性。

**3. 比较分析法**

第一，不同理论视角对董事会的职能与行为，尤其是对董事会战略介入的认识存在差异，本书需要比较分析不同理论对董事会战略职能与行为的解释，旨在结合创业板上市公司的特点，对这类公司董事会战略行为和监督行为进行权变分析。

第二，董事会治理绩效分为战略行为绩效和监督行为绩效两个维度，本书需要基于实证结论，比较董事会特征、行为对不同治理绩效维度传导路径的差异，旨在研究创业企业情境下董事会行为以及董事会履行职能效果的特殊性。

第三，本书需要将实证研究结论与国内外以往的研究成果进行比较，以分析研究结论的异同所在及原因，旨在挖掘我国转型经济制度背景下董事会治理的特点。

## 1.4.2　研究创新

本书以创业板上市公司作为研究对象，以董事会治理绩效为核心，在建立董事会特征、治理行为对治理绩效作用机理模型的基础上，构建董事会治理绩效测量指标体系，并基于非线性视角，以2009～2011 年我国 509 家创业板上市公司为样本对理论模型进行实证检验。相较于已有研究，本书有四点研究创新。

（1）建立"董事会特征→行为→治理绩效"的作用理论模型，丰富了董事会治理研究的理论。本书所建理论模型对现有研究的贡献在于：一方面，关注董事会行为的中介作用，突破了传统研究中"结构→绩效"的直接关系，有助于打开董事会治理的"黑箱"，诠释董事会治理绩效的内在形成机理；另一方面，基于董事会的战略行为和监督行为视角，对董事会战略行为和监督行为对治理绩效的影响加以区分，从而形成"董事会特征→战略行为→战略行为绩效"和"董事会特征→监督行为→监督行为绩效"的双路径模型，进一步深化了"结构→行为→绩效"的研究范式。

（2）构建董事会治理绩效的测量指标体系，为实证研究中科学衡量董事会履行职能的有效性提供依据。以往研究未能科学量化董事会履行职能的效果，通常将公司绩效与治理绩效等同，缩小了治理绩效的外延，甚至混淆了概念；同时，也造成实践中过度关注董事会结构而忽视治理的有效性以及无法为董事激励提供业绩评价标准的情况。本书基于董事会的战略行为和监督行为视角，构建了由战略行为绩效和监督行为绩效组成的董事会治理绩效测量指标体系，突破了以往研究未能科学量化董事会履行职能的效果并将公司绩效与治理绩效等同的局限，为董事会治理有效性的实证研究提供了理论依据。

（3）将非线性中介效应检验方法首次应用于董事会治理的研究中，突破了以往研究的线性逻辑，完善了董事会研究的实证检验方法。在实证研究中，突破先前基于非线性视角的研究大多关注变量之间倒 U 型关系的局限性，关注董事会特征与行为、董事会行为与治理绩效之间的对数曲线关系，说明变量之间的非线性关系并不必然意味着对称的相反关系，并展现了创业型企业这类特殊情境下，某一变量对另一变量正、负效应之间的关系及相互抵减后的净效应，从而拓宽了公司治理研究中对非线性关系的认知。基于非线性视角，首次将海耶斯和普里彻（2010）提出的非线性中介效应检验方法引入董事会治理研究中，详细地呈现了在董事会特征变量的不同区间内董事会特征通过行为对治理绩效产生的动态瞬间间接效应，使实证研究结论更为科学合理，丰富了董事会治理的实证检验方法。

（4）挖掘了创业型企业情境下董事会特征、行为对治理绩效影响路径的特殊性，丰富了创业企业公司治理的理论研究以及权变理论在董事会治理研究中的运用。创业型企业是我国经济发展的重要力量，董事会治理具有特殊性，但在学术研究中未引起足够的重视。本书立足于创业企业内部和外部情境的特殊性，在研究与大型成熟上市公司共有的董事会特征基础上，特别引入了风险投资公司派出代表和创始人担任公司董事对董事会行为及治理绩效的影响。本书还发现创业型企业董事会是与经理层合作的价值创造型团队，董事会战略行为在价值创造方面的效果比监督行为在降低代理成本和提升信息披露质量方面的效果更为显著，从而探索了董事会特征、行为对战略行为绩效和监督行为绩效传导路径的差别。

# 第2章 理论依据与研究现状述评

## 2.1 基于治理目标的多元公司治理理论整合

以目标作为理论构建的逻辑起点是规范研究的重要方法之一（高汉祥，2012）。公司治理目标是公司治理基本理论的核心内容，对公司治理制度安排具有严格的约束作用。学术界关于公司治理目标的争论主要是在新古典经济学分析框架下的股东至上理论、利益相关者理论以及创新经济学框架下的组织控制理论中展开。股东至上主义和利益相关者理论的核心问题是谁是公司剩余收益的所有者，即解决公司治理主体是谁的问题；而组织控制理论的核心问题是剩余收益是如何创造出来的。本书认为，股东至上理论、利益相关者理论以及组织控制理论既在理论渊源、逻辑起点、研究范式、公司治理目标等方面均存在差异，又可构成相互融合与互动的整体。

### 2.1.1 股东至上理论

新古典经济学认为交换活动是经济价值的主要源泉，将交换活动的特征抽象为现场的、同质的和可预见的，新古典资源配置观假设资源配置具有可逆性、个体性和最优性[①]（O'Sullivan，2000）。

---

[①] 资源配置的可逆性假设是指现在的收益配置不影响未来的资源配置；个体性假设是指每个经济参与者以其认为适当的方式开发和利用生产资源，而与经济体中其他个体的决定和行动无关；最优性假设是指在一定的市场和技术约束条件下对不同经济结果进行选择。见玛丽·奥沙利文. 公司治理百年——美国和德国公司治理演变［M］. 北京：人民邮电出版社，2007.

"股东至上理论"基于新古典资源配置观认为，保证资源的自由流动并且将市场控制作为资源配置手段是理想公司治理的特征。

股东至上理论的支持者认为，作为权益投资者的股东是公司投资者中唯一没有以契约保证固定回报的经济参与者，是剩余风险的承担者，因此有权力索取剩余收益，是唯一的委托人即公司治理主体。这一观点是以公司内部经营管理与剩余风险承担相分离为依据的，这导致了管理者与剩余索取者之间的代理问题（Berle and Means，1932；Jensen and Meckling，1976；Fama and Jensen，1983）。在股东至上主义观点下，公司治理是通过激励与监督机制，降低经理层的机会主义行为，实现股东价值最大化。如施莱费尔和伊辛（Shleifer and Vishny，1997）、郑红亮（1998）认为，公司治理是公司资金提供者确保获得投资回报的手段，如资金所有者如何使管理者将利润的一部分作为回报返还给自己，他们怎样确定管理者没有侵吞他们所提供的资本或将其投资在不好的项目上，他们怎样控制管理者，等等。

然而，股东至上的观点备受学者们的质疑。第一，股东虽作为公司剩余索取者而需承担剩余风险，但是在有限责任公司中，股东所承担的风险是以出资额为限而非全部。第二，股东并未受到持股公司的约束，他们比管理层和员工更能承担风险并更具风险偏好（O'Sullivan，2000）。正如法马和詹森（Fama and Jensen，1983）所认为的，大型公司普通股所拥有的剩余索取权可以通过转让而形成多元化投资，达到分散风险的目的。第三，仅满足股东利益而不考虑其他相关者的利益及社会责任将有可能损害股东的长远利益。

## 2.1.2  利益相关者理论

将新古典资源配置思想运用于公司资源配置便形成了利益相关者理论。利益相关者理论引入企业专用性投资的概念，这一概念沿袭了新古典资源配置观中的个体性和最优性假设，但突破了可逆性假设，认为公司治理制度应对企业专用性投资的提供者进行适当的收益分配（O'Sullivan，2000）。瑞安曼（Rhenman，1964）首次运用利益相关者这一概念，认为利益相关者与企业为了实现自身目标以及可持续发展而形成相互依存的关系。弗里曼（Freeman，1984）认为，企业的利益相关者是指任何能够影响企业组织目标的实现或受这种实现影响的个人或群体，并认为利益相关者的外延应包括社区、政府、环保组织等。

根据利益相关者理论，企业被看作目标不相同的利益相关者联合的节点，利益相关者各方均会对企业产生影响（Freeman，1984）。因此，该理论认为委托人包括所有利益相关者团体，而非仅是股东，从而扩大了股东至上理论对委托人的外延界定（Blair，1995）。布莱尔（Blair）认为，在企业中，股东投入的专用性物质资产并非公司价值创造的唯一资产，其他利益相关者如长期雇用的雇员也投入了人力资本。多年的工作积累所形成的技能，其价值依赖于公司的价值并为公司所专用，因此，他们也承担了相应风险，这些利益相关者也应拥有剩余控制权。布莱尔指出，任何一个公司治理制度内的关键问题都是力图使管理人员能够对企业资源贡献者如投资者、供应商、员工等负有义不容辞的责任，因为后者的投资正"处于风险中"。因此，公司治理的目标是保证对利益相关者的责任，而不仅是提升股东的财富。在实践中，各国的公司治理规制也把利益相关者的利益放在了重要位置。如经济合作与发展组织（OECD，2004）指出，公司治理有赖于法律、规章和制度环境以及能够影响公司信誉和长远成败的诸多因素，如道德、环保意识、社会公众利益等。德国、荷兰、瑞士等欧洲国家中，非常重视员工等典型利益相关者的利益。

基于利益相关者理论的公司治理目标，学术界形成了利益相关者共同治理观。如弗里曼（1988）认为，各利益相关者如员工、顾客、供应商及社区等，应积极参与公司治理，享有与股东同样的权力，并建议利益相关者在董事会中占有席位。杨瑞龙和杨其静（2001）也持有类似观点，鼓励利益相关者参与治理，并提出"从单边治理到多边治理"的概念。贝洛克（Belloc，2011）认为，经理和董事不是股东的代理人而是保护公司专有投资和分配收益的

"中介人"。董事会本身不是剩余索取者，他们希望公司投资者聚在一起以保证董事会成员的职位。因此，董事会没有实施机会主义行为的动机，而是有动力将专用投资锁定于公司中。

利益相关者共同参与治理克服了股东单边治理的局限性，对公司治理理论的发展和演进具有深远影响和重要意义。然而，由于各利益相关者利益冲突未在理论上得以解决、利益相关者团体的外延过于宽泛，使得治理对象迷失了治理目标，因此，以全体利益相关者利益最大化以及平衡作为公司治理目标将在实践中难以实现与解决，可操作性低。另外，"利益相关者全体"参与公司治理更多体现了一种社会公平的政治立场，但却可能导致决策延误、意见相左的情形，将对公司的运作效率造成不良影响。再者，全员责任等于无责任（李维安和王世权，2007），利益相关者共同治理可能使企业陷入公共化的境地，任何相关者均不有效履行治理职能。

股东单边治理和全体利益相关者共同治理均存在局限性，单一的股东价值最大化目标和单一的利益相关者利益最大化目标均无法保证公司的长期持续发展（冯根福，2006）。因此，近年来，学术界试图将两类公司治理目标进行修正和融合。如詹森（Jensen，2005）提出了公司应以"开明的股东价值最大化"和"开明的利益相关者价值最大化"相结合为目标。冯根福（2006），徐向艺和徐宁（2011）认为，公司应以股东为主导的核心利益相关者利益最大化为目标。这些观点超越了单边治理和多边共同治理的局限，对推动公司治理理论的发展具有积极影响。在实践中，各国政府也逐渐形成股东至上与全体利益相关者治理相整合的趋势。作为股东价值最大化倡导者的美国，在经历了20世纪80年代公司收购风潮之后，将考虑非股东的利益纳入州政府的立法之中。日本和德国均主张以利益相关者利益最大化为目标，但日本的《公司法》允许日本公司从2003年4月1日起，既可选择股东价值最大化为目标，也可选择利益相关者利益最大化为目标。《德国公司治理准则（2003）》较为明确地适当地凸显了包括股东和其他利益相关者的利益（冯根福，2006）。

### 2.1.3　组织控制理论

以奥沙利文（O'Sullivan，2000）为代表的学者们将关注点从剩余收益的分配转移至剩余收益的创造，基于创新过程对动态经济绩效的核心作用，将创新经济学分析纳入概念框架，提出组织控制理论。

奥沙利文（2000）认为，创新是指企业和经济体借以生产质量更高和成本更低的产品的全部活动，本质上是个学习过程，具有累积性、集体性和不确定性三个特点。① 奥沙利文提出了创新型资源配置观，认为对创新进行资源配置须经历由开发性、组织性、战略性所组成的三位一体的过程。② 奥沙利文（2000）和拉让尼克（Lazonick，2007）等认为，能够催生创新型资源配置过程的公司治理需满足三个条件：一是财务承诺，即公司必须保证将资金配置到创新过程中直至产生财务收益；二是组织整合，即公司必须对团队成员进行激励，以保证他们将能力和努力应用至集体学习过程中；三是战略控制，即公司必须赋予决策者将物质和人力资源分配至专有投资战略的权力。这三个条件形成了创新经济学框架下的组织控制理论内核。

组织控制理论认为，公司治理制度设计应支持创新过程中关键投入——知识和资金的组织控制，而不是市场控制。该理论认为公司治理目标是创新，认为公司治理的核心问题是研究如何开发和利用生产资源来进行剩余价值的创造，从而将公司治理理论由价值分配演进至价值创造。图 2 - 1 说明了组织控制理论的逻辑。

---

① 累积性是指生产质量更高而成本更低产品的学习是通过累积过程而形成。集体性是指集体学习过程中，个人学习受他人学习的影响，并能合称为一个新的、集体性的知识。不确定性是指创新活动的企业因学习过程可能未取得成功或无法取得竞争优势而难以获得回报，因而面临着生产与竞争的不确定性。见玛丽·奥沙利文. 公司治理百年——美国和德国公司治理演变 ［M］. 北京：人民邮电出版社，2007.

② 开发性，即毫无顾忌地将资源投入收入不确定的投资项目中去；组织性，即收入是通过人力和物质资源的整合而产生；战略性，即资源的配置要能克服市场和技术的条件限制。见玛丽·奥沙利文. 公司治理百年——美国和德国公司治理演变 ［M］. 北京：人民邮电出版社，2007.

**图 2 - 1　组织控制理论的逻辑**

资料来源：根据奥沙利文（2007）整理。

综上所述，股东至上理论、利益相关者理论以及组织控制理论既在理论渊源、逻辑起点、研究范式、公司治理目标等方面存在差异，又可构成相互融合与互动的整体，如表 2 - 1 所示。

**表 2 - 1　股东至上理论、利益相关者理论与组织控制理论的差异**

| | 股东至上理论 | 利益相关者理论 | 组织控制理论 |
|---|---|---|---|
| 理论渊源 | 新古典主义经济学 | 新古典主义经济学 | 创新经济学 |
| 逻辑起点 | 交换活动 | 交换活动 | 生产活动 |
| 核心问题 | 剩余价值分配 | 剩余价值分配 | 价值创造 |
| 研究范式 | 委托—代理框架 | 不完全契约框架 | 创新生产 |
| 治理目标 | 股东价值最大化 | 利益相关者利益最大化 | 创新 |
| 治理主体 | 股东 | 各利益相关者 | — |
| 治理机制 | 通过内部治理机制和外部治理机制，降低代理成本 | 内部治理机制、外部治理机制 | 满足财务承诺、组织整合、战略控制三个条件的组织控制以支持创新，但未涉及具体何种公司治理机制 |

资料来源：笔者整理。

### 2.1.4　基于多元治理理论整合的创业板上市公司董事会治理目标重构

无论是单一的股东至上理论、利益相关者理论还是两种理论的相互融合，均是以新古典主义经济学框架下的交换活动为逻辑起点，对公司治理主体进行争论，关注的是在既定个人偏好和技术条件下剩余收益应该分配给谁的问题，然而却忽视这些剩余收益是如何通过生产资源的开发和利用而产生这一重要问题（O'Sullivan，2000）。企业的价值创造是剩余分配的前提和基础，如果公司治理仅专注于剩余索取权的制度安排，而不考虑剩余收益的创造过程，将可能使剩余价值的分配成为"空中楼阁"而最终导致治理主体利益的损失。

因此，创新经济学框架下的组织控制理论应运而生。这一理论以创新经济学的生产活动为逻辑起点，将核心问题转移至创新生产的视角，研究支持创新的公司治理制度需要满足的条件。然而，组织控制理论也具有局限性。一是该理论并未讨论什么样的公司治理机制能够使企业达到财务承诺、组织整合和战略控制（Belloc，2011）。二是该理论没有明确治理主体，即通过创新而进行的价值创造是为了谁而进行。郝云宏（2012）认为，在治理主体不明确的情况下，将无人对董事会等公司治理的核心机构进行问责；反之，董事会等机构也不知是谁的代理人、应对谁说明责任，这将可能造成董事会行为陷入困惑之中。三是该理论仅着眼于价值创造环节，而未讨论创造出来的剩余收益将如何分配。企业通过创新将建立竞争优势并获取超额报酬。那么，从创新过程中所获取的报酬分配给谁、将多少报酬进行再投资，将多少报酬进行分配或作为内部人的激励和能力建设是重要问题。剩余收益的分配将进一步影响物质资料与人力资本所有者的投入，没有资金以及人力资本的投入，就无法实现创新型资源配置观中的财务承诺和组织整合，从而创新以及公司竞争力的提升便成为空谈。

股东至上理论、利益相关者理论与组织控制理论并非针锋相对。组织控制理论着眼于生产过程，提倡支持组织整合、财务承诺和战略控制的组织控制制度，通过创新生产而创造超额报酬。股东至上理论与利益相关者理论相结合，将创新创造的剩余收益，通过合理的分配，增加股东财富与其他核心利益相关者的利益，实现股东主导下的核心利益相关者利益最大化；股东与其他利益相关者在获得回报与合理激励后，进一步将物质资料和人力资本投入创新过程中，形成新一轮的循环。因此，组织控制理论的价值创造观、股东至上理论与利益相关者理论的价值分配观以动态循环的形式，形成相互融合与互动的关系，从而通过公司创新实现以股东为主导的核心利益相关者利益最大化的公司治理目标。

创业板上市公司作为年轻创业型企业的典型代表，与大型成熟上市公司相比其代理问题较小且重视创新，因此，通过公司创新实现以股东为主导的核心利益相关者利益最大化的公司治理目标对于创业板上市公司尤为重要。首先，创业企业股东与经理层之间的代理问题较小。创业企业 CEO（可能是创始人 CEO 或非创始人 CEO）通常拥有大量股份（Garg，2013），所有权与控制权的分离程度较低；创业企业通常处于生命周期早期，资源有限、规模小、现金流少，CEO 滥用资源的机会变少。相反，在大型上市公司中，所有权与控制权分离程度较高，资产规模大且资源丰富，为 CEO 提供了更多的滥用资源的机会，CEO 常常以损害股东利益为代价进行在职消费，获取额外补贴（Yermack，2006）。因此，创业企业的代理问题便比大型上市公司小。其次，创业板上市公司作为创业型企业的典型代表，创新是创业企业生存和成长的关键要素。创新对于创业行为对非常重要，能够提高许多公司的业绩（Dalziel, Gentry and Bowerman，2011）。因此，公司治理制度通过不断创新而不是单纯降低代理成本以达到股东主导的核心利益相关者利益最大化，这样的公司治理目标更加适合创业板上市公司。组织控制理论虽然未提及什么样的治理机制能够达到财务承诺、组织整合和战略控制的条件，但却明确指出需要通过组织控制而不是市场控制来支持创新，董事会作为重要的内部治理机制无疑是关键的组织控制机制。

## 2.2 董事会战略介入的流派

### 2.2.1 董事会治理相关理论

董事会是通过履行相应职能而达到公司治理目标。董事会职能反映的是董事会应该发挥的作用及承担的职责和任务。国内外学者基于不同理论视角，对董事会职能以及履行每一种职能的范围做出了不同解释（如表 2-2 所示）。

表 2-2                各理论视角下董事会职能的比较

| 理论视角 | 理论渊源 | 董事会职能 | 对董事会战略职能的观点 |
|---|---|---|---|
| 管理霸权 | 管理学 | 评价和批准战略决策 | 董事会是"橡皮图章"，战略被管理层所控制 |
| 法律视角 | 公司法 | 雇用和解雇 CEO、评价公司和 CEO 业绩、评价审批及监督重大决策 | 依法监督评价战略决策，而非进行战略参与 |
| 代理理论 | 经济学和金融学 | 评估经理层先前决策、评价战略计划以及监督经理层和企业绩效 | 受股东委托监督评价战略决策，而非进行战略参与 |
| 资源依赖理论 | 组织理论与社会学 | 将组织及其外部环境联结起来，为公司成功运营获取资源 | 外部资源的获取，而非进行战略参与 |
| 管家理论 | 社会学和心理学 | 董事会积极参与提出战略方案、长期战略决策、执行长期战略决策 | 积极参与战略制定和执行 |
|  |  | 对 CEO 提供咨询和建议 |  |

资料来源：作者整理。

## 1. 管理霸权理论

管理霸权理论（Mace, 1971; Vance, 1983）认为，董事会仅是一个法律上的机构，对公司没有实际的控制权。管理层真正掌握公司运营和控制，董事会是受管理层主导的法律虚拟机构。斯泰尔斯（Stiles, 2001）、亨得利和基尔（Hendry and Kiel, 2004）分析了管理霸权理论所依赖的五个管理控制机制。第一，伯利和米恩斯（Berle and Means, 1932）认为，公司股权和控制权分离以及股东股份资本的增长，导致高度分散的股权结构，稀释了大股东的权力。股东控制的相对弱化使管理层自利行为水平更高而将董事会置于被动地位。第二，基于代理理论中非执行董事与高管之间的信息不对称，管理层负责日常经营控制而拥有公司特有信息，而董事会特别是非执行董事却很难获取这些信息。第三，营利性组织的经理层可以通过使用留存收益进行财务投资决策，从而提高他们对公司的控制，并降低对股东资本的依赖。第四，在很多情形中，董事会成员被管理层选任（Pfeffer，1972），因此管理层通过任命程序而控制董事会。第五，董事会中执行董事的存在更进一步强化了第五个管理控制机制：内部董事是向 CEO 负责，他们的薪酬和职业晋升机会在很大程度上依赖于 CEO，这更强化了 CEO 的权力不平衡。斯泰尔斯（2001）、亨得利和基尔（2004）认为，这五个管理控制机制使战略成为 CEO 和高管团队的职责，董事会仅担任评价和批准战略的角色，也就是"橡皮图章"。亨得利和基尔（2004）指出，虽然麦克纳尔蒂和佩蒂格鲁（McNulty and Pettigrew，1999）认为战略管理文献基本没有提到董事会的战略参与，但有些战略管理文献暗示了董事会在战略中的被动角色。管理霸权理论对董事会职能的观点是消极的，忽视董事会有助于获取外部资源或在发展和执行战略中的职能，管理层也可能由于无法被有效监督而损害股东利益。

### 2. 法律视角

董事会通过执行法律规定的职责而为股东利益做出贡献，公司法赋予董事相当大的权力以实现他们的角色。如美国商业圆桌会议（The Business Roundtable，企业总裁协会之一）、[1] 美国法律研究所、[2] OECD

---

[1] 美国商业圆桌会议代表美国大公司，对董事会职责的描述如下：第一，挑选、定期评估、更换首席执行官，决定经理层的报酬，评价权力交接计划；第二，审查、审批财务目标、公司的主要战略以及发展规划；第三，为高层管理者提供建议与咨询；第四，挑选董事候选人并向股东会推荐候选人名单，评估董事会的工作绩效；第五，评估公司制度与法律、法规的适应性。

[2] 美国法律研究所对董事会职责所做的描述为：遴选、评估以及在恰当的时候解雇主要的资深经理人员；以发展的观点监督公司的商业行为，公司资源管理是否始终如一（在法律和道德允许的情况下增加股东收益，同时又为公众福利和人道主义事业做出贡献）；审查与批准董事会和主要高级经理人提出的公司发展计划及行动。在董事会注重的会计准则中，这些计划及行动是董事会与主要高级经理人需要考虑的大前提与变革；执行其他一些职能，如法律规定的职能或者董事会根据公司准则制定的职能。

公司治理原则、① 我国的公司法②均对董事会的职能进行了规定。

　　各国立法对董事会职能的界定多采用描述性的分析，尽管这种任务描述详尽程度和措辞均有所不同，但基本可以总结出，在法律视角下，董事会的职能主要体现为在法律要求下的监督职能（control roles）（Zahra and Pearce，1989），包括雇用和解雇 CEO、评价公司和 CEO 业绩、评价审批及监督重大决策，以保证公司成长和保护股东利益。法律视角下，董事会对公司业绩的影响不是直接的，而是通过执行监督角色而影响战略决策和行动。依据这个观点，董事会不是预先提出战略或发展政策，而是负责评价和批准管理层提出的初始想法，继而决定公司业绩。

## 3. 代理理论

　　起源于经济学和金融学的代理理论，目前成为国内外学者解释现代企业董事会职能的主流理论。有学者认为，公司股权结构的高

---

　　① OECD 公司治理原则（2004）规定董事会应履行以下主要职能：第一，审议和指导公司战略、主要行动计划、风险政策、年度预算和经营计划，设立绩效目标，监控计划实施和公司绩效，监督重要的资本支出、并购和剥离；第二，监控公司治理实践的有效性，并在必要时加以调整；第三，选择主要执行人员，确定其薪酬，监督其业绩，并在必要时予以撤换，对继任计划进行监督；第四，使主要执行人员和董事会成员的薪酬与公司和股东的长期利益相一致；第五，保证董事会提名和选举的程序正式、透明；第六，对管理层、董事会成员和股东之间的潜在利益冲突进行监控和管理，包括滥用公司资产和不当关联方交易；第七，确保包括独立审计在内的公司会计和财务报告系统诚实可靠，确保适当的控制体系到位，特别是风险管理体系、财务和运营控制体系以及对法律和有关标准的遵守体系；第八，监督信息披露和对外交流的过程。

　　② 2018 年 10 月 26 日修订的《中华人民共和国公司法》（2018）对董事会的职能做出了明确规定，董事会主要承担如下职能：（一）召集股东会会议，并向股东会报告工作；（二）执行股东会的决议；（三）决定公司的经营计划和投资方案；（四）制定公司的年度财务预算方案、决算方案；（五）制定公司的利润分配方案和弥补亏损方案；（六）制定公司增加或者减少注册资本以及发行公司债券的方案；（七）制定公司合并、分立、解散或者变更公司形式的方案；（八）决定公司内部管理机构的设置；（九）决定聘任或者解聘公司经理及其报酬事项，并根据经理的提名决定聘任或者解聘公司副经理、财务负责人及其报酬事项；（十）制定公司的基本管理制度；（十一）公司章程规定的其他职权。

度分散使所有权与控制权相分离，从而所有者作为委托人与作为代理人的经理层之间形成了委托代理关系（如 Berle and Means，1932；Jensen and Meckling，1976；Fama and Jensen，1983 等）。代理理论假设：（1）股东和经理层都是理性人，追求自我效用最大化，因此，两者的利益和目标是不一致的；（2）经理层拥有股东不可知的"私有信息"，从而经理层与股东之间形成信息不对称；（3）经理人员具有道德风险和逆向选择问题。基于以上三个假设，代理理论学者认为，董事会的主要职能在于保护股东利益不受管理层的侵吞（Shleifer and Vishny，1997）。法马和延森（1983）将决策过程分为四步：发起、批准、执行和监督。他们认为发起和执行步骤是"决策管理"，批准和监督步骤是决策控制，并将董事会归类为决策控制过程的一部分，指出董事会是一个独立性的团队，负有积极控制高管行为和决策以确保股东价值最大化的责任（Fama and Jensen，1983）。博伊德、海恩斯和佐纳（Boyd，Haynes and Zona，2011）认为，代理理论框架下，董事会对股东的受托责任包括监督 CEO、制定高管薪酬政策、批准主要的战略决策、监督战略执行，也就是主要履行监督职能。代理理论虽然是公司治理研究中的主流概念框架，但在解释董事会职能时也存在一定局限性。代理理论主要在英美环境中发展起来，由于无法适用于不同制度环境而受到批评（Boyd，Haynes and Zona，2011）。特别是金融危机的出现，使我们不得不重新思考公司是什么和公司治理的目的。个人并不是代理理论假设下的经济人，而是社会人，在决策制定过程中拥有社会义务，要基于组织团结而不是个人主义制定决策。另外，在知识经济中，基于活动和资源的知识异常重要，社会资本、人力资本投资者得到空前关注，这意味公司治理应该规制多重委托人而不是高管和股东的简单委托代理关系。因此，代理理论的假设应该放开（Huse，2009）。

**4. 资源依赖理论**

资源依赖理论起源于组织理论和社会学。该理论将公司看作一个开放系统，公司的生存依赖于其从外部环境获取关键资源的能力

（Pfeffer and Salancik，1978）。通过与董事的合作，具有依赖性的公司可以通过将资源提供者的成员社会化或以地位、友情、信息等相交换而放松对价值资源流动的限制（Boyd，Haynes and Zona，2011）。赫拉和皮尔斯（Zahra and Pearce，1998）认为，董事会是重要的"边界扳手"，他们能向管理者及时提供有价值的信息。进一步讲，董事利用自己的能力、知识和专业将组织及其外部环境联结起来，为公司成功运营获取资源，以帮助企业减少对外界变化的依赖，降低不确定性，最终帮助企业生存，并提高企业绩效。希尔曼和达尔齐尔（Hillman and Dalziel，2003）基于资源依赖理论认为，董事会可以帮助公司与外部环境联系并为公司获取有价值的资源。可见，遵循资源依赖理论的学者主要强调董事会为高管执行战略获取必要资源的角色。尽管代理理论在公司治理研究中被用到更多，但实证研究表明资源依赖理论更有助于理解董事会（Hillman，Withers and Collins，2009）。然而，资源依赖理论仅从公司与外部资源的联系角度关注董事会的职能，忽视董事会在组织内部的监督与战略参与角色。

## 5. 管家理论

以社会学和心理学为基础，管家理论认为，人类行为是亲组织性的、是集体主义倾向的，而不是代理理论下的个人主义、自利的理性行为（Davis，Schoorman and Donaldson，1997）。经理层被认为是委托人长期互利的合作者，会像管家一样经营股东的财产，实现财产增值，不会为了短期利益而实施机会主义行为。因此，董事会被看作是经理层密切的战略协作者。洛尔施（Lorsch，1989）指出在管家理论框架下，董事会的主要角色是支持 CEO 决策并提供建议和咨询。董事会是一群有胜任能力的人组成的团队，能够帮助经理层加强决策过程，比如通过他们的经验、能力和不同观点对董事会讨论做出贡献。董事会对战略决策过程的贡献被认为是使公司获得竞争优势的重要因素（Andrews，1980）。总之，遵循管家理论，学者们基本认为董事会的职能更多体现于为管理层提供建议和咨询以及参与公司战略决策两方面。

## 2.2.2 不同理论视角下董事会战略介入观点的比较

各理论基于不同的视角对董事会职能进行了分析，其区别主要在于对董事会战略参与的观点有所差异，而对董事会战略职能的争论主要在于管理层和董事会责任的界限划分（Judge and Zeithaml，1992）。战略是个多层的、主观的术语，学者们对战略的界定很难达成共识。明茨伯格等（Mintzberg et al.，1998）详细描述了关于战略的10个流派，基尔和熊本（Kiel and Kawamoto，1997）展示了战略的32个不同定义（Hendry and Kiel，2004）。本书的研究目的不在于讨论战略的定义，所以，借鉴斯泰尔斯（2001）的做法，采用安索夫（Ansoff，1965）和钱德勒（Chandler，1962）对战略基本概念的界定，即战略是正式计划的结果，是建立长期目标的分析过程。

根据董事会对战略的参与程度，理论界大致形成了"消极参与观"和"积极参与观"两类观点（Hendry and Kiel，2004）。然而，本书认为这两种观点的划分过于简单，董事会战略参与的观点存在处于"消极观"和"积极观"之间的中间情形。管理霸权理论将董事会看作"橡皮图章"或高管的工具，董事会的存在只为了满足公司法的要求。这一学派认为董事会决策受管理层控制，特别是有权力的CEO。这一观点属于"消极战略参与观"，他们认为，战略管理完全是CEO与高管团队的职责，董事会与战略管理是完全分离的。依据代理理论与法律视角，董事会遵照公司法的规定而对股东负责，监督管理层、批准战略决策和监督与评价战略执行（Fama and Jensen，1983）。根据这两个理论，董事会不制定战略，但通过评价和监管的方式影响高管制定的战略，董事会与战略管理之间通过战略评价和监督而关联。资源依赖理论强调董事会通过为管理层提供资源的方式介入战略，而不仅仅是监督，董事会对战略介入的程度比代理理论和法律视角更进一步。虽然资源依赖理论未明确提出董事会要积极参与战略，战略的制定仍然属于经理层，但是董事会作为"边界扳手"的活动却能够带来新的战略信息

（Stiles，2001），从而改善高管的战略管理，因此，董事会与战略管理之间通过资源提供而关联。管家理论下，董事会是经理层的战略协作者，董事会对战略参与的程度高，董事会与高管的战略管理呈相互融合的状态。总之，从管理霸权理论到法律视角、代理理论，再至资源依赖理论和管家理论，对董事会战略参与的观点呈现"消极参与"到"积极参与"的趋势，董事会与战略管理之间也因董事会战略参与的程度和方式不同而显现完全分离、相互交叉和交互融合的不同关系（见图 2 - 2）。

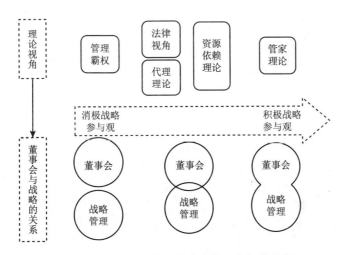

**图 2 - 2　各理论视角对董事会战略参与的观点**

资料来源：作者整理。

## 2.3　相关研究进展

### 2.3.1　董事会特征对治理绩效的影响

根据休斯（Huse，2011）的文献回顾，关于董事会治理的研究文献中，大部分验证的是董事会特征变量与治理绩效（"投入—产出"型研究）的关系。所有这些文献使用的是档案数据。这些研究大部分建立在代理理论基础上，还有一些使用管家理论、资源依赖理论等其他理论。这方面的实证研究被解释变量大多采用了公司绩效指标，如净资产收益率（ROE）、总资产收益率（ROA）、经济增加值（EVA）与 Q 值等，以董事会各特征作为解释变量。也有些实证研究文献的被解释变量采用了创新（R&D 支出）、社会责任绩效、破产风险控制（如 Z 指数）、代理成本（管理费用率）或代理效率（总资产收益率）以及财务信息质量等，如表 2-3 所示。

表 2-3　　国内外董事会治理实证研究采用的治理效果变量

| 治理绩效<br>（被解释变量） | 董事会特征<br>（解释变量） | 主要代表作者 | 主要观点 |
|---|---|---|---|
| ROA、<br>ROE、<br>托宾<br>Q 等 | 董事会规模 | 耶尔麦克（Yermack, 1996），艾森贝格、松德格伦和威尔斯（Eisenberg, Sundgren and Wells, 1998），孙永祥和章融（2000），加尔西—拉莫斯和加尔西—奥拉利亚（García-Ramos and García-Olalla, 2011） | 董事会规模与托宾 Q 负相关 |
| | | 于东智（2004） | 董事会规模与公司绩效之间存在倒 U 型的非线性关系 |
| | | 科尔斯等（Coles et al., 2008），钱查拉特、克里希那穆提和田（Chancharat, Krishnamurti and Tian, 2012） | 董事会规模与公司价值或绩效之间存在 U 型的非线性关系 |

续表

| 治理绩效<br>（被解释变量） | 董事会特征<br>（解释变量） | 主要代表作者 | 主要观点 |
|---|---|---|---|
| ROA、<br>ROE、<br>托宾<br>Q 等 | 独立董事<br>比例 | 贝辛格和巴特勒（Baysin-ger and Butler, 1985），布里克利、科尔斯和特里（Brickley, Coles and Terry, 1994），彭（Peng, 2004）以及王跃堂等（2006） | 独立董事比例与公司价值或公司绩效之间存在正相关关系 |
| | | 福斯伯格（Fosberg, 1989）、李常青和赖建清（2004） | 独立董事比例与公司绩效之间存在负相关关系 |
| | | 哈马林和斯巴赫（Hermalin and Weisbach, 1991），巴格斯特和布莱克（Bhagst and Black, 1999），高明华和马守莉（2002），于东智和王化成（2003），杨蕙馨、侯薇和王军（2007），姚伟峰和鲁桐等（2010） | 独立董事比例与公司价值或公司绩效之间不相关 |
| | | 郝云宏和周翼翔（2010） | 基于动态内生性角度分析认为，提高董事会独立性对短期绩效具有负面影响，对长期绩效具有正面影响，绩效对董事会独立性具有反馈效应 |
| | 董事激励 | 向锐和冯建（2008），泽尼、格伦基和尼尔森（Zerni, Kallunki and Nilsson, 2010） | 董事报酬与经营绩效 ROA 之间正相关；董事会股权激励有利于公司价值增长 |

| 治理绩效<br>（被解释变量） | 董事会特征<br>（解释变量） | 主要代表作者 | 主要观点 |
|---|---|---|---|
| ROA、<br>ROE、<br>托宾<br>Q 等 | 董事激励 | 韩忠雪等（2009） | 公司财务业绩与董事股权激励显著正相关，公司市场价值与董事股权激励显著负相关。董事的薪酬激励与公司价值正相关 |
| | | 默克等（Morck et al.，1988），麦康奈尔和瑟韦斯（McConnell and Servaes，1990），巴恩哈特等（Barnhart et al.，1994） | 所有权与公司业绩呈非线性关系 |
| | 女性董事 | 刘、魏和谢（Liu，Wei and Xie，2013） | 提高董事会性别多元化有利于提升公司业绩。女性执行董事比女性独立董事更能影响公司业绩；三个及以上女性董事对公司绩效的影响比两个或以下女性董事更强；女性董事对公司绩效的影响在法人控制的公司中是显著的而在国有控股公司中不显著 |
| | 董事会<br>人力资本 | 康纳、琼斯和博依维（Khanna，Jones and Boivie，2013） | 董事的经验和教育水平能够提高公司绩效 |
| 社会责任 | 独立董事 | 乔霍杰和哈约托（Jo Hoje and Harjoto，2011），张、朱和丁（Zhang，Zhu and Ding，2013） | 独立董事与更高的社会责任绩效相关 |
| | 女性董事 | 贝尔、拉赫曼和波斯特（Bear，Rahman and Post，2010），张、朱和丁（Zhang，Zhu and Ding，2013） | 女性董事比例与公司社会责任正相关 |

续表

| 治理绩效<br>（被解释变量） | 董事会特征<br>（解释变量） | 主要代表作者 | 主要观点 |
|---|---|---|---|
| 创新 | 董事会规模 | 郑（Cheng，2008），左纳、扎托尼和米尼车利（Zona，Zattoni and Minichilli，2013） | 董事规模与创新强度负相关 |
| | | 贝辛格、科斯尼克和特克（Baysinger，Kosnik and Turk，1991），周杰和薛有志（2008） | 董事规模与创新强度不相关 |
| | 独立董事 | 科尔（Kor，2006） | 独立董事比例与创新不相关 |
| | | 冯根福和温军（2008） | 独立董事比例与创新正相关 |
| | 董事激励 | 多伊奇（Deutsch，2007），张洪辉、夏天和王宗军（2010） | 董事股权激励与创新正相关 |
| | 董事会<br>人力资本 | 吴（Wu，2008），米勒和特里亚纳（Miller and Triana，2009），达尔齐尔、金特里和鲍尔曼（Dalziel，Gentry and Bowerman，2011），周建等（2012） | 董事会人力资本与创新正相关 |
| 破产风险 | 董事会规模 | 中野和帕斯卡尔（Nakano and Pascal，2012） | 董事会规模大，降低公司的风险 |
| | 独立董事<br>比例 | 罗宾逊、罗宾逊和西斯尼诺斯（Robinson，Robinson and Sisneros，2012） | 独立董事比例与美联邦破产法第 11 章的公司清算无关 |
| | | 普莱特和普莱特（Platt and Platt，2012） | 独立性较强的董事会有助于避免公司破产 |

续表

| 治理绩效<br>（被解释变量） | 董事会特征<br>（解释变量） | 主要代表作者 | 主要观点 |
|---|---|---|---|
| 破产风险 | 独立董事比例 | 许和吴（Hsu and Wu, 2014） | 灰色董事（与经理层有关系）能够降低公司失败的可能性，而独立董事提高了公司失败的可能性 |
| | 审计委员会 | 伊瓦萨基（Iwasaki, 2014） | 董事会和审计委员在降低潜在退出风险方面起到重要作用 |
| 代理成本 | 两职设置 | 谢永珍（2006） | 两职完全分离的上市公司对降低代理成本具有显著的滞后效应 |
| | 独立董事 | 杜育华（2011） | 独立董事难以直接降低第1类代理成本；为监督大股东侵占而必须进行的独立董事独立化有可能在抑制第2类代理问题的同时，间接增加第1类代理成本 |
| 信息披露 | 独立董事 | 马拉、马佐拉和普伦奇佩（Marra, Mazzola and Prencipe, 2011），斯托克曼斯、利贝尔特和沃奥德克尔（Stockmans, Lybaert and Voordeckers, 2013），胡奕明和唐松莲（2008），王臻和杨昕（2010），余怒涛和葛桓志（2010） | 独立董事参与治理有助于信息披露质量的改善 |
| | 审计委员会 | 王跃堂和涂建明（2006），蔡卫星和高明华（2009），余怒涛和葛桓志（2010），达利瓦、耐克尔和纳维斯（Dhaliwal, Naiker and Navissi, 2010），马拉、马佐拉和普伦奇佩（Marra, Mazzola and Prencipe, 2011） | 审计委员会的设置有助于改善财务报告质量 |

| 治理绩效<br>（被解释变量） | 董事会特征<br>（解释变量） | 主要代表作者 | 主要观点 |
|---|---|---|---|
| 违规 | 董事会<br>人力资本 | 蔡志岳和吴世农（2007），<br>张晓岚、吴东霖和张超<br>（2009），顾亮和刘振杰<br>（2013） | 董事会人力资本有助于降<br>低违规 |

资料来源：作者整理。

从这些研究中，可以识别出董事会层面上影响治理绩效的因素有董事会规模、独立性、激励、董事会人力资本等。早年间的研究大多局限于董事会规模、独立性与激励等结构特征，近年开始关注女性董事、董事教育水平、经验等董事会人力资本特征。从以上文献分析可以发现，关于董事会特征对治理绩效直接影响的研究大多采用 ROA、托宾 Q 等作为被解释变量，近年来的文献开始研究其他维度的治理绩效，如创新、社会责任、破产风险等，但这类研究数量仍相对较少且大多集中于国外文献。对治理绩效其他维度关注的不足，无疑缩小了董事会治理绩效的外延，不能全面揭示董事会治理的效果。正如拉克尔、理查森和图纳（Larcker，Richardson and Tuna，2004）所认为，使用传统的财务绩效对公司治理的效果进行测量具有一定的缺陷。李维安等（2009）也认为，需要进一步完善董事会对公司绩效影响的衡量，以适应公司外部环境对董事会职能提出的新要求。另外，这方面研究虽然数量丰富，但研究结论多种多样甚至相互矛盾，从而对实践的指导作用大为降低。可能的原因是，上述研究建立在董事会特征对治理绩效具有直接影响的框架下，但是两者的逻辑关系并非如此简单和直接。因此，有必要讨论各因素如何对治理绩效产生影响，并挖掘影响路径。

赫拉和皮尔斯（1989）认为，研究董事会属性与绩效之间的直接关系是被误导的，并将产生矛盾的研究结果，董事会属性与绩效之间存在中间过程，即董事会特征通过董事会职能发挥情况而产生对绩效的影响。芬戈尔德、本森和赫克特（Finegold, Benson and Hecht, 2007）认为，董事会和专业委员会的属性（包括组成、结构、实践和规模）通过影响董事会行为和职能履行而影响多维度绩效（包括财务与市场绩效、社会与道德绩效）。因此，董事会特征对治理绩效传递的逻辑关系可以认为是：董事会特征→董事会行为→治理绩效。

### 2.3.2 董事会特征对董事会行为的影响

目前研究董事会特征对董事会行为影响的文献大多建立在委托代理理论、资源依赖理论、管家理论基础上，仍遵循投入—产出的研究方法，通常使用大规模的档案数据或调查数据，研究董事会构成、董事会成员特征对董事会职能履行行为的影响等。

**1. 董事会行为的量化**

福布斯和米利肯（Forbes and Milliken, 1999）在 1999 年预测，对董事会行为的研究将成为董事会研究领域的重点。由于董事会履行职能的行为和过程不可观察，对其量化存在一定难度。现有研究主要用三种方法衡量董事会行为。

（1）使用档案数据作为测度董事会行为的代理变量，如以董事会开会次数（Vafeas, 1999；Pugliese and Zhang, 2007；Brick and Chidambaran, 2010；吴晓晖和娄景辉，2008；李国栋和薛有志，2011；江维琳等，2011）、董事会成员缺席会议（包括委托他人出席）比例和董事缺席会议时委托行权比例以及出席率（王斌和童盼，2008；江维琳等，2011；Adams and Ferreira, 2008、2009、2012；Chou, Chung and Yin, 2013）、独立董事对董事会议案出具意见和投票结果（叶康涛等，2011）等描述董事会行为。这些数据容易获取，并且可以表示董事会履行职能的强度，但在衡量具体行为过程上具有一定的局限性。

（2）采用董事会履行职能中的每一项具体任务或工作来衡量董事会行为。学者运用 5 等级李克特量表，通过向 CEO 进行问卷调查对董事会履职行为进行量化。具有代表性的是挪威管理学院的"价值创造型董事会研究项目团队"设计了成熟量表，并于 2003 ~ 2005 年对欧洲几个国家的大、中、小型公司进行了关于董事会行为和角色的调查，旨在从董事会行为和过程角度，研究董事会如何对公司的价值创造做出贡献。该团队的学者利用调查数据发表了一系列的相关论文（Machold, Huse, Minichilli and Nordqvist, 2011；Zhang, 2010；Minichilli, Zattoni and Zona, 2009；Van Ees, Vander Laan and Postma, 2008；Zona and Zattoni, 2007）。米尼彻利、扎托尼和左纳（Minichilli, Zattoni and Zona, 2009）运用李克特量表将董事会履行咨询、联络、战略参与等服务职能的行为以及履行行为控制、产出控制和战略控制等控制职能的行为予以量化。马霍尔德、休斯、米尼车利和诺德奎斯特（Machold, Huse, Minichilli and Nordqvist, 2011）认为，董事会战略参与包括积极提出战略提案、对长期战略和主要目标做出决策、执行战略决策、控制和评价战略决策，并将这四方面构建成一个综合指数，作为董事会战略参与的量化指标。

（3）考察董事会在会议中的决策过程和交流程度。在这方面比较有代表性的是，有的研究者（Minichilli, Zattoni and Zona, 2009；McNulty, Florackis and Ormrod, 2013）根据福布斯和米利肯（1999）等的研究，从认知冲突、努力规范、知识和技能的使用以及凝聚力等维度考察董事会在决策过程中的行为。斯代尔（Stile, 2001）根据对英国上市公司的 51 个董事、121 个公司秘书的深度调查以及 4 个英国上市公司的案例研究，使用扎根理论研究了董事会以会议和非会议形式参与战略的内容，研究发现董事会通过建立公司定义、监督把关、选举董事、建立自信来影响战略行动的边界，而关于董事会管理控制的证据很少。施瓦兹和斯巴赫（Schwartz-Ziva and Weisbach, 2013）分析了 11 家由伊朗政府大量持股的公司的董事会会议和委员会会议的会议记录，研究了董事会在监督和战略职能履行方面的过程。他们发现，伊朗公司的董事会花大部分时间在监督管理层中，董事会讨论问题中的 2/3 是监督性质的，其中 99% 的问题仅有一种方案选择，不同意 CEO 的情况占 2.5%；然而，董事会也会起到管理作用，董事会对 8% 的问题要求提供进一步的信息；在 63% 的会议中，董事会至少进行一种行动并且与 CEO 的投票不一致。我国学者李建标等（2009）利用实验方法对董事会的决策行为进行了实验分析，以研究董事会科学决策的影响因素。

第二种和第三种方法均需采用调查方法或实验对董事会行为进行量化，可以细致描述董事会战略参与和监督的过程、非正式会议方式履行职能的行为以及董事会在会议中的决策过程，但是调查问卷的回收率很低（通常低于 10%）。当问卷回收率非常低时，更容易产生反应偏差（Huse，2011），而获取上市公司董事会的会议记录更是尤为困难。

**2. 董事会特征对董事会行为的影响**

这方面的研究多以董事会规模、独立董事比例、两职合一、董事激励、董事会成员知识能力等档案数据或调查数据作为解释变量，董事会行为作为被解释变量（见表 2－4）。

表 2－4    董事会特征对董事会行为影响的实证研究

| 作者 | 研究方法及样本 | 被解释变量 | 解释变量 | 研究结论 |
|---|---|---|---|---|
| 扎赫拉和皮尔斯（Zahra and Pearce，1990） | 对美国 139 家企业进行问卷调查 | 战略决策参与程度 | 独立董事的数量、董事会成员的专业化水平、董事会内部运作的有效性 | 降低独立董事的数量、提高董事会成员的专业化水平与董事会运作有效性，能够提高董事会战略决策参与程度 |

续表

| 作者 | 研究方法及样本 | 被解释变量 | 解释变量 | 研究结论 |
|------|------|------|------|------|
| 瓦费斯（Vafeas，1999） | 以 1990～1994 年美国 307 家公司为样本 | 董事会会议次数 | 董事会规模、管理层股权激励、独立董事比例是否大于 50%、两职设置、董事激励、独立董事任其他公司董事职位的平均数量 | 董事会规模与董事会会议次数正相关；管理层股权激励与董事会会议次数负相关；独立董事、两职设置、董事激励对董事会会议次数没有显著影响；董事兼任其他公司董事平均数量与董事会会议次数正相关 |
| 瑞格洛克、佩克和凯勒（Ruigrok, Peck and Keller, 2006） | 对瑞士 231 家上市公司进行问卷调查 | 战略决策参与程度 | 董事会规模、独立董事比例、CEO 与董事长两职设置、连锁董事（样本公司与其他公司连锁的数量） | 董事会规模和独立董事比例与董事会战略决策参与程度不相关；CEO 与董事长两职合一程度与董事会战略参与负相关；连锁程度越高，董事会对战略参与越少，进一步地，银行和同业相关的连锁董事与董事会战略参与负相关 |

| 作者 | 研究方法及样本 | 被解释变量 | 解释变量 | 研究结论 |
|---|---|---|---|---|
| 拉瓦西和扎托尼（Ravasi and Zattoni, 2006） | 对9家意大利公司进行案例研究 | 董事会成员是否和如何参与战略活动以及战略决策的制定过程 | 董事会代表的利益异质性、董事会成员拥有的相关知识、已存在的冲突解决机制 | 董事会代表的利益异质性、董事会成员拥有的相关知识、已存在的冲突解决机制在董事会成员是否和如何参与战略活动以及战略决策的制定过程起到重要作用 |
| 左纳和扎托尼（Zona and Zattoni, 2007） | 对意大利301家大型制造业企业 CEO 进行调查研究 | 董事会咨询行为、董事会联络行为、董事会控制行为 | 董事会的努力规范、董事会信息与能力的使用、董事会认知冲突 | （1）董事会的努力规范与咨询行为显著正相关，董事会信息与能力的使用与其咨询行为和联络行为显著正相关，董事会认知冲突对其联络行为有正向影响，但对咨询行为无影响；（2）董事会的努力规范和信息与能力的使用与监督行为显著正相关，而董事会的认知冲突对其监督行为没有显著影响；（3）不同公司和行业间董事会行为有所差异 |

| 作者 | 研究方法及样本 | 被解释变量 | 解释变量 | 研究结论 |
|---|---|---|---|---|
| 亚当斯和费雷拉（Adams and Ferreira, 2008） | 利用美国1996～2003年上市公司的面板数据 | 董事会会议的出席情况：出席率大于75%设为0；出席率小于75%设为1 | 董事会的参会费用 | 当董事会的会议费用更高时，董事更不可能出现参会问题 |
| 米尼车利、扎托尼和左纳（Minichilli, Zattoni and Zona, 2009） | 对意大利最大的2000家公司CEO进行调查研究 | 董事会的咨询、联络、战略参与等服务行为；董事会的行为控制、产出控制和战略控制等控制行为 | 董事会多元化、董事准备和参与行为、董事会批判性争辩 | 董事会成员行为比人口学属性更能预测董事会业绩，具体来说董事会成员背景多元化与咨询行为和行为控制行为负相关；董事会成员参与行为与咨询、联络、战略参与等服务行为、行为控制、产出控制和战略控制等控制行为正相关；董事会批判性争论与咨询和联络行为正相关；公司和行业情境对董事会业绩有显著影响 |
| 亚当斯和费雷拉（Adams and Ferreifa, 2009） | 以1996～2003年1939家标准普尔500、中小企业为样本 | 董事会会议的出席情况：出席率大于75%设为0；出席率小于75%设为1 | 公司是否拥有女性董事、女性董事比例 | 女性董事参加董事会时较少出现缺勤问题 |

续表

| 作者 | 研究方法及样本 | 被解释变量 | 解释变量 | 研究结论 |
|---|---|---|---|---|
| 张（Zhang, 2010） | 根据对 318 家挪威公司 CEO 2003 年和 2005 年的调查数据，运用结构方程对假设进行检验 | 董事会的战略参与 | 拥有多元化信息、使用多元化信息（包括公开讨论、有效的领导和积极调查） | 使用多元化信息比拥有多元化信息对董事会的战略参与有更大影响 |
| 哈斯纳赫和哈斯纳赫（Hasnah and Hasnah, 2011） | 对马来西亚 112 名董事进行调查 | 董事会监督职能效力的两个维度：管理层监督；绩效评价 | 董事会结构、董事会激励 | 非独立的非执行董事和管理层持股比例对两个维度的董事会监督职能即管理层监督和绩效评价均有正向影响；非执行董事在其他公司董事会任职程度对管理层监督职能有负向影响 |
| 亚当斯和费雷拉（Adams and Ferreira, 2012） | 利用美国银行控股上市公司 1986~1999 年的数据 | 董事会会议的出席：出席率小于 75% 认为具有出席问题；大于 75% 则认为没有出席问题 | 董事会规模、董事会会议费用 | 董事会规模越大，董事会出席问题越多；出席行为与明确或不明确的激励有关 |

| 作者 | 研究方法及样本 | 被解释变量 | 解释变量 | 研究结论 |
|---|---|---|---|---|
| 周、钟和尹(Chou, Chung and Yin, 2013) | 利用我国台湾地区上市公司 2005 ~ 2006 年数据 | 董事会会议的出席率 | 董事个人特征、董事会规模 | 任管理层的董事、董事薪酬、董事任期、董事个人经验对董事会会议出席率具有正面影响；独立董事、灰色董事、家族董事、连锁董事对董事会会议出席率具有负面影响；女性董事与董事会会议出席率无关 |
| 龚红 (2004) | 对我国上市公司的问卷调查 | 董事会战略参与 | 独立董事的数量、董事长和总经理两职设置、董事会规模 | 董事长与总经理两职分任、降低董事会规模更有利于提高董事会战略决策参与程度 |
| 吴晓晖和娄景辉 (2008) | 深、沪两市全部 1313 家公司 2004 ~ 2005 年面板数据 | 董事会会议次数 | 独立董事比例 | 独立董事比例和董事会议次数有着显著的正相关关系 |

资料来源：作者整理。

### 2.3.3 董事会行为对治理绩效的影响

董事会行为对治理绩效影响的研究多以 ROA、ROE、托宾 Q、盈余管理、代理成本等作为被解释变量，以董事会战略参与程度、董事会会议次数等指标衡量董事会行为并作为解释变量（见表 2 - 5）。

**表 2 - 5**           **董事会行为对治理绩效影响的实证研究**

| 作者 | 研究方法及样本 | 被解释变量 | 解释变量 | 调节变量 | 研究结论 |
|---|---|---|---|---|---|
| 皮尔斯和扎赫拉皮（Pearce and Zahra, 1991） | 对美国 139 家企业的问卷调查 | 每股收益 | 董事会战略决策参与程度 | 无 | 董事会战略决策参与程度较高，能够提升公司绩效 |
| 瓦费斯（Vafeas, 1999） | 以 1990 ~ 1994 年美国 307 家公司为样本 | 市账比 | 董事会会议次数 | 无 | 每年的董事会会议次数与公司价值负相关；非正常董事会活动以后的年度，经营业绩会改善 |
| 布里克和奇丹巴然（Brick and Chidambaran, 2010） | 采用美国 1999 ~ 2005 年上市公司的面板数据 | 托宾 Q | 董事会会议次数 | 无 | 增加董事会会议次数能够改善公司价值 |
| 周、钟和尹（Chou, Chung and Yin, 2013） | 利用我国台湾地区上市公司 2005 ~ 2006 年数据 | ROA、EPS、营业收入增长 | 董事会出席率及委托出席率、各类董事的出席率及委托出席率 | 股权结构 | 董事本人的会议出席率对公司业绩具有正面影响，而董事委托出席率对公司业绩具有负面影响 |
| 谷祺和于东智（2001） | 以 1996 年 12 月 31 日前上市的 366 家 A 股公司为样本 | ROE | 董事会会议次数 | 无 | 董事会会议次数与公司绩效不相关 |

续表

| 作者 | 研究方法及样本 | 被解释变量 | 解释变量 | 调节变量 | 研究结论 |
|---|---|---|---|---|---|
| 龚红（2004） | 对中国 101 家上市公司进行调查 | 每股收益（EPS）、净资产收益率（ROE）、经济增加值（EVA） | 董事会战略决策参与程度 | 无 | 董事会战略决策参与程度与公司业绩正相关 |
| 于东智(2003)，胡晓阳、李少斌和冯科(2005)，陈军和刘莉(2006) | — | ROA、ROE、托宾Q等 | 董事会会议次数 | 无 | 董事会会议次数与公司价值以及绩效负相关 |
| 高雷和宋顺林（2007） | 利用我国上市公司 2002～2005 年的面板数据 | 代理成本 | 董事会会议次数 | 无 | 董事会会议次数与代理成本显著正相关 |
| 牛建波和李胜楠（2008） | 2002～2005 年民营上市公司面板数据 | 每股收益、资产收益率、每股净资产 | 董事会会议次数 | 无 | 年度内董事会会议次数与每股收益和资产收益率之间存在着显著的倒 U 型关系；年度内董事会会议次数与每股净资产之间存在负相关关系 |
| 宁家耀和王蕾（2008） | 以 2005 年中国证券市场公布的指标股为研究样本 | 托宾Q | 董事会会议次数 | 无 | 董事会行为与当期和后期绩效显著正相关 |

| 作者 | 研究方法及样本 | 被解释变量 | 解释变量 | 调节变量 | 研究结论 |
|---|---|---|---|---|---|
| 王斌和童盼(2008) | 沪市上市公司2005年数据 | 投入资本收益率（投资收益/投入资本） | 非行业、非专业背景董事（表示董事会成员的能力）、董事会成员缺席会议（董事会成员努力程度）、董事缺席会议时委托行权比例（董事会组织认同与和谐程度） | 无 | 提高董事会成员的能力、努力程度能够提升公司业绩；然而，提高董事会成员之间和谐程度却降低了公司业绩 |
| 薛有志、彭华伟和李国栋（2010） | 利用深、沪两市2005～2007年2958家样本企业面板数据 | 代理成本 | 董事会会议次数 | 两职设置；独立董事比例；董事会规模；董事会激励 | 董事会会议次数与代理成本正相关，表明董事会会议的监督效应缺失；过度强调两职分离、合规性的独立董事制度和董事会规模过大是造成董事会监督效应缺失的原因；强化董事会激励机制设计能够提高董事会监督效应 |

| 作者 | 研究方法及样本 | 被解释变量 | 解释变量 | 调节变量 | 研究结论 |
|---|---|---|---|---|---|
| 李国栋和薛有志（2011） | 2004～2007年深沪上市公司面板数据 | ROA | 董事会会议次数 | 两职设置；独立董事比例；董事会规模 | 董事会参与战略管理并没有实现预期的业绩改善，两职合一和独立董事比例对董事会战略参与效应具有正向调节作用，董事会规模则具有负向调节作用 |
| 王倩和曹廷求（2011） | 2007年山东省银行业调查数据 | 资产收益率 | 董事会职能实现过程 | 无 | 董事会职能过程与资产收益率负相关 |
| 江维琳、李琪琦、向锐（2011） | 2004～2006年深、沪两市民营企业面板数据 | 使用修正的Jones模型估计的操作性应计利润的绝对值衡量的盈余管理水平 | 董事会频率、独立董事出勤率 | 无 | 董事会频率越高，公司盈余管理水平将提高；独立董事的出勤率越高，盈余管理水平将越低 |
| 谢永珍和徐业坤（2013） | 我国2002～2008年上市公司样本 | 治理风险奥特曼Z指数（Altman Z） | 董事会会议次数 | 无 | 董事会会议次数与公司治理风险存在显著的负相关 |

资料来源：作者整理。

## 2.3.4　董事会特征通过行为对治理绩效的影响

赫拉和皮尔斯（1989）认为，董事会构成和最终的公司绩效之间存在中介过程和结构。有的学者对董事会特征对绩效的传导机制进行了理论研究。如赫拉和皮尔斯（1989）通过文献综述建立了董事会特征、行为与公司绩效的综合框架，认为董事会构成（包括规模、内部/外部董事之比、少数民族董事比例）、董事会特征（包括董事背景、个性）、董事会结构（包括委员会、组织、信息流、领导权）、董事会程序（包括会议、CEO与董事会的联系、一致性、评价、规范性）影响董事会服务、战略和控制行为，进而对公司财务绩效产生影响。赫拉和皮尔斯所指董事会服务、战略和控制便是本书所界定的董事会行为。福布斯和米利肯（1999）建立的综合框架认为，董事会履职行为是董事会履职过程和公司绩效的中介变量。芬戈尔德、本森和赫克特（2007）通过文献梳理建立的综合框架认为，董事会特征、结构、实践和规模等影响董事会行为，董事会行为进一步影响公司财务与市场绩效、社会与道德绩效。李维安、牛建波和宋笑扬（2009）构建了董事会治理的综合逻辑框架，认为四个董事会属性（构成、特点、结构和程序）影响董事会的三个关键角色（服务、战略和控制），这又会进一步影响公司绩效的各个维度。可以看出，相关理论研究均认同，董事会特征与绩效之间存在中介变量——董事会履行职能的行为。然而，这方面的实证研究却比较稀少，原因可能是：一方面，由于董事会行为的数据不易获得，一定程度上阻碍了研究的进展；另一方面，对于中介效应，特别是非线性视角下中介效应的检验方法尚不成熟。

相关实证研究，如贾奇和蔡特哈姆尔（1992）通过对114位董事进行访谈获取了调查数据，以董事会规模、公司多元化水平（以熵统计量测度）、内部董事比例、组织年限、董事会战略参与（分为参与战略决策的制定阶段和评价阶段）、ROA作为变量，运用结构方程模型研究发现，董事会规模越大、多元化水平以及内部董事比例越高，董事会战略参与水平越低；组织年限越长，董事会战略参与水平越高。进一步研究发现，在控制了行业和规模效应后，董事会战略参与同财务绩效正相关。

佩恩（Payne, 2009）基于团队视角，使用财富1000强公司中

210 家公司的调查数据和档案数据，运用层次多元回归分析，以董事会拥有的知识、信息、权力、激励、董事会投入的时间为解释变量，董事会监督和战略参与作为中介变量，公司财务绩效作为被解释变量，试图揭示董事会特征与业绩之间关系的"黑箱"。通过运用层次回归法进行实证研究发现，董事会拥有的知识、外部信息、权力、董事会投入的时间能够提高董事会监督和战略参与，并进而影响公司财务绩效。然而，董事会激励和拥有的内部信息对董事会监督和战略参与没有影响，并且董事会监督和战略参与的中介效应未通过验证，按照作者的解释，这可能是由于没有充分考虑情境因素的原因。佩恩（2009）所指的董事会监督和战略参与就是本书所界定的董事会行为。

我国学者在这方面的研究刚刚起步。叶康涛等（2011）将中国上市公司独立董事对董事会议案发表意见和投票作为独立董事会监督行为的代理变量并作为被解释变量，以 ROA、董事声誉（用独立董事在其他公司担任董事职位数量以及独立董事担任各上市公司独董职位的平均薪酬测量）、董事专业背景、任期、年龄、性别、工作地点作为解释变量。研究发现，在业绩较差的公司中，独立董事越可能公开质疑董事会议案；同时，独立董事的声誉、财务背景与任职时间对独立董事的质疑行为将产生积极影响。年龄、性别、工作地点对独董的质疑行为没有影响。进一步地，以独立董事公开质疑行为作为解释变量，以托宾 Q 作为被解释变量，研究发现，存在异议独立董事的公司，其市场价值更高。杨青和薛宇宁（2011）建立了董事会通过其监控职能间接影响公司业绩和通过战略咨询职能直接影响公司业绩的双路径结构方程模型，实证检验认为我国国有控股公司董事会监控作用显著而战略咨询职能发挥不足，私营控股公司董事会初步发挥了战略和监控职能。还有的学者从理论上建立了董事会属性对绩效的作用机理模型。如王鹏飞和周建（2011）整合资源依赖论和资源基础论，建立董事会能力、战略决策与竞争优势之间影响关系的分离、调节与中介模式，阐述了在不同战略介入程度下董事会的角色和职能以及董事会能力在介入模式中起到的作用。

总之，现有研究在各因素对董事会治理绩效影响的传导机制研究中体现出以下特点：（1）遵循"董事会特征→董事会行为→公司绩效"的思路，大多分段检验董事会特征对董事会行为、董事会行为对公司绩效的影响，对董事会行为中介作用的验证以及董事会特征对绩效影响的路径分析关注不够，研究方法不够规范。（2）基本从公司绩效视角对董事会治理的效果进行考量，未建立多维度的董事会治理绩效指标体系。（3）基本认为董事会特征对行为、行为对治理绩效具有线性影响，而未在非线性视角下考虑董事会特征、行为对治理绩效的传导机制。事实上，董事会特征对行为以及行为对治理绩效并非是简单线性的影响而可能存在非线性影响。（4）多以大型上市公司为研究对象，未充分考虑创业企业生命周期阶段以及治理结构的特殊性。

### 2.3.5 创业型企业董事会治理的相关研究

学术界关于创业企业董事会对治理绩效影响的研究，主要沿三条脉络进行。

（1）贝克和龚帕斯（Baker and Gompers，2003）发现 IPO 十年后有风险资本支持的公司董事会独立性与接管过程和结果之间无显著相关性。克罗尔、沃尔特斯和莱（Kroll，Walters and Le，2007）发现，在年轻的创业公司中，原始高管团队成员占大多数的董事会，拥有有价值的公司内部信息以及创业愿景，并且处于进行监督的最好职位，能够使 IPO 后的公司业绩更好。他们还认为，外部人应该为高管团队提供资源使他们更好地执行战略，而不是监督高管团队。菲尔德、洛瑞和姆克尔强（Field，Lowry and Mkrtchyan，2013）发现，在 IPO 公司这类缺少公共市场经验并可能较多依赖于董事咨询的公司中，忙碌董事是普遍的并且对公司价值具有正面影响。我国学者大多采用创业板上市公司为样本，研究创业企业董事会对治理绩效的影响。李善民和陈旭（2011）对我国创业板和中小板上市公司的实证研究发现，我国创业板上市公司独立董事比例越高，IPO 抑价程度越高。周建、王鹏飞、李文佳和陈素蓉（2012）对我国创业板上市公司的实证分析发现，我国创业板上市公司独立董事比例与发行折价率正相关。耿建新、张驰和刘凤元（2012）发现有风险投资支持的我国创业板上市公司中，董事会规模对公司盈余管理有抑制作用，而独立董事比例、风险资本董事比例对盈余管理无显著影响。以上研究直接建立了董事会特征与公司绩效之间的逻辑关系，但是仅关注董事会特征对公司绩效是否有影响以及有什么影响，并未研究董事会如何对公司绩效产生影响。另外，上述研究大多关注公司绩效这一治理绩效维度，而忽视对其他治理绩效维度的研究。

（2）研究创业企业董事会行为。张、巴登 - 富勒和普尔（Zhang, Baden-Fuller and Pool，2011）对英国高新技术行业中 8 个新风险投资企业进行了为期 38 个月的实地调查，描述了这些公司早期阶段的董事会结构性组成、知识基础和董事的战略行为特点。他们发现，这个阶段的董事会主要由具有多元化知识背景的兼职成员组成，这可以被看作全职内部高管团队的延伸。作为"集体创业者"，董事会在创业阶段发挥了重要作用，形成了内部高管与外部董事会成员的合作模型。科诺凯特和尤克巴斯然（Knockaert and Ucbasaran，2013）认为，尽管对创业型公司董事会的研究越来越多，但是高新公司创立阶段外部董事角色仍被忽视。他们发现，在高新技术公司的启动阶段，董事会的服务角色对于克服资源依赖具有至关重要的作用。基于资源依赖理论，外部董事履行服务角色的程度依赖于创业企业原始的人力、财务、技术资源基础；多元化程度低的团队、R&D 经验少的团队、财务经验高且技术发展过程中处于早期阶段，将获得外部董事更高水平的支持。上述研究通过实地调查对创业企业董事会行为进行了详细的描述，但尚未建立董事会结构与行为以及行为与治理绩效的关联关系。

（3）研究董事会特征、董事会行为对公司绩效的传导效应，借以探索创业企业的董事会如何对公司绩效产生影响。赫拉和皮尔斯（1989）、福布斯和米利肯（Forbes and Milliken，1999）认为，直接建立董事会特征与公司绩效的关系易导致逻辑跳跃幅度过大，产生不一致甚至矛盾的研究结果。董事会特征与治理绩效之间存在中介变量，即董事会特征影响董事会行为而作用于公司绩效。然而，在创业企业的相关研究中，多局限于探讨董事会特征对董事会行为的影响。如弗里德、布鲁顿和赫里斯（Fried，Bruton and Hisrich，1998）基于代理理论和制度理论，对383家美国风险投资公司介入董事会战略的情况进行了问卷调查，发现风险投资支持的公司董事会比没有风险投资支持的公司董事会更多参与战略形成与评价；当行业、董事会规模、多元化水平、内部董事比例保持不变时，结论相同。费根尼（Fiegener，2005）从代理理论、战略选择和认知角度探讨美国小型私有企业董事会参与战略决策的环境，研究发现董事会中有大量外部董事、涉及公司转型或潜在衰退或CEO权力时，董事会更可能进行战略参与。普利亚和张（Pugliese and Zhang，2007）选取497家挪威公司（5~30名员工）作为样本进行实证研究，结果表明独立董事对董事会战略参与具有显著影响；董事会工作方式和董事会质量特征对董事会的战略参与具有较大影响；董事会质量特征比董事会工作方式更加有利于促进董事会战略参与。马霍尔德、休斯、米尼车利和诺德奎斯特（2011）从团队生产视角对董事会进行研究，通过对挪威140家小企业的调查发现，相比领导权结构而言，领导行为和过程对董事会战略参与的影响更加显著。具体来说，董事会成员知识、董事会发展状况和董事长的领导效力能够提高董事会战略参与；在CEO/董事长两职合一和董事会构成变动时，董事会领导效力能够提高董事会的战略参与。以上研究对董事会行为对公司绩效的影响以及董事会行为中介效应的验证尚显不足，且仅关注公司绩效这一治理绩效维度，尚未研究董事会行为对治理绩效其他维度的影响以及董事会行为在董事会特征与治理绩效其他维度之间的中介效应。加格（Garg，2013）在代理理论框架下建立了创业企业"董事会结构→董事会监督→公司价值"传导机理模型，认为风险投资董事比例与创始人外部董事比例越高，董事会对监督的参与水平越高；独立董事比例越高，董事会对监督的参与水平越低；董事会监督水平与公司价值呈倒 U 型关系。他的研究构建了创业型董事会的研究框架，但他仅依据委托代理理论研究了董事会监督行为，而忽视了资源提供和战略参与行为。然而，对于创业型企业来说，董事会与经理层更多体现合作关系，这使董事会的战略行为尤为重要。另外，加格的研究仅关注公司价值这一个治理绩效维度，且未进行实证检验。

## 2.4　文献评析

学术界对董事会治理绩效影响因素的研究已取得一定成果，但仍存在一些问题。

（1）董事会治理实证研究中多以公司绩效作为被解释变量，没有全面反映董事会治理在创新、社会责任履行、风险控制、代理成本、信息披露、违规等方面的效果，未结合创业型企业的特殊性建立董事会治理绩效的指标体系。这缩小了董事会治理绩效的信息含量，是导致现有研究结论混乱或者统计意义上虚假显著关系的重要原因。此外，无法考察创业板上市公司董事会履行不同职能效果的差异以及创业板上市公司与大型成熟上市公司相比董事会履行职能效果的特殊性。正如芬戈尔德、本森和赫克特（2007）所认为的，我们需要将各种业绩指标相结合——包括财务、道德/法律、社会维度，以考察董事会各类职能之间是否存在权衡关系，并研究某种类型的董事会是否对某些业绩指标相对于另外的指标贡献更大。

（2）治理绩效影响因素的分析中，多属于重复性研究堆积，大多直接建立董事会特征与治理绩效的简单关系，治理结构与绩效之间的逻辑跳跃幅度过大。正如赫拉和皮尔斯（1989）所认为的，研究董事会属性与公司业绩之间的直接关系是被误导的，并将产生矛盾的研究结果。对董事会特征与行为、行为与治理绩效之间因果关系关注的缺乏是导致研究结果相互矛盾的重要原因之一，董事会构成和最终的治理绩效之间存在中介过程和结构。然而现有研究对董事会特征对治理绩效传导机制等关键理论问题和实证检验缺乏突破，各因素对治理绩效不同维度的影响路径尚不清晰，缺少关于董事会行为过程的理论框架使我们很难辨识董事会绩效的正确的预测变量（Pye and Pettigrew，2005）。因此，应该进一步考虑董事会特征、行为对董事会治理绩效的传导路径，这将有助于我们揭示董事会运行的"黑箱"。

（3）现有文献大多基于线性视角研究董事会特征与行为、行为与治理绩效的关系。受研究方法的局限，在董事会特征、行为与治理绩效关系的现有研究中，基本都是基于变量之间存在正相关或负相关线性关系的假设。这种假设未能考虑变量过大或过小的情况，也经常会出现针对相同变量之间的关系存在完全相反研究结果的争论。有的研究在模型中引入变量的平方，检验变量之间的倒 U 型非线性关系，试图整合相互矛盾的研究结果以得到"适度最优"的研究结论。但目前这类研究仍存在局限。一是仅检验两个变量之间的倒 U 型关系视角相对较窄，未扩展到其他形式的非线性关系，如对数曲线形式。二是倒 U 型可能表示"适度最优"，但也可能表示变量之间正负效应相抵消而净效应为零的情形。三是在非线性视角下，将董事会行为作为中介变量纳入模型中时，董事会特征通过行为对治理绩效的影响便不是常数，而是随董事会特征不同取值发生动态变化，现有研究尚未对此进行检验。因此，应进一步扩展董事会治理的研究方法，探索变量之间更多形式的非线性关系以及中介变量所起的非线性中介效应，以得到更科学的实证结果。

（4）对创业型企业的研究较少。创业企业是提升我国自主创新能力的重要力量，其董事会治理独具特色。创业型企业股东与经理层重复性高，且由于处于生命周期早期，管理团队小且经验不足，内外部环境变革程度高，董事会与经理层之间主要体现合作关系而非传统的委托代理关系，因此，董事会行为、董事会治理绩效的衡量以及董事会特征、行为对治理绩效的影响路径必然不同于大型成熟企业。然而，现有研究对创业型企业这类特殊组织情境的董事会治理关注尚有不足：一方面，未结合创业企业特点而构建系统的治理绩效衡量指标；另一方面，未建立创业型企业董事会治理绩效形成机理的理论框架，并且董事会行为在董事会特征与治理绩效之间中介效应的实证检验仍存在局限，尚未充分挖掘这类企业董事会行为的特点以及董事会特征通过行为对治理绩效影响路径的特殊性。

鉴于现有研究现状，本书拟结合创业板上市公司的特点，以代理理论、资源依赖理论、管家理论为基础，基于董事会职能与行为的分析，构建创业板上市公司董事会特征、行为对治理绩效的传导机制理论模型，确定董事会战略行为绩效与监督行为绩效的多维度指标体系；从非线性视角出发，以董事会治理绩效指标作为被解释变量、董事会特征指标作为解释变量、董事会行为指标作为中介变量，运用海耶斯和普里彻（2010）最新提出的非线性中介效应检验方法，以 2009～2011 年我国 509 家创业板上市公司为样本，对董事会治理绩效的影响因素进行实证研究。

# 第3章 创业板上市公司董事会治理绩效的形成机理与测量指标

## 3.1 多维视角的董事会职能界定

董事会通过履行职能的治理行为而达成治理绩效。董事会行为在董事会特征与治理绩效之间起到关键的中介作用。对董事会行为的解释源于对董事会职能的理解。董事会职能是指董事会应该履行的职责和任务。不同理论视角对董事会职能进行了不同的诠释。代理理论是董事会治理研究中最为主流的一种理论，但基于单一理论视角解释董事会职能未免过于片面，很多学者试图将代理理论与资源依赖理论、管家理论、法律视角甚至其他更广泛的理论相结合，共同诠释董事会职能（Zahra and Pearce，1989；李维安等，2009；Adams，Hermalin and Weisbach，2010；Minichilli et al.，2009，2010；Pugliese，Minichilli and Zattoni，2013）。借鉴相关学者的观点，本书将各理论予以整合后认为，董事会职能包括监督职能和战略职能（谢永珍，2006；谢永珍、赵琳和王维祝，2013）。根据董事会职能的划分，董事会行为可以分为履行监督职能的监督行为和履行战略职能的战略行为。本书将首先界定董事会的监督职能和战略职能，在此基础上对董事会监督行为和战略行为的强度和方式等维度进行分析。

**1. 董事会的监督职能：基于委托代理理论视角**

在委托代理理论下，董事会要履行其作为股东利益的代表监督高管人员的职责。赫拉和皮尔斯（1989）、李维安等（2009）基于委托代理理论认为，董事会具有监督职能，即要求董事会对公司和CEO 绩效进行评估以确保公司成长及保护股东利益。亚当斯、哈马林和斯巴赫（2010）认为董事会监督职能是指通过雇用、评价以及必要时解雇管理层达到对其的约束目的。评价高管是董事会控制职能中的重要环节，它是激励政策制定的基础。同时，根据评价结果，董事会可以决定是否提升或更换高管。评价包括两部分：（1）监督高管的行为。比如选择外部审计师对财务报告进行审计，从而监督高管的财务行为；（2）评价高管的能力。对高管能力进行评价的关键是董事会获取了多少信息和如何获取相关信息，这涉及董事与高管的谈判过程、项目和战略的选择以及选择 CEO 的过程。施瓦兹和斯巴赫（2013）建立的监督模型认为，董事会角色是评价管理层，而不是决策本身。CEO 提出项目建议，董事会观察项目盈利，定期评估 CEO 业绩，并决定是继续任用还是解雇他们。综合以上学者的观点以及相关的公司治理规制，本书认为，董事会的监督职能包括：（1）雇用、解雇高管；（2）评价、激励、提升高管；（3）执行财务审计工作，监督信息披露过程；[①]（4）监督公司担保决策、关联交易决策，监督公司重组活动，降低公司的违规行为、减少大股东的剥削行为等。[②]

---

① 《上市公司治理准则（2018）》第三十九条规定，董事会审计委员会的职责是：监督及评估外部审计工作、提议聘请或更换外部审计机构；监督和评估内部审计工作，负责内部审计与外部审计的协调；审核公司的财务信息及其披露；监督及评估公司的内控制度等。《OECD 公司治理原则》第 VI 部分规定，确保包括独立审计在内的公司会计和财务报告系统诚实可靠；确保适当的控制体系到位，特别是风险管理体系、财务和运营控制体系以及对法律和有关标准的遵守体系；监督信息披露和对外交流的过程。

② 《OECD 公司治理原则》第 VI 部分董事会责任中规定：对管理层、董事会成员和股东之间的潜在利益冲突进行监控和管理，包括滥用公司资产和不当关联方交易。《关于规范上市公司与关联方资金往来及上市公司对外担保若干问题的通知》（2003）中规定，对外担保应当取得董事会全体成员 2/3 以上签署同意，或者经股东大会批准；上市公司独立董事应在年度报告中，对上市公司累计和当期对外担保情况、执行上述规定情况进行专项说明，并发表独立意见。

## 2. 董事会的战略职能：基于资源依赖理论和管家理论视角

普利亚、贝泽默和赞托尼（Pugliese, Bezemer and Zattoni, 2009）[①] 认为，董事会对公司战略负责，并且是对战略做出贡献的最佳职位，因此，董事会具有战略职能。根据资源依赖理论，董事会可以帮助公司与外部环境相联络并获取有价值的资源，是对战略决策做出贡献的主要位置（Hillman and Dalziel, 2003）。赫拉和皮尔斯（1989）、李维安等（2009）、米尼彻利等（Minichilli et al., 2009, 2010）等依据资源依赖理论认为，董事会应该通过为管理层提供资源和信息、与利益相关者进行联系和沟通等方式间接影响公司决策形成。根据管家理论，管理层作为组织资源的管家，出于利他动机并受组织需要和目标的驱动，将勤奋工作而使股东财富最大化。从这一视角看，董事会应该在战略领域与高管团队进行协作而积极进行战略参与。如米尼彻利等（2009, 2010）基于管家理论认为战略参与是董事会的重要职能，包括积极参与提出战略方案、长期战略决策、执行长期战略决策。

董事会的战略职能在董事会治理实践与改革中应运而生，外部的治理环境要求董事会应该履行战略职能（Judge and Zeithaml, 1992；马连福和冯慧群, 2013）。行业范围的扩大、全球化的增长、技术进步以及更高水平的竞争迫使董事会更高程度地参与公司的全面领导。随着公司丑闻的暴露（如美国国际集团、安然、雷曼兄弟、世通和环球电讯），以及全球范围内治理危机的出现（如瑞典艾波比集团、挪威国家石油公司、荷兰皇家阿霍德集团、意大利帕玛拉特、加拿大北电网络、法国威望迪、德国曼内斯曼），实务界和监管部门对董事会战略职能更加关注。监管部门已经制定法规改善治理实践并致力于保证董事更积极地参与战略决策（Kim, Burns and Prescott, 2009），如萨班斯法案要求董事会程度广泛地受托责

---

① Pugliese, Bezemer and Zattoni （2009）在 "*Boards of Directors' Contribution to Strategy: A Literature Review and Research Agenda*" 一文中对相关文献作了具体综述。

任以保证提出的战略对组织成功和生存没有危害。

有的学者认为，董事会正在积极对管理层提供外部资源和建议。如赫拉和皮尔斯（1989）、李维安等（2009）认为，董事会提出自己的分析，或者以提供备选方案的方式积极参与战略制定，使管理层对项目选择进行更广泛的考虑，并明确战略实施过程中的约束条件。他们认为，董事不制定或执行战略，因为这些是 CEO 的权限。董事是通过直接提出新的商业概念或自己的分析影响经理提出的战略方案，从而影响公司业绩（Zahra and Pearce，1989）。亚当斯和费雷拉（Adams and Ferreira，2007）认为，董事会利用成员的专业知识对公司战略方向提供建议和咨询，包括对一般政策提供建议，并在公司出现问题时提供判断。

然而，董事会的角色是不断演进的，董事目前被期望更多地参与组织的战略形成和执行活动（Payne，Benson and Finegold，2009）。现有研究已经证明，至少一些董事正在越来越多地积极参与公司战略管理过程的全部阶段（Kim，Burns and Prescott，2009；Pugliese，Bezemer and Zattoni，2009）。如戴柏和纽鲍尔（1992）调查发现，约 2/3 的董事认为制定公司战略方向是他们所做的工作之一。8% 的董事也认为他们参与了公司战略制定。戴柏和纽鲍尔（Demb and Neubauer）的另一个调查中，75% 的被调查者表明他们"制定战略、公司政策、总体方向、使命、愿景"。斯泰尔斯（2001）对英国上市公司的 51 个董事、121 个公司秘书以及 4 个英国上市公司的调查与案例研究发现，公司战略完全由董事会制定的占 41.2%，大部分由董事会制定的占 30.6%。他们进一步认为，董事会通过建立公司定义、监督把关、选举董事、建立自信来影响战略行动的边界，而关于董事会管理控制的证据很少。拉瓦西和扎托尼（Ravasi and Zattoni，2006）认为，董事会确立、维持和恢复一致意见，并通过定义共同目标和制定组织方向来协调不同的战略观点并直接影响战略决策。瑞格洛克、佩克和凯勒（Ruigrok，Peck and Keller，2006）对瑞士公司的研究认为，董事会在定义、选择和执行公司战略中起到作用。施密特和布罗埃（Schmidt and Brauer，2006）检验了董事会如何真正承担战略任务，而不仅仅是战略制定（如评价、批准提出的战略），并提出了"评价董事会指导战略执行有效性的方法"。金姆、伯恩斯和普莱斯考特（Kim，Burns and Prescott，2009）认为，董事会通过塑造战略情境（即设置战略过程发生的条件）、战略内容（即评价不同项目）以及战略执行（监督执行）来影响高管团队战略行动的速度和广度。亚当斯、哈马林和斯巴赫（2010）认为，董事会除对雇用和解雇高管决策以外，应制定战略或选择项目，也即董事会强迫 CEO 改变战略，而不是替换 CEO。马连福和冯慧群（2013）认为，随着机构投资者参与董事会战略决策的程度持续加深，董事会已经介入公司战略的每一个环节。

　　基于资源依赖理论与管家理论并结合诸多学者的观点，本书认为，董事会的战略职能包括两方面。一是面向公司外部的资源提供，即董事会作为"边界扳手"，建立组织与外部环境特别是重要利益相关者的联系（如政府、银行、金融机构、客户等），并为管理者及时提供有价值的信息（Zahra and Pearce，1989；李维安等，2009；Minichilli et al.，2009，2010）。借鉴普费弗和萨兰西克（Pfeffer and Salancik，1978）的观点，董事会为公司提供的资源包括四个方面：建议和咨询；合法性；与外部组织沟通信息的渠道；优先获取资源。二是面向公司内部的战略参与。贾奇和蔡特哈姆尔（1992）认为，董事会对战略过程的参与包括对战略决策过程形成阶段的参与和战略评价阶段的参与。借鉴贾奇和蔡特哈姆尔的观点并结合以往学者的观点（Stiles，2001；Ravasi and Zattoni，2006；Ruigrok et al.，2006；Kim，Burns and Prescott，2009），本书认为董事会的战略参与包括对战略形成与评价两个阶段的介入，具体来说包括参与制定公司的战略目标和方向、参与重大战略预算和计划的制定、对公司重大战略建议和提案进行审议、参与重大战略计划的履行、批准战略项目以及监督战略的执行等。事实上，战略决策是复杂、非线性和分段式的过程，董事会是通过反复迭代的过程影响经理层，指导其战略思维和决策过程（McNulty and Pettigrew，1999）。克里斯多夫（Christopher，2010）也认为，公司治理将董事会和管理层的责任和义务融合为一个连续的过程。

## 3.2　创业板上市公司董事会行为的权变分析

### 3.2.1　董事会监督行为和战略行为

为了描述和研究董事会实际履行职能的情况，本书引入董事会行为的概念，借鉴谢永珍、赵琳和王维祝（2013）的观点，董事会行为是指董事会履行职能、实现治理目标的过程，它反映了董事会实际运作层面的特性。

董事会监督行为是履行监督职能的过程。根据本书对董事会监督职能的界定，董事会监督行为是指董事会履行以下职能的过程：雇用、解雇高管；评价、激励、提升高管；执行财务审计工作，监督信息披露过程；监督公司担保决策、关联交易决策，监督公司重组活动，降低公司的违规行为、减少大股东的剥削行为等。正如前文所述，监督强度是用来描述监督行为的重要维度。相关学者证明了董事会监督强度维度的重要性（Westphal，1999；Ararati，Aksu and Cetin，2010；Garg，2013），均用董事会监督强度来衡量和研究董事会监督行为。董事会监督行为的强度是个抽象概念，学者们通常根据各自研究需要用等级量表、会议次数等指标对此进行量化。如韦斯特法尔（Westphal，1999）用等级来描述监督强度，将董事会对管理层的监督由很低、适中到很高划分为5个等级；阿拉若、阿克苏和采廷（Ararat，Aksu and Cetin，2010）以及布里克和奇丹巴然（Brick and Chidambaran，2010）用董事会会议次数来衡量监督强度。总之，由以上学者的研究成果可以看出，董事会监督强度包括履行监督职能的频率、广度和深度三个维度

（Garg，2013）。

董事会战略行为是指履行战略职能的过程。根据本书对董事会战略职能的界定，董事会的战略行为包括资源提供和战略参与行为。战略行为的强度是描述董事会战略行为的重要维度。借鉴加格（2013）关于董事会监督行为强度的观点，董事会战略行为的强度也包括履行战略职能的频率、广度和深度三个维度。现有研究一般将战略决策分为形成阶段和评价阶段（Judge and Zeithaml，1992）。在这两个阶段中，董事会战略参与强度的划分是连续的（Zahra and Pearce，1989）。在战略形成阶段，董事会的参与程度由高到低包括与管理层一起建立公司战略方向到很少修正管理层的提议。在评价阶段，董事会的参与程度由高到低可以分为：他们是调查了管理层对资源配置的评价还是简单接受了高管提供的评价（Judge and Zeithaml，1992）。然而，战略规划与评价两个阶段的界限是难以清晰划分的，而是相互交织、相互关联和循环的过程。正如金姆、伯恩斯和普莱斯考特（2009）所认为，由于战略是在一系列决策和行动中出现和演变的，既具有深思熟虑的特征，又具有紧急的特点，所以战略规划与评价难以划分。在高度参与的董事会中，成员与管理层合作，建立战略方向，并对高管关于战略投资的进程进行密切询问，信任管理层提供的综合和准确的评价；相反，较少参与的董事会往往成为管理层战略提案的"橡皮图章"，接受管理层给予的任何评价（Judge and Zeithaml，1992）。

除了董事会行为的强度（即频率、广度和深度），行为方式也是描述董事会行为这一抽象概念的重要维度。加格（2013）指出董事会的监督行为可以多种方式进行，如 E-mail、电话、亲自拜访、与 CEO 的互动等非正式途径以及正式的董事会会议。斯泰尔斯（2001）也认为，董事会的战略行为有正式会议和非正式沟通两种形式。他指出，董事会履行建立公司战略框架职能时，主要在董事会会议中进行评价，讨论战略计划与预算，拓展新的战略方向，比如并购和剥离、联盟活动等；经理层也可能以非正式的途径与非执行董事讨论提议方案的可行性。进一步地，董事会履行维持战略框架、保证公司战略活动与战略框架相匹配、审议战略或运营提案的过程，也是通过正式会议和非正式沟通的形式来进行。虽然执行委员会经过讨论，将最好的战略提案保留下来并提交到董事会，但是董事会也并非仅起到"橡皮图章"的作用。在斯泰尔斯的访谈调查中，有位董事长认为，在董事会会议中不应该出现意外事项。董事应该熟悉战略是如何产生的，而不应该在事先不熟知相关信息的情况下对重大事项作出决策。斯泰尔斯指出，董事获取战略决策的相关信息来自多种形式。（1）正式会议。许多董事会召开董事会会议时，邀请战略提案者在董事会会议中做出讲解，这个过程不仅是在执行委员会的会议中进行。如果非执行董事强有力，那么非执行董事可以在早期阶段提供建议，降低执行委员会提出议案遭到拒绝的可能性。（2）非正式途径。经理层在战略提案的酝酿过程中使非执行董事了解信息并试图征询他们的建议。斯泰尔斯的调查还表明，在公司出现危机的时刻，董事会参与战略内容形成的活动更加积极。正式的董事会会议没有增加，但是非正式的行为如电话谈话、执行董事与非执行董事的午餐和晚餐等活动显著增加。总之，董事会履行监督行为和战略行为的方式存在正式会议和非正式沟通两种形式。

## 3.2.2 董事会行为的权变模型

结合不同理论，从互补或替代的角度对董事会行为进行更加广泛和多维度的解释，提高了对董事会行为的解释力度。然而，董事会行为随不同公司内部情境和外部情境表现出不同的重要性（Zahra and Pearce，1989；Judge and Zeithaml，1992）。因此，有必要用权变的方法进一步研究董事会行为。权变理论认为，不存在最佳的组织方式，最优的组织结构取决于很多情境因素，如环境复杂性、组织战略、技术和组织规模（Zona，Zattoni and Minichilli，2012）。情境因素在决定一个给定"结构"效率方面具有重要作用。结构与情境因素的匹配将比不匹配产生更好绩效，越匹配，组织将越有效。博伊德、海恩斯和佐娜（2011）进一步认为，使用权变方法可以整合多重理论，确定不同情境下董事会理论的适用性从而界定相关理论的边界，对丰富董事会的研究更具意义。

事实上，各理论的不同分析视角正是代表了董事会发挥作用的内部组织因素和外部环境因素。虽然代理理论和管家理论的理论起源以及对人性的假设有所不同，但均着眼于股东与经理层关系这一组织内部情境因素。当公司所有权与控制权分离程度较高时，股东与经理层之间体现的是委托代理关系，经理层的自利行为更加突出，代理理论更加适用。而当经理层持股较高而导致公司所有权与控制权分离程度较低时，股东与经理层更多体现合作关系，管家理论更加适用。资源依赖理论侧重公司外部资源视角，当公司的外部环境不确定性程度高、运营环境较复杂时，董事会的资源提供和边界管理行为水平更高；而当公司面临的外部环境较简单时，资源依赖理论则不适用于解释董事会的职能与行为。将以股东与经理层关系代表的组织内部因素与以外部资源不确定性程度代表的组织外部环境因素相结合，如图 3－1 所示，横轴代表外部环境不确定程度的高低，纵轴代表股东与管理层之间代理成本的高低，从而组合成 A、B、C、D 四个区域，分别表示四种组织情境。四种情境由于具有不同的外部和内部环境，董事会理论的适用性也有所不同，董事会监督和战略行为的水平将随之发生权变。

A 区外部环境不确定性程度低，复杂程度低和运行环境简单，对董事会建立与外部环境联结的需求低，董事会不需重点发挥资源提供职能。股东和经理层信任程度高，两者目标高度一致，董事会和经理层更多体现合作关系。经理层的机会主义行为降低，代理问题不严重，对董事会监督职能的需求降低。因此，在这类情境下，应主要以管家理论为导向，董事会的战略参与水平较高，监督水平较低。董事会更加积极地对经理层提供建议和咨询，尤其是积极参与战略形成与评价过程。

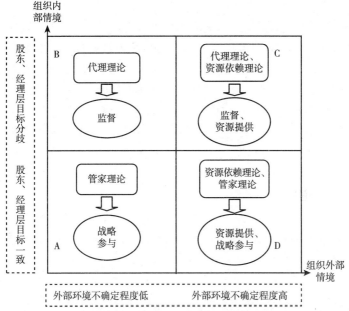

**图 3-1 董事会职能的权变模型**

资料来源：作者整理。

B 区外部环境不确定性程度低，复杂程度低和运行环境简单，根据资源依赖理论，董事会为公司提供资源以降低外部环境依赖程度的需求较低，董事会资源提供水平较低。该区域由于股东与经理层信任程度低，经理层并非担任"管家"角色，董事会与经理层之间并非合作关系。另外，股东和经理层的目标不一致程度高而导致代理问题较严重。依据代理理论，这类公司对董事会监督水平的需求高，通过控制和评价经理层行为、监督公司绩效等方式，降低经理层的道德风险，从而降低代理成本。因此，在该区域中，主要以代理理论为导向，董事会应积极进行监督。垄断行业的大型公司资源丰富而充足，外部环境的不确定性程度低；加之公司规模大，控制权与经营权分离程度高，经理层由于可利用资源较多而更有机会进行在职消费等机会主义行为，因此，该类公司便属于 B 区域所指情形。

C 区外部环境不确定性程度较高，运行环境较复杂，根据资源依赖理论，公司需要董事会发挥"边界扳手"的作用，为公司建立与外界环境的联结，帮助公司获取资源，降低外部环境的不确定性。同时，该区域中股东与经理层信任程度较低，两者目标不一致而使代理问题较为严重，董事会还应积极监督，降低经理层实施机会主义行为而导致的代理成本。总之，在该区域中，应以资源依赖理论和代理理论为导向，董事会的资源提供和监督行为水平均较高。市场竞争程度高的大公司，外部环境复杂程度高，控制权与经营权分离程度高，便属于这类情形。

D 区外部环境复杂并且不确定程度高，董事会需要加强与外部重要利益相关者的联系，为公司获取资源提供便利，以降低公司对外部资源的依赖性。该区域内股东与经理层目标一致性程度较高，经理层更多担任股东的"管家"，因而代理问题并不严重。董事会与经理层主要表现为战略合作关系，董事会的行为更多体现于为经理层提供咨询和帮助，并且积极进行战略参与，而不是控制、评价经理层行为和业绩。总之，在该区域中，应以资源依赖理论和管家理论为主导，董事会的资源提供和战略参与行为水平较高。中小型的家族企业、年轻的创业型企业易受复杂外部环境的冲击，内部资源稀缺，家族股东或创业股东为了实现对公司的控制通常担任经理层而使股东与经理层目标高度一致，因此，这类公司便属于 D 区所指情境。

### 3.2.3 创业板上市公司的董事会行为

**1. 创业板上市公司与董事会的特殊性**

创业板上市公司作为创业型企业的代表，其公司本身以及董事会均具有与大型成熟上市公司不同的特殊性。

（1）创业企业股东与经理层之间的代理问题较小。创业企业 CEO（可能是创始人 CEO 或非创始人 CEO）通常拥有大量股份

（Garg，2013），所有权与控制权的分离程度较低；创业企业通常处于生命周期早期，资源有限、规模小、现金流少，CEO 滥用资源的机会变少。相反，在大型上市公司中，所有权与控制权分离程度较高，资产规模大且资源丰富，为 CEO 提供了更多的滥用资源的机会，CEO 常常以损害股东利益为代价进行在职消费，获取额外补贴（Yermack，2006）。因此，创业企业的代理问题比大型上市公司低。

（2）创业型企业管理层的经验和能力相对薄弱。①创业板上市公司属于新上市公司，管理层缺乏与资本市场的协商经验。菲尔德、洛瑞和姆克尔强（2013）认为，许多新上市公司具有高增长率，在上市之后要第一次并购、发行债务、发行股票。②高度的不确定性和信息不对称导致大量诉讼案件，新上市公司中的大多数管理层在管理与机构投资者关系、与媒体沟通、与分析者互动、在 SEC 登记备案公共报表方面缺少经验，这是成熟公司与新上市公司最重要的区别。③创业型企业的创业团队企业家精神与大型成熟上市公司有所不同。比如陈忠卫和郝喜玲（2010）研究发现，中小企业创业团队的企业家精神在协作进取方面的表现较弱。据此可推断，创业型企业的高管在科学有效地识别和利用市场机会方面的动机和能力可能相对较弱。

（3）创业企业由于通常处于生命周期的早期，内外部均面临高度的不确定性和变革，对外部资源的依赖性强。加格（2013）认为，创业企业处于生命周期早期，从外部看，市场边界、产品、顾客、认同度和竞争存在高度不确定性；从内部看，公司资源少、管理团队小并具有高成长性。因此，创业企业面临更强烈和更经常性的变革，具有高度的不确定性（Field，Lowry and Mkrtchyan，2013）。对于创业型企业来说，创新是应对内外部不确定性、提高生存率并促进成长的关键因素。相反，大型成熟上市公司主要在已经有确定产品和清晰竞争者的相对明确的市场中运营，它们拥有大型的经理人人才市场和丰富资源。相对创业公司来说，它们面临的不可预测性和变革更低（Davis，Eisenhardt and Bingham，2009），对外部资源的依赖性较低。表 3 – 1 列示了创业板上市公司与大型成熟上市公司的不同之处。

**表 3 – 1　　创业板上市公司与大型成熟上市公司的比较**

| 特点 | 创业公司 | 大型成熟上市公司 |
|------|---------|----------------|
| 生命周期阶段 | 初创期、成长期 | 成熟期 |
| 对创新的注重程度 | 高 | 低 |
| 所有权与控制权的分离程度 | 低 | 高 |
| 管理层持股 | 高 | 低 |
| 公司资源冗余 | 低 | 高 |
| 管理团队规模 | 小 | 大 |
| 管理团队经验 | 少 | 多 |
| 外部环境的不确定性 | 高 | 低 |
| 董事的激励 | 高 | 低 |
| 董事的专业水平 | 高 | 低 |

资料来源：根据加格（2013）和菲尔德、洛瑞和姆克尔强（2013）的观点整理。

总之，创业板上市公司与大型成熟上市公司相比，CEO 持有大量股份而与股东利益一致程度较高，加之企业资源缺乏使 CEO 滥用资源的机会减少，这使创业企业代理问题较一般上市公司更低（Garg，2013）；同时，创业板上市公司作为新上市公司，管理团队经验不足，内外部环境具有高度不确定性，对创新的需求度很高。因此，创业板上市公司董事会监督与战略行为将与大型成熟上市公司董事会行为有所差异。

创业企业董事会特征具有与大型成熟上市公司不同的特点，使创业型企业的董事会更有动力和能力履行相应职能而达到通过创新进行价值创造以实现以股东利益为核心的利益相关性利益最大化的公司治理目标。首先，创业企业董事会通常具有大量的财务激励，这使得他们更可能履行职能而实现公司治理目标。风险投资公司以及其他专业投资机构会在创业企业中派出董事，目的在于促使公司快速成长，并通过 IPO 或者能够使他们的权益清算、实现投资收益的兼并事件退出（Gompers and Lemer，2001）。投资者董事的晋升和薪酬，包括奖金，通常直接与作为董事的那家被投资公司的流动性退出和整体投资组合收益有关（Garg，2013）。然而，在大型成熟上市公司中，外部董事为保持独立性，直接的财务激励较少（Jensen，1989）。其次，创业企业董事会具有丰富的行业知识，这使他们更有能力履行职能，实现公司治理目标。加格（2013）认为，创业企业中来自职业投资者的董事通常管理某个部门的投资组合，非常熟知相关行业的知识和信息。独立董事通常来自相关行业，由于他们的专业知识而被选任。创始人董事通常也由于他们创立了公司而非常熟悉该行业。相反，大型成熟上市公司董事通常来自其他行业以保证其独立性，并因此可能较少拥有直接相关的知识。如叙沙尔（Suchard，2009）对澳大利亚公司的实证研究发现，风险投资家通过他们的资源网络招募专业的、具有行业经验的独立董事，以改善治理。

**2. 创业板上市公司董事会的监督行为**

依据代理理论，在一般大型上市公司和创业型企业中，董事会均为内部治理机制（Fama and Jensen，1983）。与一般大型上市公司相同，创业企业董事会成员也是由股东批准而选任并对所有股东负有信托责任（Bagley and Dauchy，2008）。加格（2013）认为，创业企业董事会具有对经理层和公司业绩的监督责任。创业企业董事会的监督是指董事会及董事追踪经理层的重要行为、结果和公司业绩的活动，以保证必要时进行矫正行动。罗森斯坦、布鲁诺、拜格雷夫和泰勒（Rosenstein，Bruno，Bygrave and Taylor，1993）对由风险投资公司支持的高科技公司的研究也发现，由风险投资董事参与的董事会积极参与监督经营业绩，监督财务绩效，招募和替换CEO，解决短期财务危机等监督活动。由此可以推断，创业板上市公司的董事会与大型成熟上市公司一样具有监督职能，即雇用、解雇高管；评价、激励、提升高管；执行财务审计工作，监督信息披露过程；监督公司担保决策、关联交易决策，监督公司重组活动，降低公司的违规行为、减少大股东的剥削行为等。

然而，创业企业管理层持有较高股权，所有权与经营权分离程度较低，且由于公司冗余资源少，CEO可滥用资源的机会低，因此这类企业代理问题较低，从而对董事会监督经理层机会主义行为的需求降低（Field，Lowry and Mkrtchyan，2013）。加格（2013）也持相同观点。他指出，创业企业董事会也可能划分更少的时间监督审计和合规性活动，比如与SOX相关的条款，而这些占用了一般上市公司董事会较多的时间。但由于公司内外部的变革更多，创业企业董事会成员与一般上市公司相比，董事会的监督更可能深入企业经营层面，以降低变革所带来的风险（Garg，2013）。因此，创业企业董事会尽管具有大型成熟公司的监督职能，但对经理层机会主义行为，特别是信息披露质量的监督水平可能较低，而对公司经营活动的监督行为水平则较高。

**3. 创业板上市公司董事会的战略行为**

本书认为，与大型成熟上市公司相同，创业板上市公司董事会也具有战略职能，即资源提供和战略参与。但是由于创业企业的特殊性，董事会履行战略职能的战略行为与大型成熟公司相比凸显特色。依据资源依赖理论，创业型企业由于内部资源稀缺、管理团队小而对利益相关者协商经验不足以及外部环境复杂不确定程度高（Garg，2013；Field，Lowry and Mkrtchyan，2013），董事会为创业企业提供的资源便更加重要。董事会给管理层的建议和咨询，可以弥补创业企业管理团队人力稀缺、经验不足的局限性；董事会可以利用自身的社会资本帮助公司管理利益相关者的关系，有助于公司再融资并获取相关资源，降低外部环境的不确定性。相关研究表明，与大型成熟公司相比，创业企业对董事会资源提供职能需求更大。如扎赫拉和菲拉套特富（Zahra and Filatotchev，2004）发现，创业企业董事会通过咨询和战略参与为企业提供价值增值服务。希尔曼等（2009）证实，处于生命周期早期的公司最有可能受益于董事提供的资源。科诺凯特和尤克巴斯然（2013）认为，在高新技术公司的启动阶段，董事会提供的资源对于克服资源依赖具有至关重要的作用。菲尔德、洛瑞和姆克尔强（2013）认为，与成熟公司相比，董事会的咨询可能对新上市公司更有用。

此外，与大型成熟公司相比，创业板上市公司董事会战略参与水平更高。依据管家理论，由于创业型企业所有权与控制权分离程度较低，经理层持股比例较高而与股东的目标一致性程度较高，董事会与经理层合作关系较显著。正如张、巴登—富勒和普尔（2011）所认为，年轻的创业型公司董事会被看作全职内部高管团队的延伸。作为"集体创业者"，董事会与高管团队一起设计与改变商业模型，形成了内部高管与外部董事成员的合作关系。加之管理团队缺乏经验，创业型企业对董事会的战略参与需求比大型成熟公司更大。创业企业对创新的高需求也要求董事会积极参与战略决策，以更多获取公司相关内部信息，从而更有效地提高研发投入与创新项目。总之，创业企业通常生存率较低、资源有限、在快速变革和不确定的环境中经营并注重创新，董事会通常更加积极地进行战略参与。相关学者的实证研究结论对此加以了证实。如罗森斯坦（Rosenstein，1988）认为，高科技创业公司中经常召开董事会会议，积极处理关键问题，评价战略的运行以及需要进行的战略变革。弗里德和布鲁顿（Fried and Bruton，1998）认为，风险投资公司介入使董事会的战略参与水平高，为公司提供除现金以外各种形式的资源，比如经营服务，获取合同、行业知识，制定财务与战略原则。创业企业董事会成员可能参与详细的经营活动、市场推介、招募和解聘相对低层的员工，而不仅仅是战略（Garg，2013）。有研究认为，风险投资支持创业的企业董事会较为深入地介入至公司的经营层面，而不仅停留于战略层面（如 Ehrlich，Noble，Moore and Weaver；1994）。黑尔曼和普里（Hellmann and Puri，2000，2002）对美国硅谷创新型企业的调查研究表明，风险投资公司通过正式介入董事会而缩短了产品推向市场的时间，并影响公司人力资源的建立。罗森斯坦（1988）发现，高科技创业公司董事会对商业计划的评价深入至新一轮筹资开始或当公司推出新产品及制定市场决策时，这均为董事会参与战略评价的行为。张、巴登—富勒和普尔（2011）调查发现，创业企业董事会成员积极在战略层面和经营层面参与筹资。

总之，与大型成熟上市公司相同，创业板上市公司董事会也实施监督和战略行为，但由于创业企业本身的特点，董事会监督和战略行为具有特殊性。创业板上市公司的董事会可能更加经常地深入经营层面进行监督，但对经理层机会主义行为、公司合规和财务审计的监督水平较低。另外，创业板上市公司董事会的资源提供行为水平更高，战略参与行为更加积极且范围不仅涉及战略层面而是深入管理边界之内，从而使创业板上市公司的董事会与战略、管理的交互融合性较强。因此，我们预测，对于创业板上市公司来说，董事会的战略行为比监督行为更显重要，在下文的作用机理分析中拟将董事会战略行为摆在首位。

## 3.3 董事会行为对治理绩效的作用机理

董事会履行战略职能的战略行为和履行监督职能的监督行为将对董事会治理绩效的不同维度产生影响。董事会战略行为的效果主要体现于促进创新、提升股东财富、履行公司社会责任以及降低破产风险等治理绩效维度；董事会监督行为的效果主要体现于降低第一类和第二类代理成本、提升信息披露质量以及规避违规等治理绩效维度。

### 3.3.1 董事会战略行为与治理绩效

在资源依赖理论和管家理论视角下，董事会主要通过提供资源和战略参与行为履行战略职能，提高决策的科学性，其效果体现于促进创新、提升股东财富和社会责任，从而达到通过创新进行价值创造而实现以股东为主导的核心利益相关者利益最大化的目的。

### 1. 董事会战略行为与创新

本书认为，董事会治理的目标在于通过连续不断地创新而达到股东主导的核心利益相关者利益最大化。对于创业型企业来说，通过持续的技术创新以达到生存、盈利和持续成长的目的更是至关重要。多年前，库珀和申德尔（Cooper and Schendel, 1976）便已认为，关于创新的决策和组织行为具有重要的战略意义。艾兰克夫、贾奇和赖特（Elenkov, Judge and Wright, 2005）认为，组织创新是个困难的过程。它需要对潜在假设的检验、忘记先前行为和克服重大障碍。创新过程往往使 R&D、工程、市场和制造部门之间的矛盾加剧，经营层面的经理对创新没有清晰的想法。这些矛盾通常减慢和阻碍创新过程，除非有战略领导者的积极参与。贝洛克（2011）也认为，创新并不是利润最大化公司中技术决定论的结果，而是取决于个人决定或不决定投资于创新项目，这些投资决策是由公司治理决定的。由于战略职能是创业企业董事会的重要职能，因此，董事会的战略行为直接决定了公司创新。

艾兰克夫、贾奇和赖特（2005）进一步指出了战略领导者影响组织创新过程有多种方式。（1）战略领导者依靠他们在公司中的高职位，更有能力发现影响公司未来的环境趋势，为组织其他成员提供更有效的沟通，这会带来更高水平的组织创新。（2）创建关于成功创新活动的未来的愿景。（3）选择、改善与持续支持变革。（4）创建有利于生产性工作运行、生产者奖励、建立和改善生产性关系的组织文化。由前述对董事会战略行为的分析可知，创建有利于创新的公司愿景、建立有利于维持创新与变革的战略框架和组织文化、通过自身所拥有的知识和能力为公司提供建议和咨询并与各利益相关者进行沟通等均属于董事会战略行为的范畴。

另外，根据奥沙利文（2000）的组织控制理论，财务承诺、组织整合、战略控制是达到创新目标的三个组织保障。这三个条件无一不是通过董事会的战略行为来实现的。具体来说，董事会通过制定和审批重大战略预算（Stiles，2001），可保证将资金配置到创新过程中直至产生财务收益，从而实现"财务承诺"；董事会通过选择有能力的董事并对其进行激励（Stiles，2001），以保证他们将能力和努力应用到集体学习过程中，从而实现"组织整合"；同时，董事会本身作为战略决策团队，具有配置物质和人力资源的最高权力（Machold，Huse，Minichilli and Nordqvist，2011），从而实现"战略控制"。相关实证研究（如 Faleye，Hoitash and Hoitash，2011；Coles，Daniel and Naveen，2012）也将创新作为衡量董事会战略行为效果的指标之一，R&D 投入是董事会咨询效力的体现。总之，理论与实证研究均表明，董事会的资源提供和战略参与行为能够直接影响公司创新，因此，创新是衡量董事会战略行为效果的重要维度之一。

**2. 董事会战略行为与股东财富**

以股东为主导的核心利益相关者是公司治理的主体，实现股东财富的长期增长是董事会履行职能的最终目标（NYSE，2010）。休斯、霍斯金森、赞托尼和伟嘉诺（Huse，Hoskisson，Zattoni and Vigano，2011）认为，如果董事仅将知识和能力用于个人而不考虑公司价值增长、战略导向和利益相关者，那么董事会成员就是不负责的。因此，股东利益的最大化和股东财富的增长应作为衡量董事会履行职能效果的重要维度。虽然有些学者认为，董事会无法直接对组织层面的业绩产生影响，而是经过管理层的中介作用间接影响组织绩效（如 Nicholson and Kiel，2004），但这种论点是在代理理论框架下提出的，并不完全适用于创业型企业。基于代理理论视角，董事会通过监督、评价 CEO 的行为与业绩，约束 CEO 的机会主义行为，从而降低代理成本，间接提高股东财富。然而，董事会的战略参与水平依据组织类型而改变（Judge and Zeithaml，1992）。在创业企业情境下，董事会更重要的是实施战略行为，并与经理层融合为一个合作的创业团队（Zhang，Baden-Fuller and Pool，2011）。

创业型企业董事会的战略行为能够为股东财富的增长做出直接贡献，而非仅是间接影响，这得到了很多学者的认同和支持。如马霍尔德、休斯、米尼车利和诺德奎斯特（2011）认为，小企业的股权和管理层重复，缺少正式的管理结构，需要关键资源；董事会是通过战略参与而贡献于公司价值创造的合作型团队。扎赫拉（Zahra，1991）认为，董事会在年轻的创业型公司中不是作为股东利益的保护者履行单一职能，而是在帮助和指导经理层创造财富（比如通过创业）的过程中发挥创业职能。他们进一步认为，有效的董事会创造财富的途径有：为经理层提供更多的信息和创业机会、分享有价值的信息、提供创新性想法和首创精神；通过提供和评价利用机会的渠道、鼓励投资建立公司的吸收能力、确保高管团队的成员具备必要知识技能，来领导公司投入价值创造型的创业活动中。希尔曼和达尔齐尔（2003）指出，董事会的资源提供行为能够直接影响公司业绩。切尔托、菲拉套特富和扎赫拉（Certo，Filatotchev and Zahra）也认为，高新创业企业中的董事会通过提供资源和为管理者提供建议而显著增加公司价值。相关实证研究如法雷耶、郝塔诗和郝塔诗（Faleye，Hoitash and Hoitash，2012）用公司价值作为董事会咨询效力的代理变量，并认为在咨询需求高的情境中（如创新投入较大的企业），咨询性董事的价值效应更强。因此，创业型企业的董事会战略行为能够直接提高股东财富并实现股东财富的增长，股东财富最大化与增值是衡量董事会战略行为效果的维度之一。

### 3. 董事会战略行为与社会责任

保证其他核心利益相关者的利益是董事会治理的另一重要目标。学者们认为，基于利益相关者理论的冲突解决假设，公司参与社会责任能够解决利益相关者之间的矛盾，有利于管理利益相关者从而提升公司效率、促进社会的和谐发展并提高国际竞争力（如 Jo and Harjoto，2011；Zhang，Zhu and Ding，2013 等）。学者们对公司社会责任（Corporate Social Responsibility，CSR）内涵的界定尚没有统一定论。弗里德曼（Friedman，1970）最早对公司社会责任进行了界定，认为"公司社会责任是依据股东愿望运行公司，在遵循社会基本准则的同时（包括法律方面和道德方面）尽可能挣更多的钱"。卡罗尔（Carroll，1979）、希尔等（Hill et al.，2007）将公司社会责任定义为，能够影响相关利益者生活质量的公司的经济、法律、道德和慈善行为。张、朱和丁（Zhang，Zhu and Ding，2013）将公司社会责任绩效看作是反映公司道德合法性，合法性是由利益相关者判断。虽然学者们对公司社会责任的定义不同，但通常是指公司超越法律要求的层面而服务于个人、社区和社会（Jo and Har-joto，2011）。

通常一个公司对社会责任的履行状况是由公司战略所决定，而董事会的重要职能便是制定战略决策。相关学者也对此予以了证实。基于利益相关者理论，亨（Hung，2011）认为，公司董事有助于公司实施适当的社会责任行动。他进一步界定了公司董事的社会责任角色，即公司实施社会责任行动以创造有利于满足利益相关者期望的组织、社会和公共政策结果过程中董事会所履行的角色，这些角色被认为有助于创造有利于公司利益和社会利益一致的社会结果。亨的实证结论进一步证实，董事会的战略设立角色有利于公司对社会责任的关注。张、朱和丁（2013）基于合法性理论和利益相关者管理理论认为，董事会通过判断利益相关者言论的重要程度，鼓励管理层对这些言论采取行动，进一步改善利益相关者的批准和认可；同时，董事会能够通过提高公司与利益相关者的沟通而获取资源，从而有利于有效管理利益相关者；改善的利益相关者管理有助于公司获取利益相关者的认可，并进一步提高公司社会责任绩效。他们的研究认为，董事会的刻意构建是改善公司道德合法性的有效途径。总之，根据以上学者的观点可以推断，董事会的战略行为能够提升公司社会责任，维护利益相关者的利益。因此，公司社会责任的履行状况应作为董事会治理绩效的重要维度之一。

#### 4. 董事会战略行为与破产风险

处于生命周期早期的创业型企业，由于资源稀缺且内外环境具有高度的不确定性以及竞争加剧，其生存处于较高的风险之中。有研究表明，我国90%的民营科技企业在5年内破产，99%在10年内破产，平均寿命仅为2.9岁（王小兰等，2005），因此，规避破产风险对于创业型企业的生存和成长非常关键。

公司风险是客观存在的，即使目前运转良好的公司也存在风险，如经营风险、财务风险、道德风险等。由于风险与收益相对等原则，公司承担一定程度的风险对成功是必要的（Nakano and Pascal，2012），但是如果公司面临的风险巨大乃至陷入财务困境就有可能威胁公司生存而提高破产概率。[1] 因此，破产概率的增加是公司风险的最终体现（谢永珍和徐业坤，2013）。董事会是公司的"终极控制中心"（Mizruchi，1983），对公司的长期健康发展和生存负有最终责任（Louden，1982）。卡瑞图、洛卡和瓦费斯（Charitou，Louca and Vafeas，2007）研究发现，公司治理越好，公司越不可能退市，董事会是公司生存的关键影响因素之一。普莱特（Platt，2012）的研究也证明，特别在2008年金融危机以后，保持公司的偿债能力、避免破产是董事会最重要的义务与责任。

从现有理论与实证研究中发现，董事会主要通过履行战略行为而对公司破产风险的规避产生影响，以对股东和核心利益相关者负责。董事会在规避破产风险方面的战略行为主要体现于两方面。其一，董事会通过设置公司的风险承担性质和程度来影响破产风险。斯泰尔斯（2001）在对董事会战略角色的研究中认为，董事会通过建立战略参数，能够决定公司对风险承担的程度。容忍在现存战略情境之外的活动能够建立新的资源组合，可以创造竞争力但同时提高了风险；而严格符合战略参数，则往往阻碍创业活动，降低生产

---

[1] Hambrick and D'Aveni（1988）认为，破产是一个持续的下跌或螺旋式下跌的过程。

性资源的创新组合，但同时降低了风险。他的调查还发现，在公司出现危机的时刻，董事会参与战略内容形成的活动更加积极。如中野和阮（Nakano and Nguyen，2012）将董事会看作一个决策团队，发现大型决策团队由于很难达成妥协而更倾向于采用不太极端的决策，这为董事会与公司风险承担的关系提供了实证证据。因此，如果创业型企业对风险容忍度设定过高，则将承担更多风险性较高的项目，一旦失败则会危及公司的生存而导致破产。其二，董事会不仅通过制定战略框架而决定公司对风险的容忍程度，还直接参与战略决策的制定，从而降低战略决策失误和风险。如许和吴（Hsu and Wu，2014）最新研究认为，与经理层具有关联的灰色董事能够有效履行资源提供职能，提高决策质量，降低公司失败的概率。

虽然有研究表明，董事会能够通过有效监督防止由于高管的玩忽职守与自以为是的管理而带来的战略偏差，降低公司潜在的退出风险（Iwasaki，2014）。[①] 但许和吴（2014）却发现，独立董事的监督行为反而提高了公司失败的可能性。这说明董事会监督行为对破产风险控制的结论并不明确，原因是公司在不同生命周期阶段，对董事会职能具有不同需求，为了继续生存，陷入困境的公司需要董事会执行更高程度的战略和资源职能（Hsu and Wu，2014）。同样地，对于创业型企业来说，由于处于生命周期的早期，董事会的资源提供和战略参与对提高公司生存率发挥了主导作用（Knockaert and Ucbasaran，2013）。因此，破产风险的控制与规避是衡量董事会战略行为的重要维度。

### 3.3.2　董事会监督行为与治理绩效

在委托代理理论框架下，董事会主要履行监督行为，目的在于通过监督和评价经理层行为，控制经理层的自利行为，降低代理成

---

① Iwasaki Ichiro（2014）所认为的退出公司是指在全球金融危机时被兼并重组或破产清算的公司。

本，控制经理机会主义行为和违规行为所带来的风险；通过监督财务报告，提高信息披露质量，降低股东与经理层之间的信息不对称。董事会的监督行为的效果体现于降低代理成本、改善信息披露的质量以及规避违规等方面，最终目的仍是保护股东与其他核心利益相关者的利益。

**1. 董事会监督行为与代理成本及代理效率**

依据委托代理理论，董事作为股东的代理人，负责聘用经理层并监督评价经理层的业绩和行为，降低其机会主义行为。法马和延森（1983）在代理理论框架下，把董事会看作是履行监督职能的机构，以保护股东利益不受经理层自利行为的侵害；后来又将董事会决策划分为提出决策与决策控制，认为后者才是董事会的职能。因此，董事会承担"受托责任"，履行监督和评价经理人员行为的职责，以降低股东与经理层之间的代理成本。近年来，随着学者对股权结构认识的加深，认为股权高度集中是在绝大部分国家普遍存在的现象，控股股东依赖于较高的持股比例可能会剥夺中小股东的利益，导致控股股东与中小股东之间出现代理问题，被称为第二类代理问题（Shleifer and Vishny，1997）。在创业型企业情境下，由于大股东持股比例较高并且具有绝对的控制权威，大股东更有可能剥夺中小股东的利益（高闯和郭斌，2012），因此，大股东与中小股东之间的代理问题表现较为显著。布洛克（Block，2012）也认为，在家族和创始人公司中具有几种形式的代理成本，其中之一是股东和经理层之间的代理成本，之二是大股东和中小股东之间的代理成本。在第二类代理问题下，董事会监督行为主要在于监督大股东对中小股东侵占行为，旨在降低第二类代理成本（杜育华，2011）。总之，董事会通过监督经营者和大股东的行为，能够降低代理成本，以维护广大中小股东的利益，代理成本与代理效率正是董事会监督行为效果的重要表现。

**2. 董事会监督行为与信息披露质量**

现代公司中股权与控制权的分离使提供财务报告以向股东汇报

公司活动成为必然，信息披露质量是影响股东与经理层之间信息不对称程度的重要因素，因此，改善财务信息质量也是维护股东权益和利益相关者利益的方式之一。然而，由于经理层薪酬与其他评价通常与报告的会计业绩相联系，这为以盈余管理形式展现严重的代理问题提供了机会。如亚当斯、哈马林和斯巴赫（2010）认为，董事会对高管的评价是履行监督职能的重要环节，它是激励政策制定的基础，根据评价结果，董事会将决定是否提升或更换高管；同时，业绩好的 CEO 被认为是"稀有商品"而具有较强的与董事会讨价还价的能力（Hermalin and Weisbach，1998），因此，CEO 具有较强的动机进行盈余管理或粉饰报表，以虚假地提高公司业绩，达到继续留任和提高自身薪酬乃至影响董事会独立性的目的。[①] 另外，CEO 与董事会特别是独立董事之间存在较为严重的信息不对称，CEO 具有能够进行财务舞弊的机会和能力。

根据前文的分析，监督财务审计的工作以及信息披露过程是董事会需要履行的监督行为，这将能够减少经理层操纵利润和财务舞弊的现象。《公司法》《上市公司治理准则》《上市公司信息披露管理办法》《上市公司独立董事制度指导意见》等相关的法规与制度对董事会监督财务信息质量给予了明确的规定。因此，信息披露质量是董事会监督行为效果的重要体现。[②] 现有实证研究也将公司信息披露质量或盈余管理水平作为衡量董事会履行监督行为效果的指标，如江维琳等（2011）用公司盈余管理水平来衡量独立董事出席会议行为的效果。法雷耶和郝塔诗（2011、2012）也用可操纵性应

---

① 哈马林和斯巴赫（1998）认为，董事会独立性将依赖于董事会与留任 CEO 之间讨价还价博弈的结果。他们还指出，业绩好的 CEO 会面临独立性差的董事会。同时，业绩差的 CEO 易被更换。

② 我国《上市公司治理准则（2018）》中规定：董事会审计委员会的职责是：（一）监督及评估外部审计工作、提议聘请或更换外部审计机构；（二）监督和评估内部审计工作，负责内部审计与外部审计的协调；（三）审核公司的财务信息及其披露；（四）监督及评估公司的内控制度等，这能够保证公司财务信息披露的质量。

计项目指标作为衡量董事会监督效果的变量。因此，信息披露质量是衡量董事会监督行为效果的重要维度。

### 3. 董事会监督行为与违规

基于代理理论，高管作为自利的行为人，在股东与经理层存在信息不对称的前提下，可能出于最大化个人福利的目的而做出违规行为，其表现形式既可能是高管个人的违规行为，如挪用公司资金；也可能是公司违规行为，如不公允的关联交易、为其他公司提供巨额的违规担保等。在代理理论视角下，董事会积极执行监督职能，通过对上市公司的内部控制和财务报告的监控以及对高管的监督和评价，能够减少公司及高管违规现象的发生。

相关规制对董事会在监督高管及公司行为方面做出了规定，[①]这些规定能够强制董事会实施相应监督行为，从而避免违规行为的发生。相关实证研究也证实，规避违规是董事会监督行为的效果之一。如芬戈尔德、本森和赫克特（2007）发现，有研究者分析了董事会和他们的委员会对业绩其他维度，比如公司欺诈罪程度、公司被股东起诉的可能性等衡量的公司违规行为的影响。我国蔡志岳和吴世农（2007），张晓岚、吴东霖和张超（2009），顾亮和刘振杰（2013）的研究也发现，董事会对公司违规的规避具有显著影响。总之，相关规制以及实证研究成果均可证实，董事会积极实施监督，能够降低高管及公司违规的可能性，违规的规避可作为衡量董事会监督行为效果的重要维度。

---

① OECD 公司治理原则第 VI 部分规定，董事会应对管理层、董事会成员和股东之间的潜在利益冲突进行监控和管理，包括滥用公司资产和不当关联方交易。再如我国《关于规范上市公司与关联方资金往来及上市公司对外担保若干问题的通知》（2003）中规定，对外担保应当取得董事会全体成员 2/3 以上签署同意，或者经股东大会批准；上市公司独立董事应在年度报告中，对上市公司累计和当期对外担保情况、执行上述规定情况进行专项说明，并发表独立意见。《关于在上市公司建立独立董事制度的指导意见》（2001）规定，重大关联交易（指上市公司拟与关联人达成的总额高于 300 万元或高于上市公司最近经审计净资产值的 5% 的关联交易）应由独立董事认可后，提交董事会讨论。

## 3.4　董事会特征通过行为对治理绩效的传导机理

董事会治理绩效是董事会实施治理行为的结果，然而，董事会行为也是受不同层面因素的影响，包括制度层面的影响如法律、文化等，组织层面的影响如组织所处生命周期、资源、股权结构等，以及董事会结构和董事个人层面的影响。由于本书研究的是创业型企业的董事会治理绩效，因此制度层面与组织层面的因素具有较高同质性，而董事会层面的影响成为决定董事会行为的重要因素。根据产业组织理论，梅森和贝恩（Mason and Bain, 1959）等认为，市场结构决定企业行为，企业行为进一步影响经济绩效，即"市场结构—市场行为—市场绩效"范式（SCP 范式）。借鉴这一范式可以推断，董事会特征通过行为而进一步影响治理绩效。董事会特征与行为作为治理绩效的影响因素，其本身也具有因果关系。

### 3.4.1　董事会特征与行为

#### 1. 董事会特征的维度划分

董事会特征是董事会履行战略行为和监督行为的前提与基础，也是决定董事会职能有效性的组织保障。赫拉和皮尔斯（1989）认为，如果没有适当的董事会构成，董事会将无法帮助企业达成目标。以往文献根据各自的研究需要，选择董事会规模（Cheng, 2008；周杰和薛有志, 2008；Coles et al. , 2010；Chancharat, Krishnamurti and Tian, 2012）、独立董事比例（Kor, 2006；冯根福和温军, 2008；郝云宏和周翼翔, 2010；Platt and Platt, 2012）、董事股权激励（Deutsch, 2007，张洪辉、夏天和王宗军, 2010）等表征董事会结构层面的特征。近年来，一些研究开始超越董事会结构的层面，关注董事的人口学属性（Nielsen and Huse, 2010；Liu, Wei and Xie, 2013）、经验与背景（Dalziel, Gentry and Bowerman, 2011；Platt, 2012；Garg, 2013）、社会关系（Wu, 2008；Reeba and Zhao，2013）等其他特征对董事会行为和绩效的影响。目前文献对董事会特征维度的划分没有统一标准，本书仅基于研究需要，借鉴约翰逊、斯那特力和希尔（Johnson，Schnatterly and Hill，2013）的做法，将董事会特征分为董事会结构、人口学属性、人力资本、社会资本四个维度。受研究篇幅所限，本书将仅关注董事会特征的前三个维度，而不对董事会社会资本做进一步研究。

根据约翰逊、斯那特力和希尔（2013）的观点，董事会结构维度包括董事会规模、独立董事比例、董事激励等变量。董事会人口学属性的研究包括性别、年龄、教育背景、种族等。我国公司中董事的种族特征表现不明显，因此，本书主要研究性别、年龄和学历这三个董事会人口学属性。董事的人力资本代表了董事成员在集体决策中的经验和技能总和，涉及董事的行业经验、担任企业 CEO 的经验、财务或风险投资的经验以及董事任期。鉴于本书研究对象是创业企业董事会，风险投资与创始人的介入特征较为显著，因此，选择来自风险投资公司的董事、创始人董事以及董事任期几个内容进行研究。

**2. 董事会特征影响行为的理论分析**

赫拉和皮尔斯（1989）认为，董事会结构变量能够决定董事会监督和战略行为的水平和性质。代理理论视角下，强有力而独立的董事会能够监督经理层的机会主义行为，以使股东与经理层之间的代理问题最小化（Baysinger，Kosnik and Turk，1991）。钱查拉特、钱德拉塞卡尔和盖里（Chancharat，Chandrasekhar and Gary，2012）也指出，董事的独立性是有效监督的重要前提条件。然而，在代理理论框架下，董事本身是自利的代理人，他们不愿意接受与挑战 CEO 决策有关的各种成本，因此，董事需要被激励，才能更有效履行职能。如多伊奇（Deutsch，2007）认为，股票期权作为一种长期激励方式，能够使董事目标与股东目标相一致，董事为了获得长期利益，将提高对各类董事会任务的参与程度。因此，他指出，高比例的外部董事以及适当的激励是提高董事会监督绩效的方式。资源依赖理论为董事会结构与董事会战略行为的关系提供了理论依据。资源依赖理论认为，董事会有能力降低依赖性以及获得资源（Pfeffer，1972）。希尔曼、威瑟斯和布莱恩（Hillman, Withers and Brian, 2009）指出，资源依赖理论最早应用于董事会的研究，便是关注董事会规模和独立董事比例，并用这两个指标表征董事会能够为公司带来的资源。福布斯和米利肯（1999）认为，董事会规模是非常重要、在研究中被广泛关注的董事会特征，对于董事会行为具有重要影响。大型董事会可能更具知识和技能，他们提供的多元化观点能够提高认知冲突。然而，较多的董事会成员将难以协调，这对有效使用知识和技能造成负面影响。同时，大型董事会由于存在"社会惰化"，在建立人与人之间关系以增强凝聚力方面具有困难。赫拉和皮尔斯（1989）认为，大型董事会、外部董事占多数的董事会被认为对争辩和讨论公司任务、目标和战略是有益的。这样的讨论能够扩大专业基础，使管理层考虑广泛的意见、澄清战略执行过程中的约束，有利于董事会的战略参与行为。独立董事占多数的董事会有利于帮助公司建立外部环境各部门的联系；独立董事专业的多元化和广度，能够为管理层提供更好的咨询，因此，更多独立董事对保证公司获取必要资源是非常有力的。希尔曼和达尔齐尔（2003）认为，董事的持股也能够使董事与股东利益绑定，激励董事积极地履行资源提供的行为。总之，董事会结构变量能够决定董事会战略行为和监督行为的强度（Zahra and Pearce, 1989）。

董事会人口学属性与人力资本对董事会行为的影响源自高阶理论。高阶理论是以卡内基学派对行为决策和有限理论的研究为基础，在这个框架下，公司的战略选择反映了高管团队的价值观、认知基础和感知（Hambrick and Mason, 1984）。这些价值观和认知不能直接观察，需通过各种人口学或人力资本指标来计量，比如年龄、教育、功能背景等（Boyd, Haynes and Zona, 2011）。福布斯和米利肯（1999）将董事会成员的人口学属性、治理过程以及最终的公司业绩相关联，建立了综合概念框架，为高层梯队理论应用于董事会研究指出了方向。他们从认知角度进行分析，认为董事通过履行认知活动如搜集、解释、选择来对公司治理做出贡献。基于这个观点，董事会在治理活动中的有效性受董事会认知特征和过程的影响，比如人口学属性、知识和技能、董事之间的认知冲突。董事会是认知资源的潜在来源，在战略决策中非常有价值。他们进一步认为，由于中小企业经理层可能由相对缺乏管理经验的创业者担任，董事会的专业知识和技能更显重要。约翰逊、斯那特力和希尔（2013）也认为，董事的人力资本如专业背景、任期等，直接影响董事对企业的关注点和董事会战略决策的形成过程。总之，董事会人口学和人力资本特征是董事会行为的显著预测变量（Forbes and Milliken，1999）。

### 3.4.2　董事会特征通过行为影响治理绩效的内在逻辑

借鉴产业组织理论的 SCP 范式，董事会特征对治理绩效的影响并非简单而直接，而是通过董事会行为的传递，对治理绩效产生影响。具体来说，董事会特征是董事会行为的组织保障和前提基础，董事会特征中的结构维度、人口学属性维度和人力资本维度的制度设计影响董事会履行职能的动机和能力，从而对董事会的战略行为和监督行为强度均具有影响。进一步地，董事会通过资源提供行为（即建立组织与外部环境特别是与重要利益相关者的联系、为管理者及时提供有价值的信息等），以及战略参与行为（即参与制定公司的战略目标和方向、参与重大战略预算和计划的制订、对公司重大战略建议和提案进行审议、参与重大战略计划的履行、批准战略项目以及监督战略的执行），将对促进公司创新、提升股东财富、履行社会责任以及规避破产风险等方面做出贡献；董事会通过监督行为，如雇用、解雇、评价、激励、提升高管，执行财务审计工作，监督信息披露过程，监督公司担保决策、关联交易决策，监督公司重组活动等，将对降低代理成本、改善信息披露质量和规避违规等方面做出贡献。根据董事会战略行为和监督行为对治理绩效的作用机理，本书将董事会战略行为的效果，如创新、股东财富、社会责任、破产风险的控制等方面称为战略行为绩效；将董事会监督行为的效果，如代理成本、信息披露质量、违规的规避等方面称为监督行为绩效。

董事会的战略行为绩效和监督行为绩效最终体现了治理目标的达成。创新属于价值创造目标的实现，股东财富的增长、社会责任履行、破产风险的控制以及监督行为绩效维度中的代理成本的降低、信息披露质量的提高、违规的规避均属于维护股东和其他核心利益相关者的利益维度。据此，本书建立了"董事会特征→战略行为→战略行为绩效"和"董事会特征→监督行为→监督行为绩效"的双路径传导机理模型，进一步深化了 SCP 的研究范式（见图 3-2）。

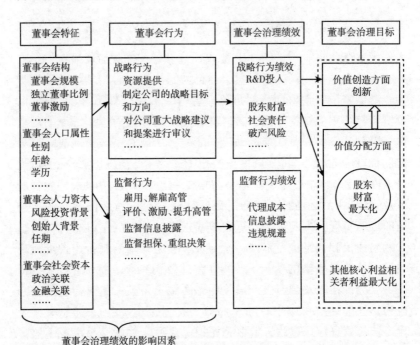

**图 3-2 董事会特征、行为对治理绩效的作用机理模型**
资料来源：作者整理。

## 3.5　董事会治理绩效的测量指标

### 3.5.1　战略行为绩效

董事会实施战略行为的目的在于保证公司决策的科学化，通过创新而进行价值创造，实现公司股东主导下的利益相关者价值最大化。战略行为绩效指董事会实施战略行为的效果（谢永珍，赵琳和王维祝，2013），具体指标包括对组织创新的贡献、对股东财富贡献、对社会责任的贡献以及对规避破产风险的贡献。战略行为绩效维度所包含的具体指标如下所述。

**1. 创新**

创新是董事会履行战略行为效果的重要维度，本书采用研发投入作为创新的衡量指标。研发投入（Research and Development, R&D 投入）是企业技术创新最重要的源泉，因此，R&D 投入是衡量组织创新能力的重要指标。研究者们发现企业对 R&D 的资源配置能够建立和保持企业的创新能力，是公司创新的重要方面，R&D 投入较高的公司，创新能力与绩效通常也较高。如桑希尔（Thornhill, 2006）认为，R&D 密度大的行业，公司层面的创新活动越多。普拉乔高和索哈尔（Prajogo and Sohal, 2006）对澳大利亚公司的研究认为，R&D 投入越多，公司创新绩效越好。刘运国、陶丽和廖歆欣（2012）对我国上市公司的研究发现，R&D 投入越高的公司，专利申请量和会计业绩越好。虽然 R&D 支出与创新能力的关系远非那么简单，但如果没有足够的资金，公司将难以建立有效的研发能力，因此，R&D 投入对于公司追求创新和创业探索以实现长期成功是必要的（Dalziel, Gentry and Bowerman, 2011）。特别是在研发密集型公司，研发配置更是成功的关键（Dalziel, Gentry and Bowerman, 2011）。创业板上市公司中由于集中了新经济、创业创新型公司，属于达尔齐尔、金特里和鲍尔曼（Dalziel, Gentry and

Bowerman，2011）所指的研发密集型公司，因此，R&D 投入对于公司创新非常重要。

相关文献也证实了 R&D 投入是衡量公司创新的适当的代理变量（Baysinger et al.，1991；Kor，2006；Deutsch，2007；刘运国和刘雯，2007；冯根福和温军，2008；周杰和薛有志，2008；周建等，2012、2013）。[①] 诚然，也有学者在研究创新时，在采用研发投入指标的基础上，同时考虑创新产出指标。如李春涛和宋敏（2010）在一项关于所有者和 CEO 激励对创新活动影响的研究中，以"商业环境和企业效益调查（BEEPS）"的一手数据为样本，用以下两套指标衡量创新活动：以是否参与研发、R&D 投入与销售额之比衡量研发投入，以新产品的销售、是否有新产品发明和是否开发出新的生产工艺的调查数据衡量创新产出。温军和冯根福（2012）在一项关于企业性质、机构投资者与自主创新的研究中，用以下两个指标衡量自主创新：一是以研发投入与销售额的比衡量 R&D 投入；二是以专利的申请数量衡量创新产出。然而，本书研究的是董事会战略行为对创新的效应，根据冯根福和温军（2008）的观点，技术创新产出的可比性较差，受外生因素的影响较大并且较少受管理层控制，无法有效表征董事会战略行为的效果。而多伊奇（2007）认为，公司 R&D 投入代表经理层和股东在战略决策中的利益冲突，因此，能够很好地代表董事会效力。米勒和特里亚纳（Miller and Triana，2009）也在关于董事会与创新的研究中认为，R&D 投入很好地反映了董事会针对创新资源配置的决策。达尔齐尔、金特里和鲍尔曼（2011）也认为，董事会需要作为 R&D 投入的决策者和保护者，特别是当其他职能部门对资源进行争夺时。正因为如此，本书最终选择 R&D 投入作为创新的代理变量，以衡量

---

① Baysinger et al.（1991）、Deutsch（2007）使用人均 R&D 投入衡量；刘运国和刘雯（2007）以 R&D 支出/总资产和前后年度 R&D 支出的改变量来衡量；冯根福和温军（2008）、周杰和薛有志（2008）用 R&D 投入/销售额来衡量；Kor（2006）、周建等（2012、2013）用 R&D 投入/总资产来衡量。

董事会战略行为在提升组织创新方面的效果。

现有文献采用两种方法衡量研发投入，冯根福和温军（2008）、周杰和薛有志（2008）等采用 R&D 投入与销售额之比。但是由于销售额易受会计操纵的影响而不准确，越来越多的学者采用 R&D 投入与总资产之比来衡量研发投入（如 Kor，2006；Faleye，Hoitash and Hoitash，2011、2012；刘运国和刘雯，2007；周建等，2012、2013）。因此，本书拟采用 R&D 与总资产之比衡量 R&D 投入。

### 2. 股东财富

股东是公司治理最重要的主体，董事会通过战略行为履行战略职能的最终目的是实现以股东为主导的核心利益相关者利益最大化，股东财富是董事会战略行为绩效的重要维度。本书从三个方面构建衡量股东财富的指标，分别是会计指标，如净资产收益率、每股收益；市场价值指标，如托宾 Q；以及股东财富增长的指标，如资本保值增长率、总资产增长率。

衡量股东财富最直接及最易获取的指标便是会计指标。目前文献最常使用总资产收益率（ROA）、净资产收益率（ROE）、每股收益（EPS）等指标。但是 ROA 衡量的是公司整体资产的获利能力，而净资产收益率和每股收益才是衡量股东投入的回报，如韦斯特法尔（1999）用净资产收益率衡量董事会参与监督和战略建议在提升股东财富方面的效果；周、钟和尹（Chou，Chung and Yin，2013）用每股收益等指标衡量董事出席率的效果。因此，净资产收益率和每股收益能够更有效地体现股东财富而被最终选用，计算方式见表 3 - 2。

然而，净资产收益率是基于历史成本原则的会计指标，无法代表股东财富的市场价值。德姆塞茨和比利亚隆加（Demsetz and Villalonga，2001）认为，托宾 Q 值提高说明盈利能力提高或未来投资机会现值的提高。布里克和奇丹巴然（2010）认为，托宾 Q 能够反映董事会提供战略建议所带来的未来投资机会价值的提高。由于

表 3 – 2　　　创业板上市公司董事会治理绩效的测量指标

| 指标 | 一级指标 | 二级指标 | 三级指标 | 计算公式 |
|---|---|---|---|---|
| 战略行为绩效 | 创新 | R&D 投入 | | R&D 支出/总资产期末余额 |
| | 股东财富 | 净资产收益率 | | 净利润/平均净资产 |
| | | 每股收益 | | 净利润/总股数 |
| | | 托宾 Q 值 | | 公司市场价值/资产重置成本 |
| | | 资本保值增值率 | | 期末股东权益/期初股东权益 |
| | | 总资产增长率 | | （期末总资产 – 期初总资产）/期初总资产 |
| | 社会责任 | 对员工的责任 | 员工薪酬 | 支付给职工及为职工支付的现金/主营业务收入 |
| | | | 工作场所是否安全生产 | 虚拟变量，存在安全生产费支出的为1，否则为0 |
| | | | 员工培训 | 有员工培训制度为1，否则为0 |
| | | 对顾客的责任 | 产品质量 | 通过 ISO9000 认证为1，否则0 |
| | | | 销售费用支出 | 销售费用/主营业务收入 |
| | | 对政府的责任 | 纳税情况 | （支付的各项税费 – 收到的税费返还）/资产总额 |
| | 破产风险（逆指标） | 奥特曼 Z 指数（Altman Z） | | $0.012 \times$ 营运资金 $\times 100/$总资产 $+ 0.014 \times$ 留存收益 $\times 100/$总资产 $+ 0.033 \times$ 息税前利润 $\times 100/$总资产 $+ 0.006 \times$ 股票总市值 $\times 100/$负债账面价值 $+ 0.0099 \times$ 销售收入 $\times 100/$总资产（制造业） |
| | | | | $6.56 \times$ 营运资金/总资产 $+ 3.26 \times$ 留存收益/总资产 $+ 6.72 \times$ 息税前利润/总资产 $+ 1.05 \times$ 股票总市值/负债账面价值（非制造业） |

| 指标 | 一级指标 | 二级指标 | 三级指标 | 计算公式 |
|---|---|---|---|---|
| 监督行为绩效 | 代理效率、代理成本（后者逆指标） | 代理效率 | 总资产周转率 | 营业收入/总资产期末余额 |
| | | 代理成本 I | 经营费用率 | 管理费用/营业收入 |
| | | 代理成本 II | 大股东资金占用 | 其他应收款/总资产期末余额 |
| | 信息披露质量 | 信息披露评价等级 | | 优秀、良好、及格、不及格 |
| | 违规行为（逆指标） | 上市公司处罚意见 | | 违规为1，非违规为0 |

资料来源：作者整理。

托宾 Q 值能够反映由于董事会战略行为而增加的市场价值，经常被应用于公司治理文献，以表示董事会行为的效果（如 Vefeas，1999；Yermark，2006；Coles et al.，2008；Brickand Chidambaran，rcía-Ramos and García-Olalla，2011；Faleye and Hoitash，2012；Garg，2013；牛建波和李胜楠，2007；宁家耀和王蕾，2008 等）。因此，本书选择托宾 Q 表示股东财富的市场指标，计算方式见表3－2。

对于创业型企业来讲，内外部的变革以及高度不确定性环境对这类处于生命周期早期企业的持续发展和成长带来挑战，董事会履行战略职能的目的不仅在于提高当期股东财富的账面价值和市场价值，实现股东财富的长期增长才是最终目标。因此，股东财富的增长应作为衡量董事会战略行为在股东利益方面做出贡献的指标之一。目前对于如何衡量股东财富增长没有统一标准。资本保值增值率直观衡量了股东权益的增长，因此，可以作为衡量股东财富增长的指标之一，计算方式见表3－2。另外，企业成长是股东财富增长的基础，本书将进一步采用企业成长指标衡量股东财富的增长。已有研究常用主营业务收入增长率、净利润增长率、总资产增长率等来对成长性进行测量。不管是主营业务收入的增长还是净利润的增长，其最终结果均至少表现为企业总资产的扩大，因此，本书选择总资产的增长率作为股东财富增长的另一个代理变量，计算方式见表 3 - 2。

**3. 社会责任**

企业社会责任的履行状况是衡量董事会战略行为对核心利益相关者做出贡献方面的指标。对核心利益相关者的界定是确定社会责任指标的关键。理论与实践中对利益相关者的外延理解不尽相同。在理论研究层面，瑞安曼（1964）认为，利益相关者是指那些为了实现自身目的而依存于企业，且企业为了自身的持续发展也依托其存在的个人或者群体，如投资者、员工等。广泛应用于美国学者实证研究的美国 KLD 数据库包括了公司对社会责任参与强度进行评级，涵盖对社区、多元化、职工关系、环境和产品的关心以及如酒精、赌博、军队、核武器和烟草等方面。[①] 还有学者从慈善、企业捐赠角度对公司履行社会责任进行衡量（如 Brown, Helland and Smith, 2006；梁建、陈爽英和盖庆恩，2010；郑呆娉和徐永新，2011）。在实践层面，"国际社会责任"公布了 SA8000 标准、[②] 全球报告倡议组织推出了可持续发展报告指南[③]以及我国上海国家会计学院建立了社会责任指数评价体系。深圳证券交易所 2006 年 9

---

① Walls, Berrone and Phan（2012）对此进行了较为详细的文献梳理，发现很多研究公司治理与社会责任关系的文献采用美国 KLD 数据库对公司社会责任进行衡量。

② "国际社会责任" SA8000 标准对社会责任的要求包括童工、强迫和强制性劳动、健康与安全、结社自由及集体谈判权利、歧视、惩戒性措施、工作时间、报酬、管理系统；上海国家会计学院建立了社会责任指数评价体系包括遵守法律与商业道德、环境问题、员工问题、消费者问题、节约能源、社会问题、雇用和提拔公平问题、其他利益相关者。

③ 全球报告倡议组织的可持续发展报告指南建立的业绩指标体系分经济、环境和社会三个方面。经济指标包括销售净额和购买成本、工资、养老金和其他支付给员工的福利、支付的税收和收到的政府补贴等；环境指标包括使用的材料、能源和水，对生物多样性的影响，产生的温室气体与其他废气、废水和废物，对有害材料的使用，产品回收、污染防治、减废和其他环境管理项目，环境费用，违规的罚款和处罚等。社会指标包括劳工管理实务、人权，其他更广泛的社会问题，产品社会责任。

月 25 日发布《上市公司社会责任指引》，称上市公司社会责任是指上市公司对国家和社会的全面发展、自然环境和资源，以及股东、债权人、职工、客户、消费者、供应商、社区等利益相关方所应承担的责任。虽然理论和实践对利益相关者的界定各有不同，但大致可划分为狭义和广义两种概念。李维安和王世权（2007）认为，狭义的利益相关者是指组织没有其支持，就不能存在的群体或者个人，如股东、员工、顾客、相关供应商、重要的政府机关、相关金融机构等，他们对作为经济主体的企业存续和发展具有重要意义。广义的利益相关者是指任何能够影响组织目标的实现或受这种实现影响的群体或个人，包括股东、员工、顾客、公益团体、抗议团体、政府机关、业界团体、竞争对手、工会等。

然而，根据巴尼亚和鲁宾（Barnea and Rubin，2010）的观点，如果公司社会责任不能使公司价值最大化，那么便是浪费有价值资源，并是损害公司价值的潜在因素。沃多克、布德韦尔和格拉芙（Waddock，Bodwell and Graves，2002）将利益相关者分为主要的和次要的两个层次。他们认为，主要利益相关者是指员工和顾客，这是由于他们的持续参与和利益对公司是非常关键的。次要利益相关者包括非政府组织、社会活动分子、社区和政府，对这些利益相关者的关注起源于人权标准、劳工标准、环境问题等给公司带来压力。乔和哈尔乔多（Jo and Harjoto，2011）发现，处理公司内部社会责任如公司与职工的关系等对股东财富具有积极效应，而更广泛的外部社会责任如改善社区关系和关心环境对股东财富没有影响。郑皇娉和徐永新（2011）以对 2008 年汶川地震进行慈善捐赠的我国上市公司为样本，研究了慈善捐赠与股东财富的关系。他们发现对于现金需求量较大的高成长性公司来说，慈善捐赠导致的资源减少，将给这类公司带来高额的机会成本，从而降低了股东财富。万寿义和刘正阳（2013）对我国上市公司的研究发现，对员工、顾客、政府履行社会责任与公司价值显著正相关，对环境和供应商履行社会责任与公司价值显著负相关，而对债权人、社区等履行社会责任成本对公司价值的影响并不显著。

本书认为，对核心利益相关者社会责任的界定应从公司治理的目标出发。本书界定的公司治理目标是以股东利益为主导的核心利益相关者利益最大化，保证股东财富最大化及长期增长是确定公司应对哪些利益相关者履行社会责任的关键所在。因此，对股东利益具有积极影响的利益相关者应纳入公司社会责任的范畴，否则，则不被纳入社会责任的范畴。借鉴以上学者的观点，本书所界定的社会责任对象包括除却股东以外，对提升股东财富至关重要且有积极影响的其他核心利益相关者，包括对员工（Jo and Harjoto, 2011；Waddock et al., 2002；李维安和王世权，2007；万寿义和刘正阳，2013）、顾客（Waddock et al., 2002；李维安和王世权，2007；万寿义和刘正阳，2013）、政府（李维安和王世权，2007；万寿义和刘正阳，2013）等。① 考虑到对社区、环境、债权人、供应商等利益相关者的责任可能会对创业型企业股东财富造成不利影响，因此，本书所指社会责任不包括对以上方面的责任。综合上海国家会计学院、温素彬和方苑（2008）、万寿义和刘正阳（2013）的观点，对员工的责任体现于员工薪酬、工作场所是否安全生产、② 员工培训③等；对顾客的责任主要体现于改进产品质量、销售费用支出④等；对政府的责任主要体现于纳税情况。⑤ 具体指标的计算见

---

① 因为本书建立的"股东财富"指标维度本就反映了对股东的责任，所以在设定社会责任变量时不再包括对股东的责任。

② 温素彬和方苑（2008）、万寿义和刘正阳（2013）认为，员工利益的补偿是履行劳动契约的重要体现，对公司价值的实现具有重要意义。这种补偿主要体现在职工的收入是否按期支付、工作场所是否做到安全生产等。

③ 上海国家会计学院构建的社会责任指标体系将员工培训、员工福利作为对员工社会责任的重要指标。

④ 温素彬和方苑（2008）认为，对顾客的责任主要体现于产品质量和售后服务；万寿义和刘正阳（2013）认为，销售费用支出表明企业主动承担的产品售前和售后的责任，体现了企业对顾客的责任。

⑤ 温素彬和方苑（2008）、万寿义和刘正阳（2013）认为，企业积极纳税，既可获取更多国家政策的支持，也可提升企业价值。

表 3 - 2。

**4. 破产风险**

学者们基于各自的研究内容采用不同方法和指标衡量公司破产风险，如上市公司是否被 ST（吴元珍，王梦雨和周业安，2012等）、公司业绩的变动（Cheng，2008；Nakano and Pascal，2012）、金融危机下的公司生存与破产（McNulty，Florackis and Ormrod，2013；Iwasaki，2014）等。由于奥特曼 Z 指数（Altman Z）计算的破产风险指标信息含量高，是国内外学者衡量和预测公司风险的最常用指标（谢永珍和徐业坤，2013），因此，本书采用奥特曼 Z 指数作为测评公司治理战略行为绩效的指标。奥特曼（1968）提出了制造业上市公司破产风险 Z 指数的计算方法，具体计算指标详见表3 - 2。根据奥特曼的解释，Z 指数越小，企业破产的可能性越大，并指出 Z < 1.8 为破产区，1.8 ≤ Z ≤ 2.99 为灰色区，Z > 2.99 为安全区。奥特曼（2000）对该指数的计算方法进行了修正，提出了针对非制造业上市公司的 Z 指数计算方法，具体计算指标详见表 3 - 2。同样地，Z 指数越小，企业破产的可能性越大，并指出对于非制造业上市公司来说，Z < 1.23 为破产区，1.23 ≤ Z ≤ 2.90 为灰色区，Z > 2.90 为安全区。

### 3.5.2　监督行为绩效

监督行为绩效是指董事会实施对经理层的监督与控制行为所产生的治理效果。董事会实施监督行为的目的在于减少经理层的机会主义行为，以降低代理成本、提高代理效率、改善信息披露质量、规避公司违规。

**1. 代理成本与代理效率**

借鉴昂、科尔和林（Ang，Cole and Lin，2000）及陈运森（2012）等的做法，本书使用管理费用率衡量第一类代理成本。由于办公费、差旅费、业务招待费等占管理费用比重较大，管理费用率可以用来衡量经理层的在职消费程度，管理费用率越高，表明股东与经理层间的代理成本越高。借鉴谢永珍（2006）、李寿喜（2007）、罗进辉（2012）等文献的做法，采用总资产周转率衡量代理效率，它反映由于经理做出不正确决策或过度投资［如投资了净现值（NPV）为负的项目，或经理偷懒如没有努力工作等］，造成资产使用的低效或无效而引起的代理成本（李寿喜，2007）。实际上，总资产周转率衡量的是经理层（代理人）为股东（委托人）工作的努力程度，间接地代表了股东与经理层之间的代理成本。因此，可以认为，总资产周转率越高，代理效率越高，第一类代理成本越低。借鉴姜国华和岳衡（2005）、陈运森（2012）的做法，采用其他应收款比率衡量大股东与中小股东之间的第二类代理成本。一方面，大股东侵占中小股东利益的主要表现形式之一是对上市公司资金的占用；另一方面，大股东对上市公司资金的占用，一般是通过关联方之间销售形成的应收账款，以及通过暂借款而形成的其他应收款项。与关联方销售形成的应收款相比，其他应收款项更具隐蔽性，因此，其他应收款更能体现大股东对中小股东利益的侵占，从而反映大股东与中小股东间的代理成本。其他应收款占营业收入的比重越高，表明第二类代理成本越高。

## 2. 信息披露质量与违规

目前国内还很少有客观、可信的信息披露评价指标体系，在董事会治理绩效指标体系操作中可以采用南开公司治理指数中的信息披露指数或者深交所上市公司诚信档案的信息披露考评结果。考虑到数据获取的客观性和权威性，谭劲松、宋顺林和吴立扬（2010），伊志宏、姜付秀和秦义虎（2010），王建琼和陆贤伟（2013）等学者均采用深圳证券交易所公布的上市公司信息披露的考评结果作为衡量信息披露质量的代理变量。深圳证券交易所对上市公司的信息披露质量考评等级分为优秀、良好、合格、不合格四类。学者们一般采用虚拟变量，优秀和良好等级赋值为1，及格和不及格等级赋值为0。这种赋值的方法略显粗糙，并且将不及格与及格归为同一等级不太合适。因此，本书按信息披露质量的优秀、良好、及格与不及格四个等级分别予以赋值。对于董事会监督行为对违规规避的贡献，本书拟采用中国证监会公布的上市公司处罚意见，衡量上市公司的违规状况。如果公司出现违规状况，赋值为1；否则，赋值为0（见表3-2）。

## 3.6 本章小结

本章在依据多维理论视角对董事会职能进行界定的基础上，结合创业板上市公司的特点，对董事会行为进行权变分析；借鉴SCP的研究范式，建立董事会特征、行为对治理绩效影响的作用机理模型；在此基础上，构建董事会治理绩效的测量指标。

依据资源依赖理论和管家理论，董事会具有战略职能；依据委托代理理论，董事会具有监督职能。据此，董事会行为可相应划分为履行战略职能的战略行为（包括资源提供和战略参与）和履行监督职能的监督行为。不同情境下的董事会战略行为和监督行为水平是权变的，创业板上市公司由于竞争激烈、外部环境不确定程度高、管理团队小且缺少经验而对董事会战略职能的需求高，因此，董事会资源提供和战略参与行为更加积极，且范围不仅涉及战略层面而是深入管理边界之内，从而使董事会与战略、管理的交互融合性较强。这类公司由于股东与管理层重叠程度高，董事会可能更加经常地深入经营层面进行监督，但对经理层机会主义行为，特别是公司合规和财务审计的监督水平较低。

借鉴产业组织理论的SCP范式，董事会特征对治理绩效的影响并非简单而直接，而是通过董事会行为的传递，对治理绩效产生影响。董事会特征如董事会结构、人口学属性和人力资本的制度设计影响董事会履行职能的动机和能力，从而影响董事会战略行为和监督行为强度。进一步地，董事会通过资源提供行为和战略参与行为，影响公司创新、股东财富、社会责任以及破产风险规避等战略行为绩效；董事会通过监督行为，影响代理成本、信息披露质量和规避违规等监督行为绩效。董事会特征对治理绩效的影响存在双路径："董事会特征→战略行为→战略行为绩效"和"董事会特征→监督行为→监督行为绩效"。

董事会治理绩效测量指标包括战略行为绩效和监督行为绩效两个维度。战略行为绩效指董事会通过战略行为履行战略职能取得的效果，具体指标至少包括在促进创新、提升股东财富和社会责任以及规避破产风险等方面的贡献。监督行为绩效是指董事会实施对经理层的监督与控制行为所产生的治理效果，具体指标至少包括降低代理成本、提高代理效率与信息披露质量以及规避违规等方面的贡献。本章所建立的董事会特征、行为对治理绩效的双路径作用机理模型，深化了 SCP 的研究逻辑，丰富了董事会治理的理论；构建的董事会治理绩效测量指标，为实证研究中科学衡量董事会治理的有效性以及探索董事会战略行为与监督行为效果的区别提供了理论依据。

# 第4章 创业板上市公司董事会特征—行为—治理绩效关系的研究设计

本章基于董事会特征、行为对治理绩效的作用机理，建立相关研究假设。本书借鉴约翰逊、斯那特力和希尔（2013）的观点，将董事会特征分为董事会结构、人口学属性和人力资本三个维度。基于研究需要，董事会结构维度选取董事会规模、独立董事比例、董事激励等方面。董事会人口属性维度选取性别、年龄、教育背景等方面。董事会人力资本维度选取来自风险投资公司的董事、创始人董事以及董事平均任期等方面。加格（2013）认为，董事会监督行为包括频率、广度和深度三个维度。据此分析，董事会战略行为也应具有同样的维度划分。在实证研究中，一般用董事会监督或战略参与的强度来衡量董事会行为的三个维度（如 Judge and Zeithaml，1992；Westphal，1999；Brick and Chidambaran，2010；Francis，Hasan and Wu，2012；Chou，Chung and Yin，2013 等）。借鉴以上学者的做法，本书将董事会监督、战略（资源提供和战略参与）行为的频率、广度和深度统称为董事会行为强度，并据此建立相关假设。

## 4.1 研究假设

### 4.1.1 董事会特征与董事会行为关系的研究假设

**1. 董事会结构与董事会行为**

（1）董事会规模与董事会行为。

关于董事会规模与董事会行为的关系有两个主要学派。一个学派认为小型董事会能够更好地监督管理层，并提高战略行为水平。很多学者支持小型董事会有利于监督。如李普顿和洛尔施（Lipton and Lorsch，1992）认为，董事通常不会批评高管的政策或者维持关于公司绩效的公正讨论，在大型董事会中，由于个体董事在监督管理层时不履行勤勉责任的成本更小，上述问题将更为突出。即使董事会规模增加会提高董事会的监督能力，但决策速度减慢、对管理层业绩非公正的讨论以及对风险承担的偏见所带来的成本也将会超过收益。相反，小型董事会由于更可能使董事相互熟悉，执行更有效的讨论以在关键问题上达成真实的一致，从而能够提高监督水平。因此，他们推荐董事会的人数应在 10 人以内，最优规模为 8 人或 9 人。詹森（1993）认为，"董事会中过于强调礼貌和礼节，以牺牲真实和坦白为代价"，由于 CEO 可能使用战略联盟和选择性提供信息等技巧，"当董事会人数超过 7～8 人时，能够有效率运行的可能性降低并且很容易被 CEO 控制"。因此，董事会规模增加时，代理问题和沟通协调问题的成本大于拥有更多董事带来的收益，从而导致董事会监督水平的降低。亚当斯和费雷拉（2012）认为，董事会规模越大，个别董事不参与董事会越是不重要，则越可能发生搭便车行为，他们的实证结论发现，董事会规模与董事会参会问题是正相关的。

有学者对新创公司或家族企业的研究也表明，小型董事会有利于提高董事会监督水平。如莱恩、帕特罗和赵（Lehn，Patro and Zhao，2009）认为，公司成长机会越大，监督成本越高，因此，在具有高成长机会的公司中，大型董事会具有严重的搭便车行为，而小型董事会中董事会成员具有足够的私有激励以承担高额的监督成本。加尔西—拉莫斯和加尔西—奥拉利亚（García-Ramos and García-Olalla，2011）认为，家族企业中的大型董事会将降低董事之间的凝聚力从而削弱董事会监督水平。

还有文献证明，董事会规模越小，董事会的战略行为强度越高。如贾奇和蔡特哈姆尔（1992）依据群体决策理论认为，大型董事会由于太烦冗而不利于有效讨论、使决策速度放缓并降低个人义务的原因，对群体动力产生负面影响，从而抑制了董事会成员对战略决策的有效参与。还有学者研究认为，处于生命周期早期的公司或家族企业中，由于外部环境竞争激烈且不确定程度高，小型董事会更有利于董事会实施战略决策。如莱恩、帕特罗和赵（2009）认为，具有高成长机会的公司往往更加年轻且在不确定性的环境中运行，因此他们需要能够有助于快速决策的治理结构，例如小型的董事会。西埃贝尔斯和克尼普豪森—奥夫塞斯（Siebels and Knyphaus-en-Aufseβ，2012）认为，家族企业中，大型董事会可能会约束成员的沟通和决策能力而使个人责任削弱，因此董事会在这种环境中应相对较小。

然而，另一学派认为，大型董事会在履行监督和战略参与角色中具有潜在优势进而提高董事会行为强度。普费弗和萨兰西克（1978）从资源依赖视角指出，大型董事会能够提高公司应对环境不确定性和建立与其他商业伙伴联系的能力。大型董事会所带来的获取额外资源的优势胜于额外的代理成本和决策速度减慢（Dalton，Daily，Johnson and Ellstrand，1999），使董事会履行职能的能力提高，从而有利于董事会监督和战略行为强度的提升。赫拉和皮尔斯（1989）认为，大型董事会与小型董事会相比不易受管理层控制的影响，也更可能在背景、价值观和技巧上具有异质性，从而能够更积极地参与监督。同时，大型董事会有利于争辩和讨论公司任务、目标和战略，扩大专业基础，使管理层考虑广泛的意见、澄清战略执行过程中的约束，从而提高董事会的战略参与水平。费舍尔和波洛克（Fischer and Pollock，2004）认为，大型董事会对于年轻的IPO公司尤为有价值。这是由于基于社会心理学和群体决策理论（Sah and Stiglitz，1986，1991），大型群体的决策不可能很极端，因此，大型董事会更可能与公司业绩的较少变化相关。郑（Cheng，2008）对美国公司的研究以及中野和帕斯卡尔（Nakano and Pascal，2012）对日本公司的研究均证明了这一结论。由以上学者对年轻公司董事会规模的研究可以推断，对于外部环境不确定程度高的年轻公司来说，大型董事会的决策能够降低风险而更具优势。

　　由于大型和小型董事会均有可能有利于董事会监督和战略行为强度的提高，因此，本书认为，董事会规模与董事会战略与监督行为强度应呈非线性的相关关系，并且非线性关系可能以两种形式而存在。第一，董事会规模与董事会行为存在 U 型关系。创业型企业在高速运转的新经济环境中运营，决策速度最重要（Chancharat, Chandrasekhar and Gary，2012）。小型董事会的群体动力大、凝聚力强、易于沟通，能够实现有效讨论并快速达成一致意见，从而提高董事会监督和决策的动力与能力，进而对董事会监督和战略行为的强度具有积极影响。另外，大型董事会由于能够带来多元化的观点并且有能力同时考虑大量可选项目而具有优势（Chancharat, Chandrasekhar and Gary，2012）；大型董事会所带来的资源对于资源稀缺和外部环境高度不确定的创业型企业来说尤为重要（Hillman et al.，2009；Knockaert and Ucbasaran，2013；Field, Lowry and Mkrtchyan，2013），这均能够通过增加董事会履职能力而提升董事会行为强度。因此，在创业型企业中，无论是小型董事会还是大型董事会，都可能对董事会行为具有积极效应。相关学者的研究对此加以了证明（如 Dowell, Shackell and Stuart，2007；Chancharat, Chandrasekhar and Gary，2012），他们发现在新创公司中，小型董事会或大型董事会，相对于中型董事会来说具有各自优势而有利于公司生存。科尔斯等（Coles et al.，2008）对董事会规模与公司价值的研究发现，董事会规模与托宾 Q 呈 U 型。虽然以上三位学者的研究针对董事会规模与公司价值或生存的关系，但他们的结论印证了非常大和非常小的董事会均为最优。根据以上分析，董事会行为随着董事会规模的增加，可能呈现先下降后上升的 U 型趋势。第二，董事会规模与董事会行为可能存在向下倾斜的对数曲线关系。加尔西—拉莫斯和加尔西—奥拉利亚（2011）对家族企业的研究发现，针对企业创始人运营方向的基础性问题，创始人不希望董事比家族成员或亲信提出更多建议，因此这类企业对扩大董事会规模以获取董事咨询建议的需求降低。创业型企业的创始人也可能存在这种现象，这将部分抵消大型董事会带来的额外资源的优势，从而使扩大董事会规模而提升董事会行为水平的正效应无法完全显现，而仅是部分抵减大型董事会带来的额外的代理成本和决策速度减慢，使董事会行为随着董事会规模的增加而下降，但是下降的速度递减，从而两者呈现向下倾斜的对数曲线关系。因此，提出假设 1a。

假设 1a：创业板上市公司董事会规模与董事会行为强度间呈 U 型或负向的对数曲线关系。

（2）独立董事比例与董事会行为。

创业企业独立董事通常来自该行业现任或前任高管、成功创业者或学术界，他们因拥有特殊的专业技能和有助于企业的职业知识而被招募（Garg，2013）。普利亚和张（2007）认为，独立董事具有复杂的个人动机，虽然财务激励水平较低，但独立董事作为成功人士，非财务动机比财务动机对他们的影响更加强烈，比如法律责任或职业满意度、保护并提高声誉等。瓦费斯（Vafeas，1999）指出，在声誉资本的激励下，独立董事可能会要求更多参与董事会会议，以获取足够的信息，降低与管理层之间的信息不对称，提高其监督管理层的能力，因此，随着独立董事数量的增加，董事会会议频率也应有所提升。费根尼（2005）对小公司董事会战略参与的研究发现，独立董事具有其他公司和行业的背景，能够为决策任务带来新知识、新观点以及各种解决问题的方式，有助于帮助经理层收集更多外部环境信息并用新的方式处理信息，以提高决策质量。克里斯蒂娜（Cristina，2011）对家族企业的实证研究表明，独立董事占主导的董事会更具凝聚力，对董事会致力于履行职能更为有利。

然而，费根尼（2005）对小型公司的实证研究却发现独立董事比例与董事会战略参与呈 U 型关系。原因是单一外部董事或者较少的独立董事，可能不会显著增加董事会的认知多元化，而较少外部董事对 CEO 的成本——对 CEO 的威胁和决策效率——可能会超过作为决策资源所带来的价值增加。一旦公司拥有 4 个以上外部董事，外部董事之间的互动将为董事会作为决策群体的职能提供足够的认知价值，此时，外部董事的价值超过了成本，董事会战略参与可能与外部董事数量正相关。克里斯蒂（Kristie，2011）根据群体效应理论也认为，一个人仅代表"符号"，两个人代表"存在"，三个人才能有话语权。因此，只有外部董事达到临界数量时才会提高董事会作为决策群体的价值。据此推断，在创业企业中独立董事与董事会行为之间也可能出现 U 型关系。一方面，有的创业企业处于初创期，其董事会由内部主导，独立董事较少，将可能出现费根尼（2005）所认为的独立董事带来的成本大于提高认知多元化的收益，从而降低董事会行为强度。加之，创业企业多处于新经济行业，具有较高的复杂性和信息获取成本（Chancharat，Chandrasekhar and Gary，2012），少量的独立董事没有足够的能力获取相关成本而对董事会行为造成负面影响。另一方面，当独立董事数量达到足够大的临界状态时，他们将不再被认为是外部人，并能够更多影响董事会讨论的内容和过程，有利于充分发挥所拥有的信息与能力，并且基于声誉的约束更积极地进行战略参与，以提供资源的帮助和有效监督。因此，提出假设 1b。

假设 1b：创业板上市公司独立董事比例与董事会行为强度间呈 U 型关系。

（3）董事激励与董事会行为。

对董事来说，动机是指对参加会议、阅读材料、花时间在公司活动并做出有助于组织成功决策的渴望（Conger，Lawler and Finegold，2001）。董事本身是自利的代理人，他们需要被激励而履行职能。根据代理理论，给予董事会股权激励可以使董事动机及利益与股东相一致从而提高董事会控制。伯格（Bergh，1995）的研究表明，董事所有权能够增加董事会的动机来执行控制。希尔曼和达尔齐尔（2003）认为，激励一致可以使董事进行有效监督，也能够提高董事会提供有利于业绩增长资源的动机。如果董事会能够为公司提供重要资源，那么当他们拥有这一行动的利益时，他们更可能利用这些资源。当董事会分享公司业绩的上升空间并分担下行风险时，他们便也可能有动机为公司提供更多的建议和咨询，以改善公司的公共形象，畅通沟通渠道，这就与他们有动机积极监督是一样的，权益薪酬激励董事会使用他们拥有的重要资源。相关实证研究表明董事激励能够强化董事会行为，如多伊奇、凯尔和拉马宁（Deutsch，Keil and Laamanen，2011）发现，外部董事的股票期权可以提高其对各类董事会任务的参与程度。亚当斯和费雷拉（2008，2012）对美国一般上市公司和银行控股上市公司的研究发现，较高的董事会会议费用能够降低董事会会议出席的问题。周、钟和尹（2013）对我国台湾地区上市公司的研究发现，董事激励能够提高董事会会议的出席率。

此外，佩恩、班森和芬戈尔德（2009）认为，从团队视角分析，财务激励也应与董事会的任务效能相关。学者们证明了群体激励，如所有权股份，能够鼓励信息共享和团队成员之间的互动；团队激励增加团队成员之间的合作，有助于减少组织中的破坏性行为。

然而，关于所有权和业绩之间关系的研究结论是混乱的，表明可能不是严格的线性关系（Payne，Benson and Finegold，2009）。默克、施莱费尔和伊辛（1988），麦康奈尔和瑟韦斯（McConnell and Servaes，1990）均发现，所有权与业绩之间（以托宾的 Q 衡量）呈非线性关系。同样，巴恩哈特、马尔和罗森斯坦（Barnhart，Marr and Rosenstein，1994）发现，所有权和整体业绩（利用普通股权益的市账比衡量）是倒 U 型关系。佩恩、班森和芬戈尔德（2009）据此预测，高管、董事如果很少或没有这家公司的股份，他们将不会有强烈动力向着董事会的目标而努力；另外，持有大量股份的董事则可能试图主宰董事会，从而损害群体的有效性，即非常低或非常高水平的董事激励与较低的董事会行为强度相关（即两者呈倒 U 型关系）。据此，提出假设 1c。

假设 1c：创业板上市公司董事持股激励与董事会行为强度之间呈倒 U 型关系。

**2. 董事会人口学属性与董事会行为**

（1）女性董事比例与董事会行为。

女性董事比例通过将个人（董事）特征与团队（董事会）层面结合而代表团队构成的集中趋势，因此，可以用来作为董事会层面过程和效率的预测变量（Nielsen and Huse，2010）。现有实证研究证据显示，由于女性认知、经验、思维方式等与男性有所不同，女性董事增加了董事会多元化和异质性，同时女性董事更加勤勉和审慎，这均有利于提升董事会资源提供和战略参与的水平。如尼尔森和休斯（Nielsen and Huse，2010）对挪威公司的研究认为，女性董事比男性董事对董事会的任务业绩具有更高的期望，从而更可能投入董事会实践活动中；另外，女性更可能投入参与性的领导行为中并且表现出对别人更高的敏感性，她们真正关注他人福利并且乐于助人、和蔼、具有同情心，从而更可能接受其他人的观点并有利于任务和关系冲突的解决；进一步地，董事会实践活动的改善以及冲突的降低有利于提高董事会战略行为水平。刘、魏和谢（Liu，Wei and Xie，2013）认为，女性董事在做出重要决策时比男性更加谨慎，从而提高了董事会在复杂问题如并购决策、融资决策等中的审议质量。并且，女性领导者由于其不同的生活经验和视角，能够使公司更好地与女性顾客、女员工和社会上的其他女性沟通，有利于董事会建立与外界环境的联系和提高战略参与水平。

由于经理层与股东利益不一致而导致代理问题，有效的董事会监督能够降低利益冲突（Fama and Jensen，1983）。现有实证研究证据表明，女性董事往往在监督活动中更加积极，提高了董事会监督行为强度。古尔、斯里尼迪和崔（Gul，Srinidhi and Tsui，2008）的研究认为，女性董事倾向于要求更多的审计工作和管理层责任，从而提高董事会的监督强度。亚当斯和费尔埃福（Adams and Ferreifa，2009）发现，女性董事是更加勤勉的监督者，女性董事比男性董事具有更高的出席率，董事会具有更高性别多元化时，男性董事的出席问题更低，女性董事更可能加入监督性委员会，性别多元化更高的董事会更加致力于监督。总之，女性董事比例越高，董事会监督和战略行为的强度越高。据此，提出假设2a。

假设2a：创业板上市公司女性董事比例与董事会行为强度正相关。

（2）董事年龄与董事会行为。

根据高阶理论的观点，董事年龄不同，意味着董事在经验、风险厌恶程度、认知等方面存在差异，这将对董事会行为产生影响（Bilimoria and Piderit，1994；Forbes and Milliken，1999）。直接讨论董事会年龄与行为关系的文献尚不多见，相关文献大多讨论的是高管或董事年龄与公司战略变革。弗罗姆和帕尔（Vroom and Pahl，1971）基于心理学理论的研究发现，管理层的年龄与管理层的风险承担负相关。他们的研究结论说明年轻的高管具有风险偏好和变革倾向。汉布里克和梅森（Hambrick and Mason，1984）认为，年轻的高管倾向于变革，如增长性战略，这一结论也适用于董事。先前研究证实，年轻的董事有利于公司进行战略变革，如阿恩和瓦尔克（Ahn and Walker，2007）。年轻董事虽然经验相对不足，但更容易接受新事物，敢于创新开拓，喜欢冒险，对其职业前景有更长的预期，这对于创业企业的创新和发展尤为重要。斯马和巴恩泰尔（Wiersema and Bantel，1992）也认为，由于年轻高管偏好风险，更倾向于抓住潜在的商业机会。在创业企业注重创新和变革的情境中，董事会的监督和战略参与过程中必然更多涉及与创新、战略变革、较高风险承担相关的项目，而不是具有保守倾向和低增长战略的项目，因此，年轻的董事由于更具创新精神、学习能力和风险偏好倾向，而更有能力在创新和战略变革等项目中实施监督与战略行为。反之，年长的董事的风险厌恶程度较高（Johnson，Schnatterly and Hill，2013）。学习理论（Hambrick and Fukutomi，1991）认为，年长的董事学习新思想和新行为更为困难，这对于创业型企业的董事会行为将产生不利影响。另有证据表明，年龄与特殊的行为倾向（比如管理层的决策风格）有关，如泰勒（Taylor，1975）发现，年长高管在决策前往往搜寻更多的信息，花费更多的时间决策。根据这一结论推断，年龄大的董事降低了决策速度，这将不适应创业型企业快速变革的内外部环境，导致董事会监督和战略参与能力降低，从而对董事会行为强度造成负面影响。因此，董事会年龄与董事会行为强度将呈现负向关系。

然而，较高的董事年龄是一把"双刃剑"。比利莫里亚和派德瑞特（Bilimoria and Piderit，1994）认为，随着时间的积累，年长的董事在指导公司方面更具经验且更加成熟，这对合作解决核心治理问题是有效的。戈尔登和扎亚克（Golden and Zajac，2001）发现，美国医疗行业上市公司的董事平均年龄为 53 岁，年长董事的丰富经验能够提高董事会的信心。普莱特和普莱特（2012）发现成功企业中董事平均年龄为 59.5 岁，而破产公司中董事平均年龄为 57 岁，年龄较大的董事由于具有重要经验，有助于更好地控制公司风险。根据以上实证证据可以推断，当董事年龄增长到一定程度，董事丰富经验给董事会行为带来的正效应慢慢凸显，可能会弥补风险厌恶所导致的负效应，从而使董事年龄与董事会行为强度出现负向的对数曲线关系，董事会行为强度随着董事年龄增长而下降趋势没有改变，但下降速度将越来越缓慢。据此，提出假设 2b。

假设 2b：创业板上市公司董事平均年龄与董事会行为水平之间呈负向的对数曲线关系。

（3）董事教育背景与董事会行为。

董事教育背景影响董事的知识、战略视野、社会声望，从而影响董事对企业战略和运作等信息的认知和处理能力（Johnson，Schnatterly and Hill，2013）以及履行职能的动机，进而影响董事会的战略和监督行为强度。董事平均学历是研究中较多用于衡量董事教育背景的指标（Johnson，Schnatterly and Hill，2013）。董事学历水平越高，社会声誉越高，其所拥有的专业知识越多、学习能力越强并且越能有效使用所拥有的专业知识，这个观点被研究董事会教育背景与创新关系的文献所支持。如温森特、阿诺欣和奥特维斯特（Wincent，Anokhin and Örtqvist，2010）认为，学历水平高的董事会更有能力获取、使用和掌握知识，并为全面思考决策项目提出见解，从而导致创造性的突破。他们的实证研究结论显示，董事的教育水平有利于组织的激进型创新。达尔齐尔、金特里和鲍尔曼（2011）发现，具有常春藤盟校教育背景的董事由于知识和经验水平更高、更有自信使项目成功而有助于增加研发支出，他们更高的声誉有助于与外部利益集团沟通（如各利益相关方、分析师等），从而提高风险性研发项目的合法化并便于获取对 R&D 投入的资金支持。康纳、琼斯和博依维（Khanna，Jones and Boivie，2013）也发现，董事会的平均学历水平代表董事的智慧和从特殊领域提炼理论原则的能力，学历越高，越能够提高董事会监督和咨询的质量，进而有利于提高公司的净资产收益率。

　　由于创业型企业的战略方向、决策项目更多涉及创新或创业领域，管理层聘任和业绩评价也需考虑创新绩效，因此，董事学历应是影响董事会战略和监督行为较重要的因素。将温森特等和达尔齐尔等的研究结论加以拓展，本书认为，高学历（比如商业、工程、科技和其他领域的硕士或博士学历）能够提高董事会实施履行职能的动机和能力，从而对董事会战略和监督行为强度具有积极影响。首先，高学历董事具有更高社会声誉，受声誉资本的激励，他们将更加积极地参与战略决策和评价过程以及监督经理层的活动，以避免高风险创新项目决策的失误给自身声誉带来的损害。创业企业由于资源缺乏，为了管理和降低企业对外部资源的依赖，对高学历董事的战略参与和监督需求更大（Huse，2000），这进一步提高了他们履行职能的动机。其次，高学历的董事通常具有严谨的逻辑推理能力，并能有效使用专业创新知识或者熟悉创新创业相关的特殊研究，这使他们具有能力监督和评价管理层的创新业绩及对创新战略的参与。据此，提出假设2c。

假设2c：创业板上市公司董事平均学历与董事会行为强度正相关。

**3. 董事会人力资本与董事会行为**

（1）风险投资董事比例与董事会行为。

风险投资董事是投资于创业企业的风险投资公司委派的利益代表，旨在强化董事会的监督和资源提供职能。加格（2013）认为，风险投资董事有动机、职业义务和能力进行监督。风险投资董事的部分薪酬取决于被投资企业的业绩，因此他们有动机进行监督，以确保风险投资公司能够在未来资本退出时获得更多的租金，从而董事可以得到更高的薪酬并提升其自身的地位。风险投资董事也可能出于保护风险投资雇主利益的职业义务而更多参与监督。不同风险投资公司通常在不同时点加入创业企业董事会，为了保护雇主的利益不受其他风险投资公司的侵害，不同风险投资董事将密切监督公司战略决策。此外，由于风险投资通常集中于特定的行业和地区，来自风险投资公司的董事具有相关领域广泛和深入的知识，他们能够深入理解行业的演化架构、公司绩效的重要驱动因素、产品以及顾客和商业模式，因此，风险投资董事更有能力监督。除了强化董事会的监督职能之外，风险投资董事还有助于提高创业企业董事会的战略参与。弗里德等（Fried et al.，1998）发现，风险投资者通常被认为是价值增加型投资者，其最重要的价值增值活动就是参与战略，风险投资支持的公司董事会比没有风险投资支持的董事会更多参与战略形成与评价。罗森斯坦（1988）认为，风险投资者与管理层的工作关系密切，他们的专业以及帮助公司获取重要网络资源的能力，使有风险投资董事更有权力和能力积极处理关键问题、评价战略的运行以及需要进行的战略变革。据此，提出假设3a。

假设3a：创业板上市公司风险投资董事比例与董事会行为强度正相关。

（2）创始人董事比例与董事会行为。

创始人董事是指创建了企业且在董事会任职的董事。首先，创始人董事有动机进行监督和战略参与。加格（2013）指出，创始人董事的持股比例较高，拥有更强烈的动机参与董事会监督，以保护他们的利益不受其他投资者董事的侵害；由于参与企业的创建，创始人董事对企业具有心理依赖，他们希望看到公司成功，这将促使他们更加积极地监督。其次，创始人外部董事更有能力进行监督和战略参与。加格（2013）发现，创始人董事自从公司创立便参与企业的成长，了解公司各职能领域的具体细节，具有理解和评估公司战略和经营活动的能力；另外，他们与经理层关系熟识，能够了解比 CEO 向董事会汇报的信息更多的细节。董事对公司知识的深入了解能够形成有价值的、独特的知识，这对于董事会履行决策控制任务具有重要作用（Fama and Jensen，1983）。相关研究发现，董事拥有公司的特有信息越深入，董事会对战略参与的程度越高，如普利亚和张（2007）等。克罗尔、沃尔特斯和莱（2007）的研究结论为上述观点提供了支持，他们发现，年轻公司董事会的最好构成是原始高管团队成员占大多数，这样的董事会成员拥有有价值的公司内部信息以及创业愿景，并且处于提供监督的最好职位。据此，提出假设 3b。

假设 3b：创业板上市公司创始人董事比例与董事会行为强度正相关。

（3）董事平均任期与董事会行为。

不同的董事任期反映了董事拥有的公司专有信息和与公司利益相关者之间的关系存在差异。董事会与经理层之间的信息不对称是董事会履行职能的最大障碍。董事在为企业长期服务过程中会形成和企业有关的丰富经验，根据费斯克（Fiske）和泰勒（1991）的观点，丰富的经验将为个人提供更多接触记忆信息的机会。较长任期还能通过增加沟通来获取信息，如曾格和劳伦斯（Zenger and Lawrence，1989）认为，任期与沟通频率正相关；罗伯茨和欧赖利

（Roberts and O'Reilly，1979）认为，组织成员的频繁变化将破坏沟通网络。因此，董事任期长可有助于董事获取企业信息，降低董事会与经理层的信息不对称。再者，董事会任期长使董事之间更加熟悉，可以增强凝聚力，并更好使用知识和技能（Forbes and Milliken，1999）。根据以上学者的观点推断，董事任期越长，董事越可能获取及更有效地使用公司专有知识，这将提高董事会监督和战略参与能力，从而对董事会监督、资源提供和战略参与的强度、广度和深度均具有积极影响。

然而，任期较长的董事与高管层形成的"友好"关系，可能会弱化董事会的监督，如希尔曼、什罗普费尔、瑟多、道尔顿和道尔顿（Hillman，Shropshire，Certo，Dalton and Dalton，2011）发现，股东对长期任职的董事监督不满意。鉴于董事会任期效应的研究存在相互矛盾的结论，约翰逊、斯那特力和希尔（2013）认为，董事任期可能具有非线性的效应。比如有研究发现了董事任期与战略变革之间的非线性关系（Golden and Zajac，2001）。

本书认为，董事会任期的效应是随不同组织情境而发生权变的，董事会构成及其对绩效的影响随公司不同生命周期阶段而发生动态演化（Lynall，Golden and Hillman，2003；Boyd，Haynes and Zona，2011）。如恩和瓦尔克（1992）关于高管团队任期的研究发现，高管任期与战略变革正相关，但是这个结果仅在董事平均任期为5年或以下的较小范围内成立。戈尔登和扎亚克（2001）的研究结论显示，董事会任期对战略变革的正影响将持续至任期为15年，而后，两者关系变为负相关。将他们的结论加以拓展，本书认为，创业型企业大多处于生命周期的早期，董事任期通常较短，因此，董事任期与行为的关系可能处于正相关的区间内，即提高任期带来的正效应更为显著，而更长任期所带来的潜在负效应则尚不会显现。据此，提出假设3c。

假设3c：创业板上市公司董事平均任期与董事会行为强度正相关。

## 4.1.2　董事会行为与治理绩效关系的研究假设

### 1. 董事会行为与 R&D 投入

R&D 投入是保证创业型企业创新和成长的关键因素（Dalziel，Gentry and Bowerman，2011）。与常规投资项目不同，R&D 投入具有风险性大、投资回收期长、专业性强的特点（Kor，2006 等）；作为战略决策制定者的董事会，其提供资源以及战略参与行为是影响公司 R&D 投入的重要预测变量（O'Sullivan，2000；Elenkov，Judge and Wright，2005；Belloc，2011）。根据斯泰尔斯（2001）的观点，在创新决策过程中，董事会的资源提供和战略参与具体表现为：设置战略参数，建立强调创新的总体方向，确定组织承担的革新程度，培育经理层和董事会的共同信念，建立损失容忍参数，与经理层见面讨论，阐明和发展创新项目的具体方面等。金柏莉和扎亚克（Kimberly and Zajac，1988）发现，董事会的战略参与培育了管理层决策的高度自信，这能够提高对风险性 R&D 项目的投入。佐纳等（Zona et al.，2013）认为，董事会的战略参与有利于营造经理层的创新环境，使经理层能够持续地赞成、支持和从事创新计划。法雷耶和郝塔诗（2012）认为，董事会战略行为能够提高公司对实验和潜在高代价错误的容忍性，激励管理层的重要努力和培育公司专有人力资本，以保证研发投入、促进创新。相关实证研究对董事会战略行为与创新的正相关性提供了证据。如法雷耶和郝塔诗（2012）发现，咨询性董事与 R&D 投入正相关。罗伯逊和欧康纳（Robeson and O'Connor，2013）发现，创新决策型董事会能够改善公司整体的创新水平。

然而，董事会过度战略参与将会对创新产生负面影响。吴（Wu，2008）从权力平衡视角分析认为，董事会与 CEO 之间的权力偏向可能造成功能失调或丧失，基于权力平衡分配的互补性可引起更多创造性的争论，允许公司高阶梯队来获得更多创新性想法而不必惧怕不接受观点或破坏关系。因此，他认为董事会应保持"战略参与的适度水平"，以避免侵蚀管理层角色（Finkelstein and Mooney，2003），从而对作为经理层风险承担的结果——新产品引入造成负面影响。加格（2013）认为，创业企业通常关注创新，他们致力于广泛的实验。如果董事会过分参与（他们可能会经常了解到实验过程中失败的结果），所导致的董事会的集权化、大量的形式化和程序僵化可能会对创业企业的适应和创新过程产生负面影响。他进一步认为，创业企业规模小意味着董事会会更严密地控制创业企业的活动，从而对创业企业的创新过程产生不利影响。

根据以上学者的研究成果预测，董事会过度战略参与对 R&D 投入的影响可能有两种。一是过度参与的负面效应抵消但未超越正面效应，使 R&D 投入随着董事会战略行为强度的提高而持续增加，但增长速度越来越慢，即董事会行为与 R&D 投入呈正向的对数曲线关系。二是当董事会行为强度达到一定程度后，过度参与的成本显著超越收益，而使 R&D 投入呈现先增加后降低的趋势，即董事会行为与 R&D 投入之间呈倒 U 型关系。有实证证据表明，董事会行为与创新呈倒 U 型关系。如吴（2008）发现，董事会的决策参与同新产品引入业绩呈倒 U 型关系。加西亚—桑切斯（García-Sánchez，2010）发现，董事会会议次数与技术效率之间呈倒 U 型关系。据此，提出假设4。

假设4：创业板上市公司董事会行为强度与 R&D 投入之间呈对数曲线或倒 U 型关系。

**2. 董事会行为与股东财富**

在创业型企业中，董事会与经理层是一个合作的价值创造团队，通过为管理层提供资源和对战略形成与评价各个阶段的深度参与而创造价值，实现股东财富的最大化（Zahra et al.，1991；Westphal，1999；Zhang et al.，2011；Machold et al.，2011 等）。相关研究董事会的战略参与、会议频率与公司绩效及价值关系的文献，为董事会战略行为对股东财富的积极效应提供了实证支持。如贾奇和蔡特哈姆尔（1992）发现，董事会战略参与对公司绩效产生着积极的影响。董事会为决策过程提供目标，有助于改善管理层狭窄的思维方式、顽固认同和薄弱的分析；并且董事会的战略参与提高了战略形成、监督和评价过程中的多元化观点，对提高决策质量、改善公司业绩发挥着正向的作用。韦斯特法尔（1999）认为，贾奇和蔡特哈姆尔的观点与群体决策理论相一致，封闭的领导风格无法吸收外部资源对决策的看法，导致对决策方案考虑不全面，并可能坚持错误或过时的假设；相反，向外部寻求咨询和建议能够有助于揭露不切实际的假设或选项，防止形成不成熟的结论。他的实证研究结论表明，董事会（通过提供建议和咨询）与经理层的互动程度能够形成开放型的领导风格，通过提升决策质量而对股东财富产生正面影响。米尼彻利（Minichilly et al.，2012）认为，董事会能够给经理层带来高质量的建议和咨询，董事会咨询与公司绩效正相关。法雷耶和郝塔诗（2012）也认为，咨询性董事能够有助于提高公司的价值。还有学者用董事会会议次数或董事出席率作为董事会行为的代理变量进行研究，布里克和奇丹巴然（2010）发现董事会会议次数与托宾 Q 呈现正相关关系。弗朗西斯、哈桑和吴（Francis，Hasan and Wu，2012）对金融危机时期上市公司进行研究也得到相似结论。周、钟和尹（2013）研究认为，提高董事亲自参加的会议出席率，能够改善公司业绩并能够促进公司成长。

然而，过度的战略参与将对股东财富产生负面影响。董事会如果过度参与战略决策与评价，则可能使经理层在不同任务中切换（比如为董事会汇报最新情况和履行未来导向的重要任务之间），从而使创业经理层失去自控，易厌烦，降低决策力和判断力（Garg，2013）。正如汉密尔顿、福斯、赛利尔和梅伊维斯（Hamilton，Vohs，Sellier and Meyvis，2011）所发现，频繁的任务切换导致思维方式经常变化，这不利于随后的自我心理调节而对决策和判断造成不利影响。加格（2013）认为，在董事会过度参与下，创业企业经理层可能将大量时间耗费在报告数据和判断结果而不是重大任务上。心理学研究认为，这样经常性的工作干扰会使经理层松懈、放弃为董事会正在干扰的目标而奋斗（Carver，Scheier and Weintraub，1989）。因此，董事会过度的战略参与可能会降低创业企业价值创造的整体效率，从而对股东财富造成不利影响。

根据以上学者的研究成果预测，董事会过度战略参与对股东财富的影响可能有两种。（1）过度参与的负面效应抵消但未超越正面效应，使股东财富随着董事会战略行为强度的提高而持续增加，但增长速度越来越慢，即董事会行为与股东财富呈正向的对数曲线关系。如布里克（Brick，2010）的研究发现，董事会活动的效果是非线性的，是规模收益递减的。（2）当董事会行为强度达到一定水平后，过度参与的成本可能超越收益，而使股东财富呈现先增加后降低的趋势，即董事会行为与股东财富之间呈倒 U 型关系。据此，提出假设 5。

假设 5：创业板上市公司董事会行为强度与股东财富呈对数曲线或倒 U 型关系。

### 3. 董事会行为与破产风险

创业型企业处于生命周期早期，资源稀缺且内外环境具有高度的不确定性，因此，公司的破产风险相对于大型成熟上市公司来说较高。董事会通过决定公司对风险的容忍度、预测重大决策的风险、参与战略决策制定以降低决策失误等战略行为，能够提高创业型企业的生存概率，降低破产风险。相关公司治理规制对董事会履行控制公司风险方面的职责做出了规定。如英国公司治理准则认为"董事会有责任决定公司希望承担风险的性质和程度，以达到战略目标"。OECD 公司治理原则规定，"董事会应履行审议和指导公司风险政策的职责"并"确保适当的风险管理体系到位"。国外学者关于董事会与公司风险的研究多集中于金融危机发生之后，他们发现董事会在保持公司的偿债能力、降低破产风险中起到了重要作用。如麦克纳尔蒂、弗洛拉克斯和奥姆罗德（McNulty，Florackis and Ormrod，2013）对英国公司进行调查发现，董事会如果具有较强的努力规范，则能够使董事彻底研究公司提供的信息以及公司和行业相关的问题，并积极参与董事会的讨论，从而有效履行风险管理职能，使公司承担过度财务风险的可能性降低，他们的研究结论证实了这一观点。谢永珍和徐业坤（2013）以奥特曼 Z 指数衡量公司治理风险，对我国上市公司的研究发现，董事会会议次数对公司治理风险具有显著的负面影响，说明董事会积极的战略参与有利于科学决策，规避破产风险。总之，基于现有理论观点、实证结果以及公司治理实践可以推断，董事会在实施战略行为方面投入的越多，越有助于规避破产风险。

然而，董事会过度的战略参与也会对破产风险的规避造成负面影响。根据有关创业企业文献的观点（如 Garg, 2013；Wu et al., 2008 等），一方面，创业企业的创新过程中不可避免地存在试误过程，由于董事会的过分参与可能了解过多的失败细节，而降低公司对风险的容忍度，或者使决策缓慢而延误了最佳决策时机，这对于年轻的创业企业积极开拓新项目、迅速抓住市场机遇以提高生存概率是非常不利的；另一方面，董事会过度的战略参与会过度干预管理层，使管理层失去应有的自主权，导致权力失衡而造成功能失调，反而增加了决策失误的概率。

根据以上学者的研究成果预测，董事会过度战略参与对破产风险的影响可能有两种。一是过度参与的负面效应抵消但未超越正面效应，使破产风险随着董事会战略行为强度的提高而持续降低，但降低速度越来越慢，即董事会行为与破产风险呈负向的对数曲线关系。二是当董事会行为强度达到一定水平后，过度参与的成本可能超越收益，而使破产风险呈现先降低后提升的趋势，即董事会行为与破产风险之间呈 U 型关系。据此，提出假设 6。

假设 6：创业板上市公司董事会行为强度与破产风险之间呈负向的对数曲线或 U 型关系。

### 4. 董事会行为与代理成本

依据委托代理理论，创业型企业董事会受股东的信用委托，通过雇用有能力的经理层、对其进行评价、激励和有效监督，使股东和经理层利益保持一致，保护股东不受自利经理层的侵害，降低第一类代理成本并提高代理效率（Adams，Hermalin and Weisbach，2010）。创业企业中由于 CEO 的财务利益与公司股东更加一致，所有权和控制权分离程度低（Garg，2013），可能出现股东之间的矛盾如大股东剥夺小股东利益或创始人股东与风险投资股东之间的矛盾等，从而出现第二类代理问题。杜育华（2011）发现，董事会独立于大股东时，大股东很难实施对中小股东利益的侵占。大多文献将监督看作独立董事的重要职能（如 Chancharat，Krishnamurti and Tian，2012；Hsu and Wu，2014 等）。据此拓展杜育华的研究结论，表明董事会积极履行监督行为将降低第二类代理成本。

然而，董事会的过度监督却可能反而提高代理成本、降低代理效率。有研究表明，过度监督将不利于董事会获取信息，这将降低董事会监督行为的有效性，甚至造成监督无效而使代理成本提高。如霍姆斯特姆（Holmstrom，2005）认为，密集监督对 CEO 与董事分享重要的战略信息是有害的。类似地，亚当斯和费雷拉（2007）提出一个模型，分析 CEO 不愿意与实施过分监督的董事会分享信息。亚当斯（Adams，2009）通过调查数据证明，当独立董事过分监督时，他们从管理层中获取的信息便很少。杜育华（2011）认为，如果董事会对 CEO 过分监督，则可能使 CEO 对董事会产生敌意，而不愿意与董事会分享信息，这将阻碍董事会监督的有效性，在低效或无效的监督下，经理便可能过度追求个人目标而损害股东整体利益，最终反而导致代理成本提高、代理效率降低。布里克和奇丹巴然（2010）用董事会会议次数作为董事会监督的代理变量进行研究发现，董事会监督强度与高管的报酬—业绩敏感性负相关；据此也可推断，较强的董事会监督，可能会降低监督的效率，进而对第一类代理成本具有负面影响。高雷和宋顺林（2007），薛有志、彭华伟和李国栋（2010）对我国上市公司的研究也发现，董事会会议次数与代理成本显著正相关。按照类似的逻辑，董事会对大股东过于密切的监督，也不利于大股东对董事会提供信息。对于创业型企业来说，大股东通常是创始人，他们由于更加准确地接触创业过程而拥有重要的公司特有信息，而外部董事只能依靠基于过去数据的粗糙财务指标（Kroll et al.，2007），这使创业型企业的信息不对称程度相对大型成熟上市公司更高，董事会的监督成本也更高（Chancharat，Krishnamurti and Tian，2012）。在这种情况下，董事会如果由于密切监督而无法获取足够信息，则将无法有效履行对大股东的监督职能，从而加重大股东的利益侵害问题，提高了第二类代理成本。

根据以上学者的研究成果预测，董事会过度监督对代理成本或效率的影响可能有两种。一是密集监督的负面效应抵减但不会超过正面效应，使代理成本随着董事会监督行为水平的提高而持续降低，但降低速度越来越慢，即董事会行为与代理成本呈负向的对数曲线关系。二是当董事会行为水平达到一定程度后，密集监督的成本可能超越收益，而使代理成本呈现先降低后提升的趋势，即董事会行为与代理成本之间呈 U 型关系。同样的预测适用于董事会监督行为与代理效率的关系。由于代理效率是正指标，董事会监督行为与代理效率之间存在向上倾斜的对数曲线或倒 U 型关系。据此，提出假设7。

假设7：创业板上市公司董事会行为强度与代理成本之间呈负向的对数曲线或 U 型关系；董事会行为强度与代理效率之间呈正向的对数曲线或倒 U 型关系。

**5. 董事会行为与信息披露质量**

CEO 具有较强的动机进行盈余管理或粉饰报表，以虚假地提高公司业绩，达到继续留任和提高自身薪酬乃至影响董事会独立性的目的（Hermalin and Weisbach，1998）。董事会通过选择外部审计师对财务报告进行审计（Adams，Hermalin and Weisbach，2010），从而监督高管的财务行为，减少高管的财务舞弊行为，提高上市公司信息披露的质量。对于创业企业来说，创始人大股东也会出于自利目的而进行财务舞弊，董事会的监督可控制大股东的利润粉饰而提

高信息披露的质量。斯托克曼斯、利贝尔特和沃奥德克尔（Stock-
mans, Lybaert and Voordeckers, 2013）关于家族企业的实证研究也
对此观点提供了支持。他们认为，家族企业中存在控股家族股东和
非控股股东之间的代理问题。由于家族股东的股权高度集中，他们
的投票权大于现金流权，能够对董事会进而对公司实现绝对控制，
这使家族股东具有了以非家族（小股东）利益为代价而寻求私有收
益的权力。他们指出，为了最大化或隐藏私有收益的提取，控股的
家族股东有动力进行盈余管理，而董事会越有效履行监督任务，盈
余管理行为越可能被揭发和处理，从而财务报告信息越可能反映
事实。

相关实证文献大多从董事会结构对盈余管理或信息披露的直接
影响方面进行研究，如马拉、马佐拉和普伦奇佩（Marra, Mazzola
and Prencipe, 2011）研究发现，董事会独立性和审计委员会在降
低盈余管理方面起到了重要和有效的作用；胡奕明和唐松莲
（2008）认为具有财务或会计背景的独立董事对提升盈余信息质量
具有积极影响；王臻和杨昕（2010）也发现，学者型专家的独立董
事越多，信息披露质量越好。上述研究虽然没有直接涉及董事会监
督行为对信息披露的影响，但是独立董事、审计委员会等在上市公
司中主要履行监督职能，所以这些文献的研究结论间接证明了董事
会的监督有利于提高信息披露水平。最近的文献开始从董事会行为
的视角，研究董事会监督强度对信息披露质量的影响。如江维琳等
（2011）利用 2004～2006 年深、沪两市民营企业面板数据进行研究
发现，独立董事的出勤率对公司盈余管理水平有显著的负向影响。
法雷耶和郝塔诗（2011）认为董事会的密集监督对可操纵性应计项
目的下降具有显著影响。由他们的研究可以推断，董事会监督强度
的提高有利于改善信息披露的质量。

然而，董事会的过度监督反而可能对信息披露质量造成不利影
响。先前研究表明，过于密切的监督将不利于董事会从 CEO 或大
股东处获取信息（Holmstrom, 2005; Adams and Ferreira, 2007

等），这将导致董事会监督的低效或无效，从而无法约束管理层或大股东盈余管理行为。董事会过度监督对信息披露质量的影响可能存在两种形式。一是密集监督的负面效应抵减但不会超过正面效应，使信息披露质量随着董事会监督强度的提高而持续提升，但提升速度越来越慢，即董事会行为与信息披露质量呈正向的对数曲线关系。二是当董事会行为强度达到一定水平后，密集监督的成本可能超越收益，而使信息披露质量呈现先提升后降低的趋势，即董事会行为与信息披露质量之间呈倒 U 型关系。据此，提出假设 8。

假设 8：创业板上市公司董事会行为强度与信息披露质量呈对数曲线或倒 U 型关系。

### 4.1.3　董事会行为非线性中介效应的研究假设

已有部分文献从理论和实证两方面说明了董事会行为在董事会特征与公司价值之间的中介作用（如 Zahra and Pearce，1989；Forbes and Milliken，1999；Finegold，Benson and Hecht，2007；李维安，牛建波和宋笑扬，2009），他们均通过理论分析而认为，董事会特征如董事会规模、内外部董事比例、董事个人的背景等通过影响董事会行为（如监督、服务、战略等）而最终影响治理绩效。贾奇和蔡特哈姆尔（1992）的实证研究发现，董事会战略参与在董事会结构（如董事会规模、内部董事比例）与 ROA 之间具有中介作用。佩恩（2009）运用层次回归法进行实证研究发现，董事会拥有的知识、外部信息、权力、董事会投入的时间能够提高董事会监督和战略参与，并进而影响 ROA、EPS 等公司绩效指标，从而验证了董事会监督与战略参与在董事会特征与公司绩效之间存在中介效应。加格（2013）认为，在风险投资公司支持的创业型企业中，风险投资董事比例、独立董事比例以及创业企业外部董事通过影响董事会监督而影响公司价值，从而建立了创业型企业董事会治理的研究框架。根据以上学者的理论与实证观点，本书认为，创业型企业董事会特征对治理绩效的影响路径是：董事会特征→董事会行为→

治理绩效。这里的董事会行为，突破了加格（2013）的监督观点，涵盖了监督与战略参与。根据假设 1～假设 8 的分析，某些董事会特征如董事会规模、独立董事比例、董事股权激励、董事平均年龄与董事会行为以及董事会行为与治理绩效各个维度之间存在非线性关系，因此，董事会行为在董事会特征与治理绩效之间的中介效应也并非一个常数，而是随董事会特征变量的不同取值而呈现动态非线性趋势。因此，提出假设 9。

假设 9：创业板上市公司董事会行为强度在董事会特征各指标与治理绩效各指标之间起着非线性的中介作用。

## 4.2 变量选取

### 4.2.1 董事会特征变量

以往董事会治理文献大多选择董事会规模（Cheng，2008；周杰和薛有志，2008；Coles et al.，2010；Chancharat，Krishnamurti and Tian，2012）、独立董事比例（Kor，2006；冯根福和温军，2008；郝云宏和周翼翔，2010；Platt and Platt，2012）、董事股权激励（Deutsch，2007；张洪辉、夏天和王宗军，2010）等指标作为董事会结构特征的代理变量。近年的文献开始超越董事会结构特征的边界而关注董事会的人口学属性（Nielsen and Huse，2010；Liu，Wei and Xie，2013）、背景（Dalziel，Gentry and Bowerman，2011；Platt and Platt，2012；Garg，2013）等其他特征。约翰逊、斯那特力和希尔（2013）将董事会特征划分为董事会结构、董事会人口学属性、人力资本和社会资本四个维度。本书根据研究内容，仅从董事会结构、董事会人口学属性和董事会人力资本三个维度测度董事会特征。根据约翰逊、斯那特力和希尔（2013）的观点，董事会结构包括董事会规模、独立董事比例、董事会股权激励三个指标。董事会人口学属性包括女性董事比例、董事平均年龄和董事平均学历三个指标。董事会人力资本包括风险投资董事比例、创始人董事比例以及董事平均任期等指标。本书进一步将创始人董事划分为内部和外部董事。加格（2013）将创始人外部董事界定为持有大量股权的非执行创始人。根据这个界定，如果创始人是董事长但不担任经理职务，也应作为创始人外部董事。然而，根据我国实践情况，仅担任董事长而不任经理的创始人也实际参与公司日常运营，并往往在公司中处于核心领导地位。因此，根据我国实际而对加格的界定加以调整，将是否领取薪酬作为内部和外部创始人的划分标准。如果创始人领取薪酬，则往往实际参与公司日常运作，被划分为创始人内部董事；如果不领薪酬，则创始人可能不涉及公司日常业务，被划分为创始人外部董事。董事会特征各指标的具体测量和解释见表 4 - 1。

表 4 - 1　　　　　　　　　董事会特征及行为变量的选取

| 变量名称 | 变量简称 | 变量定义 |
|---|---|---|
| 董事会结构 | | |
| 董事会规模 | BS | 董事会总人数 |
| 独立董事比例 | ID | 独立董事人数/董事会总人数 |
| 董事会激励 | Bshare | 持股董事人数/董事会总人数 |
| 董事会人口学属性 | | |
| 女性董事比例 | WD | 女性董事总人数/董事会总人数 |
| 董事平均年龄 | Dir_age | 董事会成员的平均年龄 |
| 董事平均学历 | Dir_edu | 虚拟变量：中专及以下用 1 表示；大专用 2 表示；本科用 3 表示；硕士用 4 表示；博士用 5 表示 |
| 董事会人力资本 | | |
| 风险投资董事比例 | VCD | 来自风险投资公司的董事总人数/董事会总人数 |
| 创始人董事比例 | FD | 董事是创始人的总人数/董事总人数 |
| 创始人内部董事比例 | FD_in | 在上市公司领取薪酬的董事是创始人的总人数/董事总人数 |

| 变量名称 | 变量简称 | 变量定义 |
|---|---|---|
| 创始人外部董事比例 | FD_out | 不在上市公司领取薪酬的董事是创始人的总人数/董事总人数 |
| 董事平均任期 | Dir_ten | 董事在上市公司任期的平均年限 |
| 董事会行为 | | |
| 董事会行为强度 | BM | 年度董事会的会议次数 |

资料来源：作者整理。

## 4.2.2 董事会行为变量

根据本书的定义，董事会行为是指董事会履行战略职能和控制职能的过程与方式。加格（2013）指出董事会行为方式有多种，如 E-mail、电话、亲自拜访、与 CEO 的互动等非正式途径以及正式的董事会会议。现有研究主要用三种方法衡量董事会行为：（1）使用董事会会议次数、董事出席率等作为测度董事会行为的代理变量；（2）采用董事会履行职能中的每一项具体任务或工作来衡量；（3）基于行为学视角，考察董事会在会议中的决策过程和交流程度。后两种方法均需利用问卷调查方式获取数据（Machold, Huse, Minichilli and Nordqvist, 2011），但因回收率普遍较低（通常低于10%）而使数据偏误较大。霍斯金森、赞托尼和伟嘉诺（2011）认为，在研究董事和真实董事会业绩时，回收率通常低于10%，更容易产生反应偏差。

董事履行职责的重要方式之一是参与董事会会议（Stiles, 2001），特别是对于外部董事来说，因为董事会会议是董事收集信息、做决策、监督管理层最重要的渠道（Adams and Ferreira, 2008）。并且，我们在实证研究中难以直接、全面衡量董事工作的努力程度。布里克和奇丹巴然（2010），周、李和尹（Chou, Li and Yin, 2010）认为，一个部分识别董事的行为和努力程度的直接方法便是调查董事会会议的出席率和董事会会议次数，以衡量董事会活动。这类董事会活动受到监管者和股东的严格审查，公司目前需要报告董事会的会议次数和次级委员会的构成。治理改革者与股东服务组织也使用这类数据以评价董事会活动的效率，并认为董事会会议次数对于评估公司是非常重要和关键的（Brick and Chidambaran，2010）。相关学者也认为董事会会议次数是衡量董事会行为的适当代理变量。如费根尼（2005）指出，研究董事会作为团队以正式会议的形式所从事的行为，有利于考察董事会履行职能的正式渠道，从而有助于相关制度的形成。瓦费斯（1999）认为，董事会会议次数是衡量董事会行为的重要维度，董事会开会越频繁越可能根据股东利益履行职能。普利亚和张（2007）认为，董事会会议为董事会讨论和争论公司问题提供了重要机会，会议次数反映了信息交换的频率。

　　基于研究数据获取的局限，本书借鉴上述学者的观点，采用正式董事会会议次数衡量董事会行为强度，探讨创业企业董事会结构对董事会行为以及董事会行为对治理绩效的影响。虽然董事会会议次数是董事会履行职能频率的直观表现，但董事会只有经常履行监督和战略行为，监督和战略参与的范围才可能越广泛、越深入，因此董事会会议次数能够反映董事会行为强度（包括频率、广度和深度）。在公司治理的实证研究中，由于董事会会议次数能够有效代表董事会履职的勤勉程度且易于观察，在学术界得到广泛应用（Vafeas，1999；Pugliese and Zhang，2007；Brick and Chidambaran，2010）。鉴于此，本书采用董事会会议次数作为董事会行为水平的测量指标。

## 4.2.3　董事会治理绩效变量

　　董事会治理绩效指标的选取采用本书第 3 章构建的董事会治理

绩效测评指标体系。[①] 考虑到董事会行为中介效应的滞后性，将各治理绩效指标均滞后一期来衡量。另外，将被解释变量滞后一期也是考虑内生性的通常做法。如米勒和特里亚纳（2009）在研究董事会多元化、创新对公司绩效的影响时，为了避免内生性问题，将被解释变量公司绩效滞后一年。刘、魏和谢（2013）也认为，用 t - 1 期的董事会变量和控制变量作为自变量，是解决内生性问题的方法之一。本书用 t + 1 期治理绩效作为被解释变量也能够达到上述目的。治理绩效各指标的具体测量和解释见表 4 - 2。

表 4 - 2                     董事会治理绩效变量的选取

| 变量名称 | 变量简称 | 变量定义 |
| --- | --- | --- |
| 战略行为绩效 | | |
| 净资产收益率 | ROE | 净利润/净资产平均余额，其中：净资产平均余额 = （净资产期末余额 + 净资产期初余额）/2 |
| 托宾 Q | Q | 市场价值/期末总资产（市场价值 = 股权市值 + 净债务市值，其中：非流通股权市值用流通股股价代替计算） |
| 总资产增长率 | Grow | （期末总资产 - 期初总资产）/期初总资产 |
| R&D 投入 | R&D | 本年研发支出/资产总额期末余额 |

---

① 本书在第 3 章构建的股东财富指标还包括每股收益（EPS）和资本保值增值率，由于每股收益与净资产收益率均从会计指标角度衡量股东财富，资本保值增值率与总资产增长率均从股东利益增长方面衡量股东财富，其信息含量基本相同，因此，在实证研究中仅选择了净资产收益率与总资产增长率作为被解释变量进行检验。本书所构建的社会责任指标的获取需进行问卷调查，由于对我国上市公司进行问卷调查难度较大且问卷回收率较低，这将影响所获数据的质量，因此，本书实证研究部分所选取的被解释变量未能包含相关社会责任指标。另外，本书采用中国证监会公布的上市公司处罚意见，衡量上市公司的违规状况。如果公司出现违规状况，赋值为 1；否则，赋值为 0。然而，本书实证分析所采用的 MEDCURVE 程序无法选取这种类型的变量作为被解释变量，因此，未能验证董事会特征、行为对违规的影响。

续表

| 变量名称 | 变量简称 | 变量定义 |
|---|---|---|
| 破产风险[①] | AltZ | 虚拟变量，Z 得分处于破产区用 3 表示，处于灰色区用 2 表示，处于安全区用 1 表示 |
| 监督行为绩效 | | |
| 总资产周转率 | AE | 营业收入/资产总额期末余额 |
| 管理费用率 | AC1 | 管理费用/营业收入 |
| 其他应收款比率 | AC2 | 其他应收款期末余额/资产总额期末余额 |
| 信息披露质量 | DIS | 优秀用 95 表示，良好用 75 表示，合格用 60 表示，不合格用 0 表示 |

资料来源：作者整理。

## 4.2.4 控制变量

借鉴以往学者们的研究，本书将对董事会治理绩效和董事会行为具有重要影响的公司特征因素与公司治理因素作为控制变量。常用的公司特征因素主要包括公司规模（Adams and Ferreira，2008；Brick and Chidambaran，2010；Faleye，Hoitash and Hoitash，2012；Chou，Chung and Yin，2013；牛建波和李胜楠，2008；李国栋和薛有志，2011）、资产负债率（Brick and Chidambaran，2010；García-Ramos and García-Olalla，2011；Chou，Chung and Yin，2013；牛建

---

① 奥特曼（1968）提出了制造业上市公司破产风险 Z 指数的计算方法，Z 指数 = 0.012×营运资金×100/总资产 + 0.014×留存收益×100/总资产 + 0.033×息税前利润×100/总资产 + 0.006×股票总市值×100/负债账面价值 + 0.0099×销售收入×100/总资产。根据奥特曼的解释，Z 指数越小，企业破产的可能性越大，并指出 Z < 1.8 为破产区，1.8 ≤ Z ≤ 2.99 为灰色区，Z > 2.99 为安全区。奥特曼（2000）对该指数的计算方法进行了修正，提出了针对非制造业上市公司的 Z 指数计算方法，Z 指数 = 6.56×营运资金/总资产 + 3.26×留存收益/总资产 + 6.72×息税前利润/总资产 + 1.05×股票总市值/负债账面价值。同样地，Z 指数越小，企业破产的可能性越大，并指出对于非制造业上市公司来说，Z < 1.23 为破产区，1.23 ≤ Z ≤ 2.90 为灰色区，Z > 2.90 为安全区。无论是制造业或是非制造业，Z 得分处于破产区本书均用 3 表示，处于灰色区均用 2 表示，处于安全区均用 1 表示。

波和李胜楠，2008；李国栋和薛有志，2011）、盈利能力（Adams and Ferreira，2008；Wu，2008；Brick and Chidambaran，2010；Faleye，Hoitash and Hoitash，2012；江维琳，李琪琦和向锐，2011）、公司年限（Judge and Zeithaml，1992；Wu，2008）等。在公司治理因素中，选取股权结构（Wu，2008；Chou，Chung and Yin，2013；薛有志，彭华伟和李国栋，2010；江维琳，李琪琦和向锐，2011）、领导权结构（Brick and Chidambaran，2010）作为控制变量。在股权结构指标中，本书选择前五大股东持股比例作为股权集中度的代理变量。由于本书样本中涉及风险投资公司持股，本书选取是否由风险投资公司持股的虚拟变量和风险投资股东数量作为控制度量，以控制风险投资公司股东对董事会行为和治理绩效的影响。本书使用的 MEDCURVE for SPSS 只能选择唯一解释变量，考虑到董事会特征各指标是共同作用于董事会行为与治理绩效，因此，当检验某一董事会特征指标对董事会行为以及这一董事会特征与行为对治理绩效影响时，本书将所选取的其他董事会特征各指标作为控制变量纳入模型。

根据以往研究，本书还选择上市公司所处行业以及年度作为控制变量，用以控制不同行业和年度对上市公司董事会行为和治理绩效的影响。本书选取三个变量以控制行业的影响，并根据不同的治理绩效指标选择不同的行业控制变量纳入模型。一是为了体现不同行业竞争程度对董事会治理的影响，计算表征产品市场竞争程度的赫芬德尔指数，以控制行业差异。在此，行业的划分是根据证监会发布的《上市公司行业分类指引（2001）》中两位数代码予以确定的，共涉及 39 个细分行业。二是上市公司是否属于高科技行业可能对某些治理绩效指标（如 R&D 投入）产生较大影响，因此，此类行业控制变量是高科技行业虚拟变量。① 三是上市公司是否属于

---

① 借鉴王华和黄之骏（2006）的研究，确定如下几个行业的企业为高科技企业：医药生物制品业（C8）、化学原料及化学制品制造业（C43）、化学纤维制造业（C47）、电子业（C5）、仪器仪表及文化和办公用机械制造业（C78）、信息技术业（G）。

制造业可能对某些治理绩效指标（如管理费用率等）产生较大影响，因此，此类行业控制变量是制造业虚拟变量。制造业的划分是根据《上市公司行业分类指引（2001）》予以确定的。控制变量各指标的具体测量和解释见表4-3。

本书使用 SPSS21.0 对关键变量进行描述性统计与方差分析，并使用 MEDCURVE for SPSS 对假设进行检验。

表4-3 控制变量的选取

| 变量名称 | 变量简称 | 变量定义 |
|---|---|---|
| 公司特征 | | |
| 公司规模 | LnAsset | 总资产期末余额的对数 |
| 资产负债率 | Lev | 总负债期末余额/总资产期末余额 |
| 净资产收益率 | ROE | 净利润/净资产平均余额，其中：净资产平均余额 =（净资产期末余额 + 净资产期初余额）/2 |
| 公司年龄 | Age | 从公司成立截止到样本年份（2011）年的时间长度（年数） |
| 股权结构特征与领导权结构 | | |
| 股权集中度 | CR_5 | 前五大股东持股比例 |
| 是否由风险投资公司持股 | VC | 上市公司前 10 大股东中有风险投资公司，用 1 表示；否则，用 0 表示 |
| 风险投资股东数量 | VC_no | 上市公司前 10 大股东中风险投资公司的数量 |
| 领导权结构 | CEO_dual | 虚拟变量，总经理和董事长是同一人担任，用 1 表示；否则，用 0 表示 |
| 固定效应变量 | | |
| 行业 | HHI | 按照证监会发布的《上市公司行业分类指引（2001）》，计算表征产品市场竞争程度的赫芬德尔指数 |
| | Indu_H | 虚拟变量，高科技行业，用 1 表示；否则，用 0 表示 |
| | Indu_C | 虚拟变量，制造业，用 1 表示；否则，用 0 表示 |

| 变量名称 | 变量简称 | 变量定义 |
|---|---|---|
| 年度 | Year | 虚拟变量，数据来自 3 个年度，设置 Y2009、Y2010 两个虚拟变量 |

注：由于不同治理绩效的影响因素有所差异，因此根据选择治理绩效指标的不同，选择的控制变量组合将随之改变。

资料来源：作者整理。

## 4.3　理论模型设计

### 4.3.1　董事会特征与董事会行为关系的理论模型

依据相关研究假设，建立理论模型 4 - 1 和模型 4 - 2。根据假设 1a，创业板上市公司董事会规模与董事会行为强度呈 U 型或对数曲线的非线性关系。模型 4 - 1 引入 Ln（BS），以检验董事会规模与董事会行为的对数曲线关系。模型 4 - 2 引入 BS 的一次项和二次项，以检验董事会规模与行为间的 U 型关系。根据假设 1b，创业板上市公司独立董事比例与董事会行为强度呈 U 型的非线性关系，模型 4 - 1 和模型 4 - 2 引入 ID 的一次项和二次项。根据假设 1c，创业板上市公司董事持股激励与董事会行为强度之间呈倒 U 型关系，模型 4 - 1 和模型 4 - 2 引入 Bshare 的一次项和二次项。根据假设 2a，创业板上市公司女性董事比例与董事会行为强度正相关，模型 4 - 1 和模型 4 - 2 引入 WD 的一次项。根据假设 2b，创业板上市公司董事平均年龄与董事会行为水平之间呈负向的对数曲线关系，模型 4 - 1 和模型 4 - 2 引入 Ln（Dir_age）。根据假设 2c，创业板上市公司董事平均学历与董事会行为强度正相关，模型 4 - 1 和模型 4 - 2 引入 Dir_age 的一次项。根据假设 3a，创业板上市公司风险投资董事比例与董事会行为强度正相关，模型 4 - 1 和模型 4 - 2 引入 VCD 的一次项。根据假设 3b，创业板上市公司创始人董事比例与董事会行为强度正相关，模型 4 – 1 和模型 4 – 2 引入 FD 的一次项。根据假设 3c，创业板上市公司董事平均任期与董事会行为强度正相关，模型 4 – 1 和模型 4 – 2 引入 Dir_ten 的一次项。

$$BM_t = i_1 + a_1 Ln(BS_t) + a_2 ID_t + a_3 ID_t^2 + a_4 Bshare_t + a_5 Bshare_t^2 + a_6 WD_t$$
$$+ a_7 Ln(Dir\_age_t) + a_8 Dir\_edu_t + a_9 VCD_t + a_{10} FD_t$$
$$+ a_{11} Dir\_ten_t + \sum_{j=1}^{k} d_j Controls_{t\ j} \qquad (4-1)^{①}$$

$$BM_t = i_1 + a_1 BS_t + a_2 BS_t^2 + a_3 ID_t + a_4 ID_t^2 + a_5 Bshare_t + a_6 Bshare_t^2 + a_7 WD_t$$
$$+ a_8 Ln(Dir\_age_t) + a_9 Dir\_edu_t + a_{10} VCD_t + a_{11} FD_t$$
$$+ a_{12} Dir\_ten_t + \sum_{j=1}^{k} d_j Controls_{t\ j} \qquad (4-2)$$

### 4.3.2　董事会行为与治理绩效关系的理论模型

根据假设 4，创业板上市公司董事会行为强度与创新之间呈对数曲线或倒 U 型的非线性关系。用 BM 表示董事会行为，R&D 表示创新投入，Controls 表示控制变量，建立模型 4 – 3 和模型 4 – 4。[②] 模型 4 – 3 引入 Ln（BM），以检验董事会行为与 R&D 投入之间的对数曲线关系。模型 4 – 4 引入 BM 的一次项和二次项，以检验董事会行为与 R&D 投入之间的倒 U 型关系。考虑到董事会行为中介效应的滞后性以及避免内生性的问题，借鉴有的学者的做法（Miller and Triana，2009；Liu，Wei and Xie，2013），将各治理绩效指标均滞后一期（即 t + 1 期）来衡量。

$$R\&D_{t+1} = i_2 + b Ln(BM_t) + f(X_t) + \sum_{j=1}^{k} g_j Controls_{t\ j} \qquad (4-3)$$

---

①　模型中的下角标 t 表示第 t 期的变量值，Controls 表示控制变量，其他模型同。

②　模型 4 – 3 和模型 4 – 4 中的 X 代表董事会特征各指标。根据本书所假设的 X 与 M 之间可能是线性或非线性关系，$f(X)$ 的形式相应分别为：$f(X) = c_1' X$，$f(X) = c_1' Ln(X)$，$f(X) = c_1' X + c_2' X^2$。对模型 4 – 5 至模型 4 – 12 中 X 指标的解释同上。

$$R\&D_{t+1} = i_2 + b_1BM_t + b_2BM_t^2 + f(X_t) + \sum_{j=1}^{k} g_jControls_{t\ j}$$

$$(4-4)$$

根据假设 5，创业板上市公司董事会行为强度与股东财富呈对数曲线或倒 U 型的非线性关系。用 BM 表示董事会行为，ROE、Q、Grow 表示股东财富，Controls 表示控制变量，建立模型 4-5 和模型 4-6。模型 4-5 引入 Ln（BM），以检验董事会行为与股东财富之间的对数曲线关系。模型 4-6 引入 BM 的一次项和二次项，以检验董事会行为与股东财富之间的倒 U 型关系。

$$ROE_{t+1}, Q_{t+1}, Grow_{t+1} = i_2 + bLn(BM_t) + f(X_t) + \sum_{j=1}^{k} g_jControls_{t\ j}$$

$$(4-5)$$

$$ROE_{t+1}, Q_{t+1}, Grow_{t+1} = i_2 + b_1BM_t + b_2BM_t^2 + f(X_t) + \sum_{j=1}^{k} g_jControls_{t\ j}$$

$$(4-6)$$

根据假设 6，创业板上市公司董事会行为强度与破产风险之间呈对数曲线或 U 型的非线性关系。用 BM 表示董事会行为，AltZ 表示破产风险，Controls 表示控制变量，建立模型 4-7 和模型 4-8。模型 4-7 引入 Ln（BM），以检验董事会行为与破产风险之间的对数曲线关系。模型 4-8 引入 BM 的一次项和二次项，以检验董事会行为与破产风险之间的 U 型关系。

$$AltZ_{t+1} = i_2 + bLn(BM_t) + f(X_t) + \sum_{j=1}^{k} g_jControls_{t\ j}$$

$$(4-7)$$

$$AltZ_{t+1} = i_2 + b_1BM_t + b_2BM_t^2 + f(X_t) + \sum_{j=1}^{k} g_jControls_{t\ j}$$

$$(4-8)$$

根据假设 7，创业板上市公司董事会行为强度与代理成本（代理效率）之间呈对数曲线或 U 型（倒 U 型）的非线性关系。用 BM 表示董事会行为，AC1 表示第一类代理成本，AC2 表示第二类代理成本，AE 表示代理效率，Controls 表示控制变量，建立模型 4－9 和模型 4－10。模型 4－9 引入 Ln(BM)，以检验董事会行为与代理成本（效率）之间的对数曲线关系。模型 4－10 引入 BM 的一次项和二次项，以检验董事会行为与代理成本（效率）之间的 U 型（倒 U 型）关系。

$$AC1_{t+1}, AC2_{t+1}, AE_{t+1} = i_2 + b\,Ln(BM_t) + f(X_t) + \sum_{j=1}^{k} g_j Controls_{t\,j}$$

$$(4-9)$$

$$AC1_{t+1}, AC2_{t+1}, AE_{t+1} = i_2 + b_1 BM_t + b_2 BM_t^2 + f(X_t) + \sum_{j=1}^{k} g_j Controls_{t\,j}$$

$$(4-10)$$

根据假设 8，创业板上市公司董事会行为强度与信息披露质量呈对数曲线或倒 U 型的非线性关系。用 BM 表示董事会行为，DIS 表示信息披露质量，Controls 表示控制变量，建立模型 4－11 和模型 4－12。模型 4－11 引入 Ln(BM)，以检验董事会行为与信息披露质量之间的对数曲线关系。模型 4－12 引入 BM 的一次项和二次项，以检验董事会行为与信息披露质量之间的倒 U 型关系。

$$DIS_{t+1} = i_2 + b\,Ln(BM_t) + f(X_t) + \sum_{j=1}^{k} g_j Controls_{t\,j}$$

$$(4-11)$$

$$DIS_{t+1} = i_2 + b_1 BM_t + b_2 BM_t^2 + f(X_t) + \sum_{j=1}^{k} g_j Controls_{t\,j}$$

$$(4-12)$$

### 4.3.3 董事会行为的非线性中介效应理论模型

先前涉及中介效应检验的文献很少从非线性角度进行研究，因此，大多使用巴伦和肯尼（Baron and Kenny，1986）对线性中介效应的传统检验方法。在组织行为学、社会心理学等领域，少有的几篇文献考虑了解释变量通过中介变量对被解释变量非线性的影响，但是由于缺少方法论的指导，均采用了有问题的方法检验非线性的中介效应（Hayes and Preacher，2010）。比如，按某一变量的不同取值将样本进行分组，在不同子样本组中分别检验中介效应，以验证是否在某一样本组中中介效应成立而在另一样本组中中介效应不成立。这一方法对子样本组的划分具有较大任意性，故受到很多学者的批判（如 MacCallum，Zhang，Preach and Rucker，2002 等）。因此，海耶斯和普里彻（2010）最新提出了检验非线性中介效应的科学方法。该方法用于检验 X→M→Y 中，解释变量 X 对中介变量M 存在非线性影响并且（或）M 对被解释变量 Y 存在非线性影响时，X 通过 M 对 Y 产生的瞬间间接效应。这一方法既突破了巴伦和肯尼（1986）对线性中介效应检验的局限性，又弥补了以往学者分组检验方法的任意性。

为了检验董事会行为在董事会特征与治理绩效之间的非线性中介效应，根据海耶斯和普里彻（2010）的方法将前述理论模型表示为更加通用的形式。模型 4-13 至模型 4-15 检验 X 对 M 的效应，其中，模型 4-13 用于检验两者的线性关系，模型 4-14 中引入 Ln(X) 以检验 X 与 M 的对数曲线关系，模型 4-15 中引入 X 的一次项和二次项用于检验两者的 U 型或倒 U 型的非线性关系。模型 4-16 和模型 4-17 检验 M 对 Y 以及 X 对 Y 的效应，模型 4-16 引入 Ln(M) 以检验 M 与 Y 的对数曲线关系，模型 4-17 引入 M 的一次项和二次项以检验 M 与 Y 的倒 U 型或 U 型关系。本书中 X 表示各项解释变量，M 表示中介变量 BM，Y 表示被解释变量（即治理绩效各指标），Controls 表示各控制变量。

$$M = i_1 + aX + \sum_{j=1}^{k} d_j Controls_j \qquad (4-13)$$

$$M = i_1 + aLn(X) + \sum_{j=1}^{k} d_j Controls_j \qquad (4-14)$$

$$M = i_1 + a_1 X + a_2 X^2 + \sum_{j=1}^{k} d_j Controls_j \qquad (4-15)$$

$$Y = i_2 + bLn(M) + f(X) + \sum_{j=1}^{k} g_j Controls_j \qquad (4-16) [1]$$

$$Y = i_2 + b_1 M + b_2 M^2 + f(X) + \sum_{j=1}^{k} g_j Controls_j$$
$$(4-17)$$

X 通过 M 对 Y 产生的间接效应记为 θ，是指 M 对 X 偏导数与 Y 对 M 偏导数的乘积：

$$\theta = \left(\frac{\partial M}{\partial X}\right)\left(\frac{\partial Y}{\partial M}\right)$$

基于模型 4 – 13 至模型 4 – 15 与模型 4 – 16、模型 4 – 17 的交叉组合，X 通过 M 对 Y 的间接效应如表 4 – 4 所示。

由表 4 – 4 可知，X 通过 M 对 Y 的间接效应并非一个常数，而是随 X 变化而变化。将 X = x 代入间接效应公式中，计算出的 $\theta_x$ 值被称为 X 通过 M 对 Y 产生的瞬间间接效应。海耶斯和普里彻（2010）开发了 SPSS 宏（称为 MEDCURVE），使用 OLS 回归对模型 4 – 13 至模型 4 – 17 的系数进行估计，并执行 bootstrap 以获取置信区间，用来检验 X 通过 M 对 Y 产生的瞬间间接效应的显著性。

例如，当 X→M 是二次的非线性关系（模型 4 – 15），M→Y 是对数曲线的非线性关系（模型 4 – 16）时，图 4 – 1 展现了 X 通过 M 对 Y 产生瞬间间接效应的路径。其中，$a_1$ 和 $a_2$ 分别表示 X 的一

---

[1]　根据本书假设，X 与 M 之间可能是线性或非线性关系，f(X) 的形式相应分别为：$f(X) = c_1' X$，$f(X) = c_1' Ln(X)$，$f(X) = c_1' X + c_2' X^2$。

表 4 - 4　M 模型与 Y 模型相组合时 X 通过 M 对 Y 产生的瞬间间接效应

| M 的模型 4 - 13 至模型 4 - 15 | Y 的模型 4 - 16 和模型 4 - 17 | |
|---|---|---|
| | $Y = i_2 + b\ln(M) + f(X) + \sum_{j=1}^{k} g_j \text{Controls}_j$<br>（模型 4 - 16） | $Y = i_2 + b_1 M + b_2 M^2 + f(X) + \sum_{j=1}^{k} g_j \text{Controls}_j$<br>（模型 4 - 17） |
| $M = i_1 + aX + \sum_{j=1}^{k} d_j \text{Controls}_j$<br>（模型 4 - 13） | $\dfrac{ab}{M} = \dfrac{ab}{i_1 + aX + \sum_{j=1}^{k} d_j \text{Controls}_j}$ | $a(b_1 + 2b_2 M)$<br>$= a(b_1 + 2b_2(i_1 + aX + \sum_{j=1}^{k} d_j \text{Controls}_j))$ |
| $M = i_1 + a\ln(X) + \sum_{j=1}^{k} d_j \text{Controls}_j$<br>（模型 4 - 14） | $\dfrac{ab}{XM}$<br>$= \dfrac{ab}{X(i_1 + a\ln(X) + \sum_{j=1}^{k} d_j \text{Controls}_j)}$ | $a\,\dfrac{(b_1 + 2b_2 M)}{X}$<br>$= \dfrac{a(b_1 + 2b_2(i_1 + a\ln(X) + \sum_{j=1}^{k} d_j \text{Controls}_j))}{X}$ |
| $M = i_1 + a_1 X + a_2 X^2 + \sum_{j=1}^{k} d_j \text{Controls}_j$<br>（模型 4 - 15） | $\dfrac{(a_1 + 2a_2 X)b}{M}$<br>$= \dfrac{(a_1 + 2a_2 X)b}{i_1 + a_1 X + a_2 X^2 + \sum_{j=1}^{k} d_j \text{Controls}_j}$ | $(a_1 + 2a_2 X)(b_1 + 2b_2 M)$<br>$= (a_1 + 2a_2 X)$<br>$* (b_1 + 2b_2(i_1 + a_1 X + a_2 X^2 + \sum_{j=1}^{k} d_j \text{Controls}_j))$ |

资料来源：作者整理。

次项和二次项对 M 的效应，b 表示 M 对 Y 的效应，而 $\theta = a \times b$ 表示 X 通过 M 对 Y 的瞬间间接效应；$c_1'$ 表示 X 对 Y 的直接效应，即 X 不通过 M 对 Y 的影响。为了检验 M 在 X 与 Y 之间的非线性中介效应，需要检验 X 的一次项和二次项对 M 的影响 $a_1$ 和 $a_2$、M 对 Y 的影响 b 以及 X 通过 M 对 Y 的影响 $\theta$ 的显著性。如果 $a_1$、$a_2$、b 以及 $\theta$ 均显著，则说明 M 在 X 与 Y 之间的非线性中介效应显著。

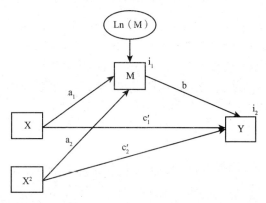

**图 4 - 1 X 通过 M 对 Y 产生的瞬间间接效应路径**

资料来源：作者整理。

## 4.4 本章小结

本章依据董事会特征、行为对治理绩效的作用机理模型，突破以往研究的线性逻辑，关注变量之间的非线性关系，建立董事会特征与行为、董事会行为与治理绩效以及董事会行为中介效应的相关研究假设。在董事会特征与行为方面，本章预测董事会规模与行为间呈负向的对数曲线关系、独立董事比例与行为间呈 U 型关系、董事股权激励与行为间呈倒 U 型关系；董事会人口属性如女性董事比例、董事学历与行为正相关，董事年龄与行为间呈负向的对数曲线关系；董事会人力资本如风险投资董事比例、创始人董事比例、董事任期与行为均呈正相关关系。董事会行为与治理绩效（包括战略行为绩效指标如 R&D 投入、股东财富和监督行为绩效指标如代理效率、信息披露质量）之间呈正向的对数曲线或倒 U 型关系；董事会行为与治理绩效如破产风险、代理成本等逆指标之间呈负向的对数曲线或 U 型关系。进一步地，由于董事会特征对行为、董事会行为对治理绩效的影响并非直线而是非线性的，因此，董事会行为的中介效应并非常数，而是随董事会特征的不同取值而发生动态变化，即存在董事会特征通过行为对治理绩效产生的瞬间间接效应。本书将董事会特征作为解释变量，用董事会会议次数作为董事会行为强度的代理变量并作为中介变量，治理绩效各指标作为被解释变量；首次将非线性中介效应检验方法应用于董事会治理研究中，并设计相关研究模型。

# 第5章 创业板上市公司董事会特征—行为—治理绩效关系的实证检验

## 5.1 样本选择与数据来源

本书以 2009~2011 年我国创业板上市公司共计 539 个样本点作为原始样本。根据本书对创业企业的定义,需要挑选出民营控股的创业板上市公司,共计 509 个样本点,将其作为研究对象。本书的数据来源主要分为两类:第一类是手工整理的数据;第二类是数据库数据。本书中董事个人特征指标(性别、年龄、学历)、董事会人力资本指标包括来自风险投资公司的董事比例、创始人董事比例(含内部董事、外部董事)、董事任期等数据的获取主要通过手工整理。其中董事性别、年龄、学历、任期等数据的来源是上市公司在深圳证券交易所网站中公开披露的年报。关于来自风险投资公司的董事比例的数据,本书通过以下步骤取得。(1)确认样本公司中是否有风险投资公司持股。借鉴木志荣和李盈陆(2012)的做法,上市招股说明书中显示的上市发行前发行人中前 10 名股东,或者 IPO 前持股比例大于或等于 5% 且与上市公司其他股东无关联关系的机构,属于风险投资公司的,则认为有风险投资参与;否则,认为没有风险投资参与。(2)依据清科创业投资研究中心发布的《2012 年中国创业投资暨私募股权投资机构名录》判定某机构是否为风险投资公司。(3)通过查阅上市招股说明书和年报,手工

143

整理出由风险投资公司支持的民营创业板上市公司，共计268个样本，占原始样本总数的52.65%。（4）通过查阅样本公司年报，获取来自风险投资公司的董事的数据。

关于创始人董事及是否担任CEO的数据，本书通过以下方法取得。（1）借鉴贺小刚（2011）等的做法，将创始人界定为企业创建过程中最重要的资源配置者，即企业创建期间是控股股东并负责企业运作的自然人。（2）根据以下原则确认样本公司的创始人名单：如果公司招股说明书中明确提出了创始人、创立人等关键词，直接将所提到的创始人或创立人作为创始人；如果未指明，将公司成立时是实际控制人或控股股东，并且在公司成立过程中担任董事长、总经理、执行董事职务之一，或明确指明参与创建的自然人作为创始人；如果是乡镇企业或集体企业，创始人则是指那些在企业创办之初就开始负责企业的运作，在公司首次公开发行之前还担任该公司董事长或总经理职位的自然人。根据以上确认方法，从上市公司招股说明书中查阅相关信息，手工整理出样本公司的创始人名单。（3）从年报中获取样本公司的董事姓名，并与创始人姓名进行核对，通过确定创始人在公司董事会中所任具体职务，即可确定创始人董事以及创始人是否担任CEO。

R&D投入数据来源于上市公司年度报告中的董事会报告对研发投入的披露，进行手工整理。信息披露质量数据来源于深圳证券交易所对上市公司信息披露的评价，进行手工整理。其他公司治理与财务数据来源于：（1）国泰安中国上市公司治理结构数据库；（2）国泰安中国上市公司财务报表数据库。

## 5.2 变量描述性统计与相关分析

### 5.2.1 董事会特征及行为

表5-1显示，创业板上市公司董事会规模平均为8人，最小

值是 5 人，最大值是 13 人，说明采用了较小型的董事会，这可能是基于应对外部环境变革而加快决策速度的原因而设置。独立董事比例均值为 37%，最小值和最大值分别为 25% 和 60%，说明创业板上市公司独立董事比例达到了监管部门的要求，且样本之间差异较小，这体现了样本公司独立董事可能存在被动合规的现象。持股董事比例均值为 40.26%，说明创业板上市公司的持股董事比例普遍较高，这是由于这类公司创始人股东为了维持对公司的控制和领导，通常参与董事会所致；同时也体现了创业企业对董事的激励灵活、激励程度较高。持股董事比例最小值和最大值分别为 0 和 77.78%，说明样本之间董事持股存在较大差异。女性董事比例为 13.67%，最小值和最大值分别为 0 和 57.14%，样本之间的差异较大。董事平均年龄为 48 岁，平均学历为 3.5，说明大多数样本公司的董事学历在本科以上。在仅有风险投资公司持股的 268 家样本中，来自风险投资公司的董事比例均值为 9.63%，最小值为 0，最大值为 42.86%，说明样本公司之间风险投资参与董事会的程度差异很大，如果风险投资公司仅持有上市公司股份而不参与董事会，将会影响风险投资公司监督和价值增值效应的发挥。创始人董事比例、内部董事比例和外部董事比例的均值分别为 22.38%、20.09%、2.29%，这说明创始人在董事会中任期比例较高，并且绝大多数创始人董事同时担任经理层职务并在公司领取薪酬，参与公司的日常运营，目的是维护自身的财务利益并通过控制公司决策而实现个人的原始愿景；仅有少部分创始人不在公司领取薪酬，这些创始人多来源于创始人的家族，他们不参与公司经营，仅是为了维持家族控股而持股。董事平均任期为 2.4 年，这可能是由于创业板上市公司的上市期限较短所导致。

从 2009~2011 年度董事会特征的方差分析看，董事会人数呈显著的逐年下降趋势，说明创业板上市公司为了快速决策而逐步缩小董事会的规模。董事会会议次数在三年中呈逐年上升趋势，由每年召开 6.6 次董事会会议增加至每年近 9 次，说明董事会履行职能的勤勉程度在逐渐加强。董事平均年龄和董事平均任期也逐年增加，这主要是由于这两个指标均具有随年度自然增长的趋势。其余指标在年度之间无显著差异，说明这些董事会特征的相对稳定性。

表5-1　　　董事会特征及行为的描述性统计与年度比较

| 指标 | | 2009年 | 2010年 | 2011年 | 合计 | Sig |
|---|---|---|---|---|---|---|
| 董事人数 | N | 55 | 176 | 278 | 509 | 0.010 |
| | 均值 | 8.95 | 8.43 | 8.31 | 8.42 | |
| | 标准差 | 1.43 | 1.47 | 1.38 | 1.43 | |
| | 极小值 | 6.00 | 5.00 | 5.00 | 5.00 | |
| | 极大值 | 13.00 | 13.00 | 13.00 | 13.00 | |
| 独立董事比例 | N | 55 | 176 | 278 | 509 | 0.166 |
| | 均值 | 35.80 | 36.92 | 37.26 | 36.98 | |
| | 标准差 | 3.87 | 5.23 | 5.41 | 5.21 | |
| | 极小值 | 33.33 | 25.00 | 30.00 | 25.00 | |
| | 极大值 | 44.44 | 60.00 | 60.00 | 60.00 | |
| 持股董事比例 | N | 55 | 176 | 278 | 509 | 0.702 |
| | 均值 | 42.15 | 40.39 | 39.81 | 40.26 | |
| | 标准差 | 18.60 | 18.85 | 19.16 | 18.97 | |
| | 极小值 | 0.00 | 0.00 | 0.00 | 0.00 | |
| | 极大值 | 77.78 | 66.67 | 77.78 | 77.78 | |
| 女性董事比例 | N | 55 | 176 | 278 | 509 | 0.569 |
| | 均值 | 13.85 | 12.90 | 14.12 | 13.67 | |
| | 标准差 | 10.97 | 11.58 | 12.29 | 11.90 | |
| | 极小值 | 0.00 | 0.00 | 0.00 | 0.00 | |
| | 极大值 | 42.86 | 45.45 | 57.14 | 57.14 | |

续表

| 指标 | | 2009 年 | 2010 年 | 2011 年 | 合计 | Sig |
|---|---|---|---|---|---|---|
| 董事平均年龄 | N | 55 | 176 | 278 | 509 | 0.001 |
| | 均值 | 46.21 | 47.83 | 48.25 | 47.88 | |
| | 标准差 | 3.45 | 3.75 | 3.48 | 3.62 | |
| | 极小值 | 35.86 | 36.86 | 40.00 | 35.86 | |
| | 极大值 | 53.44 | 58.44 | 58.00 | 58.44 | |
| 董事平均教育背景 | N | 55 | 176 | 278 | 509 | 0.169 |
| | 均值 | 3.61 | 3.48 | 3.52 | 3.52 | |
| | 标准差 | 0.45 | 0.45 | 0.44 | 0.44 | |
| | 极小值 | 2.44 | 2.22 | 2.25 | 2.22 | |
| | 极大值 | 4.56 | 4.56 | 4.78 | 4.78 | |
| 风险投资董事比例 | N | 34 | 93 | 141 | 268 | 0.401 |
| | 均值 | 10.06 | 10.49 | 8.96 | 9.63 | |
| | 标准差 | 8.82 | 8.83 | 8.57 | 8.69 | |
| | 极小值 | 0.00 | 0.00 | 0.00 | 0.00 | |
| | 极大值 | 28.57 | 42.86 | 42.86 | 42.86 | |
| 创始人董事比例 | N | 55 | 176 | 278 | 509 | 0.984 |
| | 均值 | 22.40 | 22.51 | 22.30 | 22.38 | |
| | 标准差 | 12.93 | 12.61 | 12.00 | 12.29 | |
| | 极小值 | 0.00 | 0.00 | 0.00 | 0.00 | |
| | 极大值 | 55.56 | 66.67 | 66.67 | 66.67 | |
| 创始人内部董事比例 | N | 55 | 176 | 278 | 509 | 0.879 |
| | 均值 | 20.85 | 20.07 | 19.94 | 20.09 | |
| | 标准差 | 12.17 | 12.52 | 11.94 | 12.15 | |
| | 极小值 | 0.00 | 0.00 | 0.00 | 0.00 | |
| | 极大值 | 50.00 | 66.67 | 66.67 | 66.67 | |

续表

| 指标 | | 2009 年 | 2010 年 | 2011 年 | 合计 | Sig |
|---|---|---|---|---|---|---|
| 创始人外部董事比例 | N | 55 | 176 | 278 | 509 | 0.606 |
| | 均值 | 1.54 | 2.44 | 2.35 | 2.29 | |
| | 标准差 | 3.79 | 6.29 | 6.08 | 5.95 | |
| | 极小值 | 0.00 | 0.00 | 0.00 | 0.00 | |
| | 极大值 | 11.11 | 36.36 | 36.36 | 36.36 | |
| 董事平均任期年数 | N | 55 | 176 | 278 | 509 | 0.000 |
| | 均值 | 1.68 | 2.20 | 2.63 | 2.38 | |
| | 标准差 | 0.48 | 0.65 | 0.80 | 0.78 | |
| | 极小值 | 0.52 | 0.44 | 0.41 | 0.41 | |
| | 极大值 | 2.73 | 5.12 | 5.21 | 5.21 | |
| 董事会会议次数 | N | 55 | 176 | 278 | 509 | 0.000 |
| | 均值 | 6.56 | 7.65 | 8.88 | 8.20 | |
| | 标准差 | 2.39 | 2.68 | 2.95 | 2.91 | |
| | 极小值 | 2.00 | 2.00 | 2.00 | 2.00 | |
| | 极大值 | 12.00 | 14.00 | 21.00 | 21.00 | |

资料来源：作者整理。

根据是否有风险投资公司持股，对样本分类进行方差分析看（见表 5-2），董事会特征在两类公司间具有较为明显的差异。具有风险投资公司持股的样本中董事会规模显著高于没有风险投资公司持股的样本的水平，这与王兰芳（2011）对我国 IPO 公司的研究结论一致，说明风险投资公司通过招募更多董事来扩大董事会规模，也可能是由于风险投资董事的加入扩大了董事会规模，这有利于发挥董事的资源提供职能。风险投资公司持股的创业板上市公司中，独立董事比例为 36.17%，显著低于没有风险投资公司持股的样本（37.89%），这也验证了王兰芳（2011）的研究结论，但却与有的学者（如 Baker and Gompers，2003；Suchard，2009；Hochberg，2012）对西方国家的研究结论相反。[①] 这说明风险投资公司对我国创业板上市公司的介入降低了董事会的独立性，这可能会削弱董事会的监督职能。这一方面是由于我国的风险投资公司尚未发挥应有的改善治理结构的作用；另一方面可能是由于风险投资公司的最终目的在于在退出时获取最大收益，其目的与其他股东存在差异。他们为实现自身利益而不愿意受到更多独立董事的监督，而招募较少的独立董事，这同时也表明风险投资公司是通过增加非独立董事来扩大董事会规模的。风险投资公司持股的创业板上市公司中，持股董事比例均值为 36.84%，显著低于没有风险投资持股的样本（44.06%）；创始人董事比例（20.63%）和内部董事比例（18.31%）均显著低于没有风险投资持股的创业板公司（分别为 24.33% 和 22.06%）。以上结论可能具有相关性，创始人董事通常持有大量股权，正是由于创始人任董事的比例较低才导致董事会持股比例较低。创始人董事比例低说明创始人的人数可能较少，进而资金不足的可能性大，这类公司通常会寻求风险投资公司的资金投入；另外，也有可能是由于风险投资公司招募更多董事使董事会规模扩大后，稀释了创始人董事在董事会的比重，这将对创始人股东的权力形成制衡，有利于董事会履行监督职能。具有风险投资公司持股的创业板公司中，董事的平均学历相对较高，来自风险投资公司的董事对专业性需求较高，董事学历一般较高，[②] 从而拉升了上市公司董事学历的平均水平。其余董事会特征以及董事会行为强度在两类公司之间无明显区别。

　　按照创始人是否是 CEO 将样本进行分类，比较董事会特征与

----

　　① Baker and Gompers（2003）认为，由风险资本支持的公司拥有更少的内部人和工具性董事，拥有更多的独立的外部董事。Suchard（2009）对澳大利亚公司的研究发现，有风险投资支持的 IPO 拥有更多的独立董事。Hochberg（2012）认为 VC 支持的公司比非 VC 支持的公司，董事会、审计委员会、薪酬委员会的独立性更强。

　　② 本书对风险投资董事的平均学历和非风险投资董事的董事平均学历进行了方差分析，发现前者的董事平均学历为 3.83，显著高于后者 3.53 的水平（sig = 0.000）。

行为的差异。与创始人不担任 CEO 的公司相比，在创始人担任 CEO 的创业板公司中，独立董事比例相对较高。原因可能是，独立董事加入创业企业最主要的动机在于能够在自己的专业领域中帮助创业企业，并通过成为创业企业董事会成员提高自己的身份，他们可能对为 CEO 提供咨询更加感兴趣，而不是监督（Garg，2013）。当创始人担任 CEO 时，董事会与 CEO 之间更多体现合作关系，愿意招募更多独立董事以发挥其咨询和提供资源的职能。而在非创始人担任 CEO 的公司中，以提供建议和咨询为原始动机的独立董事无法满足这类公司对董事会监督职能的较高需求，因此，独立董事被招募的比例便相对较低。在创始人担任 CEO 的创业板公司中，女性董事比例相对较高，董事平均学历相对较高。在创始人担任 CEO 的创业板公司中，创始人董事比例以及内部董事比例均相对较高，而创始人外部董事比例相对较低。正是由于创始人担任了 CEO，创始人内部董事比例必然显著提高，反之，创始人外部董事比例则降低。其余董事会特征以及董事会行为强度在两类公司之间未呈现显著差异。

表 5 – 2　不同类型创业板上市公司的董事会特征及行为比较

| 指标 | | 没有风险投资支持 | 有风险投资支持 | Sig | 创始人不担任 CEO | 创始人担任 CEO | Sig |
|---|---|---|---|---|---|---|---|
| 董事人数 | N | 241 | 268 | 0.001 | 123 | 386 | 0.141 |
| | 均值 | 8.19 | 8.63 | | 8.59 | 8.37 | |
| | 标准差 | 1.44 | 1.39 | | 1.27 | 1.47 | |
| | 极小值 | 5.00 | 5.00 | | 5.00 | 5.00 | |
| | 极大值 | 12.00 | 13.00 | | 13.00 | 13.00 | |
| 独立董事比例 | N | 241 | 268 | 0.000 | 123 | 386 | 0.027 |
| | 均值 | 37.89 | 36.17 | | 36.08 | 37.27 | |
| | 标准差 | 5.60 | 4.70 | | 4.33 | 5.44 | |
| | 极小值 | 25.00 | 33.33 | | 30.00 | 25.00 | |
| | 极大值 | 60.00 | 60.00 | | 57.14 | 60.00 | |

续表

| 指标 | | 没有风险投资支持 | 有风险投资支持 | Sig | 创始人不担任 CEO | 创始人担任 CEO | Sig |
|---|---|---|---|---|---|---|---|
| 持股董事比例 | N | 241 | 268 | 0.000 | 123 | 386 | 0.881 |
| | 均值 | 44.06 | 36.84 | | 40.04 | 40.33 | |
| | 标准差 | 18.57 | 18.71 | | 21.03 | 18.30 | |
| | 极小值 | 0.00 | 0.00 | | 0.00 | 0.00 | |
| | 极大值 | 77.78 | 77.78 | | 66.67 | 77.78 | |
| 女性董事比例 | N | 241 | 268 | 0.655 | 123 | 386 | 0.035 |
| | 均值 | 13.92 | 13.44 | | 11.69 | 14.30 | |
| | 标准差 | 11.96 | 11.87 | | 11.43 | 12.00 | |
| | 极小值 | 0.00 | 0.00 | | 0.00 | 0.00 | |
| | 极大值 | 44.44 | 57.14 | | 42.86 | 57.14 | |
| 董事平均年龄 | N | 241 | 268 | 0.598 | 123 | 386 | 0.266 |
| | 均值 | 47.97 | 47.80 | | 48.20 | 47.78 | |
| | 标准差 | 3.74 | 3.51 | | 3.66 | 3.60 | |
| | 极小值 | 35.86 | 40.11 | | 38.71 | 35.86 | |
| | 极大值 | 58.44 | 58.00 | | 56.29 | 58.44 | |
| 董事平均教育背景 | N | 241 | 268 | 0.000 | 123 | 386 | 0.001 |
| | 均值 | 3.41 | 3.61 | | 3.40 | 3.55 | |
| | 标准差 | 0.42 | 0.44 | | 0.47 | 0.43 | |
| | 极小值 | 2.22 | 2.55 | | 2.40 | 2.22 | |
| | 极大值 | 4.44 | 4.78 | | 4.78 | 4.44 | |
| 风险投资董事比例① | N | — | — | — | 52 | 216 | 0.504 |
| | 均值 | — | — | | 8.90 | 9.80 | |
| | 标准差 | — | — | | 8.65 | 8.71 | |
| | 极小值 | — | — | | 0.00 | 0.00 | |
| | 极大值 | — | — | | 22.22 | 42.86 | |

① 风险投资董事比例只存在于具有风险投资公司支持的 268 个样本点中，因此，无法对风险投资董事比例这一指标在是否有风险投资公司支持样本中的差异进行方差分析。

续表

| 指标 | | 没有风险投资支持 | 有风险投资支持 | Sig | 创始人不担任CEO | 创始人担任CEO | Sig |
|---|---|---|---|---|---|---|---|
| 创始人董事比例 | N | 241 | 268 | | 123 | 386 | |
| | 均值 | 24.33 | 20.63 | | 17.03 | 24.08 | |
| | 标准差 | 13.42 | 10.91 | 0.001 | 9.22 | 12.66 | 0.000 |
| | 极小值 | 9.09 | 0.00 | | 0.00 | 0.00 | |
| | 极大值 | 66.67 | 55.56 | | 66.67 | 66.67 | |
| 创始人内部董事比例 | N | 241 | 268 | | 123 | 386 | |
| | 均值 | 22.06 | 18.31 | | 13.04 | 22.33 | |
| | 标准差 | 13.51 | 10.50 | 0.000 | 9.38 | 12.08 | 0.000 |
| | 极小值 | 0.00 | 0.00 | | 0.00 | 0.00 | |
| | 极大值 | 66.67 | 54.55 | | 66.67 | 66.67 | |
| 创始人外部董事比例 | N | 241 | 268 | | 123 | 386 | |
| | 均值 | 2.27 | 2.31 | | 3.99 | 1.75 | |
| | 标准差 | 6.01 | 5.90 | 0.941 | 7.97 | 5.03 | 0.000 |
| | 极小值 | 0.00 | 0.00 | | 0.00 | 0.00 | |
| | 极大值 | 36.36 | 28.57 | | 36.36 | 28.57 | |
| 董事平均任期年数 | N | 241 | 268 | | 123 | 386 | |
| | 均值 | 2.41 | 2.35 | | 2.35 | 2.39 | |
| | 标准差 | 0.80 | 0.77 | 0.358 | 0.74 | 0.80 | 0.639 |
| | 极小值 | 0.41 | 0.44 | | 0.56 | 0.41 | |
| | 极大值 | 5.21 | 5.12 | | 5.12 | 5.21 | |
| 董事会会议次数 | N | 241 | 268 | | 123 | 386 | |
| | 均值 | 8.32 | 8.10 | | 8.21 | 8.20 | |
| | 标准差 | 2.88 | 2.93 | 0.381 | 2.66 | 2.99 | 0.975 |
| | 极小值 | 2.00 | 2.00 | | 2.00 | 2.00 | |
| | 极大值 | 20.00 | 21.00 | | 14.00 | 21.00 | |

资料来源：作者整理。

## 5.2.2 董事会治理绩效

表5-3显示，在创业板上市公司的战略行为绩效方面，净资产收益率均值为7.78%，最小值和最大值分别为-53.24%和36.22%，样本之间差异较为显著。托宾Q值均值为1.54，最小值和最大值分别为0.96和3.69，样本之间差异较大。总资产增长率均值为34.56%，最小值和最大值分别为-26.99%和548.71%，标准差为73.61%，说明样本公司之间的成长性差异较大。创业板上市公司的R&D投入/总资产均值为2.42%，最小值和最大值分别为0和13.58%，样本之间差异较大。破产风险均值为2.15，处于破产区的公司为256家，占样本总数的50.3%；处于灰色区的公司为75家，占样本总数的14.7%；处于安全区的公司为178家，占样本总数的35%。以上数据说明创业板上市公司的破产风险较高，有一半数量的公司处于破产区。2009~2011年间，净资产收益率、托宾Q和总资产增长率均呈较为显著的逐年下降趋势，说明创业板公司为股东创造财富以及成长性方面的战略行为绩效逐年降低。而R&D投入呈逐年的显著上升趋势，体现了创业型公司重视创新的特点。破产风险在三年间未呈现显著差异。按是否有风险投资公司持股和创始人是否担任CEO两个标准分类进行方差分析（见表5-4)，代表股东财富和创新的战略行为绩效各指标均不存在显著差异。然而，与创始人不担任CEO的公司相比，创始人担任CEO的样本中，破产风险显著较低。原因可能是创始人的目的更加多元化，不仅要获取财务收益，他们还关注企业生存、代际传承等非财务目标，因此，创始人比其他股东对风险的厌恶程度更高。当创始人担任CEO时，他们的保守特性会更深入地渗透于公司的日常运营中，从而使这类公司的破产风险较低。

表5-3显示，在创业板上市公司的监督行为绩效方面，总资产周转率均值为42.68%，最小值和最大值分别为8.49%和187.62%，说明样本公司之间的代理效率差异显著。管理费用率均值为13.65%，

表 5 – 3　　　　董事会治理绩效的描述性统计与年度比较

| 指标 | | 2009 年 | 2010 年 | 2011 年 | 合计 | Sig |
|---|---|---|---|---|---|---|
| R&D/总资产 t + 1 | N | 55 | 176 | 278 | 509 | |
| | 均值 | 2.02 | 2.21 | 2.63 | 2.42 | |
| | 标准差 | 1.60 | 1.59 | 2.00 | 1.83 | 0.014 |
| | 极小值 | 0.00 | 0.00 | 0.00 | 0.00 | |
| | 极大值 | 9.45 | 9.38 | 13.58 | 13.58 | |
| 净资产收益率 t + 1 | N | 55 | 176 | 278 | 509 | |
| | 均值 | 9.50 | 8.25 | 7.14 | 7.78 | |
| | 标准差 | 3.30 | 4.06 | 7.07 | 5.89 | 0.010 |
| | 极小值 | 2.52 | 0.16 | − 53.24 | − 53.24 | |
| | 极大值 | 21.62 | 26.32 | 36.22 | 36.22 | |
| 托宾 Q 值 t + 1 | N | 55 | 176 | 278 | 509 | |
| | 均值 | 2.16 | 1.51 | 1.44 | 1.54 | |
| | 标准差 | 0.54 | 0.40 | 0.39 | 0.46 | 0.000 |
| | 极小值 | 1.23 | 1.01 | 0.96 | 0.96 | |
| | 极大值 | 3.69 | 3.49 | 3.21 | 3.69 | |
| 总资产增长率 t + 1 | N | 55 | 176 | 278 | 509 | |
| | 均值 | 90.67 | 44.85 | 16.95 | 34.56 | |
| | 标准差 | 131.43 | 85.82 | 30.20 | 73.61 | 0.000 |
| | 极小值 | − 4.33 | − 2.88 | − 26.99 | − 26.99 | |
| | 极大值 | 453.78 | 548.71 | 232.11 | 548.71 | |
| 破产风险 t + 1 | N | 55 | 176 | 278 | 509 | |
| | 均值 | 1.96 | 2.13 | 2.21 | 2.15 | |
| | 标准差 | 0.92 | 0.92 | 0.90 | 0.91 | 0.167 |
| | 极小值 | 1.00 | 1.00 | 1.00 | 1.00 | |
| | 极大值 | 3.00 | 3.00 | 3.00 | 3.00 | |

续表

| 指标 | | 2009 年 | 2010 年 | 2011 年 | 合计 | Sig |
|---|---|---|---|---|---|---|
| 总资产<br>周转率<br>t + 1 | N | 55 | 176 | 278 | 509 | 0.073 |
| | 均值 | 38.17 | 40.97 | 44.65 | 42.68 | |
| | 标准差 | 19.21 | 21.97 | 23.70 | 22.74 | |
| | 极小值 | 8.49 | 12.83 | 9.62 | 8.49 | |
| | 极大值 | 143.74 | 179.65 | 187.62 | 187.62 | |
| 管理费用率<br>t + 1 | N | 55 | 176 | 278 | 509 | 0.068 |
| | 均值 | 13.02 | 12.54 | 14.48 | 13.65 | |
| | 标准差 | 7.94 | 6.96 | 10.07 | 8.92 | |
| | 极小值 | 2.73 | 2.02 | 2.83 | 2.02 | |
| | 极大值 | 36.46 | 52.07 | 102.29 | 102.29 | |
| 其他应收<br>款比率<br>t + 1 | N | 55 | 176 | 278 | 509 | 0.972 |
| | 均值 | 1.05 | 1.00 | 1.02 | 1.02 | |
| | 标准差 | 1.67 | 1.44 | 1.20 | 1.34 | |
| | 极小值 | 0.00 | 0.00 | 0.01 | 0.00 | |
| | 极大值 | 9.93 | 11.66 | 10.64 | 11.66 | |
| 信息披露<br>质量<br>t + 1 | N | 55 | 176 | 278 | 509 | 0.972 |
| | 均值 | 76.82 | 77.00 | 76.73 | 76.83 | |
| | 标准差 | 10.56 | 11.82 | 11.51 | 11.50 | |
| | 极小值 | 60.00 | 0.00 | 0.00 | 0.00 | |
| | 极大值 | 95.00 | 95.00 | 95.00 | 95.00 | |

资料来源：作者整理。

最小值和最大值分别为2.02%和102.29%；其他应收款比率的均值为1.02%，最小值和最大值分别为0和11.66%，以上数据说明创业板公司之间的两类代理成本均较大。信息披露质量平均得分为76.83，得分优秀的有99家，占样本总数的19.4%；得分良好的有352家，占样本总数的69.2%；不合格的有3家，占样本总数的 0.6%。以上数据说明创业板上市公司的信息披露整体水平较高。从监督行为绩效的年度变动趋势看，2009~2011 年间，创业板上市公司的总资产周转率逐年提高，说明代理效率得以明显改善。然而，管理费用率在 2010 年下降以后于 2011 年又显著回升，说明第一类代理成本整体呈上升趋势。其余监督行为绩效指标在年度内没有差异，相对稳定。表 5-4 显示，与没有风险投资公司持股的创业板公司相比，有风险投资公司持股的样本中其他应收款比率相对较高，信息披露水平相对较低，其余监督行为绩效指标在两类公司之间未呈现显著差异。以上数据表明，风险投资公司的参与非但未对创业板公司的监督行为绩效产生积极作用，反而提高了第二类代理成本、降低了信息披露质量。这一结论再次印证，我国风险投资公司未起到应有的监督作用，这与我国风险投资行业尚不成熟、仅关注退出收益而未实际参与公司治理不无关系。创始人担任或不担任 CEO 的两类公司中，监督行为指标未呈现显著差异。

表 5-4　　不同类型创业板上市公司的董事会治理绩效比较

| 指标 | | 无风险投资支持 | 有风险投资支持 | Sig | 创始人不担任 CEO | 创始人担任 CEO | Sig |
|---|---|---|---|---|---|---|---|
| R&D/总资产 t+1 | N | 241 | 268 | | 123 | 386 | |
| | 均值 | 2.43 | 2.41 | | 2.28 | 2.47 | |
| | 标准差 | 1.67 | 1.98 | 0.899 | 1.80 | 1.85 | 0.316 |
| | 极小值 | 0.00 | 0.00 | | 0.02 | 0.00 | |
| | 极大值 | 10.15 | 13.58 | | 10.46 | 13.58 | |
| 净资产收益率 t+1 | N | 241 | 268 | | 123 | 386 | |
| | 均值 | 8.05 | 7.53 | | 7.18 | 7.97 | |
| | 标准差 | 6.23 | 5.56 | 0.324 | 7.99 | 5.04 | 0.199 |
| | 极小值 | -53.24 | -27.31 | | -53.24 | -21.92 | |
| | 极大值 | 28.17 | 36.22 | | 28.17 | 36.22 | |

续表

| 指标 | | 无风险投资支持 | 有风险投资支持 | Sig | 创始人不担任 CEO | 创始人担任 CEO | Sig |
|---|---|---|---|---|---|---|---|
| 托宾Q值 t+1 | N | 241 | 268 | | 123 | 386 | |
| | 均值 | 1.53 | 1.56 | | 1.51 | 1.56 | |
| | 标准差 | 0.44 | 0.48 | 0.538 | 0.44 | 0.47 | 0.329 |
| | 极小值 | 0.96 | 0.96 | | 1.00 | 0.96 | |
| | 极大值 | 3.49 | 3.69 | | 3.21 | 3.69 | |
| 总资产增长率 t+1 | N | 241 | 268 | | 123 | 386 | |
| | 均值 | 33.58 | 35.44 | | 26.52 | 37.13 | |
| | 标准差 | 73.27 | 74.04 | 0.776 | 50.50 | 79.46 | 0.164 |
| | 极小值 | -26.99 | -14.43 | | -26.99 | -13.22 | |
| | 极大值 | 468.11 | 548.71 | | 248.81 | 548.71 | |
| 破产风险 t+1 | N | 241 | 268 | | 123 | 386 | |
| | 均值 | 2.15 | 2.15 | | 2.30 | 2.11 | |
| | 标准差 | 0.90 | 0.92 | 0.995 | 0.89 | 0.92 | 0.039 |
| | 极小值 | 1.00 | 1.00 | | 1.00 | 1.00 | |
| | 极大值 | 3.00 | 3.00 | | 3.00 | 3.00 | |
| 总资产周转率 t+1 | N | 241 | 268 | | 123 | 386 | |
| | 均值 | 43.66 | 41.80 | | 42.99 | 42.58 | |
| | 标准差 | 21.01 | 24.20 | 0.358 | 19.42 | 23.73 | 0.861 |
| | 极小值 | 12.48 | 8.49 | | 12.36 | 8.49 | |
| | 极大值 | 148.62 | 187.62 | | 146.71 | 187.62 | |
| 管理费用率 t+1 | N | 241 | 268 | | 123 | 386 | |
| | 均值 | 13.96 | 13.37 | | 13.70 | 13.64 | |
| | 标准差 | 10.06 | 7.75 | 0.459 | 10.98 | 8.17 | 0.944 |
| | 极小值 | 2.83 | 2.02 | | 2.99 | 2.02 | |
| | 极大值 | 102.29 | 66.66 | | 102.29 | 66.66 | |

续表

| 指标 | | 无风险投资支持 | 有风险投资支持 | Sig | 创始人不担任 CEO | 创始人担任 CEO | Sig |
|---|---|---|---|---|---|---|---|
| 其他应收款比率 t+1 | N | 241 | 268 | 0.012 | 123 | 386 | 0.458 |
| | 均值 | 0.86 | 1.16 | | 1.10 | 0.99 | |
| | 标准差 | 1.12 | 1.50 | | 1.78 | 1.17 | |
| | 极小值 | 0.00 | 0.03 | | 0.03 | 0.00 | |
| | 极大值 | 11.66 | 10.64 | | 11.66 | 9.93 | |
| 信息披露质量 t+1 | N | 241 | 268 | 0.045 | 123 | 386 | 0.998 |
| | 均值 | 77.90 | 75.86 | | 76.83 | 76.83 | |
| | 标准差 | 12.54 | 10.40 | | 10.98 | 11.35 | |
| | 极小值 | 0.00 | 0.00 | | 0.00 | 0.00 | |
| | 极大值 | 95.00 | 95.00 | | 95.00 | 95.00 | |

资料来源：作者整理。

### 5.2.3 关键控制变量

从公司特征看，表5－5显示，创业板上市公司的资产总额均值为104643.77万元，资产负债率均值为17.72%，负债水平相对较低，公司成立年限平均为8.34年，说明创业板上市公司大多是年轻公司。2009～2011年间，资产规模和资产负债率没有显著变化，公司成立年限呈显著增长态势，这与公司年龄的自然增长趋势有关。表5－6显示，与没有风险投资公司持股的样本相比，具有风险投资公司持股的样本公司资产规模显著较大，这体现了风险投资公司对上市公司的资金支持；而资产负债率无显著差异。与创始人不担任 CEO 的公司相比，创始人担任 CEO 的公司资产负债率显著较低，这再次体现了创始人 CEO 的风险厌恶倾向；创始人担任 CEO 的公司成立年限相对较低，两类公司的资产规模无显著差异。

从股权结构看,[①] 表 5 - 5 显示, 样本总体的第一大股东持股比例平均为 34.39%, 前五大股东持股比例平均为 64.29%, 这说明创业板上市公司的股权集中度较高; 第一大股东与第二大股东持股之比 (Z 指数) 平均为 3.66, 说明股权制衡度较低。以上数据表明, 创业板上市公司的大股东具有较高的控制权, 这是由于创始人一般持有控制性股权的原因所致。2009 ~ 2010 年间, 股权集中度和制衡度没有显著变化。表 5 - 6 显示, 相对于没有风险投资公司持股的样本, 具有风险投资公司持股的样本公司中, 第一和前五大股东持股比例均显著更低, Z 指数显著更低, 这说明风险投资公司的持股优化了创业板公司的股权集中度和股权制衡度。按创始人是否担任 CEO 分类的方差分析看, 两类公司的股权结构无显著差异。

从领导权结构看 (见表 5 - 7), 董事长和 CEO 由同一人担任的样本为 269 个, 占样本总数的 52.8%, 这说明大部分上市公司的董事会独立性较低。表 5 - 5 显示, 2009 ~ 2011 年间, 两职设置状况无显著改变。表 5 - 7 显示, 具有风险投资公司持股的样本公司中, 两职合一的样本占该子样本总数的 60.4%, 显著高于没有风险投资公司持股的样本公司 (44.4%), 再次说明风险投资公司的介入并未提高董事会的独立性。创始人不担任 CEO 的公司中两职合一的样本占该子样本总数的 3.3%, 创始人担任 CEO 必然使两职合一程度明显更高 (68.7%)。

表 5 - 5 显示, 从对风险投资公司持股的 268 家样本公司的描述性统计来看, 样本公司前 10 大股东中平均含有 1.9 家风险投资公司, 最小值和最大值分别是 1 家和 5 家; 风险投资公司持股比均值为 9.39%, 最小值和最大值分别为 0.5% 和 29.3%。以上数据说

---

[①]　本书在实证分析中选择前五大股东持股比例作为表征股权结构的一个控制变量, 但由于创业板上市公司股权集中度相对较高, 为展现其特殊的股权结构特征, 在描述性统计中, 本书还加入了对第一大股东持股比例以及 Z 指数的描述性统计分析。

明，样本公司之间风险投资公司介入公司治理的水平差异较大，并且我国企业受风险投资支持水平相对西方发达国家较低。[①] 2009 ~ 2011 年间，风险投资公司家数未出现明显变化，但是风险投资公司的持股比例呈逐年显著下降趋势，这可能与风险投资在被投资公司上市后的退出有关。在创始人是否担任 CEO 的两类公司中，风险投资公司的持股情况没有显著差异（见表 5 - 6）。

表 5 - 5　　　关键控制变量的描述性统计与不同年度的比较

| 指标 | | 2009 年 | 2010 年 | 2011 年 | 总计 | sig |
|---|---|---|---|---|---|---|
| 资产总计 | N | 55 | 176 | 278 | 509 | 0.000 |
| | 均值 | 675302128.6 | 1030080468 | 1130219510 | 1046437728 | |
| | 标准差 | 432668263.0 | 680065346.0 | 753080260.8 | 712257277.6 | |
| | 极小值 | 135090111.0 | 129529434.6 | 147724755.5 | 129529434.6 | |
| | 极大值 | 2379038039.0 | 3208314676.0 | 5895972090.0 | 5895972090.0 | |
| 资产负债率 | N | 55 | 176 | 278 | 509 | 0.710 |
| | 均值 | 19.14 | 17.64 | 17.48 | 17.72 | |
| | 标准差 | 13.22 | 15.33 | 12.52 | 13.61 | |
| | 极小值 | 2.54 | 1.26 | 2.03 | 1.26 | |
| | 极大值 | 54.98 | 68.54 | 74.69 | 74.69 | |
| 公司年限 | N | 55 | 176 | 278 | 509 | 0.001 |
| | 均值 | 7.32 | 7.61 | 9.00 | 8.34 | |
| | 标准差 | 4.17 | 4.33 | 4.55 | 4.48 | |
| | 极小值 | 0.65 | 1.00 | 1.75 | 0.65 | |
| | 极大值 | 17.32 | 19.35 | 24.10 | 24.10 | |

---

[①] Bonini（2012）对 2000 ~ 2005 年美国和欧洲公司的调查发现，全样本风险投资持股比例平均为 70.35%，美国公司平均为 72.11%，欧洲公司平均为 68.60；风险投资公司家数平均为 3.74 家，美国公司中平均为 4.42 家，欧洲公司中平均为 3.06 家。

续表

| 指标 | | 2009 年 | 2010 年 | 2011 年 | 总计 | sig |
|---|---|---|---|---|---|---|
| 公司第一大股东持股比例 | N | 55 | 176 | 278 | 509 | 0.360 |
| | 均值 | 32.11 | 35.12 | 34.38 | 34.39 | |
| | 标准差 | 13.60 | 14.38 | 13.01 | 13.56 | |
| | 极小值 | 9.00 | 8.77 | 8.77 | 8.77 | |
| | 极大值 | 68.35 | 85.50 | 68.87 | 85.50 | |
| 公司前五大股东持股比例 | N | 55 | 176 | 278 | 509 | 0.070 |
| | 均值 | 66.63 | 65.38 | 63.14 | 64.29 | |
| | 标准差 | 15.37 | 13.90 | 11.74 | 12.98 | |
| | 极小值 | 34.69 | 27.55 | 20.65 | 20.65 | |
| | 极大值 | 100.00 | 100.00 | 98.47 | 100.00 | |
| Z 指数 | N | 55 | 176 | 278 | 509 | 0.300 |
| | 均值 | 2.52 | 3.42 | 4.04 | 3.66 | |
| | 标准差 | 1.81 | 3.69 | 9.09 | 7.09 | |
| | 极小值 | 1.00 | 1.00 | 1.00 | 1.00 | |
| | 极大值 | 7.83 | 37.67 | 144.82 | 144.82 | |
| 两职合一 | N | 55 | 176 | 278 | 509 | 0.511 |
| | 均值 | 0.60 | 0.53 | 0.51 | 0.53 | |
| | 标准差 | 0.49 | 0.50 | 0.50 | 0.50 | |
| | 极小值 | 0.00 | 0.00 | 0.00 | 0.00 | |
| | 极大值 | 1.00 | 1.00 | 1.00 | 1.00 | |
| VC 家数 | N | 34 | 93 | 141 | 268 | 0.567 |
| | 均值 | 1.77 | 1.99 | 1.92 | 1.92 | |
| | 标准差 | 0.10 | 1.11 | 1.05 | 1.06 | |
| | 极小值 | 1.00 | 1.00 | 1.00 | 1.00 | |
| | 极大值 | 4.00 | 5.00 | 5.00 | 5.00 | |

| 指标 | | 2009 年 | 2010 年 | 2011 年 | 总计 | sig |
|------|------|------|------|------|------|------|
| VC 持股<br>总比 | N | 34 | 93 | 141 | 268 | 0.050 |
| | 均值 | 11.36 | 9.82 | 8.64 | 9.39 | |
| | 标准差 | 8.12 | 6.16 | 5.58 | 6.20 | |
| | 极小值 | 2.25 | 1.07 | 0.50 | 0.50 | |
| | 极大值 | 29.30 | 26.21 | 26.06 | 29.30 | |

资料来源：作者整理。

表 5-6　　　不同类型创业板上市公司关键控制变量的比较

| 指标 | | 有风险投资支持 | 没有风险投资支持 | Sig | 创始人担任 CEO | 创始人不担任 CEO | sig |
|------|------|------|------|------|------|------|------|
| 资产<br>总计 | N | 241 | 268 | 0.001 | 123 | 386 | 0.125 |
| | 均值 | 936550075.24 | 1145254609.14 | | 1132236494.59 | 1019097706.08 | |
| | 标准差 | 553024370.74 | 818297224.28 | | 829897360.84 | 669356546.34 | |
| | 极小值 | 129529434.58 | 135090110.95 | | 147724755.53 | 129529434.58 | |
| | 极大值 | 3274338304.81 | 5895972090.48 | | 5895972090.48 | 4411799488.74 | |
| 资产<br>负债率 | N | 241 | 268 | 0.319 | 123 | 386 | 0.056 |
| | 均值 | 17.08 | 18.29 | | 19.76 | 17.07 | |
| | 标准差 | 13.63 | 13.59 | | 14.74 | 13.19 | |
| | 极小值 | 1.26 | 1.58 | | 1.58 | 1.26 | |
| | 极大值 | 68.15 | 74.69 | | 68.15 | 74.69 | |
| 公司<br>年限 | N | 241 | 268 | 0.889 | 123 | 386 | 0.098 |
| | 均值 | 8.37 | 8.31 | | 8.92 | 8.15 | |
| | 标准差 | 4.30 | 4.65 | | 4.64 | 4.42 | |
| | 极小值 | 0.65 | 1.00 | | 1.13 | 0.65 | |
| | 极大值 | 24.10 | 19.47 | | 24.10 | 19.41 | |
| 公司第<br>一大股<br>东持股<br>比例 | N | 241 | 268 | 0.003 | 123 | 386 | 0.491 |
| | 均值 | 36.29 | 32.68 | | 35.12 | 34.15 | |
| | 标准差 | 14.23 | 12.72 | | 13.07 | 13.73 | |
| | 极小值 | 8.77 | 8.91 | | 10.57 | 8.77 | |
| | 极大值 | 85.50 | 68.87 | | 77.49 | 85.50 | |

续表

| 指标 | | 有风险投资支持 | 没有风险投资支持 | Sig | 创始人担任 CEO | 创始人不担任 CEO | sig |
|---|---|---|---|---|---|---|---|
| 公司前五大股东持股比例 | N | 241 | 268 | 0.084 | 123 | 386 | 0.526 |
| | 均值 | 65.34 | 63.35 | | 63.65 | 64.50 | |
| | 标准差 | 13.58 | 12.37 | | 12.90 | 13.02 | |
| | 极小值 | 20.65 | 31.28 | | 20.65 | 29.80 | |
| | 极大值 | 100.00 | 98.47 | | 100.00 | 100.00 | |
| Z指数 | N | 241 | 268 | 0.078 | 123 | 386 | 0.102 |
| | 均值 | 4.25 | 3.13 | | 4.57 | 3.37 | |
| | 标准差 | 9.92 | 2.61 | | 13.11 | 3.40 | |
| | 极小值 | 1.00 | 1.00 | | 1.04 | 1.00 | |
| | 极大值 | 144.82 | 16.61 | | 144.82 | 37.67 | |
| 风险投资公司股东家数 | N | — | — | — | 52 | 216 | 0.472 |
| | 均值 | — | — | | 1.83 | 1.94 | |
| | 标准差 | — | — | | 0.90 | 1.09 | |
| | 极小值 | — | — | | 1.00 | 1.00 | |
| | 极大值 | — | — | | 4.00 | 5.00 | |
| 风险投资公司持股总比 | N | — | — | — | 52 | 216 | 0.448 |
| | 均值 | — | — | | 9.98 | 9.25 | |
| | 标准差 | — | — | | 6.70 | 6.08 | |
| | 极小值 | — | — | | 1.07 | 0.50 | |
| | 极大值 | — | — | | 25.82 | 29.30 | |

资料来源：作者整理。

表5-7 **不同类型创业板上市公司两职合一情况的比较**

| 指标 | | 有风险投资公司支持 | 无风险投资公司支持 | Sig | 创始人担任 CEO | 创始人不担任 CEO | Sig |
|---|---|---|---|---|---|---|---|
| 两职分离 | 家数 | 106 | 134 | 0.000 | 121 | 119 | 0.000 |
| | 百分比 | 39.60 | 55.60 | | 31.30 | 96.70 | |
| 两职合一 | 家数 | 162 | 107 | | 265 | 4 | |
| | 百分比 | 60.40 | 44.40 | | 68.70 | 3.30 | |

资料来源：作者整理。

### 5.2.4 关键变量的相关性分析

为了保证在回归分析中关键解释变量之间不存在多重共线性问题，本书对董事会特征、行为以及关键控制变量进行 Pearson 相关性分析，如表 5 - 8 所示。相关性分析结果显示，风险投资董事比例（VCD）与是否具有风险投资公司支持（VC_if）之间的相关性系数为 0.607，说明这两个变量之间的相关性较强，因此，在回归分析中，这两个变量将不能同时纳入研究模型中。其余变量之间的相关性系数基本低于 0.4，说明相关性较低，将这些变量同时纳入回归模型不会出现严重的多重共线性问题。

## 5.3 董事会特征与行为影响战略行为绩效的检验

### 5.3.1 董事会特征与行为对净资产收益率的影响

**1. 董事会特征与董事会行为、董事会行为与净资产收益率**

在董事会结构与董事会行为关系方面，由表 5 - 9 的模型 M-ROE1.1 可知，Ln（BS）系数显著为负（$\beta = -1.5796$，$p < 0.1$），说明董事会规模与董事会行为强度呈负向的对数曲线关系，即随董事会规模的扩大，董事会行为强度会降低，但降低速度越来越慢，假设 1a 得到验证。[1] M-ROE2.1 表明，ID 的一次项系数显著为负（$\beta = -0.3581$，$p < 0.1$），二次项系数显著为正（$\beta = 0.0043$，$p < 0.1$），说明独立董事比例与董事会行为强度呈 U 型关系，假设 1b 得到验证。M-ROE3.1 显示，BShare 的一次项系数显著为负（$\beta = $

---

① 本书还对 BS 与 BM 之间的直线关系进行验证，发现 BS 系数显著为负（$\beta = -0.1772$，$p < 0.1$），但是 $R^2 = 0.2507$，而当验证 BS 与 BM 之间的对数曲线关系时，$R^2 = 0.2518$，说明对数曲线模型优于直线模型。本书另对 BS 与 BM 之间的二次曲线关系进行验证，发现 BS 的一次项系数和二次项系数均不显著（$\beta$ 分别为 -0.9275 和 0.0440，$p$ 分别为 0.1298 和 0.2138），说明 BS 与 BM 之间不存在 U 型关系。

表 5 - 8　　　关键变量之间的 Pearson 相关性

| | BS | ID | Bshare | WD | Dir_age | Dir_edu | VCD | FD | Dir_ten | BM | Asset | Lev | ROE | CR_5 | VC_if | CEO_dual |
|---|---|---|---|---|---|---|---|---|---|---|---|---|---|---|---|---|
| ID | -0.231** | | | | | | | | | | | | | | | |
| Bshare | -0.004 | -0.036 | | | | | | | | | | | | | | |
| WD | -0.068 | 0.116** | -0.036 | | | | | | | | | | | | | |
| Dir_age | -0.011 | 0.091* | -0.053 | -0.037 | | | | | | | | | | | | |
| Dir_edu | -0.035 | 0.092* | -0.090* | -0.188** | -0.203** | | | | | | | | | | | |
| VCD | 0.100* | -0.125** | -0.174** | -0.059 | -0.022 | 0.205** | | | | | | | | | | |
| FD | -0.181** | 0.094* | 0.204** | 0.009 | 0.070 | 0.060 | -0.154** | | | | | | | | | |
| Dir_ten | 0.021 | 0.076 | 0.007 | 0.009 | 0.147** | 0.008 | -0.033 | 0.031 | | | | | | | | |
| BM | -0.071 | 0.030 | -0.037 | 0.031 | -0.019 | 0.035 | -0.092* | 0.064 | 0.316** | | | | | | | |
| Asset | 0.169** | -0.146** | -0.077 | -0.190** | 0.124** | -0.013 | 0.030 | -0.058 | 0.157** | 0.278** | | | | | | |
| Lev | 0.005 | -0.056 | -0.109* | -0.043 | -0.055 | -0.113* | 0.058 | -0.082 | -0.154** | 0.031 | 0.044 | | | | | |
| ROE | -0.027 | 0.048 | 0.034 | -0.052 | -0.121* | 0.035 | -0.008 | 0.078 | -0.202** | -0.316** | -0.276** | 0.288** | | | | |
| CR_5 | -0.193** | 0.094* | -0.267** | 0.198** | -0.047 | -0.128** | -0.045 | -0.131** | -0.251** | -0.210** | -0.223** | 0.268** | 0.297** | | | |
| VC_if | 0.153** | -0.164** | -0.190** | -0.020 | -0.023 | 0.229** | 0.607** | -0.151** | -0.041 | -0.039 | 0.146** | 0.044 | -0.042 | -0.077 | | |
| CEO_dual | 0.008 | 0.015 | -0.049 | 0.046 | -0.099* | 0.089* | 0.164** | -0.179** | 0.034 | -0.054 | -0.042 | -0.016 | 0.058 | 0.080 | 0.161** | |
| Age | 0.028 | 0.039 | -0.086 | -0.067 | 0.131** | -0.004 | 0.037 | -0.051 | 0.093* | -0.050 | -0.115** | 0.036 | 0.080 | 0.014 | -0.006 | 0.050 |

注：* 和 ** 分别表示在 5% 和 1% 水平上显著相关。

表5-9 被解释变量为净资产收益率时，中介变量董事会行为对对解释变量董事会特征的回归结果

|  | M-ROE 1.1 | M-ROE 2.1 | M-ROE 3.1 | M-ROE 4.1 | M-ROE 5.1 | M-ROE 6.1 | M-ROE 7.1 | M-ROE 8.1 | M-ROE 9.1 | M-ROE 10.1 | M-ROE 11.1 |
|---|---|---|---|---|---|---|---|---|---|---|---|
| Constant | -3.6507 (-0.6416) | 2.3734 (0.3287) | -5.1559 (-0.9385) | -5.5558 (-1.0103) | 3.5882 (0.4451) | -5.5558 (-1.0103) | -6.3974 (-0.8588) | -5.5558 (-1.0103) | -5.6322 (-1.0249) | -5.4066 (-0.9813) | -5.5558 (-1.0103) |
| Ln(BS) | -1.5796* (-1.9534) | | | | | | | | | | |
| ID | | -0.3581* (-1.6909) | | | | | | | | | |
| ID² | | 0.0043* (1.6900) | | | | | | | | | |
| Bshare | | | -0.0424* (-1.9048) | | | | | | | | |
| Bshare² | | | 0.0005* (1.7114) | | | | | | | | |
| WD | | | | 0.0175* (1.6711) | | | | | | | |
| Ln(Dir-age) | | | | | -3.2029** (-1.9791) | | | | | | |
| Dir-edu | | | | | | 0.3129 (1.0745) | | | | | |

续表

| | M-ROE 1.1 | M-ROE 2.1 | M-ROE 3.1 | M-ROE 4.1 | M-ROE 5.1 | M-ROE 6.1 | M-ROE 7.1 | M-ROE 8.1 | M-ROE 9.1 | M-ROE 10.1 | M-ROE 11.1 |
|---|---|---|---|---|---|---|---|---|---|---|---|
| VCD | | | | | | | -0.035* (-1.9021) | | | | |
| FD | | | | | | | | 0.0152 (1.4912) | | | |
| FD-in | | | | | | | | | 0.018** (1.7446) | | |
| FD-out | | | | | | | | | | -0.0092 (-0.4604) | |
| Dir-ten | | | | | | | | | | | 0.6386*** (3.6995) |
| LnAsset | 0.8544*** (3.8245) | 0.8164*** (3.6494) | 0.845*** (3.7894) | 0.8461*** (3.787) | 0.8492*** (3.8002) | 0.8461*** (3.787) | 0.8762*** (2.9416) | 0.8461*** (3.787) | 0.8559*** (3.8365) | 0.8642*** (3.8555) | 0.8461*** (3.787) |
| Lev | 0.0361*** (3.8097) | 0.0349*** (3.6725) | 0.0359*** (3.788) | 0.0363*** (3.8262) | 0.0364*** (3.8322) | 0.0363*** (3.8262) | 0.0393*** (3.0819) | 0.0363*** (3.8262) | 0.0364*** (3.8382) | 0.0351*** (3.7012) | 0.0363*** (3.8262) |
| ROE | -0.0523*** (-2.7071) | -0.0512*** (-2.6482) | -0.052*** (-2.6961) | -0.0529*** (-2.7381) | -0.0529*** (-2.7393) | -0.0529*** (-2.7381) | -0.0592** (-2.0329) | -0.0529*** (-2.7381) | -0.0511*** (-2.6823) | -0.0456** (-2.3713) | -0.0529*** (-2.7381) |
| CR-5 | -0.0183 (-1.5359) | -0.0192 (-1.6016) | -0.0189 (-1.58) | -0.0182 (-1.5201) | -0.0183 (-1.5247) | -0.0182 (-1.5201) | -0.0103 (-0.5875) | -0.0182 (-1.5201) | -0.0189 (-1.5959) | -0.0221* (-1.8584) | -0.0182 (-1.5201) |

续表

| | M-ROE 1.1 | M-ROE 2.1 | M-ROE 3.1 | M-ROE 4.1 | M-ROE 5.1 | M-ROE 6.1 | M-ROE 7.1 | M-ROE 8.1 | M-ROE 9.1 | M-ROE 10.1 | M-ROE 11.1 |
|---|---|---|---|---|---|---|---|---|---|---|---|
| VC-if | -0.3274 (-1.3024) | -0.3289 (-1.3099) | -0.2671 (-1.0548) | -0.3235 (-1.2858) | -0.3231 (-1.2847) | -0.3235 (-1.2858) | — | -0.3235 (-1.2858) | -0.3219 (-1.282) | -0.3653 (-1.4564) | -0.3235 (-1.2858) |
| CEO-dual | -0.1256 (-0.5273) | -0.1337 (-0.5618) | -0.1033 (-0.4335) | -0.1268 (-0.532) | -0.1278 (-0.5364) | -0.1268 (-0.532) | 0.236 (0.7181) | -0.1268 (-0.532) | -0.1411 (-0.5971) | -0.1979 (-0.8346) | -0.1268 (-0.532) |
| BS | — | -0.2014** (-1.9717) | -0.1961* (-1.9272) | -0.1772* (-1.7485) | -0.1755* (-1.7314) | -0.1772* (-1.7485) | -0.243* (-1.879) | -0.1772* (-1.7485) | -0.1733* (-1.7139) | -0.2089** (-2.1007) | -0.1772* (-1.7485) |
| ID | -0.0081 (-0.2951) | — | 0.0009 (0.0327) | -0.0031 (-0.1143) | -0.003 (-0.1106) | -0.0031 (-0.1143) | 0.0376 (0.9944) | -0.0031 (-0.1143) | -0.0061 (-0.2277) | -0.007 (-0.2563) | -0.0031 (-0.1143) |
| Bshare | -0.0061 (-0.9019) | -0.0052 (-0.7698) | — | -0.0061 (-0.901) | -0.0061 (-0.8954) | -0.0061 (-0.901) | -0.0054 (-0.5896) | -0.0061 (-0.901) | -0.007 (-1.0285) | -0.0054 (-0.7944) | -0.0061 (-0.901) |
| WD | 0.0174* (1.6662) | 0.0167 (1.5951) | 0.0172* (1.6494) | — | 0.0173* (1.6543) | 0.0175* (1.6711) | — | 0.0175* (1.6711) | 0.0185* (1.7701) | 0.0195* (1.8492) | 0.0175* (1.6711) |
| Dir-age | -0.0666* (-1.9638) | -0.0615* (-1.811) | -0.0675** (-1.9935) | -0.0659* (-1.9425) | — | -0.0659* (-1.9425) | — | -0.0659* (-1.9425) | -0.0651* (-1.9239) | -0.0602* (-1.7758) | -0.0659* (-1.9425) |
| Dir-edu | 0.3156 (1.0843) | 0.3055 (1.0508) | 0.334 (1.148) | 0.3129 (1.0745) | 0.314 (1.0798) | — | -0.1001** (-2.0557) | 0.3129 (1.0745) | 0.3004 (1.0312) | 0.3503 (1.2053) | 0.3129 (1.0745) |

续表

| | M-ROE 1.1 | M-ROE 2.1 | M-ROE 3.1 | M-ROE 4.1 | M-ROE 5.1 | M-ROE 6.1 | M-ROE 7.1 | M-ROE 8.1 | M-ROE 9.1 | M-ROE 10.1 | M-ROE 11.1 |
|---|---|---|---|---|---|---|---|---|---|---|---|
| FD | 0.0145 (1.4147) | 0.0146 (1.4289) | 0.0131 (1.2786) | 0.0152 (1.4912) | 0.0152 (1.4926) | 0.0152 (1.4912) | 0.0242 (1.5432) | — | — | — | 0.0152 (1.4912) |
| Dir-ten | 0.6399*** (3.7135) | 0.6201*** (3.5918) | 0.6492*** (3.7659) | 0.6386*** (3.6995) | 0.6388*** (3.7014) | 0.6386*** (3.6995) | 0.8182*** (3.2546) | 0.6386*** (3.6995) | 0.6356*** (3.6853) | 0.6575*** (3.8118) | — |
| HHI | 1.2189** (2.0922) | 1.2387** (2.1234) | 1.3422** (2.2815) | 1.2074** (2.0669) | 1.2071** (2.0671) | 1.2074** (2.0669) | 2.1429** (2.4181) | 1.2074** (2.0669) | 1.1932** (2.0453) | 1.1675** (1.9943) | 1.2074** (2.0669) |
| Y2009 | -0.9136** (-2.1109) | -0.9354** (-2.1572) | -0.9108** (-2.1014) | -0.914** (-2.1047) | -0.9173** (-2.1122) | -0.914** (-2.1047) | -0.7046 (-1.2321) | -0.914** (-2.1047) | -0.9378** (-2.1588) | -0.9031** (-2.0737) | -0.914** (-2.1047) |
| Y2010 | -0.6813*** (-2.5978) | -0.6941** (-2.6449) | -0.6683** (-2.548) | -0.6782** (-2.5811) | -0.6796** (-2.5866) | -0.6782** (-2.5811) | -0.474 (-1.3164) | -0.6782** (-2.5811) | -0.6804** (-2.5915) | -0.6686** (-2.5401) | -0.6782** (-2.5811) |
| Age | -0.0276 (-1.0325) | -0.0272 (-1.0165) | -0.0248 (-0.9254) | -0.0274 (-1.0223) | -0.0272 (-1.0179) | -0.0274 (-1.0223) | 0.0005 (0.0137) | -0.0274 (-1.0223) | -0.027 (-1.0105) | -0.0292 (-1.0914) | -0.0274 (-1.0223) |
| $R^2$ | 0.2518 | 0.255 | 0.2552 | 0.2507 | 0.2509 | 0.2507 | 0.3083 | 0.2507 | 0.2519 | 0.2476 | 0.2507 |
| F | 9.1637*** | 8.8115*** | 8.8166*** | 9.1079*** | 9.1184*** | 9.1079*** | 6.5533*** | 9.1079*** | 9.1684*** | 8.9594*** | 9.1079*** |
| N | 509 | 509 | 509 | 509 | 509 | 509 | 268 | 509 | 509 | 509 | 509 |

注：***、**、*分别表示在1%、5%、10%水平上显著相关。

－0.0424，p＜0.1），二次项系数显著为正（β＝0.0005，p＜0.1），说明董事会持股比例与董事会行为强度呈 U 型关系，得到了与假设 1c 相反的结论。

在董事人口学属性与董事会行为关系方面，M-ROE4.1 显示，WD 的系数显著为正（β＝0.0175，p＜0.1），说明女性董事比例与董事会行为强度呈正相关关系，假设 2a 得到验证。M-ROE5.1 显示，Ln（Dir_age）系数显著为负（β＝－3.2029，p＜0.05），说明董事平均年龄与董事会行为强度呈负向的对数曲线关系，即随董事平均年龄的增加，董事会行为强度降低，但降低速度越来越慢，假设 2b 得到验证。[①] M-ROE6.1 显示，Dir_edu 系数显著为负（β＝0.3129，p＞0.1），说明董事平均学历与董事会行为强度无关，假设 2c 未得到验证。

在董事会人力资本与董事会行为关系方面，M-ROE7.1 显示，VCD 的系数显著为负（β＝－0.0350，p＜0.1），说明风险投资董事比例与董事会行为强度呈负相关关系，得到与假设 3a 相反的结论。M-ROE8.1 显示，FD 系数显著为正（β＝0.0152，p＝0.1365），说明创始人董事比例与董事会行为强度在 15% 的显著性水平下正相关。M-ROE9.1 显示，FD_in 系数显著为正（β＝0.0180，p＜0.1），说明创始人内部董事与董事会行为强度具有正相关关系。M-ROE10.1 显示，FD_out 系数不显著（β＝－0.0092，p＞0.1），说明创始人外部董事与董事会行为强度不相关。M-ROE11.1 显示，Dir_ten 系数显著为正（β＝0.6386，p＜0.01），说明董事平均任期与董事会行为强度正相关，假设 3c 得到验证。

在董事会行为与 ROE 相关性方面，表 5－10 的模型 M-ROE1.2 的结果显示，Ln（BM）的系数显著为正（β＝1.2510，p＜0.1），

---

① 本书还对 Dir_age 与 BM 之间的直线关系进行验证，发现 Dir_age 系数显著为负（β＝－0.0659，p＜0.1），但是 $R^2$＝0.2500，而当验证 Dir_age 与 BM 之间的对数曲线关系时，$R^2$＝0.2509，说明对数曲线模型优于直线模型。本书另对 Dir_age 与 BM 之间的二次曲线关系进行验证，发现 Dir_age 的一次项和二次项系数均不显著（β 分别为－0.5716 和 0.0053，p 分别为 0.3664 和 0.4235），说明 Dir_age 与 BM 之间不存在 U 型关系。

说明董事会行为与 ROE 呈对数曲线关系，即随董事会行为强度的增加，ROE 也增加，但增长速度越来越慢，假设 5 得到验证。[①]

**2. 董事会行为的瞬间间接效应**

表 5 – 11bootstrap 结果显示，当 BS 取值为均值减一个标准差（6. 9923）、均值（8. 4204）和均值加一个标准差（9. 8485）时，BS 通过 BM 对 ROE 的瞬间间接效应分别为 – 0. 0334、– 0. 0287 和 – 0. 0253，且 90% 的置信区间均不包括 0。[②] 这说明瞬间间接效应显著，即增加董事会规模将通过弱化董事会行为强度而对 ROE 产生负面影响，且这种瞬间间接效应随董事会规模的增加而降低，董事会行为在董事会规模与股东财富之间存在非线性的中介效应。模型显示，Ln（BS）对 ROE 影响的系数显著为负（$\beta = -3.4036$，$p < 0.05$），说明董事会规模对股东财富具有直接的负面影响，且这种负面影响随着董事会规模的增加而逐渐降低。

当 ID 取值为均值减一个标准差（31. 7712）、均值（36. 9826）和均值加一个标准差（42. 1940）时，ID 通过 BM 对 ROE 的瞬间间接效应分别为 – 0. 0133、– 0. 0068 和 0. 0002，且当 ID 取值为均值减一个标准差时，瞬间间接效应 90% 的置信区间不包括 0。这说明瞬间间接效应显著，即当独立董事比例较低时，提高独立董事比例通过降低董事会行为强度而对股东财富产生负面影响。当 ID 取值为均值和均值加一个标准差时，瞬间间接效应 90% 的置信区间包括 0，说明瞬间间接效应不显著，即当独立董事比例适中和较高时，提高独立董事比例无法通过强化董事会行为而提升股东财富。模型显示，ID 对 ROE 影响的一次项和二次项系数均不显著，说明独立董事比例对股东财富没有直接影响。

---

① 本书还对 BM 与 ROE 的倒 U 型关系进行了验证，但发现 BM 的一次项和二次项系数均不显著。

② 根据 Hayes 和 Preacher（2010），如果置信区间内不包括 0，那么估计的参数被认为在符合置信区间的 alpha 水平上显著异于 0，例如本书设置 90% 的置信区间，那么估计的参数便在 10% 的水平上显著异于 0，说明瞬间间接效应在 10% 的水平上是显著的。

表5－10　　净资产收益率对董事会行为、特征的回归结果

| | M-ROE 1.2 | M-ROE 2.2 | M-ROE 3.2 | M-ROE 4.2 | M-ROE 5.2 | M-ROE 6.2 | M-ROE 7.2 | M-ROE 8.2 | M-ROE 9.2 | M-ROE 10.2 | M-ROE 11.2 |
|---|---|---|---|---|---|---|---|---|---|---|---|
| Constant | 1.0049 (0.0907) | 2.3734 (0.3287) | -3.2232 (-0.3018) | -2.8621 (-0.2675) | 10.2028 (0.649) | -2.8621 (-0.2675) | 10.348 (0.7405) | -2.8621 (-0.2675) | -2.7889 (-0.2607) | -2.8834 (-0.2696) | -2.8621 (-0.2675) |
| Ln(BS) | -3.4036** (-2.1604) | | | | | | | | | | |
| ID | | 0.1171 (0.283) | | | | | | | | | |
| ID$^2$ | | -0.0025 (-0.5077) | | | | | | | | | |
| Bshare | | | 0.0315 (0.7221) | | | | | | | | |
| Bshare$^2$ | | | -0.0005 (-0.7521) | | | | | | | | |
| WD | | | | 0.0123 (0.6033) | | | | | | | |
| Ln(Dir-age) | | | | | -4.5757 (-1.4488) | | | | | | |
| Dir-edu | | | | | | 0.22 (0.3882) | | | | | |

续表

| | M-ROE 1.2 | M-ROE 2.2 | M-ROE 3.2 | M-ROE 4.2 | M-ROE 5.2 | M-ROE 6.2 | M-ROE 7.2 | M-ROE 8.2 | M-ROE 9.2 | M-ROE 10.2 | M-ROE 11.2 |
|---|---|---|---|---|---|---|---|---|---|---|---|
| VCD | | | | | | | 0.0364<br>(1.05) | | | | |
| FD | | | | | | | | −0.007<br>(−0.3498) | | | |
| FD-in | | | | | | | | | −0.0117<br>(−0.5811) | | |
| FD-out | | | | | | | | | | 0.0172<br>(0.4411) | |
| Dir-ten | | | | | | | | | | | 0.4481<br>(1.3231) |
| Ln (BM) | 1.251*<br>(1.849) | 1.2809*<br>(1.8866) | 1.2967*<br>(1.9095) | 1.2563*<br>(1.8566) | 1.2533*<br>(1.852) | 1.2563*<br>(1.8566) | 1.4566<br>(1.5985) | 1.2563*<br>(1.8566) | 1.27*<br>(1.8771) | 1.2361*<br>(1.8336) | 1.2563*<br>(1.8566) |
| LnAsset | 0.7525*<br>(1.7148) | 0.7591*<br>(1.7252) | 0.7411*<br>(1.6888) | 0.7439*<br>(1.6958) | 0.7485*<br>(1.706) | 0.7439*<br>(1.6958) | 0.1668<br>(0.2956) | 0.7439*<br>(1.6958) | 0.7385*<br>(1.6844) | 0.7289*<br>(1.6594) | 0.7439*<br>(1.6958) |
| Lev | −0.0686***<br>(−3.6867) | −0.0677***<br>(−3.6223) | −0.0682***<br>(−3.6613) | −0.0684***<br>(−3.6747) | −0.0683***<br>(−3.6714) | −0.0684***<br>(−3.6747) | −0.0721***<br>(−2.9774) | −0.0684***<br>(−3.6747) | −0.0687***<br>(−3.6947) | −0.0677***<br>(−3.6501) | −0.0684***<br>(−3.6747) |
| ROE | 0.452***<br>(11.912) | 0.4509***<br>(11.8561) | 0.4513***<br>(11.8798) | 0.4517***<br>(11.8979) | 0.4517***<br>(11.8975) | 0.4517***<br>(11.8979) | 0.4805***<br>(8.7022) | 0.4517***<br>(11.8979) | 0.4518***<br>(12.0728) | 0.4462***<br>(11.8603) | 0.4517***<br>(11.8979) |

续表

| | M-ROE 1.2 | M-ROE 2.2 | M-ROE 3.2 | M-ROE 4.2 | M-ROE 5.2 | M-ROE 6.2 | M-ROE 7.2 | M-ROE 8.2 | M-ROE 9.2 | M-ROE 10.2 | M-ROE 11.2 |
|---|---|---|---|---|---|---|---|---|---|---|---|
| CR-5 | -0.055** (-2.3677) | -0.055** (-2.3508) | -0.0549** (-2.35) | -0.0556** (-2.3828) | -0.0557** (-2.3865) | -0.0556** (-2.3828) | -0.0863*** (-2.6338) | -0.0556** (-2.3828) | -0.0557** (-2.4091) | -0.0529** (-2.2868) | -0.0556** (-2.3828) |
| VC-if | -0.3129 (-0.6392) | -0.2992 (-0.6104) | -0.3502 (-0.7091) | -0.3034 (-0.6196) | -0.303 (-0.6189) | -0.3034 (-0.6196) | — | -0.3034 (-0.6196) | -0.3113 (-0.6365) | -0.2813 (-0.5771) | -0.3034 (-0.6196) |
| CFO-dual_ | -0.3633 (-0.784) | -0.3626 (-0.7815) | -0.3864 (-0.8319) | -0.3674 (-0.7925) | -0.3689 (-0.7959) | -0.3674 (-0.7925) | -0.1837 (-0.2982) | -0.3674 (-0.7925) | -0.3688 (-0.802) | -0.3177 (-0.6896) | -0.3674 (-0.7925) |
| BS | — | -0.3989** (-1.9989) | -0.3966** (-1.9963) | -0.4135** (-2.0959) | -0.4111** (-2.0834) | -0.4135** (-2.0959) | -0.2965 (-1.2189) | -0.4135** (-2.0959) | -0.4217** (-2.1408) | -0.3983** (-2.0592) | -0.4135** (-2.0959) |
| ID | -0.0979* (-1.8293) | — | -0.0947* (-1.8012) | -0.0913* (-1.7442) | -0.0911* (-1.7417) | -0.0913* (-1.7442) | 0.0239 (0.337) | -0.0913* (-1.7442) | -0.0897* (-1.7163) | -0.0871* (-1.6492) | -0.0913* (-1.7442) |
| Bshare | 0.0003 (0.0258) | -0.0003 (-0.0198) | — | 0.0002 (0.0177) | 0.0003 (0.0218) | 0.0002 (0.0177) | -0.0244 (-1.4156) | 0.0002 (0.0177) | 0.001 (0.0788) | 0.0004 (0.0316) | 0.0002 (0.0177) |
| WD | 0.0119 (0.583) | 0.0127 (0.623) | 0.0124 (0.6096) | — | 0.0121 (0.5916) | 0.0123 (0.6033) | — | 0.0123 (0.6033) | 0.0119 (0.5862) | 0.0106 (0.5162) | 0.0123 (0.6033) |
| Dir-age | -0.096 (-1.4515) | -0.0965 (-1.4531) | -0.0924 (-1.3942) | -0.0942 (-1.422) | — | -0.0942 (-1.422) | -0.1673* (-1.812) | -0.0942 (-1.422) | -0.0937 (-1.4183) | -0.0982 (-1.4881) | -0.0942 (-1.422) |
| Dir-edu | 0.2261 (0.3991) | 0.2233 (0.3937) | 0.2002 (0.3527) | 0.22 (0.3882) | 0.2217 (0.3917) | — | -0.3145 (-0.4273) | 0.22 (0.3882) | 0.2352 (0.4146) | 0.2077 (0.3678) | 0.22 (0.3882) |

续表

| | M-ROE 1.2 | M-ROE 2.2 | M-ROE 3.2 | M-ROE 4.2 | M-ROE 5.2 | M-ROE 6.2 | M-ROE 7.2 | M-ROE 8.2 | M-ROE 9.2 | M-ROE 10.2 | M-ROE 11.2 |
|---|---|---|---|---|---|---|---|---|---|---|---|
| FD | -0.0079 (-0.3955) | -0.0066 (-0.3332) | -0.0053 (-0.2624) | -0.007 (-0.3498) | -0.0069 (-0.3488) | -0.007 (-0.3498) | -0.0362 (-1.2266) | — | — | — | -0.007 (-0.3498) |
| Dir-ten | 0.4451 (1.3159) | 0.4573 (1.3473) | 0.4362 (1.2861) | 0.4481 (1.3231) | 0.4486 (1.3248) | 0.4481 (1.3231) | 0.926* (1.9452) | 0.4481 (1.3231) | 0.4527 (1.337) | 0.4406 (1.3034) | — |
| HHI | -1.5367 (-1.3501) | -1.6032 (-1.4036) | -1.7031 (-1.4778) | -1.5809 (-1.3861) | -1.5807 (-1.3863) | -1.5809 (-1.3861) | -1.8955 (-1.1309) | -1.5809 (-1.3861) | -1.5795 (-1.3861) | -1.5453 (-1.3553) | -1.5809 (-1.3861) |
| Y2009 | 0.6606 (0.779) | 0.6994 (0.8212) | 0.6865 (0.8069) | 0.683 (0.8032) | 0.6778 (0.7969) | 0.683 (0.8032) | 0.5116 (0.4739) | 0.683 (0.8032) | 0.7047 (0.8276) | 0.6894 (0.8104) | 0.683 (0.8032) |
| Y2010 | 0.6337 (1.233) | 0.659 (1.2786) | 0.6427 (1.2485) | 0.6474 (1.2583) | 0.6451 (1.2539) | 0.6474 (1.2583) | 1.1809* (1.7412) | 0.6474 (1.2583) | 0.652 (1.2674) | 0.6415 (1.2476) | 0.6474 (1.2583) |
| Age | 0.1784*** (3.4266) | 0.1794*** (3.4403) | 0.1773*** (3.3974) | 0.1794*** (3.4432) | 0.1795*** (3.4464) | 0.1794*** (3.4432) | 0.1523** (2.2435) | 0.1794*** (3.4432) | 0.1789*** (3.4439) | 0.1802*** (3.4613) | 0.1794*** (3.4432) |
| $R^2$ | 0.3115 | 0.3114 | 0.3119 | 0.3111 | 0.3112 | 0.3111 | 0.3271 | 0.3111 | 0.3114 | 0.3112 | 0.3111 |
| F | 11.6416*** | 11.0359*** | 11.0583*** | 11.6208*** | 11.6267*** | 11.6208*** | 6.725*** | 11.6208*** | 11.6373*** | 11.6263*** | 11.6208*** |
| N | 509 | 509 | 509 | 509 | 509 | 509 | 268 | 509 | 509 | 509 | 509 |

注：***、**、*分别表示在1%、5%、10%水平上显著相关。

**表 5－11　董事会特征通过行为对 ROE 产生的瞬间间接效应**

| | XVAL | LowerCI | THETA | UpperCI | | XVAL | LowerCI | THETA | UpperCI |
|---|---|---|---|---|---|---|---|---|---|
| BS | 6.9923 | -0.1115 | -0.0334 | -0.0033 | VCD | 0.9375 | -0.0192 | -0.0061 | -0.0004 |
| →BM | 8.4204 | -0.0984 | -0.0287 | -0.0025 | →BM | 9.6259 | -0.0203 | -0.0063 | -0.0004 |
| →ROE | 9.8485 | -0.085 | -0.0253 | -0.0019 | →ROE | 18.314 | -0.0221 | -0.0065 | -0.0004 |
| ID | 31.7712 | -0.0476 | -0.0133 | -0.0006 | FD | 10.090 | 0.0001 | 0.0024 | 0.0081 |
| →BM | 36.9826 | -0.0262 | -0.0068 | 0.0004 | →BM | 22.379 | 0.0001 | 0.0023 | 0.0078 |
| →ROE | 42.194 | -0.0082 | 0.0002 | 0.0112 | →ROE | 34.668 | 0.0001 | 0.0023 | 0.0075 |
| Bshare | 21.291 | -0.009 | -0.003 | -0.0004 | FD_in | 7.9351 | 0.0001 | 0.0029 | 0.0081 |
| →BM | 40.2607 | -0.0018 | 0.0002 | 0.0032 | →BM | 20.085 | 0.0001 | 0.0028 | 0.0079 |
| →ROE | 59.2305 | -0.0004 | 0.0035 | 0.0123 | →ROE | 32.236 | 0.0001 | 0.0027 | 0.0077 |
| WD | 1.7655 | 0.0002 | 0.0027 | 0.0091 | FD_out | -3.652 | -0.0092 | -0.0014 | 0.002 |
| →BM | 13.6685 | 0.0002 | 0.0027 | 0.0087 | →BM | 2.2934 | -0.0094 | -0.0014 | 0.002 |
| →ROE | 25.5714 | 0.0002 | 0.0026 | 0.0084 | →ROE | 8.2398 | -0.0097 | -0.0014 | 0.002 |
| Dir_age | 44.2647 | -0.0333 | -0.0107 | -0.0013 | Dir_ten | 1.5947 | 0.019 | 0.1041 | 0.2625 |
| →BM | 47.8829 | -0.0319 | -0.0102 | -0.0011 | →BM | 2.3784 | 0.0181 | 0.0978 | 0.2413 |
| →ROE | 51.501 | -0.031 | -0.0098 | -0.0012 | →ROE | 3.1622 | 0.0173 | 0.0922 | 0.227 |
| Dir_edu | 3.0739 | -0.0138 | 0.0487 | 0.1936 | | | | | |
| →BM | 3.5169 | -0.0138 | 0.0479 | 0.1864 | | | | | |
| →ROE | 3.9598 | -0.0137 | 0.0471 | 0.1807 | | | | | |

注：XVAL 表示解释变量的取值，每一个解释变量分别在低于均值一个标准差、均值和高于均值一个标准差处取值；THETA 表示 X 通过 M 对 Y 产生的瞬间间接效应；LowerCI 和 UpperCI 表示瞬间间接效应 90% 修正偏倚的 bootstrap 置信区间。

当 Bshare 取值为均值减一个标准差（21.2910）、均值（40.2607）和均值加一个标准差（59.2305）时，Bshare 通过 BM 对 ROE 的瞬间间接效应分别为 -0.0030、0.0002 和 0.0035，且当 Bshare 取值为均值减一个标准差时，瞬间间接效应 90% 的置信区间不包括 0。这说明瞬间间接效应显著，即当持股董事比例较低时，提高持股董事比例通过降低董事会行为强度而对股东财富产生负面影响。当 Bshare 取值为均值和均值加一个标准差时，瞬间间接效应 90% 的置信区间包括 0，说明瞬间间接效应不显著，即董事会行为在董事会股权激励与治理绩效之间不存在中介效应。模型显示，Bshare 对 ROE 影响的一次项和二次项系数均不显著，说明持股董事比例对股东财富没有直接影响。

当 WD 取值为均值减一个标准差（1.7655）、均值（13.6685）和均值加一个标准差（25.5714）时，WD 通过 BM 对 ROE 的瞬间间接效应分别为 0.0027、0.0027 和 0.0026，且瞬间间接效应 90% 的置信区间均不包括 0。这说明瞬间间接效应显著，即提高女性董事比例能够通过强化董事会行为而提升股东财富，但这种瞬间间接效应随女性董事比例的提高而微弱减弱，董事会行为在女性董事比例与股东财富之间存在非线性的中介效应。模型显示，WD 对 ROE 影响的系数不显著，说明女性董事比例对股东财富无直接影响。

当 Dir_age 取值为均值减一个标准差（44.2647）、均值（47.8829）和均值加一个标准差（51.5010）时，Dir_age 通过 BM 对 ROE 的瞬间间接效应分别为 -0.0107、-0.0102 和 -0.0098，且 90% 的置信区间均不包括 0。这说明瞬间间接效应显著，即提高董事平均年龄通过弱化董事会行为强度而对股东财富产生负面影响，且这种瞬间间接效应随着董事年龄的提高而降低，董事会行为在董事平均年龄与股东财富之间呈非线性的中介效应。模型显示，Ln（Dir_age）对 ROE 影响的系数不显著，说明董事平均年龄对股东财富无直接影响。

当 Dir_edu 取值为均值减一个标准差（3.0739）、均值（3.5169）

和均值加一个标准差（3.9598）时，Dir_edu 通过 BM 对 ROE 的瞬间间接效应分别为 0.0487、0.0479 和 0.0471，且 90% 的置信区间均包括 0。这说明瞬间间接效应不显著，董事会行为在董事平均学历与股东财富之间不具有中介效应。模型显示，Dir_edu 对 ROE 影响的系数不显著，说明董事平均学历对股东财富也无直接影响。

当 VCD 取值为均值减一个标准差（0.9375）、均值（9.6259）和均值加一个标准差（18.3144）时，VCD 通过 BM 对 ROE 的瞬间间接效应分别为 - 0.0061、- 0.0063 和 - 0.0065，且 90% 的置信区间均不包括 0。这说明瞬间间接效应显著，即提高风险投资董事比例通过弱化董事会行为强度而对股东财富产生负面影响，且这种瞬间间接效应随着风险投资董事比例的提高而逐渐增强，董事会行为在风险投资董事比例与股东财富之间呈非线性的中介效应。模型显示，VCD 对 ROE 影响的系数不显著，说明风险投资董事比例对股东财富无直接影响。

当 FD 取值为均值减一个标准差（10.0901）、均值（22.3794）和均值加一个标准差（34.6687）时，FD 通过 BM 对 ROE 的瞬间间接效应分别为 0.0024、0.0023 和 0.0023，且 90% 的置信区间均不包括 0。这说明瞬间间接效应显著，即提高创始人董事比例通过强化董事会行为强度而对股东财富产生正面影响，且这种瞬间间接效应随着创始人董事比例的提高而逐渐减弱，董事会行为在创始人董事比例与股东财富之间呈非线性的中介效应。模型显示，FD 对 ROE 影响的系数不显著，说明创始人董事比例对股东财富无直接影响。

当 FD_in 取值为均值减一个标准差（7.9351）、均值（20.0859）和均值加一个标准差（32.2368）时，FD_in 通过 BM 对 ROE 的瞬间间接效应分别为 0.0029、0.0028 和 0.0027，瞬间间接效应 90% 的置信区间均不包括 0。这说明瞬间间接效应显著，即提高创始人内部董事比例通过强化董事会行为强度而对股东财富产生正面影响，且这种瞬间间接效应随着创始人内部董事比例的提高而逐渐减弱，董事会行为在创始人内部董事比例与股东财富之间呈非线性的中介效应。模型显示，FD_in 对 ROE 影响的系数不显著，说明创始人内部董事比例对股东财富无直接影响。

当 FD_out 取值为均值减一个标准差（-3.6529）、均值（2.2934）和均值加一个标准差（8.2398）时，FD_out 通过 BM 对 ROE 的瞬间间接效应均为 -0.0014，且90%的置信区间均包括0。这说明瞬间间接效应不显著，即改变创始人外部董事比例无法通过强化或弱化董事会行为强度而对股东财富产生影响，董事会行为在创始人外部董事比例与股东财富之间不存在中介效应。模型显示，FD_out 对 ROE 影响的系数不显著，说明创始人外部董事比例对股东财富无直接影响。

当 Dir_ten 取值为均值减一个标准差（1.5947）、均值（2.3784）和均值加一个标准差（3.1622）时，Dir_ten 通过 BM 对 ROE 的瞬间间接效应分别为 0.1041、0.0978 和 0.0922，瞬间间接效应90%的置信区间均不包括0。这说明瞬间间接效应显著，即提高董事平均任期通过强化董事会行为强度而对股东财富产生正面影响，且这种瞬间间接效应随着董事平均任期的提高而逐渐减弱，董事会行为在董事平均任期与股东财富之间呈非线性的中介效应。模型显示，Dir_ten 对 ROE 影响的系数不显著，说明董事平均任期对股东财富无直接影响。

## 5.3.2 董事会特征与行为对托宾 Q 的影响

### 1. 董事会特征与董事会行为、董事会行为与托宾 Q

对被解释变量托宾 Q 进行回归时，所选取的控制变量与被解释变量为 ROE 时完全相同，关于董事会结构、人口学属性与人力资本各指标对董事会行为影响的实证检验结果同前文 5.3.1。

在董事会行为与托宾 Q 关系方面，表 5-12 的模型 M-Q1.2 的结果显示，Ln（BM）的系数显著为正（$\beta = 0.2693$，$p < 0.05$），说明董事会行为与托宾 Q 呈对数曲线关系，即随董事会行为强度的

增加，托宾 Q 以递减的速率增加，假设 5 得到验证。①

**2. 董事会行为的瞬间间接效应**

表 5 – 13 bootstrap 结果显示，当 BS 取值为均值减一个标准差（6.9923）、均值（8.4204）和均值加一个标准差（9.8485）时，BS 通过 BM 对 Q 的瞬间间接效应分别为 – 0.0072、– 0.0062 和 – 0.0054，且瞬间间接效应 90% 的置信区间均不包括 0。这说明瞬间间接效应显著，即增加董事会规模将通过弱化董事会行为强度而对托宾 Q 产生负面影响，且这种瞬间间接效应随董事会规模的增加而降低，董事会行为在董事会规模与股东财富之间存在非线性中介效应。模型显示，Ln（BS）对 Q 的系数显著为负（$\beta = -0.8825$，$p < 0.01$），说明董事会规模与托宾 Q 具有直接的负向对数曲线关系，随着董事会规模的增加，托宾 Q 以递减的速率降低。

当 ID 取值为均值减一个标准差（31.7712）、均值（36.9826）和均值加一个标准差（42.1940）时，ID 通过 BM 对 ROE 的瞬间间接效应分别为 – 0.0029、– 0.0015 和 0；且当 ID 取值为均值减一个标准差时，瞬间间接效应 90% 的置信区间不包括 0。这说明瞬间间接效应显著，即当独立董事比例较低时，提高独立董事比例通过降低董事会行为强度而对股东财富产生负面影响。当 ID 取值为均值和均值加一个标准差时，瞬间间接效应 90% 的置信区间包括 0，说明瞬间间接效应不显著，即当独立董事比例适中和较高时，提高独立董事比例无法通过强化董事会行为而提升股东财富。模型显示，ID 对托宾 Q 影响的一次项和二次项系数均不显著，说明独立董事比例对托宾 Q 没有直接影响。

当 Bshare 取值为均值减一个标准差（21.2910）、均值（40.2607）和均值加一个标准差（59.2305）时，Bshare 通过 BM 对 ROE 的瞬间间接效应分别为 – 0.0006、0.0001 和 0.0007；且当 Bshare 取值

---

① 本书还对 BM 与托宾 Q 的倒 U 型关系进行了验证，但发现 BM 的一次项和二次项系数均不显著。

表 5 - 12　托宾 Q 对董事会行为、特征的回归结果

| | M-Q1.2 | M-Q2.2 | M-Q3.2 | M-Q4.2 | M-Q5.2 | M-Q6.2 | M-Q7.2 | M-Q8.2 | M-Q9.2 | M-Q10.2 | M-Q11.2 |
|---|---|---|---|---|---|---|---|---|---|---|---|
| Constant | 1.4841 (0.7558) | -2.0458 (-0.8195) | 0.4668 (0.2457) | 0.4974 (0.2623) | 2.0147 (0.723) | 0.4974 (0.2623) | 1.4205 (0.5284) | 0.4974 (0.2623) | 0.4393 (0.2322) | 0.4595 (0.244) | 0.4974 (0.2623) |
| Ln(BS) | -0.8825*** (-3.16) | | | | | | | | | | |
| ID | | 0.1011 (1.3821) | | | | | | | | | |
| ID² | | -0.0014 (-1.5633) | | | | | | | | | |
| Bshare | | | 0.0068 (0.8832) | | | | | | | | |
| Bshare² | | | 0.0000 (-0.3502) | | | | | | | | |
| WD | | | | 0.0011 (0.3166) | | | | | | | |
| Ln(Dir-age) | | | | | -0.5292 (-0.9452) | | | | | | |
| Dir-edu | | | | | | 0.3381*** (3.366) | | | | | |

续表

| | M-Q1.2 | M-Q2.2 | M-Q3.2 | M-Q4.2 | M-Q5.2 | M-Q6.2 | M-Q7.2 | M-Q8.2 | M-Q9.2 | M-Q10.2 | M-Q11.2 |
|---|---|---|---|---|---|---|---|---|---|---|---|
| VCD | | | | | | | 0.0063 (0.9516) | | | | |
| FD | | | | | | | | 0.0008 (0.2136) | | | |
| FD-in | | | | | | | | | 0.0055 (1.5514) | | |
| FD-out | | | | | | | | | | -0.0178 *** (-2.597) | |
| Dir-ten | | | | | | | | | | | -0.0119 (-0.199) |
| Ln(BM) | 0.2693 ** (2.2457) | 0.2836 ** (2.3624) | 0.2736 ** (2.2721) | 0.2703 ** (2.2535) | 0.2698 ** (2.2493) | 0.2703 ** (2.2535) | 0.3732 ** (2.1394) | 0.2703 ** (2.2535) | 0.2565 ** (2.1434) | 0.2725 ** (2.2958) | 0.2703 ** (2.2535) |
| LnAsset | 0.0669 (0.8597) | 0.0736 (0.9456) | 0.0651 (0.8362) | 0.0653 (0.8399) | 0.0659 (0.8472) | 0.0653 (0.8399) | -0.034 (-0.3119) | 0.0653 (0.8399) | 0.0665 (0.858) | 0.0775 (1.0025) | 0.0653 (0.8399) |
| Lev | -0.0191 *** (-5.8038) | -0.0187 *** (-5.6608) | -0.0191 *** (-5.7777) | -0.0191 *** (-5.7888) | -0.0191 *** (-5.7879) | -0.0191 *** (-5.7888) | -0.0157 *** (-3.4054) | -0.0191 *** (-5.7888) | -0.0187 *** (-5.6963) | -0.0193 *** (-5.9167) | -0.0191 *** (-5.7888) |
| ROE | 0.0418 *** (6.208) | 0.0413 *** (6.1411) | 0.0417 *** (6.1933) | 0.0418 *** (6.2049) | 0.0417 *** (6.2039) | 0.0418 *** (6.2049) | 0.0368 *** (3.3579) | 0.0418 *** (6.2049) | 0.0407 *** (6.1516) | 0.0449 *** (6.7798) | 0.0418 *** (6.2049) |

续表

| | M-Q1.2 | M-Q2.2 | M-Q3.2 | M-Q4.2 | M-Q5.2 | M-Q6.2 | M-Q7.2 | M-Q8.2 | M-Q9.2 | M-Q10.2 | M-Q11.2 |
|---|---|---|---|---|---|---|---|---|---|---|---|
| CR-5 | 0.0028 (0.6806) | 0.0029 (0.7111) | 0.0027 (0.6414) | 0.0026 (0.6286) | 0.0026 (0.6263) | 0.0026 (0.6286) | 0.003 (0.4567) | 0.0026 (0.6286) | 0.0032 (0.7745) | 0.0012 (0.2842) | 0.0026 (0.6286) |
| VC-if | -0.0841 (-0.9696) | -0.0793 (-0.9154) | -0.0855 (-0.9763) | -0.0816 (-0.9405) | -0.0815 (-0.9395) | -0.0816 (-0.9405) | — | -0.0816 (-0.9405) | -0.0718 (-0.8296) | -0.0889 (-1.0354) | -0.0816 (-0.9405) |
| CEO-dual_ | -0.1401* (-1.7059) | -0.1387* (-1.6903) | -0.1429* (-1.7346) | -0.1413* (-1.7197) | -0.1416* (-1.7223) | -0.1413* (-1.7197) | -0.0493 (-0.422) | -0.1413* (-1.7197) | -0.1312 (-1.6127) | -0.1687** (-2.0798) | -0.1413* (-1.7197) |
| BS | — | -0.1013*** (-2.8705) | -0.1079*** (-3.0623) | -0.1093*** (-3.1248) | -0.109*** (-3.1157) | -0.1093*** (-3.1248) | -0.1079** (-2.338) | -0.1093*** (-3.1248) | -0.1005*** (-2.8835) | -0.1124*** (-3.3004) | -0.1093*** (-3.1248) |
| ID | -0.0138 (-1.4517) | — | -0.0126 (-1.3535) | -0.0123 (-1.3296) | -0.0123 (-1.3265) | -0.0123 (-1.3296) | 0.0003 (0.0203) | -0.0123 (-1.3296) | -0.0127 (-1.3775) | -0.0158* (-1.7034) | -0.0123 (-1.3296) |
| BShare | 0.0043* (1.8303) | 0.004* (1.6969) | — | 0.0042* (1.8144) | 0.0043* (1.8168) | 0.0042* (1.8144) | 0.018 (0.5646) | 0.0042* (1.8144) | 0.0037 (1.5609) | 0.0036 (1.5401) | 0.0042* (1.8144) |
| WD | 0.001 (0.2812) | 0.0014 (0.3804) | 0.0012 (0.3194) | — | 0.0011 (0.308) | 0.0011 (0.3166) | -0.0002 (-0.0277) | 0.0011 (0.3166) | 0.0011 (0.311) | 0.0024 (0.6644) | 0.0011 (0.3166) |
| Dir-age | -0.0113 (-0.9599) | -0.012 (-1.0243) | -0.0106 (-0.9019) | -0.0107 (-0.9155) | — | -0.0107 (-0.9155) | -0.0036 (-0.2031) | -0.0107 (-0.9155) | -0.0118 (-1.014) | -0.0088 (-0.7576) | -0.0107 (-0.9155) |
| Dir-edu | 0.3397*** (3.3824) | 0.3399*** (3.3887) | 0.3365*** (3.3431) | 0.3381*** (3.366) | 0.338*** (3.3699) | — | 0.2838* (1.9735) | 0.3381*** (3.366) | 0.3246*** (3.2361) | 0.3348*** (3.3674) | 0.3381*** (3.366) |

续表

| | M-Q1.2 | M-Q2.2 | M-Q3.2 | M-Q4.2 | M-Q5.2 | M-Q6.2 | M-Q7.2 | M-Q8.2 | M-Q9.2 | M-Q10.2 | M-Q11.2 |
|---|---|---|---|---|---|---|---|---|---|---|---|
| FD | 0.0006 (0.1562) | 0.0009 (0.2634) | 0.0009 (0.2516) | 0.0008 (0.2136) | 0.0008 (0.2155) | 0.0008 (0.2136) | 0.0048 (0.8858) | — | — | — | 0.0008 (0.2136) |
| Dir-ten | -0.0131 (-0.2193) | -0.0069 (-0.1157) | -0.0129 (-0.2149) | -0.0119 (-0.199) | -0.0118 (-0.197) | -0.0119 (-0.199) | 0.021 (0.2336) | -0.0119 (-0.199) | -0.0167 (-0.2791) | -0.0108 (-0.1814) | — |
| HHI | 0.0407 (0.2017) | 0.016 (0.079) | 0.018 (0.0882) | 0.0281 (0.1391) | 0.0279 (0.1383) | 0.0281 (0.1391) | 0.375 (1.1786) | 0.0281 (0.1391) | 0.0336 (0.1667) | 0.0069 (0.0343) | 0.0281 (0.1391) |
| Y2009 | 2.0053 *** (13.3401) | 2.0214 *** (13.421) | 2.0128 *** (13.3415) | 2.0125 *** (13.3517) | 2.0117 *** (13.3443) | 2.0125 *** (13.3517) | 2.0275 *** (9.9418) | 2.0125 *** (13.3517) | 1.9977 *** (13.2652) | 1.9941 *** (13.3145) | 2.0125 *** (13.3517) |
| Y2010 | 0.1985 ** (2.179) | 0.2088 ** (2.2902) | 0.202 ** (2.2133) | 0.2024 ** (2.2197) | 0.2021 ** (2.2164) | 0.2024 ** (2.2197) | 0.2594 ** (2.0225) | 0.2024 ** (2.2197) | 0.198 ** (2.1759) | 0.2027 ** (2.2393) | 0.2024 ** (2.2197) |
| Age | 0.011 (1.1929) | 0.0113 (1.224) | 0.0111 (1.202) | 0.0113 (1.2232) | 0.0113 (1.2265) | 0.0113 (1.2232) | 0.0059 (0.4602) | 0.0113 (1.2232) | 0.0118 (1.2829) | 0.0112 (1.2232) | 0.0113 (1.2232) |
| $R^2$ | 0.4525 | 0.455 | 0.4524 | 0.4522 | 0.4523 | 0.4522 | 0.4687 | 0.4522 | 0.4549 | 0.4596 | 0.4522 |
| F | 21.2694 *** | 20.3679 *** | 20.156 *** | 21.2485 *** | 21.2539 *** | 21.2485 *** | 11.5132 *** | 21.2485 *** | 21.4754 *** | 21.8922 *** | 21.2485 *** |
| N | 509 | 509 | 509 | 509 | 509 | 509 | 268 | 509 | 509 | 509 | 509 |

注：***、**、*分别表示在1%、5%、10%水平上显著相关。

表 5 – 13　　董事会特征通过行为对托宾 Q 产生的瞬间间接效应

| | XVAL | LowerCI | THETA | UpperCI | | XVAL | LowerCI | THETA | UpperCI |
|---|---|---|---|---|---|---|---|---|---|
| BS | 6.9923 | −0.0205 | −0.0072 | −0.0005 | VCD | 0.9375 | −0.0043 | −0.0014 | −0.0001 |
| →BM | 8.4204 | −0.0183 | −0.0062 | −0.0004 | →BM | 9.6259 | −0.0047 | −0.0014 | −0.0001 |
| →Q | 9.8485 | −0.0168 | −0.0054 | −0.0004 | →Q | 18.3144 | −0.0049 | −0.0015 | −0.0001 |
| ID | 31.7712 | −0.0092 | −0.0029 | −0.0001 | FD | 10.0901 | 0 | 0.0005 | 0.0016 |
| →BM | 36.9826 | −0.0050 | −0.0015 | 0.0002 | →BM | 22.3794 | 0 | 0.0005 | 0.0016 |
| →Q | 42.194 | −0.0020 | 0 | 0.0019 | →Q | 34.6687 | 0 | 0.0005 | 0.0015 |
| Bshare | 21.291 | −0.0016 | −0.0006 | −0.0001 | FD_in | 7.9351 | 0.0001 | 0.0006 | 0.0016 |
| →BM | 40.2607 | −0.0004 | 0.0001 | 0.0007 | →BM | 20.0859 | 0.0001 | 0.0006 | 0.0015 |
| →Q | 59.2305 | −0.0001 | 0.0007 | 0.0026 | →Q | 32.2368 | 0.0001 | 0.0005 | 0.0015 |
| WD | 1.7655 | 0.0001 | 0.0006 | 0.0017 | FD_out | −3.6529 | −0.0015 | −0.0003 | 0.0006 |
| →BM | 13.6685 | 0.0001 | 0.0006 | 0.0016 | →BM | 2.2934 | −0.0015 | −0.0003 | 0.0006 |
| →Q | 25.5714 | 0.0001 | 0.0006 | 0.0016 | →Q | 8.2398 | −0.0016 | −0.0003 | 0.0006 |
| Dir_age | 44.2647 | −0.0062 | −0.0023 | −0.0002 | Dir_ten | 1.5947 | 0.0058 | 0.0224 | 0.0479 |
| →BM | 47.8829 | −0.0060 | −0.0022 | −0.0002 | →BM | 2.3784 | 0.0058 | 0.0210 | 0.0446 |
| →Q | 51.501 | −0.0058 | −0.0021 | −0.0002 | →Q | 3.1622 | 0.0057 | 0.0198 | 0.0415 |
| Dir_edu | 3.0739 | −0.0022 | 0.0105 | 0.0367 | | | | | |
| →BM | 3.5169 | −0.0022 | 0.0103 | 0.0354 | | | | | |
| →Q | 3.9598 | −0.0022 | 0.0101 | 0.0341 | | | | | |

注：XVAL 表示解释变量的取值，每一个解释变量分别在低于均值一个标准差、均值和高于均值一个标准差处取值；LowerCI 和 UpperCI 表示瞬间间接效应 90% 修正偏倚的 bootstrap 置信区间；THETA 表示 X 通过 M 对 Y 产生的瞬间间接效应。

为均值减一个标准差时，瞬间间接效应 90% 的置信区间不包括 0。这说明瞬间间接效应显著，即当持股董事比例较低时，提高持股董事比例通过降低董事会行为强度而对股东财富产生负面影响。当 Bshare 取值为均值和均值加一个标准差时，瞬间间接效应 90% 的置信区间包括 0，说明瞬间间接效应不显著，即当持股董事比例适中和较高时，提高持股董事比例无法通过强化董事会行为而提升股东财富。模型显示，Bshare 对托宾 Q 影响的一次项和二次项系数均不显著，说明持股董事比例对托宾 Q 没有直接影响。

当 WD 取值为均值减一个标准差（1.7655）、均值（13.6685）和均值加一个标准差（25.5714）时，WD 通过 BM 对 Q 的瞬间间接效应均为 0.0006，且瞬间间接效应 90% 的置信区间不包括 0。这说明瞬间间接效应显著，提高女性董事比例可以通过提升董事会行为强度而对托宾 Q 产生积极影响。模型显示，WD 对 Q 值的系数不显著，说明女性董事比例对托宾 Q 没有直接影响。

当 Dir_age 取值为均值减一个标准差（44.2647）、均值（47.8829）和均值加一个标准差（51.5010）时，Dir_age 通过 BM 对 ROE 的瞬间间接效应分别为 -0.0023、-0.0022 和 -0.0021，且瞬间间接效应 90% 的置信区间均不包括 0。这说明瞬间间接效应显著，即提高董事平均年龄通过弱化董事会行为强度而对托宾 Q 产生负面影响，且这种瞬间间接效应随着董事年龄的提高而降低，董事会行为在董事平均年龄与托宾 Q 之间呈非线性的中介效应。模型显示，Ln（Dir_age）对 Q 值的系数不显著，说明董事平均年龄对托宾 Q 不具有直接影响。

当 Dir_edu 取值为均值减一个标准差（3.0739）、均值（3.5169）和均值加一个标准差（3.9598）时，Dir_edu 通过 BM 对 Q 的瞬间间接效应分别为 0.0105、0.0103 和 0.0101，且瞬间间接效应 90% 的置信区间均包括 0。这说明瞬间间接效应不显著，即提高董事平均学历无法通过影响董事会行为强度而对托宾 Q 产生影响，董事会行为在董事平均学历与托宾 Q 之间不存在中介效应。模型显示，

Dir_edu 对 Q 值的系数显著为正（β = 0. 3381，p < 0. 01），说明董事平均学历对托宾 Q 具有正面的直接影响。

当 VCD 取值为均值减一个标准差（0. 9375）、均值（9. 6259）和均值加一个标准差（18. 3144）时，VCD 通过 BM 对 Q 的瞬间间接效应分别为 - 0. 0014、- 0. 0014 和 - 0. 0015，且瞬间间接效应 90% 的置信区间均不包括 0。这说明瞬间间接效应显著，即提高风险投资董事比例通过弱化董事会行为强度而对托宾 Q 产生负面影响，且这种瞬间间接效应随着风险投资董事比例的提高而微弱增强，董事会行为在风险投资董事比例与托宾 Q 之间呈非线性的中介效应。模型显示，VCD 系数对 Q 值的系数不显著，说明风险投资董事比例对托宾 Q 不具有直接影响。

当 FD 取值为均值减一个标准差（10. 0901）、均值（22. 3794）和均值加一个标准差（34. 6687）时，FD 通过 BM 对 Q 的瞬间间接效应均为 0. 0005，且瞬间间接效应 90% 的置信区间均包括 0。这说明瞬间间接效应不显著，董事会行为在创始人董事比例与托宾 Q 之间不具有中介效应。模型显示，FD 对 Q 值的系数不显著，说明创始人董事比例对托宾 Q 没有直接影响。

当 FD_in 取值为均值减一个标准差（7. 9351）、均值（20. 0859）和均值加一个标准差（32. 2368）时，FD_in 通过 BM 对 Q 的瞬间间接效应分别为 0. 0006、0. 0006 和 0. 0005，且瞬间间接效应 90% 的置信区间均不包括 0。这说明瞬间间接效应显著，即提高创始人内部董事比例通过强化董事会行为强度而对托宾 Q 产生正面影响。模型显示，FD_in 对 Q 值的系数不显著，说明创始人内部董事比例对托宾 Q 没有直接影响。

当 FD_out 取值为均值减一个标准差（- 3. 6529）、均值（2. 2934）和均值加一个标准差（8. 2398）时，FD_out 通过 BM 对 Q 的瞬间间接效应均为 - 0. 0003，且瞬间间接效应 90% 的置信区间均包括 0。这说明瞬间间接效应不显著，即改变创始人外部董事比例无法通过强化或弱化董事会行为强度而对托宾 Q 产生影响，董事会行为在创始人外部董事比例与托宾 Q 之间不存在中介效应。模型显示，FD_out 对 Q 值的系数显著为负（$\beta = -0.0178$，$p < 0.01$），说明创始人外部董事比例对股东财富具有负面的直接影响。

当 Dir_ten 取值为均值减一个标准差（1.5947）、均值（2.3784）和均值加一个标准差（3.1622）时，Dir_ten 通过 BM 对 Q 的瞬间间接效应分别为 0.0224、0.0210 和 0.0198，且瞬间间接效应 90% 的置信区间均不包括 0。这说明瞬间间接效应显著，即提高董事平均任期通过强化董事会行为强度而对托宾 Q 产生正面影响，且这种瞬间间接效应随着董事平均任期的提高而逐渐减弱，董事会行为在董事平均任期与托宾 Q 之间呈非线性的中介效应。模型显示，Dir_ten 对 Q 值的系数不显著，说明董事平均任期对托宾 Q 没有直接影响。

### 5.3.3　董事会特征与行为对总资产增长率的影响

**1. 董事会特征与董事会行为、董事会行为与总资产增长率**

表 5 - 14 显示，关于董事会结构、人口学属性与人力资本各指标对董事会行为影响的实证检验结果同前文 5.3.1。

在董事会行为与总资产增长率的关系方面，表 5 - 15 的模型 M-Grow1.2 的结果显示，Ln（BM）的系数显著为正（$\beta = 10.4947$，$p < 0.1$），说明董事会行为与总资产增长率呈对数曲线关系，即随董事会行为强度的增加，总资产增长率也增加，但增长速度越来越慢，假设 5 得到验证。[①]

**2. 董事会行为的瞬间间接效应**

表 5 - 16 的 bootstrap 结果显示，当 BS 取值为均值减一个标准差（6.9923）、均值（8.4204）和均值加一个标准差（9.8485）时，BS 通过 BM 对 Grow 的瞬间间接效应分别为 - 0.2862、- 0.2464 和

---

　　① 本书还对 BM 与 Grow 的倒 U 型关系进行了验证，但发现 BM 的一次项和二次项系数均不显著。

表 5 - 14　被解释变量为总资产增长率时，中介变量董事会行为对解释变量董事会特征的回归结果

| | M-Grow 1.1 | M-Grow 2.1 | M-Grow 3.1 | M-Grow 4.1 | M-Grow 5.1 | M-Grow 6.1 | M-Grow 7.1 | M-Grow 8.1 | M-Grow 9.1 | M-Grow 10.1 | M-Grow 11.1 |
|---|---|---|---|---|---|---|---|---|---|---|---|
| Constant | -4.3049** (-0.7613) | 1.7195 (0.2391) | -5.7573 (-1.0556) | -6.2363 (-1.1423) | 3.4567 (0.4288) | -6.2363 (-1.1423) | -9.2634 (-1.2601) | -6.2363 (-1.1423) | -6.3056 (-1.1559) | -6.1294 (-1.1204) | -6.2363 (-1.1423) |
| Ln(BS) | -1.6168** (-2.0011) | | | | | | | | | | |
| ID | | -0.3598* (-1.6988) | | | | | | | | | |
| ID$^2$ | | 0.0043* (1.6946) | | | | | | | | | |
| Bshare | | | -0.0429* (-1.9269) | | | | | | | | |
| Bshare$^2$ | | | 0.0006* (1.7671) | | | | | | | | |
| WD | | | | 0.0183* (1.7566) | | | | | | | |
| Ln(Dir-age) | | | | | -3.3952** (-2.1123) | | | | | | |
| Dir-edu | | | | | | 0.3207 (1.1014) | | | | | |

续表

| | M-Grow 1.1 | M-Grow 2.1 | M-Grow 3.1 | M-Grow 4.1 | M-Grow 5.1 | M-Grow 6.1 | M-Grow 7.1 | M-Grow 8.1 | M-Grow 9.1 | M-Grow 10.1 | M-Grow 11.1 |
|---|---|---|---|---|---|---|---|---|---|---|---|
| VCD | | | | | | | $-0.0307^{*}$ $(-1.675)$ | | | | |
| FD | | | | | | | | 0.0157 (1.5409) | | | |
| FD-in | | | | | | | | | $0.0185^{*}$ (1.7945) | | |
| FD-out | | | | | | | | | | $-0.0092$ $(-0.4602)$ | |
| Dir-ten | | | | | | | | | | | $0.6267^{***}$ (3.6389) |
| LnAsset | $0.885^{***}$ (3.9966) | $0.8467^{***}$ (3.8187) | $0.8726^{***}$ (3.949) | $0.8767^{***}$ (3.9594) | $0.8798^{***}$ (3.9732) | $0.8767^{***}$ (3.9594) | $0.9532^{***}$ (3.2723) | $0.8767^{***}$ (3.9594) | $0.8865^{***}$ (4.0102) | $0.8974^{***}$ (4.04) | $0.8767^{***}$ (3.9594) |
| Lev | $0.0362^{***}$ (3.8153) | $0.035^{***}$ (3.6774) | $0.0359^{***}$ (3.7921) | $0.0364^{***}$ (3.8315) | $0.0364^{***}$ (3.838) | $0.0364^{***}$ (3.8315) | $0.0408^{***}$ (3.2289) | $0.0364^{***}$ (3.8315) | $0.0364^{***}$ (3.8431) | $0.0351^{***}$ (3.7021) | $0.0364^{***}$ (3.8315) |
| ROE | $-0.0543^{***}$ $(-2.8279)$ | $-0.0531^{***}$ $(-2.764)$ | $-0.0538^{***}$ $(-2.8018)$ | $-0.0549^{***}$ $(-2.8553)$ | $-0.0549^{***}$ $(-2.8562)$ | $-0.0549^{***}$ $(-2.8553)$ | $-0.0496$ $(-1.6427)$ | $-0.0549^{***}$ $(-2.8553)$ | $-0.053^{***}$ $(-2.7949)$ | $-0.0475^{**}$ $(-2.4816)$ | $-0.0549^{**}$ $(-2.8553)$ |
| CR-5 | $-0.0175$ $(-1.4683)$ | $-0.0184$ $(-1.5386)$ | $-0.0182$ $(-1.5247)$ | $-0.0174$ $(-1.4562)$ | $-0.0175$ $(-1.4615)$ | $-0.0174$ $(-1.4562)$ | $-0.0207$ $(-1.1262)$ | $-0.0174$ $(-1.4562)$ | $-0.0182$ $(-1.5351)$ | $-0.0214^{*}$ $(-1.7983)$ | $-0.0174$ $(-1.4562)$ |

续表

| | M-Grow 1.1 | M-Grow 2.1 | M-Grow 3.1 | M-Grow 4.1 | M-Grow 5.1 | M-Grow 6.1 | M-Grow 7.1 | M-Grow 8.1 | M-Grow 9.1 | M-Grow 10.1 | M-Grow 11.1 |
|---|---|---|---|---|---|---|---|---|---|---|---|
| VC-if | -0.3255 (-1.295) | -0.327 (-1.3022) | -0.2636 (-1.0413) | -0.3215 (-1.278) | -0.3212 (-1.277) | -0.3215 (-1.278) | — | -0.3215 (-1.278) | -0.3201 (-1.2748) | -0.3645 (-1.4531) | -0.3215 (-1.278) |
| CEO-dual_ | -0.1371 (-0.5766) | -0.1452 (-0.6109) | -0.113 (-0.4749) | -0.1383 (-0.5812) | -0.1394 (-0.5855) | -0.1383 (-0.5812) | 0.2172 (0.6673) | -0.1383 (-0.5812) | -0.1531 (-0.6491) | -0.2124 (-0.8966) | -0.1383 (-0.5812) |
| BS | — | -0.2071 ** (-2.0303) | -0.2018 ** (-1.987) | -0.1829 * (-1.8071) | -0.181 * (-1.7887) | -0.1829 * (-1.8071) | -0.26 ** (-2.0292) | -0.1829 * (-1.8071) | -0.1789 * (-1.7722) | -0.216 ** (-2.1768) | -0.1829 * (-1.8071) |
| ID | -0.0087 (-0.3179) | — | 0.0004 (0.0135) | -0.0038 (-0.1407) | -0.0037 (-0.1369) | -0.0038 (-0.1407) | 0.0346 (0.9166) | -0.0038 (-0.1407) | -0.0069 (-0.2573) | -0.0078 (-0.2869) | -0.0038 (-0.1407) |
| Bshare | -0.0054 (-0.7992) | -0.0045 (-0.6689) | — | -0.0054 (-0.8002) | -0.0054 (-0.7946) | -0.0054 (-0.8002) | -0.0037 (-0.4114) | -0.0054 (-0.8002) | -0.0063 (-0.9331) | -0.0046 (-0.6807) | -0.0054 (-0.8002) |
| WD | 0.0183 * (1.751) | 0.0175 * (1.6796) | 0.018 * (1.7265) | — | 0.0182 * (1.7385) | 0.0183 * (1.7566) | 0.0295 * (1.9535) | 0.0183 * (1.7566) | 0.0193 * (1.8589) | 0.0204 * (1.9452) | 0.0183 * (1.7566) |
| Dir-age | -0.0707 ** (-2.1) | -0.0655 * (-1.9419) | -0.0712 ** (-2.1177) | -0.07 ** (-2.0758) | — | -0.07 ** (-2.0758) | -0.0857 * (-1.7915) | -0.07 ** (-2.0758) | -0.069 ** (-2.0545) | -0.0644 * (-1.9105) | -0.07 ** (-2.0758) |
| Dir-edu | 0.3234 (1.1117) | 0.3131 (1.0775) | 0.3416 (1.1748) | 0.3207 (1.1014) | 0.3219 (1.1073) | — | 0.382 (0.9537) | 0.3207 (1.1014) | 0.3079 (1.0572) | 0.36 (1.2389) | 0.3207 (1.1014) |
| FD | 0.015 (1.4662) | 0.015 (1.4781) | 0.0135 (1.3167) | 0.0157 (1.5409) | 0.0157 (1.5409) | 0.0157 (1.5409) | 0.0264 * (1.7613) | — | — | — | 0.0157 (1.5409) |

续表

| | M-Grow 1.1 | M-Grow 2.1 | M-Grow 3.1 | M-Grow 4.1 | M-Grow 5.1 | M-Grow 6.1 | M-Grow 7.1 | M-Grow 8.1 | M-Grow 9.1 | M-Grow 10.1 | M-Grow 11.1 |
|---|---|---|---|---|---|---|---|---|---|---|---|
| Dir-ten | 0.6277*** (3.6509) | 0.6082*** (3.5313) | 0.6388*** (3.7142) | 0.6267*** (3.6389) | 0.627*** (3.6411) | 0.6267*** (3.6389) | 0.8071*** (3.2735) | 0.6267*** (3.6389) | 0.6239*** (3.6255) | 0.6455*** (3.7489) | — |
| HHI | 1.2113** (2.0791) | 1.2301** (2.1089) | 1.3385** (2.2756) | 1.1987** (2.0522) | 1.1986** (2.0525) | 1.1987** (2.0522) | 2.1654** (2.4631) | 1.1987** (2.0522) | 1.1841** (2.0299) | 1.1571** (1.9765) | 1.1987** (2.0522) |
| Y2009 | -0.8565** (-1.9952) | -0.8783** (-2.0427) | -0.8887** (-1.9985) | -0.8564** (-1.9888) | -0.8601** (-1.9973) | -0.8564** (-1.9888) | -0.7043 (-1.2539) | -0.8564** (-1.9888) | -0.8815** (-2.046) | -0.8407* (-1.9469) | -0.8564** (-1.9888) |
| Y2010 | -0.6407** (-2.4707) | -0.6538** (-2.5202) | -0.6314** (-2.4359) | -0.6375** (-2.4546) | -0.6392** (-2.4611) | -0.6375** (-2.4546) | -0.4346 (-1.2245) | -0.6375** (-2.4546) | -0.6403** (-2.467) | -0.6247** (-2.4012) | -0.6375** (-2.4546) |
| $R^2$ | 0.2502 | 0.2535 | 0.2539 | 0.2491 | 0.2493 | 0.2491 | 0.3215 | 0.2491 | 0.2504 | 0.2458 | 0.2491 |
| F | 9.6388*** | 9.243*** | 9.2616*** | 9.5813*** | 9.5932*** | 9.5813*** | 6.967*** | 9.5813*** | 9.6472*** | 9.4127*** | 9.5813*** |
| N | 509 | 509 | 509 | 509 | 509 | 509 | 268 | 509 | 509 | 509 | 509 |

注: ***、**、*分别表示在1%、5%、10%水平上显著相关。

表 5 - 15　总资产增长率对董事会行为、特征的回归结果

| | M-Grow 1.2 | M-Grow 2.2 | M-Grow 3.2 | M-Grow 4.2 | M-Grow 5.2 | M-Grow 6.2 | M-Grow 7.2 | M-Grow 8.2 | M-Grow 9.2 | M-Grow 10.2 | M-Grow 11.2 |
|---|---|---|---|---|---|---|---|---|---|---|---|
| Constant | 295.4794 *** (3.3043) | 253.2841 ** (2.2196) | 314.8219 *** (3.6444) | 311.2289 *** (3.6092) | 197.8532 (1.55) | 311.2289 *** (3.6092) | 278.4337 ** (2.2381) | 311.2289 *** (3.6092) | 311.8348 *** (3.6172) | 310.8588 *** (3.604) | 311.2289 *** (3.6092) |
| Ln(BS) | 14.3468 (1.1218) | | | | | | | | | | |
| ID | | 2.7794 (0.8274) | | | | | | | | | |
| $ID^2$ | | -0.031 (-0.7757) | | | | | | | | | |
| Bshare | | | -0.2205 (-0.6231) | | | | | | | | |
| $Bshare^2$ | | | 0.004 (0.7872) | | | | | | | | |
| WD | | | | -0.1926 (-1.1654) | | | | | | | |
| Ln(Dir-age) | | | | | 39.406 (1.5459) | | | | | | |
| Dir-edu | | | | | | 2.5711 (0.5587) | | | | | |

续表

| | M-Grow 1.2 | M-Grow 2.2 | M-Grow 3.2 | M-Grow 4.2 | M-Grow 5.2 | M-Grow 6.2 | M-Grow 7.2 | M-Grow 8.2 | M-Grow 9.2 | M-Grow 10.2 | M-Grow 11.2 |
|---|---|---|---|---|---|---|---|---|---|---|---|
| VCD | | | | | | | -0.3327 (-1.0682) | | | | |
| FD | | | | | | | | -0.1077 (-0.667) | | | |
| FD-in | | | | | | | | | -0.1447 (-0.8876) | | |
| FD-out | | | | | | | | | | 0.1309 (0.4141) | |
| Dir-ten | | | | | | | | | | | 9.6112*** (3.5036) |
| Ln(BM) | 10.4947* (1.9122) | 10.7915* (1.9606) | 10.1316* (1.8393) | 10.4871* (1.911) | 10.5316* (1.9192) | 10.4871* (1.911) | 13.7925* (1.6725) | 10.4871* (1.911) | 10.5974* (1.9316) | 10.165* (1.859) | 10.4871* (1.911) |
| LnAsset | -24.4384*** (-6.9071) | -24.2257*** (-6.8341) | -24.4096*** (-6.9024) | -24.4146*** (-6.9065) | -24.458*** (-6.9181) | -24.4146*** (-6.9065) | -22.84*** (-4.5711) | -24.4146*** (-6.9065) | -24.4877*** (-6.9324) | -24.5694*** (-6.9389) | -24.4146*** (-6.9065) |
| Lev | 0.4186*** (2.7679) | 0.4269*** (2.8138) | 0.4161*** (2.7506) | 0.4179*** (2.7637) | 0.4174*** (2.7617) | 0.4179*** (2.7637) | 0.4455** (2.0499) | 0.4179*** (2.7637) | 0.4159*** (2.7534) | 0.4282*** (2.843) | 0.4179*** (2.7637) |
| ROE | 5.6536*** (18.4193) | 5.6422*** (18.3478) | 5.6573*** (18.411) | 5.6525*** (18.406) | 5.6531*** (18.4115) | 5.6525*** (18.406) | 6.2723*** (12.1534) | 5.6525*** (18.406) | 5.644*** (18.6459) | 5.5887*** (18.3472) | 5.6525*** (18.406) |

续表

| | M-Grow 1.2 | M-Grow 2.2 | M-Grow 3.2 | M-Grow 4.2 | M-Grow 5.2 | M-Grow 6.2 | M-Grow 7.2 | M-Grow 8.2 | M-Grow 9.2 | M-Grow 10.2 | M-Grow 11.2 |
|---|---|---|---|---|---|---|---|---|---|---|---|
| CR-5 | 0.3079 (1.635) | 0.3197* (1.6877) | 0.3055 (1.6134) | 0.3119* (1.6496) | 0.3127* (1.6542) | 0.3119* (1.6496) | 0.2012 (0.6452) | 0.3119* (1.6496) | 0.315* (1.6809) | 0.3429* (1.8267) | 0.3119* (1.6496) |
| VC-if | 8.2938** (2.0855) | 8.3053** (2.0872) | 8.6486** (2.1567) | 8.2532** (2.0752) | 8.2438** (2.0733) | 8.2532** (2.0752) | — | 8.2532** (2.0752) | 8.2076** (2.0667) | 8.5536** (2.16) | 8.2532** (2.0752) |
| CEO-dual_ | 3.5967 (0.9563) | 3.6738 (0.9762) | 3.7833 (1.0039) | 3.615 (0.9611) | 3.6367 (0.967) | 3.615 (0.9611) | 7.4924 (1.361) | 3.615 (0.9611) | 3.6752 (0.9851) | 4.2029 (1.1243) | 3.615 (0.9611) |
| BS | — | 1.979 (1.223) | 1.6571 (1.0286) | 1.7973 (1.123) | 1.7744 (1.1085) | 1.7973 (1.123) | 1.1708 (0.5377) | 1.7973 (1.123) | 1.7372 (1.0874) | 2.0232 (1.2898) | 1.7973 (1.123) |
| ID | 0.2149 (0.4945) | — | 0.2234 (0.5236) | 0.1944 (0.4574) | 0.1914 (0.4504) | 0.1944 (0.4574) | -0.5287 (-0.8269) | 0.1944 (0.4574) | 0.2168 (0.5109) | 0.2344 (0.5468) | 0.1944 (0.4574) |
| BShare | 0.0443 (0.4158) | 0.039 (0.3642) | — | 0.0451 (0.423) | 0.045 (0.422) | 0.0451 (0.423) | -0.0136 (-0.0898) | 0.0451 (0.423) | 0.0538 (0.4997) | 0.0422 (0.3954) | 0.0451 (0.423) |
| WD | -0.1905 (-1.1534) | -0.1874 (-1.1322) | -0.1943 (-1.1748) | — | -0.1901 (-1.1495) | -0.1926 (-1.1654) | -0.5062* (-1.9656) | -0.1926 (-1.1654) | -0.1991 (-1.2091) | -0.2107 (-1.2685) | -0.1926 (-1.1654) |
| Dir-age | 0.8027 (1.5028) | 0.764 (1.4254) | 0.7811 (1.4603) | 0.7934 (1.4846) | — | 0.7934 (1.4846) | 1.5278* (1.8707) | 0.7934 (1.4846) | 0.7917 (1.4854) | 0.7459 (1.3999) | 0.7934 (1.4846) |
| Dir-edu | 2.5441 (0.5528) | 2.6122 (0.5673) | 2.7348 (0.5934) | 2.5711 (0.5587) | 2.5919 (0.5641) | — | 2.0235 (0.2979) | 2.5711 (0.5587) | 2.707 (0.5878) | 2.3377 (0.5097) | 2.5711 (0.5587) |

续表

|  | M-Grow 1.2 | M-Grow 2.2 | M-Grow 3.2 | M-Grow 4.2 | M-Grow 5.2 | M-Grow 6.2 | M-Grow 7.2 | M-Grow 8.2 | M-Grow 9.2 | M-Grow 10.2 | M-Grow 11.2 |
|---|---|---|---|---|---|---|---|---|---|---|---|
| FD | -0.105<br>(-0.6479) | -0.1037<br>(-0.6417) | -0.1225<br>(-0.7529) | -0.1077<br>(-0.667) | -0.1084<br>(-0.6715) | -0.1077<br>(-0.667) | -0.269<br>(-1.0514) | — | — | — | -0.1077<br>(-0.667) |
| Dir-ten | 9.6377 ***<br>(3.5169) | 9.725 ***<br>(3.5386) | 9.7205 ***<br>(3.5376) | 9.6112 ***<br>(3.5036) | 9.5984 ***<br>(3.4997) | 9.6112 ***<br>(3.5036) | 12.9387 ***<br>(3.0694) | 9.6112 ***<br>(3.5036) | 9.6442 ***<br>(3.517) | 9.5035 ***<br>(3.4691) | — |
| HHI | 7.0639<br>(0.764) | 7.0014<br>(0.7551) | 8.3237<br>(0.8893) | 7.2783<br>(0.7859) | 7.2988<br>(0.7883) | 7.2783<br>(0.7859) | 9.8317<br>(0.6544) | 7.2783<br>(0.7859) | 7.3448<br>(0.7938) | 7.6868<br>(0.8299) | 7.2783<br>(0.7859) |
| Y2009 | 25.3644 ***<br>(3.7145) | 25.4473 ***<br>(3.7141) | 25.1757 ***<br>(3.677) | 25.2438 ***<br>(3.6886) | 25.3151 ***<br>(3.6987) | 25.2438 ***<br>(3.6886) | 33.171 ***<br>(3.464) | 25.2438 ***<br>(3.6886) | 25.4819 ***<br>(3.7185) | 25.1661 ***<br>(3.6758) | 25.2438 ***<br>(3.6886) |
| Y2010 | 12.6989 ***<br>(3.0789) | 12.783 ***<br>(3.0926) | 12.6514 ***<br>(3.0639) | 12.6386 ***<br>(3.0621) | 12.671 ***<br>(3.0691) | 12.6386 ***<br>(3.0621) | 13.7538 **<br>(2.2794) | 12.6386 ***<br>(3.0621) | 12.682 ***<br>(3.0735) | 12.525 ***<br>(3.0364) | 12.6386 ***<br>(3.0621) |
| $R^2$ | 0.7084 | 0.7087 | 0.7087 | 0.7084 | 0.7085 | 0.7084 | 0.6961 | 0.7084 | 0.7086 | 0.7082 | 0.7084 |
| F | 66.1231 ***<br>(3.5169) | 62.6242 *** | 62.6274 *** | 66.1236 *** | 66.1588 *** | 66.1236 *** | 31.6882 *** | 66.1236 *** | 66.1889 *** | 66.0716 *** | 66.1236 *** |
| N | 509 | 509 | 509 | 509 | 509 | 509 | 268 | 509 | 509 | 509 | 509 |

注: ***、**、* 分别表示在 1%、5%、10% 水平上显著相关。

表5-16　董事会特征通过行为对总资产增长率产生的瞬间间接效应

| | XVAL | LowerCI | THETA | UpperCI | | XVAL | LowerCI | THETA | UpperCI |
|---|---|---|---|---|---|---|---|---|---|
| BS | 6.9923 | -0.8302 | -0.2862 | -0.0319 | VCD | 0.9375 | -0.1664 | -0.0506 | -0.0012 |
| →BM | 8.4204 | -0.7306 | -0.2464 | -0.0258 | →BM | 9.6259 | -0.1821 | -0.0522 | -0.0009 |
| →Grow | 9.8485 | -0.6577 | -0.2174 | -0.0224 | →Grow | 18.3144 | -0.1917 | -0.054 | -0.0008 |
| ID | 31.7712 | -0.3618 | -0.1133 | -0.0047 | FD | 10.0901 | 0.0021 | 0.0206 | 0.0719 |
| →BM | 36.9826 | -0.206 | -0.0588 | 0.0013 | →BM | 22.3794 | 0.0021 | 0.0201 | 0.0687 |
| →Grow | 42.194 | -0.074 | 0.0006 | 0.0764 | →Grow | 34.6687 | 0.0021 | 0.0196 | 0.0658 |
| Bshare | 21.291 | -0.0717 | -0.0236 | -0.004 | FD_in | 7.9351 | 0.0005 | 0.0245 | 0.0687 |
| →BM | 40.2607 | -0.0142 | 0.003 | 0.0249 | →BM | 20.0859 | 0.0006 | 0.0238 | 0.065 |
| →Grow | 59.2305 | -0.0023 | 0.0291 | 0.1013 | →Grow | 32.2368 | 0.0005 | 0.0232 | 0.0611 |
| WD | 1.7655 | 0.0031 | 0.0241 | 0.0722 | FD_out | -3.6529 | -0.0715 | -0.0114 | 0.0147 |
| →BM | 13.6685 | 0.0031 | 0.0234 | 0.0684 | →BM | 2.2934 | -0.0736 | -0.0114 | 0.0146 |
| →Grow | 25.5714 | 0.0031 | 0.0228 | 0.0662 | →Grow | 8.2398 | -0.0757 | -0.0115 | 0.0146 |
| Dir_age | 44.2647 | -0.2513 | -0.0955 | -0.0171 | Dir_ten | 1.5947 | 0.1584 | 0.8521 | 1.8956 |
| →BM | 47.8829 | -0.2451 | -0.0911 | -0.0162 | →BM | 2.3784 | 0.158 | 0.8011 | 1.7666 |
| →Grow | 51.501 | -0.2355 | -0.0874 | -0.0145 | →Grow | 3.1622 | 0.1538 | 0.7558 | 1.6359 |
| Dir_edu | 3.0739 | -0.0534 | 0.4171 | 1.6292 | | | | | |
| →BM | 3.5169 | -0.0513 | 0.4099 | 1.5678 | | | | | |
| →Grow | 3.9598 | -0.0515 | 0.4029 | 1.4993 | | | | | |

注：XVAL表示解释变量的取值，每一个解释变量分别在低于均值、均值和高于均值一个标准差、均值和高于均值一个标准差处取值；THETA表示X通过M对Y产生的瞬间间接效应；LowerCI和UpperCI表示瞬间间接效应90%修正偏倚的bootstrap置信区间。

-0.2174，且瞬间间接效应 90% 的置信区间均不包括 0。这说明瞬间间接效应显著，即增加董事会规模将通过弱化董事会行为强度而对总资产增长率产生负面影响，且这种瞬间间接效应随董事会规模的增加而降低，董事会行为在董事会规模与总资产增长率之间存在非线性中介效应。模型显示，Ln（BS）对 Grow 的系数不显著为负，说明董事会规模总资产增长率不具有直接影响。

当 ID 取值为均值减一个标准差（31.7712）、均值（36.9826）和均值加一个标准差（42.1940）时，ID 通过 BM 对 Grow 的瞬间间接效应分别为 -0.1133、-0.0588 和 0.0006；且当 ID 取值为均值减一个标准差时，瞬间间接效应 90% 的置信区间不包括 0。这说明瞬间间接效应显著，即当独立董事比例较低时，提高独立董事比例通过降低董事会行为强度而对总资产增长率产生负面影响。当 ID 取值为均值和均值加一个标准差时，瞬间间接效应 90% 的置信区间包括 0，说明瞬间间接效应不显著，即当独立董事比例适中和较高时，提高独立董事比例无法通过强化董事会行为而提升总资产增长率。模型显示，ID 对 Grow 影响的一次项和二次项系数均不显著，说明独立董事比例对总资产增长率无直接影响。

当 Bshare 取值为均值减一个标准差（21.2910）、均值（40.2607）和均值加一个标准差（59.2305）时，Bshare 通过 BM 对 Grow 的瞬间间接效应分别为 -0.0236、0.0030 和 0.0291；且当 Bshare 取值为均值减一个标准差时，瞬间间接效应 90% 的置信区间不包括 0。这说明瞬间间接效应显著，即当持股董事比例较低时，提高持股董事比例通过降低董事会行为强度而对总资产增长率产生负面影响。当 Bshare 取值为均值和均值加一个标准差时，瞬间间接效应 90% 的置信区间包括 0，说明瞬间间接效应不显著，即当持股董事比例适中和较高时，提高持股董事比例无法通过强化董事会行为而提升总资产增长率。模型显示，Bshare 对 Grow 影响的一次项和二次项系数均不显著，说明持股董事比例对总资产增长率没有直接影响。

当 WD 取值为均值减一个标准差（1.7655）、均值（13.6685）

和均值加一个标准差（25.5714）时，WD 通过 BM 对 Grow 的瞬间间接效应分别为 0.0241、0.0234 和 0.0228，且瞬间间接效应 90% 的置信区间均不包括 0。这说明瞬间间接效应显著，即提高女性董事比例能够通过强化董事会行为而提高总资产增长率，并且这种瞬间间接效应随女性董事比例的提高而减弱，董事会行为在女性董事比例与总资产增长率之间呈非线性的中介效应。模型显示，WD 对 Grow 影响的系数不显著，说明女性董事比例对总资产增长率没有直接影响。

当 Dir_age 取值为均值减一个标准差（44.2647）、均值（47.8829）和均值加一个标准差（51.5010）时，Dir_age 通过 BM 对 Grow 的瞬间间接效应分别为 −0.0955、−0.0911 和 −0.0874，且瞬间间接效应 90% 的置信区间均不包括 0。这说明瞬间间接效应显著，即提高董事平均年龄通过弱化董事会行为强度而对总资产增长率产生负面影响，且这种瞬间间接效应随着董事年龄的提高而降低，董事会行为在董事平均年龄与总资产增长率之间呈非线性的中介效应。模型显示，Dir_age 对 Grow 影响的系数不显著，说明董事平均年龄对总资产增长率不具有直接影响。

当 Dir_edu 取值为均值减一个标准差（3.0739）、均值（3.5169）和均值加一个标准差（3.9598）时，Dir_edu 通过 BM 对 Grow 的瞬间间接效应分别为 0.4171、0.4099 和 0.4029，且瞬间间接效应 90% 的置信区间均包括 0。这说明瞬间间接效应不显著，即提高董事平均学历无法通过影响董事会行为强度而对总资产增长率产生影响，董事会行为在董事平均学历与总资产增长率之间不存在中介效应。模型显示，Dir_edu 对 Grow 的系数不显著，说明董事平均学历对总资产增长率不具有直接影响。

当 VCD 取值为均值减一个标准差（0.9375）、均值（9.6259）和均值加一个标准差（18.3144）时，VCD 通过 BM 对 Grow 的瞬间间接效应分别为 −0.0506、−0.0522 和 −0.0540，且瞬间间接效应 90% 的置信区间均不包括 0。这说明瞬间间接效应显著，即提高风险投资董事比例通过弱化董事会行为强度而对总资产增长率产生负面作用，且这种负面的瞬间间接效应随风险投资董事比例的提高而增强，董事会行为在风险投资董事比例与总资产增长率之间存在非线性的中介效应。模型显示，VCD 对 Grow 影响的系数不显著，说明风险投资董事比例对总资产增长率没有直接影响。

当 FD 取值为均值减一个标准差（10.0901）、均值（22.3794）和均值加一个标准差（34.6687）时，FD 通过 BM 对 Grow 的瞬间间接效应分别为 0.0206、0.0201 和 0.0196，且瞬间间接效应 90%的置信区间均不包括 0。这说明瞬间间接效应显著，即提高创始人董事比例通过强化董事会行为强度而提高总资产增长率，且这种瞬间间接效应随着创始人董事比例的提高而逐渐减弱，董事会行为在创始人董事比例与总资产增长率之间呈非线性的中介效应。模型显示，FD 对 Grow 影响的系数不显著，说明创始人董事比例对总资产增长率没有直接影响。

当 FD_in 取值为均值减一个标准差（7.9351）、均值（20.0859）和均值加一个标准差（32.2368）时，FD_in 通过 BM 对 Grow 的瞬间间接效应分别为 0.0245、0.0238 和 0.0232，且瞬间间接效应 90%的置信区间均不包括 0。这说明瞬间间接效应显著，即提高创始人内部董事比例通过强化董事会行为强度而提高总资产增长率，且这种瞬间间接效应随着创始人内部董事比例的提高而逐渐减弱，董事会行为在创始人内部董事比例与总资产增长率之间呈非线性的中介效应。模型显示，FD_in 对 Grow 影响的系数不显著，说明创始人内部董事比例对总资产增长率没有直接影响。

当 FD_out 取值为均值减一个标准差（−3.6529）、均值（2.2934）和均值加一个标准差（8.2398）时，FD_out 通过 BM 对 Grow 的瞬间间接效应分别为 −0.0114、−0.0114 和 −0.0115，且瞬间间接效应 90%的置信区间均包括 0。这说明瞬间间接效应不显著，即改变创始人外部董事比例无法通过强化或弱化董事会行为强度而对总资产增长率产生影响，董事会行为在创始人外部董事比例与总资产增长率之间不存在中介效应。模型显示，FD_out 对 Grow 影响的系数不显著，说明创始人外部董事比例对总资产增长率没有直接影响。

当 Dir_ten 取值为均值减一个标准差（1.5947）、均值（2.3784）和均值加一个标准差（3.1622）时，Dir_ten 通过 BM 对 Grow 的瞬间间接效应分别为 0.8521、0.8011 和 0.7558，且瞬间间接效应 90% 的置信区间均不包括 0。这说明瞬间间接效应显著，即提高董事平均任期通过强化董事会行为强度而提高总资产增长率，且这种瞬间间接效应随着董事平均任期的提高而逐渐减弱，董事会行为在董事平均任期与总资产增长率之间呈非线性的中介效应。模型显示，Dir_ten 系数显著为正（β = 9.6112，p < 0.01），说明董事平均任期对总资产周转率具有正面的直接影响。

### 5.3.4　董事会特征与行为对 R&D 投入的影响

#### 1. 董事会特征与董事会行为、董事会行为与 R&D 投入

在本部分的回归中，将 R&D 投入作为被解释变量。根据 R&D 投入的影响因素，调整了控制变量的选择。表 5 - 17 回归结果显示，与前文 5.3.1 的结果相比，Bshare 和 VCD 对 BM 影响的显著性略有下降，Bshare 对 BM 影响的二次项系数在 15% 水平下显著（β = 0.0005，p = 0.1351）；VCD 对 BM 影响的系数在 15% 水平下显著（β = -0.0294，p = 0.1194），FD 对 BM 影响的显著性有所提升（β = 0.0188，p < 0.1），但这并不影响实质的实证结果。其余各解释变量对董事会行为的实证检验结果基本相同。这一结论说明，本书中董事会特征对董事会行为的实证结论具有一定稳健性。

在董事会行为与 R&D 投入方面，表 5 - 18 的模型 M-RD1.2 显示，Ln（BM）的系数显著为正（β = 0.3772，p < 0.1），说明董事会行为与 R&D 投入呈对数曲线关系，即随董事会行为强度的增加，R&D 投入也增加，但增长速度越来越慢。仅在模型 M-RD3.2、M-RD6.2 和 M-RD11.2 中，发现 Ln（BM）与 R&D 投入的关系不显著，这可能是由于解释变量 Bshare 对 R&D 投入没有直接或间接

影响，且 Dir_edu 和 Dir_ten 本身并非通过 BM 而对 R&D 投入产生影响所致，但这并不影响董事会行为与 R&D 投入呈对数曲线关系的基本结论，假设 4 得到验证。①

**2. 董事会行为的瞬间间接效应**

表 5-19 的 bootstrap 结果显示，当 BS 取值为均值减一个标准差（6.9923）、均值（8.4204）和均值加一个标准差（9.8485）时，BS 通过 BM 对 Q 的瞬间间接效应分别为 -0.0102、-0.0088 和 -0.0078，且瞬间间接效应 90% 的置信区间均不包括 0。这说明瞬间间接效应显著，即增加董事会规模将通过弱化董事会行为强度而对 R&D 投入产生负面影响，且这种瞬间间接效应随董事会规模的增加而降低，董事会行为在董事会规模与 R&D 投入之间存在非线性的中介效应。模型显示，Ln（BS）对 R&D 回归的系数不显著，说明董事会规模与 R&D 投入无直接影响。

当 ID 取值为均值减一个标准差（31.7712）、均值（36.9826）和均值加一个标准差（42.1940）时，ID 通过 BM 对 ROE 的瞬间间接效应分别为 -0.0038、-0.0016 和 0.0008；且当 ID 取值为均值减一个标准差时，瞬间间接效应 90% 的置信区间不包括 0。这说明瞬间间接效应显著，即当独立董事比例较低时，提高独立董事比例通过降低董事会行为强度而对 R&D 投入产生负面影响。当 ID 取值为均值和均值加一个标准差时，瞬间间接效应 90% 的置信区间包括 0，说明瞬间间接效应不显著，即当独立董事比例适中和较高时，提高独立董事比例无法通过强化董事会行为而提升 R&D 投入。模型显示，ID 对 R&D 投入影响的一次项和二次项系数均不显著，说明独立董事比例对 R&D 投入没有直接影响。

当 Bshare 取值为均值减一个标准差（21.2910）、均值（40.2607）和均值加一个标准差（59.2305）时，Bshare 通过 BM 对 R&D 投入

---

① 本书还对 BM 与 R&D 投入的倒 U 型关系进行了验证，但发现 BM 的一次项和二次项系数均不显著。

表5-17　被解释变量为R&D投入时，中介变量董事会行为对解释变量董事会特征的回归结果

| | M-RD1.1 | M-RD2.1 | M-RD3.1 | M-RD4.1 | M-RD5.1 | M-RD6.1 | M-RD7.1 | M-RD8.1 | M-RD9.1 | M-RD10.1 | M-RD11.1 |
|---|---|---|---|---|---|---|---|---|---|---|---|
| Constant | -5.165 (-0.9358) | 1.6289 (0.2294) | -6.5728 (-1.2421) | -7.0667 (-1.3364) | 0.8311 (0.1082) | -9.3269* (-1.6858) | -9.0109 (-1.3026) | -7.0667 (-1.3364) | -7.2482 (-1.3706) | -6.5995 (-1.2454) | -6.3069 (-1.2176) |
| Ln(BS) | -1.6075* (-1.9572) | | | | | | | | | | |
| ID | | -0.3831* (-1.7587) | | | | | | | | | |
| ID² | | 0.0047* (1.8299) | | | | | | | | | |
| Bshare | | | -0.0392* (-1.7124) | | | | | | | | |
| Bshare² | | | 0.0005 (1.4968) | | | | | | | | |
| WD | | | | 0.018* (1.6984) | | | | | | | |
| Ln(Dir-age) | | | | | -2.722* (-1.7399) | | | | | | |
| Dir-edu | | | | | | 0.411 (1.3758) | | | | | |

续表

| | M-RD1.1 | M-RD2.1 | M-RD3.1 | M-RD4.1 | M-RD5.1 | M-RD6.1 | M-RD7.1 | M-RD8.1 | M-RD9.1 | M-RD10.1 | M-RD11.1 |
|---|---|---|---|---|---|---|---|---|---|---|---|
| VCD | | | | | | | −0.0294<br>(−1.5626) | | | | |
| FD | | | | | | | | 0.0188*<br>(1.8079) | | | |
| FD-in | | | | | | | | | 0.0208**<br>(1.9875) | | |
| FD-out | | | | | | | | | | −0.0066<br>(−0.3215) | |
| Dir-ten | | | | | | | | | | | 0.7761***<br>(4.7282) |
| Ln.Asset | 0.9995***<br>(4.4401) | 0.9626***<br>(4.2758) | 0.99***<br>(4.4047) | 0.9928***<br>(4.4117) | 0.9957***<br>(4.4228) | 1.0082***<br>(4.4786) | 1.0302***<br>(3.5192) | 0.9928***<br>(4.4117) | 1.007***<br>(4.4805) | 1.0116***<br>(4.4727) | 0.9299***<br>(4.2128) |
| Lev | 0.0389***<br>(3.9365) | 0.0378***<br>(3.8247) | 0.0387***<br>(3.9162) | 0.0391***<br>(3.9547) | 0.0391***<br>(3.9619) | 0.0408***<br>(4.0984) | 0.0412***<br>(3.1098) | 0.0391***<br>(3.9547) | 0.0391***<br>(3.9609) | 0.0373***<br>(3.7768) | 0.0374***<br>(3.8638) |
| ROE | −0.0825***<br>(−4.3643) | −0.0807***<br>(−4.2668) | −0.0822***<br>(−4.3493) | −0.0829***<br>(−4.3827) | −0.083***<br>(−4.3848) | −0.0848***<br>(−4.4757) | −0.0879***<br>(−2.9273) | −0.0829***<br>(−4.3827) | −0.0805***<br>(−4.3162) | −0.0749***<br>(−3.9759) | −0.0575***<br>(−2.981) |
| CR−5 | −0.021*<br>(−1.7352) | −0.022*<br>(−1.8141) | −0.0219*<br>(−1.7965) | −0.0211*<br>(−1.7302) | −0.0211*<br>(−1.7352) | −0.0189<br>(−1.5388) | −0.0217<br>(−1.158) | −0.0211*<br>(−1.7302) | −0.022*<br>(−1.8298) | −0.0258**<br>(−2.1432) | −0.019<br>(−1.5954) |

续表

| | M-RD1.1 | M-RD2.1 | M-RD3.1 | M-RD4.1 | M-RD5.1 | M-RD6.1 | M-RD7.1 | M-RD8.1 | M-RD9.1 | M-RD10.1 | M-RD11.1 |
|---|---|---|---|---|---|---|---|---|---|---|---|
| VC-if | -0.3684 (-1.4687) | -0.3741 (-1.4938) | -0.3122 (-1.2232) | -0.365 (-1.4543) | -0.3649 (-1.4539) | -0.4478* (-1.7363) | — | -0.365 (-1.4543) | -0.3689 (-1.4722) | -0.4059 (-1.6168) | -0.2929 (-1.1896) |
| CEO-dual_ | -0.0437 (-0.1794) | -0.0573 (-0.2357) | -0.0215 (-0.088) | -0.0454 (-0.1864) | -0.0462 (-0.1895) | -0.0609 (-0.2501) | 0.2241 (0.6634) | -0.0454 (-0.1864) | -0.0667 (-0.2759) | -0.1234 (-0.5078) | -0.1502 (-0.6272) |
| BS | — | -0.2155** (-2.0797) | -0.2025* (-1.9643) | -0.1863* (-1.8152) | -0.185* (-1.8022) | -0.1851* (-1.8048) | -0.2702** (-2.0571) | -0.1863* (-1.8152) | -0.1847* (-1.8043) | -0.2242** (-2.2214) | -0.2209** (-2.1928) |
| ID | 0.0081 (0.2906) | — | 0.0164 (0.596) | 0.0124 (0.4521) | 0.0124 (0.4541) | 0.0075 (0.2713) | 0.0669* (1.7659) | 0.0124 (0.4521) | 0.0086 (0.315) | 0.0094 (0.3407) | -0.002 (-0.0729) |
| Bshare | -0.0065 (-0.9449) | -0.0055 (-0.8062) | — | -0.0065 (-0.9476) | -0.0065 (-0.9434) | -0.0051 (-0.7397) | -0.0047 (-0.5051) | -0.0065 (-0.9476) | -0.0075 (-1.0777) | -0.0055 (-0.7973) | -0.0068 (-1.0049) |
| WD | 0.0178* (1.6863) | 0.0172 (1.6347) | 0.0175* (1.6602) | — | 0.0178* (1.6852) | 0.0208* (1.9335) | 0.0272* (1.7921) | 0.018* (1.6984) | 0.0192* (1.8227) | 0.0198* (1.8532) | 0.0176* (1.6983) |
| Dir-age | -0.0582* (-1.7474) | -0.0525 (-1.5709) | -0.0588* (-1.7632) | -0.0574* (-1.7206) | — | -0.0463 (-1.3516) | -0.0728 (-1.5548) | -0.0574* (-1.7206) | -0.0555* (-1.6687) | -0.0521 (-1.558) | -0.0734** (-2.2347) |
| FD | 0.0182* (1.7435) | 0.018* (1.7299) | 0.017 (1.6237) | 0.0188* (1.8079) | 0.0188* (1.8084) | 0.0174* (1.6699) | 0.0295* (1.8881) | — | — | — | 0.0158 (1.5446) |
| Indu-H | 0.1225 (0.4954) | 0.1497 (0.6054) | 0.1313 (0.5314) | 0.1264 (0.5108) | 0.129 (0.5215) | 0.1026 (0.414) | 0.0655 (0.1898) | 0.1264 (0.5108) | 0.1193 (0.4826) | 0.1179 (0.4749) | 0.0832 (0.3432) |

续表

| | M-RD1.1 | M-RD2.1 | M-RD3.1 | M-RD4.1 | M-RD5.1 | M-RD6.1 | M-RD7.1 | M-RD8.1 | M-RD9.1 | M-RD10.1 | M-RD11.1 |
|---|---|---|---|---|---|---|---|---|---|---|---|
| HHI | 1.3337** | 1.3498** | 1.4472** | 1.3196** | 1.3204** | 1.2733** | 2.0779** | 1.3196** | 1.2953** | 1.2866** | 1.0967* |
| | (2.2369) | (2.2644) | (2.4017) | (2.2094) | (2.2113) | (2.1304) | (2.2708) | (2.2094) | (2.1707) | (2.1456) | (1.8695) |
| $R^2$ | 0.2015 | 0.206 | 0.2042 | 0.206 | 0.2007 | 0.2037 | 0.2653 | 0.2006 | 0.2017 | 0.1955 | 0.2353 |
| F | 8.9023*** | 8.527*** | 8.4346*** | 8.8548*** | 8.8607*** | 8.4056*** | 6.5243*** | 8.8548*** | 8.9153*** | 8.5738*** | 10.1121*** |
| N | 509 | 509 | 509 | 509 | 509 | 509 | 268 | 509 | 509 | 509 | 509 |

注：***、**、* 分别表示在1%、5%、10%水平上显著相关。

表5－18　R&D投入对董事会行为、特征的回归结果

| | M-RD1.2 | M-RD2.2 | M-RD3.2 | M-RD4.2 | M-RD5.2 | M-RD6.2 | M-RD7.2 | M-RD8.2 | M-RD9.2 | M-RD10.2 | M-RD11.2 |
|---|---|---|---|---|---|---|---|---|---|---|---|
| Constant | 5.7984 | 4.2007 | 5.7474* | 5.6136 | 7.8854 | 0.2926 | 11.8337*** | 5.6136 | 5.5118 | 5.9783* | 5.9291* |
| | (1.6256) | (0.9114) | (1.6786) | (1.644) | (1.5872) | (0.084) | (2.4317) | (1.644) | (1.6133) | (1.7443) | (1.7445) |
| Ln(BS) | -0.1051 | | | | | | | | | | |
| | (-0.1977) | | | | | | | | | | |
| ID | | 0.0867 | | | | | | | | | |
| | | (0.6129) | | | | | | | | | |
| $ID^2$ | | -0.0008 | | | | | | | | | |
| | | (-0.4568) | | | | | | | | | |
| Bshare | | | -0.0159 | | | | | | | | |
| | | | (-1.0722) | | | | | | | | |

续表

| | M-RD1.2 | M-RD2.2 | M-RD3.2 | M-RD4.2 | M-RD5.2 | M-RD6.2 | M-RD7.2 | M-RD8.2 | M-RD9.2 | M-RD10.2 | M-RD11.2 |
|---|---|---|---|---|---|---|---|---|---|---|---|
| $Bshare^2$ | | | 0.0001 (0.6062) | | | | | | | | |
| WD | | | | -0.0125* (-1.8328) | | | | | | | |
| $Ln(Dir\text{-}age)$ | | | | | -0.8136 (-0.7885) | | | | | | |
| Dir-edu | | | | | | 0.9733*** (5.1617) | | | | | |
| VCD | | | | | | | 0.0336** (2.5327) | | | | |
| FD | | | | | | | | 0.0146** (2.1564) | | | |
| FD-in | | | | | | | | | 0.0149** (2.1975) | | |
| FD-out | | | | | | | | | | -0.0006 (-0.048) | |
| Dir-ten | | | | | | | | | | | 0.275** (2.5096) |

续表

| | M-RD1.2 | M-RD2.2 | M-RD3.2 | M-RD4.2 | M-RD5.2 | M-RD6.2 | M-RD7.2 | M-RD8.2 | M-RD9.2 | M-RD10.2 | M-RD11.2 |
|---|---|---|---|---|---|---|---|---|---|---|---|
| Ln(BM) | 0.3772* (1.6834) | 0.3866* (1.7188) | 0.3693 (1.6429) | 0.3789* (1.6907) | 0.3797* (1.6942) | 0.3056 (1.3956) | 0.6439* (1.8783) | 0.3789* (1.6907) | 0.3792* (1.693) | 0.4259* (1.9004) | 0.2725 (1.2011) |
| LnAsset | -0.1467 (-0.9942) | -0.145 (-0.9809) | -0.1487 (-1.0078) | -0.149 (-1.0108) | -0.1489 (-1.009) | -0.1043 (-0.7241) | -0.4056* (-1.9345) | -0.149 (-1.0108) | -0.1381 (-0.9368) | -0.1433 (-0.9653) | -0.1593 (-1.0861) |
| Lev | -0.0118* (-1.8311) | -0.0116* (-1.7946) | -0.0118* (-1.836) | -0.0118* (-1.8266) | -0.0117* (-1.8231) | -0.0074 (-1.1758) | -0.0125 (-1.327) | -0.0118* (-1.8266) | -0.0119* (-1.844) | -0.0133** (-2.0683) | -0.0119* (-1.8619) |
| ROE | 0.0176 (1.4094) | 0.0171 (1.3662) | 0.0175 (1.3951) | 0.0174 (1.3903) | 0.0174 (1.3946) | 0.012 (0.9794) | 0.0082 (0.3814) | 0.0174 (1.3903) | 0.0195 (1.5847) | 0.0234* (1.8829) | 0.0251* (1.961) |
| CR-5 | -0.0204*** (-2.605) | -0.0201** (-2.542) | -0.0205*** (-2.5957) | -0.0203** (-2.5705) | -0.0203** (-2.5742) | -0.0153** (-1.974) | -0.0342** (-2.5885) | -0.0203** (-2.5705) | -0.0212*** (-2.7158) | -0.0235*** (-2.9982) | -0.0198** (-2.53) |
| VC-if | -0.0535 (-0.3297) | -0.0516 (-0.3173) | -0.04 (-0.2437) | -0.0534 (-0.3289) | -0.0532 (-0.3276) | -0.2526 (-1.5509) | — | -0.0534 (-0.3289) | -0.0583 (-0.3594) | -0.0809 (-0.4973) | -0.0326 (-0.2016) |
| CEO-dual_ | 0.1352 (0.8592) | 0.1373 (0.8717) | 0.1413 (0.8958) | 0.1352 (0.8595) | 0.1357 (0.8627) | 0.097 (0.6316) | 0.0981 (0.4128) | 0.1352 (0.8595) | 0.1161 (0.7435) | 0.0825 (0.5246) | 0.0959 (0.609) |
| BS | — | -0.0008 (-0.0118) | -0.0101 (-0.1515) | -0.0057 (-0.0857) | -0.0055 (-0.0825) | -0.0043 (-0.0663) | -0.0713 (-0.7673) | -0.0057 (-0.0857) | -0.0066 (-0.0998) | -0.0332 (-0.5075) | -0.0201 (-0.3035) |
| ID | 0.0214 (1.1868) | — | 0.0236 (1.3315) | 0.0226 (1.2788) | 0.0225 (1.2728) | 0.0111 (0.6388) | 0.0141 (0.5249) | 0.0226 (1.2788) | 0.0198 (1.1211) | 0.0211 (1.1797) | 0.0176 (0.9971) |

续表

| | M-RD1.2 | M-RD2.2 | M-RD3.2 | M-RD4.2 | M-RD5.2 | M-RD6.2 | M-RD7.2 | M-RD8.2 | M-RD9.2 | M-RD10.2 | M-RD11.2 |
|---|---|---|---|---|---|---|---|---|---|---|---|
| BShare | -0.0074** (-1.6582) | -0.0075* (-1.6795) | — | -0.0073* (-1.6517) | -0.0073 (-1.6466) | -0.0041 (-0.9468) | -0.0117* (-1.8069) | -0.0073* (-1.6517) | -0.008* (-1.7745) | -0.0064 (-1.4204) | -0.0075* (-1.704) |
| WD | -0.0125* (-1.8277) | -0.0124* (-1.8163) | -0.0126* (-1.8442) | — | -0.0126* (-1.8348) | -0.0056 (-0.8244) | -0.0134 (-1.2492) | -0.0125* (-1.8328) | -0.0116* (-1.6942) | -0.0115* (-1.6695) | -0.0124* (-1.8279) |
| Dir-age | -0.0181 (-0.8401) | -0.0189 (-0.8722) | -0.0186 (-0.86) | -0.0182 (-0.841) | — | 0.0075 (0.3445) | -0.0071 (-0.2126) | -0.0182 (-0.841) | -0.0166 (-0.7685) | -0.0143 (-0.658) | -0.0247 (-1.1389) |
| FD | 0.0144** (2.125) | 0.0147** (2.17) | 0.0141** (2.0758) | 0.0146** (2.1564) | 0.0145** (2.1515) | 0.0115* (1.7435) | 0.0102 (0.9149) | — | — | — | 0.0138** (2.0515) |
| Indu-H | 1.117*** (6.9975) | 1.1125*** (6.9492) | 1.1177*** (6.9917) | 1.1163*** (6.9883) | 1.1171*** (6.9919) | 1.0605*** (6.7932) | 1.0241*** (4.2194) | 1.1163*** (6.9883) | 1.1109*** (6.9564) | 1.1111*** (6.9206) | 1.1018*** (6.93) |
| HHI | -0.0949 (-0.2452) | -0.0994 (-0.2564) | -0.0582 (-0.1485) | -0.0933 (-0.2408) | -0.0908 (-0.2345) | -0.1908 (-0.5048) | -1.1467* (-1.7665) | -0.0933 (-0.2408) | -0.1122 (-0.2898) | -0.1207 (-0.31) | -0.1546 (-0.4004) |
| $R^2$ | 0.1681 | 0.1684 | 0.1687 | 0.1681 | 0.1679 | 0.2108 | 0.2081 | 0.1681 | 0.1684 | 0.1603 | 0.1786 |
| F | 6.6435*** | 6.229*** | 6.2409*** | 6.641*** | 6.6341*** | 8.215*** | 4.4159*** | 6.641*** | 6.6552*** | 6.272*** | 6.6865*** |
| N | 509 | 509 | 509 | 509 | 509 | 509 | 268 | 509 | 509 | 509 | 509 |

注：***、**、*分别表示在1%、5%、10%水平上显著相关。

**表 5 - 19　董事会特征通过行为对 R&D 投入产生的瞬间间接效应**

| | XVAL | LowerCI | THETA | UpperCI | | XVAL | LowerCI | THETA | UpperCI |
|---|---|---|---|---|---|---|---|---|---|
| BS | 6.9923 | -0.0357 | -0.0102 | -0.0006 | VCD | 0.9375 | -0.0068 | -0.0023 | -0.0001 |
| →BM | 8.4204 | -0.0316 | -0.0088 | -0.0005 | →BM | 9.6259 | -0.0072 | -0.0023 | -0.0001 |
| →R&D | 9.8485 | -0.0287 | -0.0078 | -0.0005 | →R&D | 18.3144 | -0.0076 | -0.0024 | -0.0001 |
| ID | 31.7712 | -0.0135 | -0.0038 | -0.0001 | FD | 10.0901 | 0.0001 | 0.0009 | 0.0028 |
| →BM | 36.9826 | -0.0075 | -0.0016 | 0.0005 | →BM | 22.3794 | 0.0001 | 0.0009 | 0.0027 |
| →R&D | 42.194 | -0.001 | 0.0008 | 0.0046 | →R&D | 34.6687 | 0.0001 | 0.0008 | 0.0026 |
| Bshare | 21.291 | -0.0029 | -0.0008 | -0.0001 | FD_in | 7.9351 | 0.0001 | 0.001 | 0.003 |
| →BM | 40.2607 | -0.0006 | 0 | 0.0006 | →BM | 20.0859 | 0.0001 | 0.001 | 0.0029 |
| →R&D | 59.2305 | -0.0001 | 0.0008 | 0.0033 | →R&D | 32.2368 | 0.0001 | 0.0009 | 0.0027 |
| WD | 1.7655 | 0.0001 | 0.0009 | 0.0028 | FD_out | -3.6529 | -0.0024 | -0.0003 | 0.001 |
| →BM | 13.6685 | 0.0001 | 0.0008 | 0.0027 | →BM | 2.2934 | -0.0024 | -0.0003 | 0.001 |
| →R&D | 25.5714 | 0.0001 | 0.0008 | 0.0025 | →R&D | 8.2398 | -0.0025 | -0.0003 | 0.001 |
| Dir_age | 44.2647 | -0.0092 | -0.0028 | -0.0003 | Dir_ten | 1.5947 | -0.0055 | 0.0278 | 0.0692 |
| →BM | 47.8829 | -0.009 | -0.0027 | -0.0003 | →BM | 2.3784 | -0.006 | 0.0258 | 0.062 |
| →R&D | 51.501 | -0.0087 | -0.0026 | -0.0002 | →R&D | 3.1622 | -0.0048 | 0.024 | 0.0573 |
| Dir_edu | 3.0739 | -0.0015 | 0.0157 | 0.0554 | | | | | |
| →BM | 3.5169 | -0.0014 | 0.0153 | 0.0534 | | | | | |
| →R&D | 3.9598 | -0.0014 | 0.015 | 0.0517 | | | | | |

注：XVAL 表示解释变量的取值，每一个解释变量分别在低于均值、均值和高于均值一个标准差处取值；THETA 表示 X 通过 M 对 Y 产生的瞬间间接效应；LowerCI 和 UpperCI 表示瞬间间接效应 90% 修正偏倚的 bootstrap 置信区间。

的瞬间间接效应分别为 -0.0008、0 和 0.0008，且当 Bshare 取值为均值减一个标准差时，瞬间间接效应 90% 的置信区间不包括 0。这说明瞬间间接效应显著，即当持股董事比例较低时，提高持股董事比例通过降低董事会行为强度而对 R&D 投入产生负面影响。当 Bshare 取值为均值和均值加一个标准差时，瞬间间接效应不显著。模型显示，Bshare 对 R&D 投入影响的一次项和二次项系数均不显著，说明持股董事比例对 R&D 投入没有直接影响。

当 WD 取值为均值减一个标准差（1.7655）、均值（13.6685）和均值加一个标准差（25.5714）时，WD 通过 BM 对 R&D 的瞬间间接效应分别为 0.0009、0.0008 和 0.0008，且瞬间间接效应 90% 的置信区间均不包括 0。这说明瞬间间接效应显著，即提高女性董事比例可以通过董事会行为强度而对 R&D 投入产生正面影响。然而，模型显示，WD 对 R&D 回归的系数显著为负（β = -0.0125，p < 0.1），说明女性董事比例对 R&D 投入具有直接的负面影响。

当 Dir_age 取值为均值减一个标准差（44.2647）、均值（47.8829）和均值加一个标准差（51.5010）时，Dir_age 通过 BM 对 R&D 的瞬间间接效应分别为 -0.0028、-0.0027 和 -0.0026，且瞬间间接效应 90% 的置信区间均不包括 0。这说明瞬间间接效应显著，即提高董事平均年龄通过弱化董事会行为强度而对 R&D 投入产生负面影响，且这种负面的瞬间间接效应随董事平均年龄的增长而逐渐降低，董事会行为在董事平均年龄与 R&D 投入之间存在非线性的中介效应。模型显示，Ln（Dir_age）对 R&D 的系数不显著，说明董事平均年龄对 R&D 投入不具有直接影响。

当 Dir_edu 取值为均值减一个标准差（3.0739）、均值（3.5169）和均值加一个标准差（3.9598）时，Dir_edu 通过 BM 对 R&D 的瞬间间接效应分别为 0.0157、0.0153 和 0.0150，且瞬间间接效应 90% 的置信区间均包括 0。这说明瞬间间接效应不显著，即提高董事平均学历无法通过强化董事会行为强度而对 R&D 投入产生影响，董事会行为在董事平均学历与 R&D 投入之间不具有中介效应。模型显示，Dir_edu 对 R&D 回归的系数显著为正（β = 0.9733，p < 0.01），说明董事平均学历对 R&D 投入具有直接的正面影响。

当 VCD 取值为均值减一个标准差（0.9375）、均值（9.6259）和均值加一个标准差（18.3144）时，VCD 通过 BM 对 R&D 的瞬间间接效应分别为 -0.0023、-0.0023 和 -0.0024，且瞬间间接效应 90% 的置信区间均不包括 0。这说明瞬间间接效应显著，即提高风险投资董事比例通过弱化董事会行为强度而对 R&D 投入产生负面影响，且这种瞬间间接效应随着风险投资董事比例的提高而逐渐增强，董事会行为在风险投资董事比例与 R&D 投入之间呈非线性的中介效应。模型显示，VCD 对 R&D 回归的系数显著为正（β = 0.0336，p < 0.05），说明风险投资董事比例对 R&D 投入具有直接的正面影响。

当 FD 取值为均值减一个标准差（10.0901）、均值（22.3794）和均值加一个标准差（34.6687）时，FD 通过 BM 对 R&D 的瞬间间接效应分别为 0.0009、0.0009、0.0008，且瞬间间接效应 90% 的置信区间均不包括 0。这说明瞬间间接效应显著，即提高创始人董事比例通过强化董事会行为强度而对 R&D 投入产生正面影响，且这种瞬间间接效应随着创始人董事比例的提高而微弱降低，董事会行为在创始人董事比例与 R&D 投入之间呈非线性的中介效应。模型显示，FD 对 R&D 回归的系数显著为正（β = 0.0146，p < 0.05），说明创始人董事比例对 R&D 投入具有直接的正面影响。

当 FD_in 取值为均值减一个标准差（7.9351）、均值（20.0859）和均值加一个标准差（32.2368）时，FD_in 通过 BM 对 R&D 的瞬间间接效应分别为 0.0010、0.0010 和 0.0009，且瞬间间接效应 90% 的置信区间均不包括 0。这说明瞬间间接效应显著，即提高创始人内部董事比例通过强化董事会行为强度而对 R&D 投入产生正面影响，且这种瞬间间接效应随着创始人内部董事比例的提高而微弱降低，董事会行为在创始人内部董事比例与 R&D 投入之间呈非线性的中介效应。模型显示，FD_in 对 R&D 回归的系数显著为正（β = 0.0149，p < 0.05），说明创始人内部董事比例对 R&D 投入具有直接的正面影响。

当 FD_out 取值为均值减一个标准差（-3.6529）、均值（2.2934）和均值加一个标准差（8.2398）时，FD_out 通过 BM 对 R&D 的瞬间间接效应均为 -0.0003，且瞬间间接效应 90% 的置信区间均包括 0。这说明瞬间间接效应不显著，即改变创始人外部董事比例无法通过强化或弱化董事会行为强度而对 R&D 投入产生影响，董事会行为在创始人外部董事比例与 R&D 投入之间不存在中介效应。模型显示，FD_out 对 R&D 回归的系数不显著，说明创始人外部董事比例对 R&D 投入不具有直接影响。

当 Dir_ten 取值为均值减一个标准差（1.5947）、均值（2.3784）和均值加一个标准差（3.1622）时，Dir_ten 通过 BM 对 R&D 的瞬间间接效应分别为 0.0278、0.0258 和 0.0240，且瞬间间接效应 90% 的置信区间均包括 0。这说明瞬间间接效应不显著，即提高董事平均任期无法通过董事会行为强度而对 R&D 投入产生影响，董事会行为在董事平均任期与 R&D 投入之间不存在中介效应。模型显示，Dir_ten 对 R&D 回归的系数显著为正（$\beta = 0.2750$，$p < 0.05$），说明董事平均任期对 R&D 投入具有直接正面影响。

### 5.3.5　董事会特征与行为对破产风险的影响

#### 1. 董事会特征与董事会行为、董事会行为与破产风险

表 5-20 的回归结果显示，关于董事会结构、人口学属性与人力资本各指标对董事会行为影响的实证检验结果同前文 5.3.1。

在董事会行为与破产风险的关系方面，表 5-21 的模型 M-AltZ1.2 的结果显示，Ln（BM）的系数显著为负（$\beta = -0.1781$，$p < 0.1$），说明董事会行为与破产风险呈负向的对数曲线关系，即随董事会行为强度的增加，公司破产风险越低，但风险降低的速度越来越慢，假设 6 得到验证。[①]

---

① 本书还对 BM 与 AltZ 的倒 U 型关系进行了验证，但发现 BM 的一次项和二次项系数均不显著。

表5-20　被解释变量为破产风险时，中介变量董事会行为对解释变量董事会特征的回归结果

| | M-AltZ 1.1 | M-AltZ 2.1 | M-AltZ 3.1 | M-AltZ 4.1 | M-AltZ 5.1 | M-AltZ 6.1 | M-AltZ 7.1 | M-AltZ 8.1 | M-AltZ 9.1 | M-AltZ 10.1 | M-AltZ 11.1 |
|---|---|---|---|---|---|---|---|---|---|---|---|
| Constant | -3.7587 (-0.6611) | 2.3301 (0.323) | -6.4611 (-1.1453) | -5.6322 (-1.0249) | 3.398 (0.4221) | -5.6322 (-1.0249) | -9.5112 (-1.2591) | -5.5558 (-1.0103) | -5.6322 (-1.0249) | -5.4066 (-0.9813) | -5.6322 (-1.0249) |
| Ln(BS) | -1.5487* (-1.9214) | | | | | | | | | | |
| ID | | -0.3625* (-1.7145) | | | | | | | | | |
| ID$^2$ | | 0.0043* (1.6993) | | | | | | | | | |
| Bshare | | | -0.0388* (-1.7476) | | | | | | | | |
| Bshare$^2$ | | | 0.0005* (1.6502) | | | | | | | | |
| WD | | | | 0.0185* (1.7701) | | | | | | | |
| Ln(Dir-age) | | | | | -3.1628* (-1.9604) | | | | | | |

续表

| | M-AliZ 1.1 | M-AliZ 2.1 | M-AliZ 3.1 | M-AliZ 4.1 | M-AliZ 5.1 | M-AliZ 6.1 | M-AliZ 7.1 | M-AliZ 8.1 | M-AliZ 9.1 | M-AliZ 10.1 | M-AliZ 11.1 |
|---|---|---|---|---|---|---|---|---|---|---|---|
| Dir-edu | | | | | | 0.3004 (1.0312) | | | | | |
| VCD | | | | | | | -0.0324* (-1.7707) | | | | |
| FD | | | | | | | | 0.0152 (1.4912) | | | |
| FD-in | | | | | | | | | 0.018* (1.7446) | | |
| FD-out | | | | | | | | | | -0.0092 (-0.4604) | |
| Dir-ten | | | | | | | | | | | 0.6356*** (3.6853) |
| LnAsset | 0.8638*** (3.8724) | 0.8256*** (3.6958) | 0.8586*** (3.805) | 0.8559*** (3.8365) | 0.859*** (3.8495) | 0.8559*** (3.8365) | 0.9937*** (3.2967) | 0.8461*** (3.787) | 0.8559*** (3.8365) | 0.8642*** (3.8555) | 0.8559*** (3.8365) |
| Lev | 0.0362*** (3.823) | 0.035*** (3.6858) | 0.0356*** (3.7452) | 0.0364*** (3.8382) | 0.0364*** (3.8441) | 0.0364*** (3.8382) | 0.0405*** (3.1948) | 0.0363*** (3.8262) | 0.0364*** (3.8382) | 0.0351*** (3.7012) | 0.0364*** (3.8382) |
| ROE | -0.0506*** (-2.6583) | -0.0495*** (-2.5989) | -0.0585*** (-2.9331) | -0.0511*** (-2.6823) | -0.0511*** (-2.6834) | -0.0511*** (-2.6823) | -0.0434 (-1.4497) | -0.0529*** (-2.7381) | -0.0511*** (-2.6823) | -0.0456** (-2.3713) | -0.0511*** (-2.6823) |

续表

| | M-AltZ 1.1 | M-AltZ 2.1 | M-AltZ 3.1 | M-AltZ 4.1 | M-AltZ 5.1 | M-AltZ 6.1 | M-AltZ 7.1 | M-AltZ 8.1 | M-AltZ 9.1 | M-AltZ 10.1 | M-AltZ 11.1 |
|---|---|---|---|---|---|---|---|---|---|---|---|
| CR-5 | -0.019 (-1.6081) | -0.0198* (-1.673) | -0.0094 (-0.6682) | -0.0189 (-1.5959) | -0.019 (-1.6007) | -0.0189 (-1.5959) | -0.0228 (-1.2379) | -0.0182 (-1.5201) | -0.0189 (-1.5959) | -0.0221* (-1.8884) | -0.0189 (-1.5959) |
| VC-if | -0.3253 (-1.2966) | -0.3268 (-1.304) | -0.2277 (-0.9016) | -0.3219 (-1.282) | -0.3216 (-1.281) | -0.3219 (-1.282) | — | -0.3235 (-1.2858) | -0.3219 (-1.282) | -0.3653 (-1.4564) | -0.3219 (-1.282) |
| CEO-dual_ | -0.1387 (-0.5874) | -0.1466 (-0.6219) | -0.115 (-0.4818) | -0.1411 (-0.5971) | -0.1421 (-0.6017) | -0.1411 (-0.5971) | 0.2 (0.6115) | -0.1268 (-0.532) | -0.1411 (-0.5971) | -0.1979 (-0.8346) | -0.1411 (-0.5971) |
| BS | — | -0.1972* (-1.9356) | -0.1706* (-1.6968) | -0.1733* (-1.7139) | -0.1716* (-1.6972) | -0.1733* (-1.7139) | -0.2634** (-2.0438) | -0.1772* (-1.7485) | -0.1733* (-1.7139) | -0.2089** (-2.1007) | -0.1733* (-1.7139) |
| ID | -0.011 (-0.4016) | — | 0.0031 (0.1136) | -0.0061 (-0.2277) | -0.006 (-0.224) | -0.0061 (-0.2277) | 0.0298 (0.7896) | -0.0031 (-0.1143) | -0.0061 (-0.2277) | -0.007 (-0.2563) | -0.0061 (-0.2277) |
| Bshare | -0.007 (-1.0269) | -0.0061 (-0.8966) | — | -0.007 (-1.0285) | -0.007 (-1.023) | -0.007 (-1.0285) | -0.0048 (-0.5276) | -0.0061 (-0.901) | -0.007 (-1.0285) | -0.0054 (-0.7944) | -0.007 (-1.0285) |
| WD | 0.0183* (1.7609) | 0.0176* (1.6887) | 0.0148 (1.4329) | — | 0.0183* (1.7535) | 0.0185* (1.7701) | 0.0312** (2.0587) | 0.0175* (1.6711) | 0.0185* (1.7701) | 0.0195* (1.8492) | 0.0185* (1.7701) |
| Dir-age | -0.0658* (-1.9472) | -0.0608* (-1.7948) | -0.0677** (-1.9931) | -0.0651* (-1.9239) | — | -0.0651* (-1.9239) | -0.0881* (-1.8077) | -0.0659* (-1.9425) | -0.0651* (-1.9239) | -0.0602* (-1.7758) | -0.0651* (-1.9239) |

续表

| | M-AltZ 1.1 | M-AltZ 2.1 | M-AltZ 3.1 | M-AltZ 4.1 | M-AltZ 5.1 | M-AltZ 6.1 | M-AltZ 7.1 | M-AltZ 8.1 | M-AltZ 9.1 | M-AltZ 10.1 | M-AltZ 11.1 |
|---|---|---|---|---|---|---|---|---|---|---|---|
| Dir-edu | 0.3029 (1.0407) | 0.2926 (1.0063) | 0.3697 (1.2703) | 0.3004 (1.0312) | 0.3014 (1.0364) | — | 0.3676 (0.9144) | 0.3129 (1.0745) | 0.3004 (1.0312) | 0.3503 (1.2053) | 0.3004 (1.0312) |
| FD-in | 0.0173* (1.6785) | 0.0175* (1.7004) | 0.0152 (1.4946) | 0.018* (1.7446) | 0.018* (1.7452) | 0.018* (1.7446) | 0.0244 (1.5673) | — | — | — | 0.018* (1.7446) |
| Dir-ten | 0.6369*** (3.6993) | 0.6167*** (3.5757) | 0.6534*** (3.7815) | 0.6356*** (3.6853) | 0.6358*** (3.6873) | 0.6356*** (3.6853) | 0.7942*** (3.1757) | 0.6386*** (3.6995) | 0.6356*** (3.6853) | 0.6575*** (3.8118) | — |
| Y2009 | -0.9363** (-2.1627) | -0.9591** (-2.211) | -0.8848** (-2.039) | -0.9378** (-2.1588) | -0.9411** (-2.1663) | -0.9378** (-2.1588) | -0.7423 (-1.3058) | -0.914** (-2.1047) | -0.9378** (-2.1588) | -0.9031** (-2.0737) | -0.9378** (-2.1588) |
| Y2010 | -0.6834*** (-2.6076) | -0.6964*** (-2.6561) | -0.66*** (-2.5078) | -0.6804*** (-2.5915) | -0.6817*** (-2.597) | -0.6804*** (-2.5915) | -0.4449 (-1.2427) | -0.6782*** (-2.5811) | -0.6804*** (-2.5915) | -0.6686*** (-2.5401) | -0.6804*** (-2.5915) |
| HHI | 1.205** (2.0708) | 1.2255** (2.1036) | 1.3695** (2.3165) | 1.1932** (2.0453) | 1.1929** (2.0454) | 1.1932** (2.0453) | 2.0941** (2.3774) | 1.2074** (2.0069) | 1.1932** (2.0453) | 1.1675** (1.9943) | 1.1932** (2.0453) |
| Age | -0.0272 (-1.0198) | -0.0268 (-1.004) | -0.0231 (-0.8615) | -0.027 (-1.0105) | -0.0269 (-1.0062) | -0.027 (-1.0105) | 0.0039 (0.107) | -0.0274 (-1.0223) | -0.027 (-1.0105) | -0.0292 (-1.0914) | -0.027 (-1.0105) |
| $R^2$ | 0.2531 | 0.2563 | 0.252 | 0.2519 | 0.2522 | 0.2519 | 0.3198 | 0.2507 | 0.2519 | 0.2476 | 0.2519 |
| F | 9.2241*** | 8.8713*** | 8.6725*** | 9.1684*** | 9.1788*** | 9.1684*** | 6.5048*** | 9.1079*** | 9.1684*** | 8.9594*** | 9.1684*** |
| N | 509 | 509 | 509 | 509 | 509 | 509 | 268 | 509 | 509 | 509 | 509 |

注：***、**、*分别表示在 1%、5%、10% 水平上显著相关。

表5-21 破产风险对董事会行为、特征的回归结果

| | M-AltZ 1.2 | M-AltZ 2.2 | M-AltZ 3.2 | M-AltZ 4.2 | M-AltZ 5.2 | M-AltZ 6.2 | M-AltZ 7.2 | M-AltZ 8.2 | M-AltZ 9.2 | M-AltZ 10.2 | M-AltZ 11.2 |
|---|---|---|---|---|---|---|---|---|---|---|---|
| Constant | 4.6093***<br>(2.902) | 2.9895<br>(1.4816) | 4.9628***<br>(3.1624) | 4.9061***<br>(3.2013) | 5.1760**<br>(2.3000) | 4.9061***<br>(3.2013) | 3.1434<br>(1.4664) | 4.9055***<br>(3.2022) | 4.9061***<br>(3.2013) | 4.9332***<br>(3.2189) | 4.9061***<br>(3.2013) |
| Ln(BS) | 0.3014<br>(1.3377) | | | | | | | | | | |
| ID | | 0.0846<br>(1.4305) | | | | | | | | | |
| $ID^2$ | | -0.001<br>(-1.4579) | | | | | | | | | |
| Bshare | | | 0.0095<br>(1.5326) | | | | | | | | |
| $Bshare^2$ | | | -0.0002***<br>(-2.6082) | | | | | | | | |
| WD | | | | -0.0066**<br>(-2.2504) | | | | | | | |
| Ln(Dir-age) | | | | | -0.0842<br>(-0.1867) | | | | | | |

续表

| | M-AltZ 1.2 | M-AltZ 2.2 | M-AltZ 3.2 | M-AltZ 4.2 | M-AltZ 5.2 | M-AltZ 6.2 | M-AltZ 7.2 | M-AltZ 8.2 | M-AltZ 9.2 | M-AltZ 10.2 | M-AltZ 11.2 |
|---|---|---|---|---|---|---|---|---|---|---|---|
| Dir-edu | | | | | | -0.4134*** (-5.0872) | | | | | |
| VCD | | | | | | | 0.007 (1.3478) | | | | |
| FD | | | | | | | | 0.0024 (0.8297) | | | |
| FD-in | | | | | | | | | 0.0018 (0.6258) | | |
| FD-out | | | | | | | | | | 0.0023 (0.4100) | |
| Dir-ten | | | | | | | | | | | -0.1336*** (-2.7549) |
| Ln (BM) | -0.1781* (-1.8362) | -0.1672* (-1.7225) | -0.1722* (-1.7768) | -0.1774* (-1.8301) | -0.178* (-1.8365) | -0.1774* (-1.8301) | -0.2997** (-2.1674) | -0.179* (-1.8477) | -0.1774* (-1.8301) | -0.1722* (-1.7824) | -0.1774* (-1.8301) |
| LnAsset | -0.0188 (-0.2987) | -0.0136 (-0.2157) | -0.0197 (-0.3104) | -0.0199 (-0.3166) | -0.0196 (-0.3111) | -0.0199 (-0.3166) | 0.0621 (0.716) | -0.0214 (-0.3403) | -0.0199 (-0.3166) | -0.0217 (-0.3446) | -0.0199 (-0.3166) |
| Lev | 0.0077*** (2.8976) | 0.008*** (3.0058) | 0.0081*** (3.0326) | 0.0077*** (2.9008) | 0.0077*** (2.8985) | 0.0077*** (2.9008) | 0.0045 (1.2258) | 0.0078*** (2.9233) | 0.0077*** (2.9008) | 0.0076*** (2.8643) | 0.0077*** (2.9008) |

续表

| | M-AltZ 1.2 | M-AltZ 2.2 | M-AltZ 3.2 | M-AltZ 4.2 | M-AltZ 5.2 | M-AltZ 6.2 | M-AltZ 7.2 | M-AltZ 8.2 | M-AltZ 9.2 | M-AltZ 10.2 | M-AltZ 11.2 |
|---|---|---|---|---|---|---|---|---|---|---|---|
| ROE | −0.0296*** (−5.5137) | −0.03*** (−5.6045) | −0.0291*** (−5.1981) | −0.0297*** (−5.5448) | −0.0297*** (−5.547) | −0.0297*** (−5.5448) | −0.0293*** (−3.4316) | −0.0302*** (−5.5627) | −0.0297*** (−5.5448) | −0.0297*** (−5.5011) | −0.0297*** (−5.5448) |
| CR−5 | 0.0099*** (2.9988) | 0.0103*** (3.1228) | 0.0086** (2.1993) | 0.0101*** (3.0501) | 0.0101*** (3.049) | 0.0101*** (3.0501) | 0.009* (1.7161) | 0.0104*** (3.0977) | 0.0101*** (3.0501) | 0.0100*** (3.0253) | 0.0101*** (3.0501) |
| VC−if | −0.0562 (−0.8011) | −0.0555 (−0.7929) | −0.1025 (−1.4584) | −0.0571 (−0.8148) | −0.0569 (−0.8114) | −0.0571 (−0.8148) | — | −0.0552 (−0.7869) | −0.0571 (−0.8148) | −0.0602 (−0.8624) | −0.0571 (−0.8148) |
| CEO−dual_ | 0.1201* (1.822) | 0.1225* (1.8603) | 0.1199* (1.807) | 0.1208* (1.8331) | 0.1204* (1.8266) | 0.1208* (1.8331) | 0.1298 (1.3989) | 0.1254* (1.8887) | 0.1208* (1.8331) | 0.1197* (1.8136) | 0.1208* (1.8331) |
| BS | — | 0.0484* (1.701) | 0.0414 (1.4802) | 0.0425 (1.5067) | 0.0426 (1.5101) | 0.0425 (1.5067) | 0.0592 (1.6117) | 0.0438 (1.55) | 0.0425 (1.5067) | 0.0394 (1.4204) | 0.0425 (1.5067) |
| ID | −0.0011 (−0.147) | — | −0.0032 (−0.4228) | −0.0009 (−0.124) | −0.0009 (−0.1156) | −0.0009 (−0.124) | −0.0097 (−0.9046) | −0.0005 (−0.0678) | −0.0009 (−0.124) | −0.0004 (−0.0524) | −0.0009 (−0.124) |
| BShare | −0.0051*** (−2.6722) | −0.0053*** (−2.7608) | — | −0.0051*** (−2.6581) | −0.0051*** (−2.6636) | −0.0051*** (−2.6581) | −0.0029 (−1.1311) | −0.005*** (−2.6656) | −0.0051*** (−2.6581) | −0.0048*** (−2.5216) | −0.0051*** (−2.6581) |
| WD | −0.0065** (−2.2213) | −0.0064** (−2.1881) | −0.0056* (−1.9363) | — | −0.0066** (−2.2561) | −0.0066** (−2.2504) | −0.0027 (−0.615) | −0.0067** (−2.3012) | −0.0066** (−2.2504) | −0.0067** (−2.2741) | −0.0066** (−2.2504) |
| Dir−age | −0.0008 (−0.0881) | −0.002 (−0.2135) | −0.0007 (−0.0695) | −0.0011 (−0.1135) | — | −0.0011 (−0.1135) | 0.004 (0.2848) | −0.0014 (−0.1515) | −0.0011 (−0.1135) | −0.0008 (−0.0897) | −0.0011 (−0.1135) |

续表

| | M-AltZ 1.2 | M-AltZ 2.2 | M-AltZ 3.2 | M-AltZ 4.2 | M-AltZ 5.2 | M-AltZ 6.2 | M-AltZ 7.2 | M-AltZ 8.2 | M-AltZ 9.2 | M-AltZ 10.2 | M-AltZ 11.2 |
|---|---|---|---|---|---|---|---|---|---|---|---|
| Dir-edu | -0.4139*** (-5.0006) | -0.412*** (-5.0749) | -0.4365*** (-5.3862) | -0.4134*** (-5.0872) | -0.4147*** (-5.1094) | — | -0.2955** (-2.5849) | -0.4143*** (-5.1048) | -0.4134*** (-5.0872) | -0.4077*** (-5.0395) | -0.4134*** (-5.0872) |
| FD-in | 0.0018 (0.6076) | 0.0019 (0.6575) | 0.0024 (0.8425) | 0.0018 (0.6258) | 0.0018 (0.6311) | 0.0018 (0.6258) | 0.0039 (0.8673) | — | — | | 0.0018 (0.6258) |
| Dir-ten | -0.1321*** (-2.725) | -0.1298*** (-2.6755) | -0.1403*** (-2.8915) | -0.1336*** (-2.7549) | -0.1334*** (-2.7494) | -0.1336*** (-2.7549) | -0.2144*** (-2.992) | -0.1343*** (-2.7684) | -0.1336*** (-2.7549) | -0.1319*** (-2.7228) | — |
| Y2009 | -0.2049* (-1.6826) | -0.2042* (-1.6743) | -0.2227* (-1.8329) | -0.2109* (-1.7285) | -0.2117* (-1.735) | -0.2109* (-1.7285) | -0.2836* (-1.7441) | -0.2099* (-1.7235) | -0.2109* (-1.7285) | -0.203* (-1.6656) | -0.2109* (-1.7285) |
| Y2010 | -0.1475** (-2.0021) | -0.145** (-1.9676) | -0.1619** (-2.1971) | -0.1498** (-2.0325) | -0.15** (-2.035) | -0.1498** (-2.0325) | -0.2693** (-2.6383) | -0.1503** (-2.0395) | -0.1498** (-2.0325) | -0.1481** (-2.0098) | -0.1498** (-2.0325) |
| HHI | -2.0853*** (-12.7883) | -2.0876*** (-12.7914) | -2.1368*** (-12.9297) | -2.0782*** (-12.7293) | -2.0791*** (-12.7365) | -2.0782*** (-12.7293) | -2.5987*** (-10.3052) | -2.0749*** (-12.705) | -2.0782*** (-12.7293) | -2.0781*** (-12.7204) | -2.0782*** (-12.7293) |
| Age | -0.0338*** (-4.5249) | -0.0339*** (-4.554) | -0.0356*** (-4.7725) | -0.0339*** (-4.5473) | -0.0339*** (-4.5393) | -0.0339*** (-4.5473) | -0.0388*** (-3.7945) | -0.0339*** (-5.4404) | -0.0339*** (-4.5473) | -0.0341*** (-4.5768) | -0.0339*** (-4.5473) |
| $R^2$ | 0.4092 | 0.4123 | 0.4126 | 0.4097 | 0.4098 | 0.4097 | 0.4471 | 0.4101 | 0.4097 | 0.4095 | 0.4097 |
| F | 17.8224*** | 17.1171*** | 17.1379*** | 17.8651*** | 17.867*** | 17.8651*** | 10.556*** | 17.8915*** | 17.8651*** | 17.8452*** | 17.8651*** |
| N | 509 | 509 | 509 | 509 | 509 | 509 | 268 | 509 | 509 | 509 | 509 |

注: ***、**、*分别表示在1%、5%、10%水平上显著相关。

**2. 董事会行为的瞬间间接效应**

表 5 – 22 的 bootstrap 结果显示，当 BS 取值为均值减一个标准差（6. 9923）、均值（8. 4204）和均值加一个标准差（9. 8485）时，BS 通过 BM 对 AltZ 的瞬间间接效应分别为 0. 0047、0. 0040 和 0. 0035，且瞬间间接效应 90% 的置信区间均不包括 0。这说明瞬间间接效应显著，即增加董事会规模将通过弱化董事会行为强度而对破产风险的控制产生负面影响，且这种瞬间间接效应随董事会规模的增加而降低，董事会行为在董事会规模与破产风险之间存在非线性中介效应。模型显示，Ln（BS）对 AltZ 的回归系数不显著，说明董事会规模对破产风险无直接影响。

当 ID 取值为均值减一个标准差（31. 7712）、均值（36. 9826）和均值加一个标准差（42. 1940）时，ID 通过 BM 对 AltZ 的瞬间间接效应分别为 – 0. 0018、– 0. 0010 和 0；且当 ID 取值为均值减一个标准差时，瞬间间接效应 90% 的置信区间不包括 0。这说明瞬间间接效应显著，即当独立董事比例较低时，提高独立董事比例通过降低董事会行为强度而对破产风险产生负面影响。当 ID 取值为均值和均值加一个标准差时，瞬间间接效应 90% 的置信区间包括 0，说明瞬间间接效应不显著，即当独立董事比例适中和较高时，提高独立董事比例无法通过强化董事会行为而影响破产风险。模型显示，ID 对 AltZ 影响的一次项和二次项系数均不显著，说明独立董事比例对破产风险没有直接影响。

当 Bshare 取值为均值减一个标准差（21. 2910）、均值（40. 2607）和均值加一个标准差（59. 2305）时，Bshare 通过 BM 对 AltZ 的瞬间间接效应分别为 0. 0003、– 0. 0001 和 – 0. 0005；且当 Bshare 取值为均值减一个标准差时，瞬间间接效应 90% 的置信区间不包括 0。这说明瞬间间接效应显著，即当持股董事比例较低时，提高持股董事比例通过降低董事会行为强度而对破产风险产生负面影响。当 Bshare 取值为均值和均值加一个标准差时，瞬间间接效应 90% 的置信区间包括 0，说明瞬间间接效应不显著，即当持股董事比例

表 5－22  董事会特征通过行为对破产风险产生的瞬间间接效应

| | XVAL | LowerCI | THETA | UpperCI | | XVAL | LowerCI | THETA | UpperCI |
|---|---|---|---|---|---|---|---|---|---|
| BS | 6.9923 | 0.0005 | 0.0047 | 0.0137 | VCD | 0.9375 | 0.0001 | 0.0012 | 0.0030 |
| →BM | 8.4204 | 0.0004 | 0.0040 | 0.0121 | →BM | 9.6259 | 0.0001 | 0.0012 | 0.0032 |
| →AltZ | 9.8485 | 0.0003 | 0.0035 | 0.0110 | →AltZ | 18.3144 | 0.0001 | 0.0012 | 0.0034 |
| ID | 31.7712 | 0.0001 | 0.0018 | 0.0062 | FD | 10.0901 | -0.0012 | -0.0003 | 0 |
| →BM | 36.9826 | 0 | 0.0010 | 0.0036 | →BM | 22.3794 | -0.0011 | -0.0003 | 0 |
| →AltZ | 42.194 | -0.001 | 0 | 0.0014 | →AltZ | 34.6687 | -0.0011 | -0.0003 | 0 |
| Bshare | 21.291 | 0.0001 | 0.0003 | 0.0013 | FD_in | 7.9351 | -0.0014 | -0.0004 | -0.0001 |
| →BM | 40.2607 | -0.0006 | -0.0001 | 0.0001 | →BM | 20.0859 | -0.0013 | -0.0004 | -0.0001 |
| →AltZ | 59.2305 | -0.0018 | -0.0005 | 0 | →AltZ | 32.2368 | -0.0012 | -0.0004 | -0.0001 |
| WD | 1.7655 | -0.0013 | -0.0004 | -0.0001 | FD_out | -3.6529 | -0.0003 | 0.0002 | 0.0012 |
| →BM | 13.6685 | -0.0012 | -0.0004 | -0.0001 | →BM | 2.2934 | -0.0003 | 0.0002 | 0.0013 |
| →AltZ | 25.5714 | -0.0012 | -0.0004 | -0.0001 | →AltZ | 8.2398 | -0.0003 | 0.0002 | 0.0013 |
| Dir_age | 44.2647 | 0.0002 | 0.0015 | 0.0043 | Dir_ten | 1.5947 | -0.0331 | -0.0146 | -0.0026 |
| →BM | 47.8829 | 0.0002 | 0.0014 | 0.0042 | →BM | 2.3784 | -0.0308 | -0.0137 | -0.0026 |
| →AltZ | 51.501 | 0.0002 | 0.0014 | 0.0041 | →AltZ | 3.1622 | -0.0284 | -0.013 | -0.0025 |
| Dir_edu | 3.0739 | -0.0293 | -0.0066 | 0.0012 | | | | | |
| →BM | 3.5169 | -0.0278 | -0.0065 | 0.0012 | | | | | |
| →AltZ | 3.9598 | -0.0262 | -0.0064 | 0.0012 | | | | | |

注：XVAL 表示解释变量的取值，每一个解释变量分别在低于均值一个标准差、均值和高于均值一个标准差处取值；LowerCI 和 UpperCI 表示瞬间间接效应 90% 修正偏倚的 bootstrap 置信区间。THETA 表示 X 通过 M 对 Y 产生的瞬间间接效应。

223

适中和较高时，提高持股董事比例无法通过强化董事会行为而降低破产风险。模型显示，Bshare 对 AltZ 影响的一次项不显著（β = 0.0095，p > 0.1）和二次项系数显著为负（β = − 0.0002，p < 0.01），说明持股董事比例与破产风险呈倒 U 型的直接关系，即随着持股董事比例的提高，破产风险呈先提高而后降低的趋势，说明董事激励对破产风险具有直接效应。

当 WD 取值为均值减一个标准差（1.7655）、均值（13.6685）和均值加一个标准差（25.5714）时，WD 通过 BM 对 AltZ 的瞬间间接效应均为 − 0.0004，且瞬间间接效应 90% 的置信区间均不包括 0。这说明瞬间间接效应显著，即提高女性董事比例能够通过强化董事会行为而对降低破产风险产生积极影响。模型显示，WD 对 AltZ 的回归系数显著为负（β = − 0.0066，p < 0.05），说明提高女性董事比例对降低破产风险具有直接效应。

当 Dir_age 取值为均值减一个标准差（44.2647）、均值（47.8829）和均值加一个标准差（51.5010）时，Dir_age 通过 BM 对 AltZ 的瞬间间接效应分别为 0.0015、0.0014 和 0.0014，且瞬间间接效应 90% 的置信区间均不包括 0。这说明瞬间间接效应显著，即提高董事平均年龄通过弱化董事会行为强度而对破产风险产生负面影响，且这种瞬间间接效应随着董事年龄的提高而微弱降低，董事会行为在董事平均年龄与破产风险之间呈非线性的中介效应。模型显示，Ln（Dir_age）对 AltZ 的回归系数不显著，说明董事平均年龄对破产风险无直接影响。

当 Dir_edu 取值为均值减一个标准差（3.0739）、均值（3.5169）和均值加一个标准差（3.9598）时，Dir_edu 通过 BM 对 AltZ 的瞬间间接效应分别为 − 0.0066、− 0.0065 和 − 0.0064，且瞬间间接效应 90% 的置信区间均包括 0。这说明瞬间间接效应不显著，即提高董事平均学历无法通过影响董事会行为强度而对破产风险产生影响，董事会行为在董事平均学历与破产风险之间不存在中介效应。模型显示，Dir_edu 对 AltZ 的系数显著为负（β = − 0.4134，p < 0.01），

说明提高董事平均学历对降低破产风险具有直接的积极效应。

当 VCD 取值为均值减一个标准差（0.9375）、均值（9.6259）和均值加一个标准差（18.3144）时，VCD 通过 BM 对 AltZ 的瞬间间接效应均为 0.0012，且瞬间间接效应 90% 的置信区间均不包括 0。这说明瞬间间接效应显著，即提高风险投资董事比例通过弱化董事会行为强度而提高破产风险，董事会行为在风险投资董事比例与破产风险之间起到中介效应。模型显示，VCD 对 AltZ 的回归系数不显著，说明风险投资董事比例对破产风险不具直接影响。

当 FD 取值为均值减一个标准差（10.0901）、均值（22.3794）和均值加一个标准差（34.6687）时，FD 通过 BM 对 AltZ 的瞬间间接效应均为 -0.0003，且瞬间间接效应 90% 的置信区间均包括 0。这说明瞬间间接效应不显著，即提高创始人董事比例无法通过强化董事会行为强度而降低破产风险。模型显示，FD 对 AltZ 的回归系数不显著，说明创始人董事比例对破产风险不具直接影响。

当 FD_in 取值为均值减一个标准差（7.9351）、均值（20.0859）和均值加一个标准差（32.2368）时，FD_in 通过 BM 对 AltZ 的瞬间间接效应均为 -0.0004，且瞬间间接效应 90% 的置信区间均不包括 0。这说明瞬间间接效应显著，即提高创始人内部董事比例通过强化董事会行为强度而降低破产风险。模型显示，FD_in 对 AltZ 的回归系数不显著，说明创始人内部董事比例对破产风险不具直接影响。

当 FD_out 取值为均值减一个标准差（-3.6529）、均值（2.2934）和均值加一个标准差（8.2398）时，FD_out 通过 BM 对 AltZ 的瞬间间接效应均为 0.0002，且瞬间间接效应 90% 的置信区间均包括 0。这说明瞬间间接效应不显著，即改变创始人外部董事比例无法通过强化或弱化董事会行为强度而对破产风险产生影响，董事会行为在创始人外部董事比例与破产风险之间不存在中介效应。模型显示，FD_out 对 AltZ 的回归系数不显著，说明创始人外部董事比例对破产风险不具直接影响。

当 Dir_ten 取值为均值减一个标准差（1.5947）、均值（2.3784）和均值加一个标准差（3.1622）时，Dir_ten 通过 BM 对 AltZ 的瞬间间接效应分别为 −0.0146、−0.0137 和 −0.0130，且瞬间间接效应 90% 的置信区间均不包括 0。这说明瞬间间接效应显著，即提高董事平均任期通过强化董事会行为而降低破产风险，董事会行为在董事平均任期与破产风险之间存在非线性的中介效应。模型显示，Dir_ten 对 AltZ 的回归系数显著为负（β = −0.1336，p < 0.01），说明提高董事平均任期对降低破产风险具有直接的积极影响。

## 5.4 董事会特征与行为影响监督行为绩效的检验

### 5.4.1 董事会特征与行为对代理效率的影响

**1. 董事会特征与董事会行为、董事会行为与代理效率**

被解释变量为代理效率时所选控制变量与前文 5.3.5 所述相同，关于董事会结构、人口学属性与人力资本各指标对董事会行为影响的实证检验结果同前文 5.3.5。

在董事会行为与代理效率关系方面，表 5 − 23 的模型 M-AE1.2 的结果显示，Ln（BM）的系数显著为负（β = 4.9890，p < 0.1），说明董事会行为与代理效率呈对数曲线关系，即随董事会行为强度的增加，代理效率提高，但提高的速度越来越慢。仅当在 Bshare、BM 与 FD、BM 对 AE 进行回归时，发现 Ln（BM）与 AE 的关系在 15% 的水平下显著，这可能是由于解释变量选择不同的原因所致，但这并不影响董事会行为与代理效率呈对数曲线关系的基本结论，假设 7 得到验证。[①]

---

① 本书还对 BM 与 AltZ 的倒 U 型关系进行了验证，但发现 BM 的一次项和二次项系数均不显著。

表5-23　代理效率对董事会行为、特征的回归结果

| | M-AE1.2 | M-AE2.2 | M-AE3.2 | M-AE4.2 | M-AE5.2 | M-AE6.2 | M-AE7.2 | M-AE8.2 | M-AE9.2 | M-AE10.2 | M-AE11.2 |
|---|---|---|---|---|---|---|---|---|---|---|---|
| Constant | 128.2374*** (2.6637) | 71.6932 (1.1709) | 125.1881*** (2.7063) | 119.8545** (2.5792) | 200.0008*** (2.9327) | 110.9586** (2.4046) | 58.3664 (0.8444) | 118.929** (2.5682) | 119.8545** (2.5792) | 121.5636*** (2.6337) | 119.8545** (2.5792) |
| Ln(BS) | -7.8726 (-1.1528) | | | | | | | | | | |
| ID | | 1.9589 (1.092) | | | | | | | | | |
| $ID^2$ | | -0.0258 (-1.2073) | | | | | | | | | |
| Bshare | | | -0.4661** (-2.4842) | | | | | | | | |
| $Bshare^2$ | | | 0.0068** (2.5524) | | | | | | | | |
| WD | | | | -0.0317 (-0.3583) | | | | | | | |
| Ln(Dir-age) | | | | | -27.5465** (-2.0141) | | | | | | |
| Dir-edu | | | | | | -5.6068** (-2.2741) | | | | | |

续表

| | M-AE1.2 | M-AE2.2 | M-AE3.2 | M-AE4.2 | M-AE5.2 | M-AE6.2 | M-AE7.2 | M-AE8.2 | M-AE9.2 | M-AE10.2 | M-AE11.2 |
|---|---|---|---|---|---|---|---|---|---|---|---|
| VCD | | | | | | | -0.0319<br>(-0.1861) | | | | |
| FD | | | | | | | | 0.1648*<br>(1.9134) | | | |
| FD-in | | | | | | | | | 0.0512<br>(0.5861) | | |
| FD-out | | | | | | | | | | 0.4385***<br>(2.6111) | |
| Dir-ten | | | | | | | | | | | -0.7918<br>(-0.5383) |
| Ln(BM) | 4.989*<br>(1.6969) | 5.2435*<br>(1.7802) | 4.3637<br>(1.4878) | 4.9875*<br>(1.6968) | 4.9395*<br>(1.6813) | 5.0607*<br>(1.7243) | 7.5712*<br>(1.6912) | 4.6574<br>(1.59) | 4.9875*<br>(1.6968) | 5.1353*<br>(1.7652) | 4.9875*<br>(1.6968) |
| LnAsset | -0.8791<br>(-0.4612) | -0.7164<br>(-0.3754) | -0.8498<br>(-0.4487) | -0.8752<br>(-0.4595) | -0.8343<br>(-0.4381) | -0.7156<br>(-0.376) | -0.0524<br>(-0.0186) | -0.9674<br>(-0.5095) | -0.8752<br>(-0.4595) | -1.175<br>(-0.6199) | -0.8752<br>(-0.4595) |
| Lev | 0.5025***<br>(6.2179) | 0.5101***<br>(6.2983) | 0.5008***<br>(6.2327) | 0.5027***<br>(6.222) | 0.5027***<br>(6.2269) | 0.5076***<br>(6.2878) | 0.528***<br>(4.4633) | 0.5129***<br>(6.3651) | 0.5027***<br>(6.222) | 0.5024***<br>(6.2796) | 0.5027***<br>(6.222) |
| ROE | -0.2012<br>(-1.238) | -0.2069<br>(-1.2723) | -0.1997<br>(-1.2352) | -0.1991<br>(-1.2249) | -0.1999<br>(-1.2305) | -0.2182<br>(-1.3439) | -0.1967<br>(-0.7102) | -0.2533<br>(-1.541) | -0.1991<br>(-1.2249) | -0.2567<br>(-1.5811) | -0.1991<br>(-1.2249) |

续表

| | M-AE1.2 | M-AE2.2 | M-AE3.2 | M-AE4.2 | M-AE5.2 | M-AE6.2 | M-AE7.2 | M-AE8.2 | M-AE9.2 | M-AE10.2 | M-AE11.2 |
|---|---|---|---|---|---|---|---|---|---|---|---|
| CR-5 | -0.1729* | -0.1702* | -0.1831* | -0.1763* | -0.1769* | -0.1505 | -0.0669 | -0.1495 | -0.1763* | -0.1512 | -0.1763* |
| | (-1.7278) | (-1.6925) | (-1.8316) | (-1.7544) | (-1.7616) | (-1.5114) | (-0.3954) | (-1.4797) | (-1.7544) | (-1.5136) | (-1.7544) |
| VC-if | -1.4756 | -1.4133 | -0.7383 | -1.4533 | -1.4395 | -1.1489 | — | -1.162 | -1.4533 | -1.4291 | -1.4533 |
| | (-0.6945) | (-0.6655) | (-0.3464) | (-0.6841) | (-0.678) | (-0.5379) | | (-0.5482) | (-0.6841) | (-0.6795) | (-0.6841) |
| CEO-dual_ | 1.8247 | 1.8512 | 2.1487 | 1.8093 | 1.7797 | 1.8055 | 5.7146* | 2.3037 | 1.8093 | 2.2953 | 1.8093 |
| | (0.9133) | (0.9269) | (1.0791) | (0.9056) | (0.8912) | (0.9042) | (1.9012) | (1.1481) | (0.9056) | (1.1546) | (0.9056) |
| BS | — | -0.881 | -1.252 | -1.0298 | -1.0126 | -1.018 | -0.9895 | -0.8022 | -1.0298 | -1.0851 | -1.0298 |
| | | (-1.0195) | (-1.4637) | (-1.2035) | (-1.1837) | (-1.1912) | (-0.8305) | (-0.9993) | (-1.2035) | (-1.3000) | (-1.2035) |
| ID | -0.1948 | — | -0.1362 | -0.1894 | -0.1855 | -0.1715 | -0.0245 | -0.1641 | -0.1894 | -0.1031 | -0.1894 |
| | (-0.8399) | | (-0.6005) | (-0.8341) | (-0.8175) | (-0.7558) | (-0.0706) | (-0.7242) | (-0.8341) | (-0.4524) | (-0.8341) |
| BShare | -0.0098 | -0.0154 | — | -0.0103 | -0.0104 | 0.0005 | 0.002 | -0.0165 | -0.0103 | 0.0132 | -0.0103 |
| | (-0.1688) | (-0.2654) | | (-0.1774) | (-0.1805) | (0.6095) | (1.5741) | (-0.2887) | (-0.1774) | (0.2318) | (-0.1774) |
| WD | -0.0333 | -0.0271 | -0.0355 | — | -0.0338 | -0.032 | 0.0531 | -0.0445 | -0.0317 | -0.0602 | -0.0317 |
| | (-0.3776) | (-0.3062) | (-0.4038) | | (-0.3831) | (-0.3618) | (0.3776) | (-0.5041) | (-0.3583) | (-0.6800) | (-0.3583) |
| Dir-age | -0.5386* | -0.557* | -0.5639** | -0.5332* | — | -0.5193* | -0.4198 | -0.5768** | -0.5332* | -0.5622** | -0.5332* |
| | (-1.878) | (-1.9381) | (-1.9751) | (-1.8587) | | (-1.813) | (-0.9285) | (-2.0124) | (-1.8587) | (-1.9753) | (-1.8587) |
| Dir-edu | -5.8864** | -5.8634** | -5.6368** | -5.8996** | -5.9542** | — | -3.7353 | -6.1678** | -5.8996** | -5.6279** | -5.8996** |
| | (-2.3884) | (-2.3804) | (-2.2983) | (-2.3941) | (-2.421) | | (-1.0073) | (-2.5141) | (-2.3941) | (-2.3097) | (-2.3941) |

续表

| | M-AE1.2 | M-AE2.2 | M-AE3.2 | M-AE4.2 | M-AE5.2 | M-AE6.2 | M-AE7.2 | M-AE8.2 | M-AE9.2 | M-AE10.2 | M-AE11.2 |
|---|---|---|---|---|---|---|---|---|---|---|---|
| FD-in | 0.0508 (0.5809) | 0.0534 (0.6121) | 0.0382 (0.4398) | 0.0512 (0.5861) | 0.052 (0.596) | 0.0389 (0.4451) | 0.0105 (0.0729) | — | — | — | 0.0512 (0.5861) |
| Dir-ten | −0.8143 (−0.5541) | −0.696 (−0.4727) | −0.631 (−0.431) | −0.7918 (−0.5383) | −0.7751 (−0.5273) | −0.8064 (−0.5486) | 0.909 (0.3913) | −0.9095 (−0.6204) | −0.7918 (−0.5383) | −0.7496 (−0.5139) | — |
| Y2009 | −5.0648 (−1.3725) | −4.7958 (−1.2961) | −5.0221 (−1.3652) | −4.964 (−1.3419) | −5.0333 (−1.3612) | −4.9026 (−1.3259) | −1.2624 (−0.2394) | −5.1149 (−1.3895) | −4.964 (−1.3419) | −4.3245 (−1.1781) | −4.964 (−1.3419) |
| Y2010 | −2.8651 (−1.283) | −2.6992 (−1.2071) | −2.7619 (−1.2427) | −2.8199 (−1.2618) | −2.8415 (−1.2721) | −2.779 (−1.2439) | −0.2358 (−0.0712) | −2.9222 (−1.312) | −2.8199 (−1.2618) | −2.7618 (−1.2448) | −2.8199 (−1.2618) |
| HHI | 1.5484 (0.3133) | 1.1701 (0.2363) | 3.2309 (0.6495) | 1.4052 (0.2839) | 1.3605 (0.275) | 1.7326 (0.349) | 13.7649 (1.6798) | 1.7355 (0.3515) | 1.4052 (0.2839) | 1.8155 (0.369) | 1.4052 (0.2839) |
| Age | 0.0499 (0.2204) | 0.0528 (0.2336) | 0.0845 (0.375) | 0.0531 (0.2347) | 0.067 (0.252) | 0.0728 (0.3215) | −0.2277 (−0.6874) | 0.0656 (0.2911) | 0.0531 (0.2347) | 0.0476 (0.2117) | 0.0531 (0.2347) |
| $R^2$ | 0.128 | 0.1308 | 0.1397 | 0.1282 | 0.1293 | 0.1288 | 0.1573 | 0.1341 | 0.1282 | 0.1396 | 0.1282 |
| F | 3.7789 *** | 3.673 *** | 3.9631 *** | 3.7861 *** | 3.8222 *** | 3.8066 *** | 2.4372 *** | 3.9862 *** | 3.7861 *** | 4.1767 *** | 3.7861 *** |
| N | 509 | 509 | 509 | 509 | 509 | 509 | 268 | 509 | 509 | 509 | 509 |

注: ***、**、* 分别表示在1%、5%、10%水平上显著相关。

**2. 董事会行为的瞬间间接效应**

表 5-24 的 bootstrap 结果显示，当 BS 取值为均值减一个标准差（6.9923）、均值（8.4204）和均值加一个标准差（9.8485）时，BS 通过 BM 对 AE 的瞬间间接效应分别为 -0.1305、-0.1122 和 -0.0988，且瞬间间接效应 90% 的置信区间均不包括 0。这说明瞬间间接效应显著，即增加董事会规模将通过弱化董事会行为强度而对代理效率产生负面影响，且这种瞬间间接效应随董事会规模的增加而降低，董事会行为在董事会规模与代理效率之间存在非线性中介效应。模型显示，Ln（BS）对 AE 的回归系数不显著，说明董事会规模对代理效率无直接影响。

当 ID 取值为均值减一个标准差（31.7712）、均值（36.9826）和均值加一个标准差（42.1940）时，ID 通过 BM 对 AE 的瞬间间接效应分别为 -0.0564、-0.0300 和 -0.0012；且当 ID 取值为均值减一个标准差时，瞬间间接效应 90% 的置信区间不包括 0。这说明瞬间间接效应显著，即当独立董事比例较低时，提高独立董事比例通过降低董事会行为强度而对代理效率产生负面影响。当 ID 取值为均值和均值加一个标准差时，瞬间间接效应 90% 的置信区间包括 0，说明瞬间间接效应不显著，即当独立董事比例适中和较高时，提高独立董事比例无法通过影响董事会行为而影响代理效率。模型显示，ID 对 AE 影响的一次项和二次项系数均不显著，说明独立董事比例对代理效率没有直接影响。

当 Bshare 取值为均值减一个标准差（21.2910）、均值（40.2607）和均值加一个标准差（59.2305）时，Bshare 通过 BM 对 AE 的瞬间间接效应分别为 -0.0109、0.0004 和 0.0117；且当 Bshare 取值为均值减一个标准差时，瞬间间接效应 90% 的置信区间不包括 0。这说明瞬间间接效应显著，即当持股董事比例较低时，提高持股董事比例通过降低董事会行为强度而对代理效率产生负面影响。当 Bshare 取值为均值和均值加一个标准差时，瞬间间接效应 90% 的置信区间包括 0，说明瞬间间接效应不显著，即当持股董事比例适中

表5-24　董事会特征通过行为对代理效率产生的瞬间间接效应

| | XVAL | LowerCI | THETA | UpperCI | | XVAL | LowerCI | THETA | UpperCI |
|---|---|---|---|---|---|---|---|---|---|
| BS | 6.9923 | -0.3952 | -0.1305 | -0.009 | VCD | 0.9375 | -0.0958 | -0.0289 | -0.0024 |
| →BM | 8.4204 | -0.3479 | -0.1122 | -0.0066 | →BM | 9.6259 | -0.105 | -0.0299 | -0.0026 |
| →AE | 9.8485 | -0.3137 | -0.0988 | -0.0058 | →AE | 18.3144 | -0.1085 | -0.0309 | -0.0025 |
| ID | 31.7712 | -0.1827 | -0.0564 | -0.0014 | FD | 10.0901 | -0.0001 | 0.0088 | 0.0329 |
| →BM | 36.9826 | -0.1119 | -0.0300 | 0.0012 | →BM | 22.3794 | 0 | 0.0086 | 0.0316 |
| →AE | 42.194 | -0.0393 | -0.0012 | 0.0316 | →AE | 34.6687 | 0 | 0.0084 | 0.0299 |
| Bshare | 21.291 | -0.0324 | -0.0109 | -0.0005 | FD_in | 7.9351 | 0.0008 | 0.0112 | 0.0343 |
| →BM | 40.2607 | -0.0067 | 0.0004 | 0.0086 | →BM | 20.0859 | 0.0008 | 0.0109 | 0.0326 |
| →AE | 59.2305 | -0.0008 | 0.0117 | 0.0393 | →AE | 32.2368 | 0.0008 | 0.0106 | 0.031 |
| WD | 1.7655 | 0.0006 | 0.0115 | 0.0345 | FD_out | -3.6529 | -0.0372 | -0.0057 | 0.0083 |
| →BM | 13.6685 | 0.0006 | 0.0112 | 0.0332 | →BM | 2.2934 | -0.0383 | -0.0058 | 0.0082 |
| →AE | 25.5714 | 0.0006 | 0.0109 | 0.032 | →AE | 8.2398 | -0.0395 | -0.0058 | 0.0081 |
| Dir_age | 44.2647 | -0.1278 | -0.0418 | -0.0061 | Dir_ten | 1.5947 | 0.0663 | 0.4113 | 0.9692 |
| →BM | 47.8829 | -0.124 | -0.0398 | -0.0057 | →BM | 2.3784 | 0.0624 | 0.3864 | 0.8972 |
| →AE | 51.501 | -0.1199 | -0.0381 | -0.0048 | →AE | 3.1622 | 0.0516 | 0.3642 | 0.8226 |
| Dir_edu | 3.0739 | -0.0235 | 0.2045 | 0.8216 | | | | | |
| →BM | 3.5169 | -0.0239 | 0.2009 | 0.798 | | | | | |
| →AE | 3.9598 | -0.0206 | 0.1974 | 0.7756 | | | | | |

注：XVAL 表示解释变量的取值，每一个解释变量分别在低于均值一个标准差、均值和高于均值一个标准差处取值；THETA 表示 X 通过 Y 产生的瞬间间接效应；LowerCI 和 UpperCI 表示瞬间间接效应 90% 修正偏倚的 bootstrap 置信区间。

和较高时，提高持股董事比例无法通过强化董事会行为而提升代理效率。模型显示，Bshare 对 AE 影响的一次项系数显著为负（$\beta = -0.4661$，$p < 0.05$）和二次项系数显著为正（$\beta = 0.0068$，$p < 0.05$），说明持股董事比例与代理效率具有直接的 U 型关系，随着持股董事比例的提高，代理效率呈现先降低后提高的趋势，较低和较高水平的董事持股更有利于提升代理效率。

当 WD 取值为均值减一个标准差（1.7655）、均值（13.6685）和均值加一个标准差（25.5714）时，WD 通过 BM 对 AE 的瞬间间接效应分别为 0.0115、0.0112 和 0.0109，且瞬间间接效应 90% 的置信区间均不包括 0。这说明瞬间间接效应显著，即提高女性董事比例能够通过强化董事会行为而提高代理效率，但是这种瞬间间接效应随女性董事比例的提高而逐渐降低，董事会行为在女性董事比例与代理效率之间呈非线性的中介效应。模型显示，WD 对 AE 的回归系数不显著，说明女性董事比例对代理效率不具直接影响。

当 Dir_age 取值为均值减一个标准差（44.2647）、均值（47.8829）和均值加一个标准差（51.5010）时，Dir_age 通过 BM 对 AE 的瞬间间接效应分别为 -0.0418、-0.0398 和 -0.0381，且瞬间间接效应 90% 的置信区间均不包括 0。这说明瞬间间接效应显著，即提高董事平均年龄通过弱化董事会行为强度而对代理效率产生负面影响，且这种瞬间间接效应随着董事年龄的提高而降低，董事会行为在董事平均年龄与代理效率之间呈非线性的中介效应。模型显示，Ln（Dir_age）对 AE 的回归系数显著为负（$\beta = -27.5465$，$p < 0.05$），说明随董事平均年龄的提高，代理效率以递减的速率降低，两者存在直接关系。

当 Dir_edu 取值为均值减一个标准差（3.0739）、均值（3.5169）和均值加一个标准差（3.9598）时，Dir_edu 通过 BM 对 AE 的瞬间间接效应分别为 0.2045、0.2009 和 0.1974，且瞬间间接效应 90% 的置信区间均包括 0。这说明瞬间间接效应不显著，即提高董事平均学历无法通过影响董事会行为强度而对代理效率产生影响，董事会行为在董事平均学历与代理效率之间不存在中介效应。模型显示，Dir_edu 对 AE 值的系数显著为负（$\beta = -5.6068$，$p < 0.05$），说明董事平均学历对代理效率具有直接的负面影响。

当 VCD 取值为均值减一个标准差（0.9375）、均值（9.6259）和均值加一个标准差（18.3144）时，VCD 通过 BM 对 AE 的瞬间间接效应分别为 $-0.0289$、$-0.0299$ 和 $-0.0309$，且瞬间间接效应90% 的置信区间均不包括 0。这说明瞬间间接效应显著，即提高风险投资董事比例通过弱化董事会行为强度而降低代理效率，且这种负向的瞬间间接效应随着风险投资董事比例的提高而逐渐增强，董事会行为在风险投资董事比例与代理效率之间呈非线性的中介效应。模型显示，VCD 对 AE 的回归系数不显著，说明风险投资董事比例对代理效率不具直接影响。

当 FD 取值为均值减一个标准差（10.0901）、均值（22.3794）和均值加一个标准差（34.6687）时，FD 通过 BM 对 AE 的瞬间间接效应分别为 0.0088、0.0086、0.0084，且瞬间间接效应90% 的置信区间均包括 0。这说明瞬间间接效应不显著，即提高创始人董事比例无法通过影响董事会行为强度而影响代理效率，董事会行为在创始人董事比例与代理效率之间不存在中介效应。模型显示，FD 对 AE 的回归系数显著为正（$\beta = 0.1648$，$p < 0.1$），说明创始人董事比例对代理效率具有直接的正面影响。

当 FD_in 取值为均值减一个标准差（7.9351）、均值（20.0859）和均值加一个标准差（32.2368）时，FD_in 通过 BM 对 AE 的瞬间间接效应分别为 0.0112、0.0109 和 0.0106，且瞬间间接效应90% 的置信区间均不包括 0。这说明瞬间间接效应显著，即提高创始人内部董事比例通过强化董事会行为强度而提高代理效率，且这种瞬间间接效应随着创始人内部董事比例的提高而逐渐减弱，董事会行为在创始人内部董事比例与代理效率之间呈非线性的中介效应。模型显示，FD_in 对 AE 的回归系数不显著，说明创始人内部董事比例对代理效率不具直接影响。

当 FD_out 取值为均值减一个标准差（ - 3.6529）、均值（2.2934）和均值加一个标准差（8.2398）时，FD_out 通过 BM 对 AE 的瞬间间接效应分别为 - 0.0057、 - 0.0058、 - 0.0058，且瞬间间接效应 90% 的置信区间均包括 0。这说明瞬间间接效应不显著，即改变创始人外部董事比例无法通过强化或弱化董事会行为强度而对代理效率产生影响，董事会行为在创始人外部董事比例与代理效率之间不存在中介效应。模型显示，FD_out 对 AE 的回归系数显著为正（$\beta = 0.4385$，$p < 0.01$），说明创始人外部董事比例对代理效率仅具有直接的正面影响。创始人董事比例对代理效率的直接影响是由创始人外部董事对代理效率具有直接影响而引起。

当 Dir_ten 取值为均值减一个标准差（1.5947）、均值（2.3784）和均值加一个标准差（3.1622）时，Dir_ten 通过 BM 对 AE 的瞬间间接效应分别为 0.4113、0.3864 和 0.3642，且瞬间间接效应 90% 的置信区间均不包括 0。这说明瞬间间接效应显著，即提高董事平均任期通过强化董事会行为而提高代理效率，且这种瞬间间接效应随着董事平均任期的提高而逐渐减弱，董事会行为在董事平均任期与代理效率之间呈非线性的中介效应。模型显示，Dir_ten 对 AE 的回归系数不显著，说明董事平均任期对代理效率不具直接影响。

## 5.4.2 董事会特征与行为对第一类代理成本的影响

### 1. 董事会特征与董事会行为、董事会行为与第一类代理成本

在本部分回归中，根据被解释变量管理费用率的影响因素，除了选择与第 5.3.1 部分大致相同的控制变量以外，还加入了 R&D 投入和是否制造业两个控制变量。一方面原因是创业板上市公司中，R&D 投入是管理费用的重要来源；另一方面，处于制造业的上市公司与处于非制造业上市公司相比，管理费用的组成和金额会由于工人工资的会计处理方法不同而形成较大差异。表 5 - 25 回归结果显示，由于所选取的控制变量有所变化，持股董事比例对董事会行为影响的一次项系数（$\beta = - 0.0363$，$p = 0.1018$）和二次项系

表 5-25 被解释变量为第一类代理成本时，中介变量董事会行为对解释变量董事会特征的回归结果

| | M-ACI 1.1 | M-ACI 2.1 | M-ACI 3.1 | M-ACI 4.1 | M-ACI 5.1 | M-ACI 6.1 | M-ACI 7.1 | M-ACI 8.1 | M-ACI 9.1 | M-ACI 10.1 | M-ACI 11.1 |
|---|---|---|---|---|---|---|---|---|---|---|---|
| Constant | -2.7865 (-0.4932) | 3.4839 (0.4875) | -4.454 (-0.8144) | -4.6285 (-0.8460) | 4.8361 (0.6050) | -4.6285 (-0.8460) | -9.6877 (-1.3188) | -4.6285 (-0.8460) | -4.6828 (-0.8566) | -4.6621 (-0.8503) | -4.6828 (-0.8566) |
| Ln(BS) | -1.5588* (-1.9357) | | | | | | | | | | |
| ID | | -0.3839* (-1.8265) | | | | | | | | | |
| ID$^2$ | | 0.0044* (1.7588) | | | | | | | | | |
| Bshare | | | -0.0363 (-1.6393) | | | | | | | | |
| Bshare$^2$ | | | 0.0004 (1.2898) | | | | | | | | |
| WD | | | | 0.0172 (1.6334) | | | | | | | |
| Ln(Dir-age) | | | | | -3.3091** (-2.0789) | | | | | | |

续表

| | M-ACI 1.1 | M-ACI 2.1 | M-ACI 3.1 | M-ACI 4.1 | M-ACI 5.1 | M-ACI 6.1 | M-ACI 7.1 | M-ACI 8.1 | M-ACI 9.1 | M-ACI 10.1 | M-ACI 11.1 |
|---|---|---|---|---|---|---|---|---|---|---|---|
| Dir-edu | | | | | | 0.1583 (0.5297) | | | | | |
| VCD | | | | | | | -0.0306* (-1.6794) | | | | |
| FD | | | | | | | | 0.0155 (1.5212) | | | |
| FD-in | | | | | | | | | 0.0182* (1.7717) | | |
| FD-out | | | | | | | | | | -0.0092 (-0.4616) | |
| Dir-ten | | | | | | | | | | | 0.5383*** (3.1129) |
| LnAsset | 0.8921*** (3.985) | 0.8589*** (3.8355) | 0.8869*** (3.9635) | 0.8856*** (3.9552) | 0.889*** (3.9702) | 0.8856*** (3.9552) | 1.079*** (3.6428) | 0.8856*** (3.9552) | 0.894*** (4.0017) | 0.9125*** (4.0672) | 0.894*** (4.0017) |
| Lev | 0.0374*** (3.9796) | 0.0361*** (3.8421) | 0.0372*** (3.9602) | 0.0375*** (3.996) | 0.0376*** (4.002) | 0.0375*** (3.996) | 0.0376*** (2.9906) | 0.0375*** (3.996) | 0.0376*** (4.0076) | 0.0364*** (3.8759) | 0.0376*** (4.0076) |
| ROE | -0.0703*** (-3.4311) | -0.0695*** (-3.397) | -0.0696*** (-3.3943) | -0.0709*** (-3.4595) | -0.0709*** (-3.4641) | -0.0709*** (-3.4595) | -0.0659*** (-2.0758) | -0.0709*** (-3.4595) | -0.0687*** (-3.3898) | -0.0644*** (-3.1375) | -0.0687*** (-3.3898) |

续表

| | M-ACI 1.1 | M-ACI 2.1 | M-ACI 3.1 | M-ACI 4.1 | M-ACI 5.1 | M-ACI 6.1 | M-ACI 7.1 | M-ACI 8.1 | M-ACI 9.1 | M-ACI 10.1 | M-ACI 11.1 |
|---|---|---|---|---|---|---|---|---|---|---|---|
| R&D | 0.0551 (0.7196) | 0.063 (0.8213) | 0.0578 (0.7534) | 0.0559 (0.7281) | 0.0564 (0.7348) | 0.0559 (0.7281) | 0.0802 (0.8292) | 0.0559 (0.7281) | 0.0537 (0.7009) | 0.0703 (0.9206) | 0.0537 (0.7009) |
| CR-5 | -0.0139 (-1.1612) | -0.015 (-1.2521) | -0.0147 (-1.2237) | -0.0139 (-1.1555) | -0.0139 (-1.1593) | -0.0139 (-1.1555) | -0.0129 (-0.6987) | -0.0139 (-1.1555) | -0.0147 (-1.2376) | -0.0181 (-1.5198) | -0.0147 (-1.2376) |
| VC-no | -0.2635 *** (-2.5899) | -0.2699 *** (-2.6543) | -0.2434 ** (-2.3647) | -0.2635 *** (-2.5883) | -0.2633 ** (-2.5861) | -0.2635 *** (-2.5883) | — | -0.2635 *** (-2.5883) | -0.265 *** (-2.6121) | -0.2846 *** (-2.8067) | -0.265 *** (-2.6121) |
| CEO-dual_ | -0.059 (-0.2496) | -0.0676 (-0.2861) | -0.045 (-0.19) | -0.0596 (-0.2519) | -0.0608 (-0.2569) | -0.0596 (-0.2519) | 0.2339 (0.7237) | -0.0596 (-0.2519) | -0.0736 (-0.3142) | -0.1357 (-0.5774) | -0.0736 (-0.3142) |
| BS | — | -0.2055 * (-2.0184) | -0.1934 * (-1.9061) | -0.1791 * (-1.7746) | -0.1773 ** (-1.756) | -0.1791 * (-1.7746) | -0.2179 * (-1.694) | -0.1791 * (-1.7746) | -0.1752 * (-1.7415) | -0.215 ** (-2.1813) | -0.1752 * (-1.7415) |
| ID | -0.0216 (-0.7826) | — | -0.0137 (-0.5024) | -0.0173 (-0.6395) | -0.0172 (-0.6347) | -0.0173 (-0.6395) | 0.0265 (0.7142) | -0.0173 (-0.6395) | -0.0204 (-0.7579) | -0.0219 (-0.8007) | -0.0204 (-0.7579) |
| Bshare | -0.009 (-1.3421) | -0.0082 (-1.2196) | — | -0.0091 (-1.3484) | -0.0091 (-1.3448) | -0.0091 (-1.3484) | -0.0063 (-0.698) | -0.0091 (-1.3484) | -0.01 (-1.4762) | -0.0084 (-1.2357) | -0.01 (-1.4762) |
| WD | 0.0171 (1.6259) | 0.0166 (1.5786) | 0.0172 (1.6289) | — | 0.017 (1.6149) | 0.0172 (1.6334) | 0.0304 ** (2.0111) | 0.0172 (1.6334) | 0.0182 * (1.7364) | 0.0198 * (1.8712) | 0.0182 * (1.7364) |
| Dir-age | -0.0685 ** (-2.0558) | -0.0633 * (-1.8936) | -0.0688 ** (-2.0629) | -0.0678 ** (-2.0304) | — | -0.0678 ** (-2.0304) | -0.0901 * (-1.8931) | -0.0678 ** (-2.0304) | -0.0668 ** (-2.0063) | -0.0625 * (-1.8739) | -0.0668 ** (-2.0063) |

续表

| | M-ACI 1.1 | M-ACI 2.1 | M-ACI 3.1 | M-ACI 4.1 | M-ACI 5.1 | M-ACI 6.1 | M-ACI 7.1 | M-ACI 8.1 | M-ACI 9.1 | M-ACI 10.1 | M-ACI 11.1 |
|---|---|---|---|---|---|---|---|---|---|---|---|
| Dir-edu | 0.1617 (0.5413) | 0.1523 (0.5105) | 0.1832 (0.612) | 0.1583 (0.5297) | 0.1578 (0.5285) | — | 0.1321 (0.3243) | 0.1583 (0.5297) | 0.1496 (0.5007) | 0.2015 (0.6758) | 0.1496 (0.5007) |
| FD | 0.0149 (1.4565) | 0.0147 (1.4362) | 0.0138 (1.3422) | 0.0155 (1.5212) | 0.0156 (1.5234) | 0.0155 (1.5212) | 0.0238 (1.549) | — | — | — | 0.0182* (1.7717) |
| Dir-ten | 0.5413*** (3.1316) | 0.5197*** (3.0023) | 0.5524*** (3.1889) | 0.5403*** (3.1217) | 0.5404*** (3.1233) | 0.5403*** (3.1217) | 0.606** (2.3496) | 0.5403*** (3.1217) | 0.5383*** (3.1129) | 0.5566*** (3.2145) | — |
| Y2009 | -0.8894** (-2.0849) | -0.905** (-2.118) | -0.8811** (-2.0597) | -0.8867** (-2.0714) | -0.8906** (-2.0804) | -0.8867** (-2.0714) | -0.8227 (-1.4653) | -0.8867** (-2.0714) | -0.9124** (-2.1297) | -0.8655** (-2.0173) | -0.9124** (-2.1297) |
| Y2010 | -0.6395** (-2.4804) | -0.6494** (-2.5187) | -0.6293** (-2.4378) | -0.6357** (-2.4615) | -0.6374** (-2.4682) | -0.6357** (-2.4615) | -0.529 (-1.4974) | -0.6357** (-2.4615) | -0.6386** (-2.4748) | -0.617** (-2.3866) | -0.6386** (-2.4748) |
| HHI | 0.4362 (0.6329) | 0.4758 (0.6904) | 0.5606 (0.8026) | 0.4158 (0.6028) | 0.4127 (0.5983) | 0.4158 (0.6028) | 0.5825 (0.5461) | 0.4158 (0.6028) | 0.4049 (0.5874) | 0.4655 (0.6742) | 0.4049 (0.5874) |
| Indu-C | -0.7629** (-2.4796) | -0.7491** (-2.4371) | -0.7218** (-2.3305) | -0.7678** (-2.4941) | -0.7698** (-2.5011) | -0.7678** (-2.4941) | -1.0415** (-2.5458) | -0.7678** (-2.4941) | -0.7644** (-2.4907) | -0.7088** (-2.3098) | -0.7644** (-2.4907) |
| $R^2$ | 0.2687 | 0.2725 | 0.2703 | 0.2678 | 0.2681 | 0.2678 | 0.3401 | 0.2678 | 0.2691 | 0.2647 | 0.2691 |
| F | 9.4581*** | 9.1376*** | 9.04*** | 9.4154*** | 9.4296*** | 9.4154*** | 6.7282*** | 9.4154*** | 9.4744*** | 9.2651*** | 9.4744*** |
| N | 509 | 509 | 509 | 509 | 509 | 509 | 268 | 509 | 509 | 509 | 509 |

注：***、**、*分别表示在1%、5%、10%水平上显著相关。

数的显著性（$\beta = 0.0004$，$p = 0.1977$）均略有降低，其他董事特征变量对董事会行为影响的实证检验结果与前文5.3.1基本相同。

在董事会行为与第一类代理成本关系方面，表5-26的模型 M-ACI 1.2结果显示，Ln（BM）的系数显著为负（$\beta = -1.8180$，$p < 0.1$），说明董事会行为与第一类代理成本呈对数曲线关系，即随董事会行为强度的增加，第一类代理成本降低，但降低的速度越来越慢，假设7得到验证。[①]

**2. 董事会行为的瞬间间接效应**

表5-27的bootstrap结果显示，当BS取值为均值减一个标准差（6.9923）、均值（8.4204）和均值加一个标准差（9.8485）时，BS通过BM对AC1的瞬间间接效应分别为0.0479、0.0411和0.0363，且瞬间间接效应90%的置信区间均不包括0。这说明瞬间间接效应显著，即增加董事会规模将通过弱化董事会行为强度而提高第一类代理成本，且这种瞬间间接效应随董事会规模的增加而降低，董事会行为在董事会规模与第一类代理成本之间存在非线性中介效应。模型显示，Ln（BS）对AC1的回归系数不显著，说明董事会规模对第一类代理成本无直接影响。

当ID取值为均值减一个标准差（31.7712）、均值（36.9826）和均值加一个标准差（42.1940）时，ID通过BM对AC1的瞬间间接效应分别为0.0222、0.0132和0.003；且当ID取值为均值减一个标准差以及均值时，瞬间间接效应90%的置信区间不包括0。这说明瞬间间接效应显著，即当独立董事比例较低和适中时，提高独立董事比例通过降低董事会行为强度而提高第一类代理成本。当ID取值为均值加一个标准差时，瞬间间接效应90%的置信区间包括0，说明瞬间间接效应不显著，即当独立董事比例较高时，提高独立董事比例无法通过强化董事会行为而影响第一类代理成本。模型

---

① 本书还对BM与AC1的U型关系进行了验证，但发现BM的一次项和二次项系数均不显著。

表 5-26　　第一类代理成本对董事会行为、特征的回归结果

| | M-ACI 1.2 | M-ACI 2.2 | M-ACI 3.2 | M-ACI 4.2 | M-ACI 5.2 | M-ACI 6.2 | M-ACI 7.2 | M-ACI 8.2 | M-ACI 9.2 | M-ACI 10.2 | M-ACI 11.2 |
|---|---|---|---|---|---|---|---|---|---|---|---|
| Constant | 12.536 (0.715) | 13.1066 (0.5883) | 16.4014 (0.9658) | 18.7795 (1.1102) | 25.8747 (1.041) | 16.5889 (0.978) | 59.7259*** (2.9771) | 16.5889 (0.978) | 16.6601 (0.9816) | 16.342 (0.3347) | 16.6601 (0.9816) |
| Ln(BS) | 3.6091 (1.4442) | | | | | | | | | | |
| ID | | 0.1548 (0.2364) | | | | | | | | | |
| ID$^2$ | | -0.0019 (-0.2414) | | | | | | | | | |
| Bshare | | | -0.005 (-0.0728) | | | | | | | | |
| Bshare$^2$ | | | -0.0004 (-0.395) | | | | | | | | |
| WD | | | | -0.0915 (-1.1791) | | | | | | | |
| WD$^2$ | | | | 0.0048** (2.293) | | | | | | | |
| Ln(Dir-age) | | | | | -3.4443 (-0.6955) | | | | | | |

续表

| | M-ACI 1.2 | M-ACI 2.2 | M-ACI 3.2 | M-ACI 4.2 | M-ACI 5.2 | M-ACI 6.2 | M-ACI 7.2 | M-ACI 8.2 | M-ACI 9.2 | M-ACI 10.2 | M-ACI 11.2 |
|---|---|---|---|---|---|---|---|---|---|---|---|
| Dir-edu | | | | | | $2.3631^{**}$ (2.5523) | | | | | |
| VCD | | | | | | | $-0.0038$ ($-0.0764$) | | | | |
| FD | | | | | | | | $-0.0249$ ($-0.7844$) | | | |
| FD-in | | | | | | | | | $0.0031$ (0.0977) | | |
| FD-out | | | | | | | | | | $-0.1048^{*}$ (0.088) | |
| Dir-ten | | | | | | | | | | | $-0.0182$ ($-0.0336$) |
| Ln(BM) | $-1.818^{*}$ ($-1.6879$) | $-1.8003^{*}$ ($-1.6653$) | $-1.7934^{*}$ ($-1.6604$) | $-1.9913^{*}$ ($-1.8522$) | $-1.8104^{*}$ ($-1.6802$) | $-1.8193^{*}$ ($-1.689$) | $-2.468^{*}$ ($-1.8491$) | $-1.8193^{*}$ ($-1.689$) | $-1.9045^{*}$ ($-1.7669$) | $-1.8949^{*}$ (0.0773) | $-1.9045^{*}$ ($-1.7669$) |
| LnAsset | $-0.1559$ ($-0.2224$) | $-0.1416$ ($-0.2016$) | $-0.1548$ ($-0.2208$) | $-0.1364$ ($-0.1955$) | $-0.1517$ ($-0.2165$) | $-0.1512$ ($-0.2158$) | $-1.427^{*}$ ($-1.7332$) | $-0.1512$ ($-0.2158$) | $-0.1784$ ($-0.2547$) | $-0.1082$ (0.8771) | $-0.1784$ ($-0.2547$) |
| Lev | $-0.1291^{***}$ ($-4.3927$) | $-0.1288^{***}$ ($-4.3683$) | $-0.1291^{***}$ ($-4.3897$) | $-0.1283^{***}$ ($-4.3852$) | $-0.1291^{***}$ ($-4.395$) | $-0.1294^{***}$ ($-4.4021$) | $-0.1299^{***}$ ($-3.7391$) | $-0.1294^{***}$ ($-4.4021$) | $-0.1271^{***}$ ($-4.3252$) | $-0.1281^{***}$ (0) | $-0.1271^{***}$ ($-4.3252$) |

续表

| | M-ACI 1.2 | M-ACI 2.2 | M-ACI 3.2 | M-ACI 4.2 | M-ACI 5.2 | M-ACI 6.2 | M-ACI 7.2 | M-ACI 8.2 | M-ACI 9.2 | M-ACI 10.2 | M-ACI 11.2 |
|---|---|---|---|---|---|---|---|---|---|---|---|
| ROE | -0.1573* (-2.445) | -0.1574** (-2.4429) | -0.1579** (-2.4511) | -0.1634** (-2.5481) | -0.1568** (-2.4365) | -0.157** (-2.4399) | -0.164* (-1.8673) | -0.157** (-2.4399) | -0.1661*** (-2.6084) | -0.1483** (0.021) | -0.1661*** (-2.6084) |
| R&D | 1.716*** (7.2293) | 1.709*** (7.174) | 1.7102*** (7.1886) | 1.7051*** (7.2056) | 1.7115*** (7.2000) | 1.7121*** (7.2042) | 1.4156*** (5.3552) | 1.7121*** (7.2042) | 1.6868*** (7.0945) | 1.6912*** (0) | 1.6868*** (7.0945) |
| CR-5 | 0.0125 (0.3369) | 0.0139 (0.3723) | 0.0142 (0.3807) | 0.0171 (0.4625) | 0.0133 (0.3585) | 0.0134 (0.3591) | -0.0704 (-1.3988) | 0.0134 (0.3591) | 0.0192 (0.5218) | 0.0106 (0.7726) | 0.0192 (0.5218) |
| VC-no | -0.5612* (-1.7692) | -0.5566* (-1.7512) | -0.5782* (-1.802) | -0.5703* (-1.8052) | -0.5615* (-1.7696) | -0.56* (-1.765) | — | -0.56* (-1.765) | -0.5301* (-1.6738) | -0.5596* (0.0763) | -0.5301* (-1.6738) |
| CEO-dual_ | -1.3576* (-1.8526) | -1.3507* (-1.8407) | -1.3679* (-1.8627) | -1.2399* (-1.6952) | -1.3494* (-1.8408) | -1.3544* (-1.8481) | -1.1924 (-1.3516) | -1.3544* (-1.8481) | -1.2467* (-1.7145) | -1.3982* (0.0544) | -1.2467* (-1.7145) |
| BS | — | 0.4576 (1.4435) | 0.4601 (1.459) | 0.4186 (1.3419) | 0.4463 (1.4249) | 0.446 (1.4247) | -0.0936 (-0.2658) | 0.446 (1.4247) | 0.5065 (1.6203) | 0.4881 (0.1099) | 0.5065 (1.6203) |
| ID | 0.0038 (0.0441) | — | -0.0054 (-0.0636) | -0.0225 (-0.2683) | -0.0031 (-0.0368) | -0.002 (-0.0234) | -0.0666 (-0.6566) | -0.002 (-0.0234) | 0.0022 (0.0257) | -0.0185 (0.826) | 0.0022 (0.0257) |
| Bshare | -0.0312 (-1.4908) | -0.0313 (-1.4897) | — | -0.0301 (-1.4428) | -0.0307 (-1.4469) | -0.031 (-1.4781) | -0.0662*** (-2.6979) | -0.031 (-1.4781) | -0.0332 (-1.5689) | -0.0372* (0.0763) | -0.0332 (-1.5689) |
| WD | 0.0706** (2.1611) | 0.0702** (2.1437) | 0.07** (2.1381) | — | 0.0701** (2.1428) | 0.07** (2.1399) | 0.0841** (2.0208) | 0.07** (2.1399) | 0.0669** (2.0564) | 0.0745** (0.0232) | 0.0669** (2.0564) |
| Dir-age | -0.0808 (-0.7786) | -0.0848 (-0.8142) | -0.0818 (-0.787) | -0.0948 (-0.916) | — | -0.0830 (-0.8000) | -0.0669 (-0.5096) | -0.0830 (-0.8000) | -0.0912 (-0.8807) | -0.0806 (0.4355) | -0.0912 (-0.8807) |

续表

| | M-ACI 1.2 | M-ACI 2.2 | M-ACI 3.2 | M-ACI 4.2 | M-ACI 5.2 | M-ACI 6.2 | M-ACI 7.2 | M-ACI 8.2 | M-ACI 9.2 | M-ACI 10.2 | M-ACI 11.2 |
|---|---|---|---|---|---|---|---|---|---|---|---|
| Dir-edu | 2.3565*** (2.5451) | 2.3652** (2.552) | 2.3388** (2.5183) | 2.3466** (2.5454) | 2.3877** (2.5811) | — | 1.8205 (1.6366) | 2.3631** (2.5523) | 2.2868** (2.4677) | 2.2882** (0.0132) | 2.2868** (2.4677) |
| FD | -0.0242 (-0.7594) | -0.0246 (-0.7726) | -0.0234 (-0.7286) | -0.0242 (-0.7636) | -0.0253 (-0.7947) | -0.0249 (-0.7844) | -0.0081 (-0.1918) | — | — | — | 0.0031 (0.0977) |
| Dir-ten | 0.0088 (0.0164) | 0.013 (0.024) | -0.0077 (-0.0142) | -0.0567 (-0.1054) | 0.0004 (0.0008) | 0.0053 (0.0098) | -0.7118 (-1.0066) | 0.0053 (0.0098) | -0.0182 (-0.0336) | -0.0117 (0.9827) | — |
| Y2009 | -1.8541 (-1.3922) | -1.8725 (-1.4002) | -1.8846 (-1.4101) | -1.8523 (-1.3931) | -1.8724 (-1.4016) | -1.8832 (-1.4103) | -1.9932 (-1.2875) | -1.8832 (-1.4103) | -1.9559 (-1.461) | -2.0617 (0.1222) | -1.9559 (-1.461) |
| Y2010 | -1.5472* (-1.9235) | -1.5552* (-1.9282) | -1.5666* (-1.9438) | -1.5715* (-1.9602) | -1.5603* (-1.9373) | -1.5627* (-1.9408) | -1.8014* (-1.8548) | -1.5627* (-1.9408) | -1.6034** (-1.9902) | -1.5973** (0.047) | -1.6034** (-1.9902) |
| HHI | 1.0878 (0.5093) | 1.1143 (0.5204) | 1.0019 (0.4623) | 1.1509 (0.541) | 1.1546 (0.5403) | 1.1411 (0.5341) | -0.6969 (-0.2392) | 1.1411 (0.5341) | 1.0546 (0.4932) | 1.0519 (0.6215) | 1.0546 (0.4932) |
| Indu-C | -3.0811*** (-3.2128) | -3.0851*** (-3.2126) | -3.1203*** (-3.2316) | -3.1147*** (-3.2614) | -3.0818*** (-3.2128) | -3.079*** (-3.2204) | -2.5223** (-2.2255) | -3.079*** (-3.2204) | -3.1798*** (-3.3215) | -3.0988*** (0.0012) | -3.1798*** (-3.3215) |
| $R^2$ | 0.2551 | 0.2551 | 0.2552 | 0.2629 | 0.2547 | 0.255 | 0.2984 | 0.255 | 0.2541 | 0.2585 | 0.2541 |
| F | 8.3548*** | 7.9408*** | 7.9471*** | 8.2732*** | 8.3406*** | 8.3511*** | 5.2517*** | 8.3511*** | 8.3105*** | 8.5057*** | 8.3105*** |
| N | 509 | 509 | 509 | 509 | 509 | 509 | 268 | 509 | 509 | 509 | 509 |

注：***、**、*分别表示在1%、5%、10%水平上显著相关。

表 5 – 27　　　　董事会特征通过行为对对第一类代理成本产生的瞬间间接效应

| | XVAL | LowerCI | THETA | UpperCI | | XVAL | LowerCI | THETA | UpperCI |
|---|---|---|---|---|---|---|---|---|---|
| BS | 6.9923 | 0.0016 | 0.0479 | 0.159 | VCD | 0.9375 | 0.0005 | 0.0090 | 0.0289 |
| →BM | 8.4204 | 0.0012 | 0.0411 | 0.1411 | →BM | 9.6259 | 0.0005 | 0.0093 | 0.0309 |
| →AC1 | 9.8485 | 0.001 | 0.0363 | 0.1285 | →AC1 | 18.3144 | 0.0005 | 0.0096 | 0.0327 |
| ID | 31.7712 | 0.0021 | 0.0222 | 0.0675 | FD | 10.0901 | -0.0129 | -0.0035 | -0.0003 |
| →BM | 36.9826 | 0.0011 | 0.0132 | 0.0455 | →BM | 22.3794 | -0.0124 | -0.0034 | -0.0003 |
| →AC1 | 42.194 | -0.0051 | 0.0030 | 0.0251 | →AC1 | 34.6687 | -0.012 | -0.0034 | -0.0003 |
| Bshare | 21.291 | 0.0006 | 0.0041 | 0.0138 | FD_in | 7.9351 | -0.0141 | -0.0043 | -0.0004 |
| →BM | 40.2607 | -0.0019 | 0.0007 | 0.0052 | →BM | 20.0859 | -0.0135 | -0.0042 | -0.0004 |
| →AC1 | 59.2305 | -0.0157 | -0.0027 | 0.0015 | →AC1 | 32.2368 | -0.0138 | -0.0041 | -0.0005 |
| WD | 1.7655 | -0.0142 | -0.0043 | -0.0006 | FD_out | -3.6529 | -0.0021 | 0.0021 | 0.0141 |
| →BM | 13.6685 | -0.0136 | -0.0042 | -0.0006 | →BM | 2.2934 | -0.0021 | 0.0021 | 0.0144 |
| →AC1 | 25.5714 | -0.013 | -0.0041 | -0.0007 | →AC1 | 8.2398 | -0.0021 | 0.0021 | 0.0147 |
| Dir_age | 44.2647 | 0.0026 | 0.0160 | 0.0469 | Dir_ten | 1.5947 | -0.3693 | -0.1317 | -0.0337 |
| →BM | 47.8829 | 0.0024 | 0.0153 | 0.0462 | →BM | 2.3784 | -0.341 | -0.1250 | -0.0329 |
| →AC1 | 51.501 | 0.0023 | 0.0146 | 0.0455 | →AC1 | 3.1622 | -0.3147 | -0.1188 | -0.0317 |
| Dir_edu | 3.0739 | -0.2405 | -0.0354 | 0.0411 | | | | | |
| →BM | 3.5169 | -0.232 | -0.0351 | 0.0414 | | | | | |
| →AC1 | 3.9598 | -0.224 | -0.0348 | 0.0415 | | | | | |

注: XVAL 表示解释变量的取值, 每一个解释变量分别在低于均值、均值和高于均值一个标准差处取值; THETA 表示 X 通过 M 对 Y 产生的瞬间间接效应, LowerCI 和 UpperCI 表示瞬间间接效应 90% 修正偏倚的 bootstrap 置信区间。

245

显示，ID 对 AC1 影响的一次项和二次项系数均不显著，说明独立董事比例对第一类代理成本没有直接影响。

当 Bshare 取值为均值减一个标准差（21.2910）、均值（40.2607）和均值加一个标准差（59.2305）时，Bshare 通过 BM 对 AC1 的瞬间间接效应分别为 0.0041、0.0007 和 -0.0027；且当 Bshare 取值为均值减一个标准差时，瞬间间接效应 90% 的置信区间不包括 0。这说明瞬间间接效应显著，即当持股董事比例较低时，提高持股董事比例通过降低董事会行为强度而对第一类代理成本产生负面影响。当 Bshare 取值为均值和均值加一个标准差时，瞬间间接效应 90% 的置信区间包括 0，说明瞬间间接效应不显著，即当持股董事比例适中和较高时，提高持股董事比例无法通过强化董事会行为而降低第一类代理成本。模型显示，Bshare 对 AC1 影响的一次项和二次项系数均不显著，说明持股董事比例与第一类代理成本无直接相关性。

当 WD 取值为均值减一个标准差（1.7655）、均值（13.6685）和均值加一个标准差（25.5714）时，WD 通过 BM 对 AC1 的瞬间间接效应分别为 -0.0043、-0.0042、-0.0041，且瞬间间接效应 90% 的置信区间均不包括 0。这说明瞬间间接效应显著，即提高女性董事比例能够通过强化董事会行为而对降低第一类代理成本产生积极影响。模型显示，WD 对 AC1 的一次项项系数不显著，二次项系数显著为正（$\beta = 0.0048$，$p < 0.05$），说明女性董事比例与第一类代理成本呈 U 型的直接关系，即随着女性董事比例的提高，第一类代理成本呈现先降低后提高的趋势。

当 Dir_age 取值为均值减一个标准差（44.2647）、均值（47.8829）和均值加一个标准差（51.5010）时，Dir_age 通过 BM 对 AC1 的瞬间间接效应分别为 0.0160、0.0153 和 0.0146，且瞬间间接效应 90% 的置信区间均不包括 0。这说明瞬间间接效应显著，即提高董事平均年龄通过弱化董事会行为强度而提高第一类代理成本，且这种瞬间间接效应随着董事年龄的提高而降低，董事会行为在董事平均年龄与第一类代理成本之间呈非线性的中介效应。模型显示，Ln

（Dir_age）对 AC1 的回归系数不显著，说明董事平均年龄对第一类代理成本无直接影响。

当 Dir_edu 取值为均值减一个标准差（3.0739）、均值（3.5169）和均值加一个标准差（3.9598）时，Dir_edu 通过 BM 对 AC1 的瞬间间接效应分别为 - 0.0354、- 0.0351 和 - 0.0348，且瞬间间接效应 90% 的置信区间均包括 0。这说明瞬间间接效应不显著，即提高董事平均学历无法通过影响董事会行为强度而对第一类代理成本产生影响，董事会行为在董事平均学历与第一类代理成本之间不存在中介效应。模型显示，Dir_edu 对 AC1 的系数显著为正（$\beta$ = 2.3631，p < 0.05），说明提高董事平均学历将提高第一类代理成本。

当 VCD 取值为均值减一个标准差（0.9375）、均值（9.6259）和均值加一个标准差（18.3144）时，VCD 通过 BM 对 AC1 的瞬间间接效应分别为 0.0090、0.0093、0.0096，且瞬间间接效应 90% 的置信区间均不包括 0。这说明瞬间间接效应显著，即提高风险投资董事比例通过弱化董事会行为强度而提高第一类代理成本，且这种瞬间间接效应随风险投资董事比例的提高而逐渐增加，董事会行为在风险投资董事比例与第一类代理成本之间起到非线性的中介效应。模型显示，VCD 对 AC1 的回归系数不显著，说明风险投资董事比例对第一类代理成本不具直接影响。

当 FD 取值为均值减一个标准差（10.0901）、均值（22.3794）和均值加一个标准差（34.6687）时，FD 通过 BM 对 AC1 的瞬间间接效应分别为 - 0.0035、- 0.0034、- 0.0034，且瞬间间接效应 90% 的置信区间均不包括 0。这说明瞬间间接效应显著，即提高创始人董事比例可以通过强化董事会行为强度而降低第一类代理成本，且这种瞬间间接效应随创始人董事比例的提高而微弱下降，董事会行为在创始人董事比例与第一类代理成本之间呈现非线性的中介效应。模型显示，FD 对 AC1 的回归系数不显著，说明创始人董事比例对第一类代理成本不具直接影响。

当 FD_in 取值为均值减一个标准差（7.9351）、均值（20.0859）

和均值加一个标准差（32.2368）时，FD_in 通过 BM 对 AC1 的瞬间间接效应分别为 -0.0043、-0.0042 和 -0.0041，且瞬间间接效应 90% 的置信区间均不包括 0。这说明瞬间间接效应显著，即提高创始人内部董事比例通过强化董事会行为强度而降低第一类代理成本，且这种瞬间间接效应随创始人内部董事比例的提高而微弱下降，董事会行为在创始人内部董事比例与第一类代理成本之间呈现非线性的中介效应。模型显示，FD_in 对 AC1 的回归系数不显著，说明创始人内部董事比例对第一类代理成本不具直接影响。

当 FD_out 取值为均值减一个标准差（-3.6529）、均值（2.2934）和均值加一个标准差（8.2398）时，FD_out 通过 BM 对 AC1 的瞬间间接效应均为 0.0021，且瞬间间接效应 90% 的置信区间均包括 0。这说明瞬间间接效应不显著，即改变创始人外部董事比例无法通过强化或弱化董事会行为强度而对第一类代理成本产生影响，董事会行为在创始人外部董事比例与第一类代理成本之间不存在中介效应。模型显示，FD_out 对 AC1 的回归系数显著为负（$\beta = -0.1048$，$p < 0.1$），说明提高创始人外部董事比例对降低第一类代理成本具有直接的积极影响。

当 Dir_ten 取值为均值减一个标准差（1.5947）、均值（2.3784）和均值加一个标准差（3.1622）时，Dir_ten 通过 BM 对 AC1 的瞬间间接效应分别为 -0.1317、-0.1250 和 -0.1188，且瞬间间接效应 90% 的置信区间均不包括 0。这说明瞬间间接效应显著，即提高董事平均任期通过强化董事会行为而降低第一类代理成本，董事会行为在董事平均任期与第一类代理成本之间存在非线性的中介效应。模型显示，Dir_ten 对 AC1 的回归系数不显著，说明提高董事平均任期对降低第一类代理成本不具有直接影响。

### 5.4.3 董事会特征与行为对第二类代理成本的影响

**1. 董事会特征与董事会行为、董事会行为与第二类代理成本**

在本部分回归中，根据被解释变量其他应收款率的影响因素，除了选择与第 5.3.1 部分相同的控制变量以外，还加入了是否制造业这一控制变量。表 5 - 28 的回归结果显示，除了独立董事比例、持股董事比例、女性董事比例以及风险投资董事比例对董事会行为影响的显著性水平略有降低（15% 水平上显著）以外，董事会结构、人口学属性与人力资本其他各指标对董事会行为影响的实证检验结果同前文 5.3.1。

在董事会行为与第二类代理成本关系方面，表 5 - 29 的模型 M-ACII 1.2 结果显示，Ln（BM）的系数不显著（$\beta = 0.0465$，$p > 0.1$），说明董事会行为对降低第二类代理成本没有影响，假设 7 未得到验证。[①]

**2. 董事会行为的瞬间间接效应**

表 5 - 30 的 bootstrap 结果显示，当 BS 取值为均值减一个标准差（6.9923）、均值（8.4204）和均值加一个标准差（9.8485）时，BS 通过 BM 对 AC2 的瞬间间接效应分别为 - 0.0011、- 0.0010 和 - 0.0009，且瞬间间接效应 90% 的置信区间均包括 0。这说明瞬间间接效应不显著，董事会行为在董事会规模与公司价值之间不存在非线性中介效应。模型显示，Ln（BS）对 AC2 的回归系数不显著，说明董事会规模与第二类代理成本之间不具有直接效应。

当 ID 取值为均值减一个标准差（31.7712）、均值（36.9826）和均值加一个标准差（42.1940）时，ID 通过 BM 对 AC2 的瞬间间接效应分别为 - 0.0003、- 0.0002 和 0.0000，且瞬间间接效应 90% 的置信区间均包括 0。这说明瞬间间接效应不显著，即改变独立董事比例不能通过董事会行为而影响第二类代理成本，董事会行为在独立董事比例与第二类代理成本之间不存在中介效应。模型显示，ID 对 AC2 回归的一次项和二次项系数均不显著，说明独立董事

---

① 本书还对 BM 与 AC2 的 U 型关系进行了验证，但发现 BM 的一次项和二次项系数均不显著。

表5-28 被解释变量为第二类代理成本时，中介变量董事会行为对解释变量董事会特征的回归结果

| | M-ACII 1.1 | M-ACII 2.1 | M-ACII 3.1 | M-ACII 4.1 | M-ACII 5.1 | M-ACII 6.1 | M-ACII 7.1 | M-ACII 8.1 | M-ACII 9.1 | M-ACII 10.1 | M-ACII 11.1 |
|---|---|---|---|---|---|---|---|---|---|---|---|
| Constant | -3.2051 (-0.569) | 2.7055 (0.3781) | -4.6131 (-0.8476) | -4.9232 (-0.9043) | 4.7098 (0.5872) | -4.9232 (-0.9043) | -8.9006 (-1.2264) | -4.9232 (-0.9043) | -5.0048 (-0.9199) | -4.8725 (-0.8922) | -4.9232 (-0.9043) |
| Ln(BS) | -1.4353* (-1.782) | | | | | | | | | | |
| ID | | -0.3493* (-1.6596) | | | | | | | | | |
| ID$^2$ | | 0.0041 (1.639) | | | | | | | | | |
| Bshare | | | -0.0381* (-1.714) | | | | | | | | |
| Bshare$^2$ | | | 0.0005 (1.4547) | | | | | | | | |
| WD | | | | 0.0149 (1.4297) | | | | | | | |
| Ln(Dir-age) | | | | | -3.3667** (-2.1085) | | | | | | |
| Dir-edu | | | | | | 0.1252 (0.4203) | | | | | |

续表

| | M-ACII 1.1 | M-ACII 2.1 | M-ACII 3.1 | M-ACII 4.1 | M-ACII 5.1 | M-ACII 6.1 | M-ACII 7.1 | M-ACII 8.1 | M-ACII 9.1 | M-ACII 10.1 | M-ACII 11.1 |
|---|---|---|---|---|---|---|---|---|---|---|---|
| VCD | | | | | | | -0.0273 (-1.5047) | | | | |
| FD | | | | | | | | 0.0181* (1.7812) | | | |
| FD-in | | | | | | | | | 0.0202** (1.9778) | | |
| FD-out | | | | | | | | | | -0.007 (-0.35) | |
| Dir-ten | | | | | | | | | | | 0.5705*** (3.3107) |
| LnAsset | 0.8817*** (4.0075) | 0.845*** (3.8356) | 0.8706*** (3.9621) | 0.8738*** (3.9724) | 0.877*** (3.9867) | 0.8738*** (3.9724) | 0.9928*** (3.4446) | 0.8738*** (3.9724) | 0.8853*** (4.0312) | 0.8952*** (4.0535) | 0.8738*** (3.9724) |
| Lev | 0.0365*** (3.8688) | 0.0353*** (3.7339) | 0.0362*** (3.8472) | 0.0366*** (3.8845) | 0.0367*** (3.8906) | 0.0366*** (3.8845) | 0.0381*** (3.0373) | 0.0366*** (3.8845) | 0.0366*** (3.8894) | 0.0352*** (3.7333) | 0.0366*** (3.8845) |
| ROE | -0.0649*** (-3.333) | -0.0637*** (-3.2676) | -0.0639*** (-3.279) | -0.0655*** (-3.3632) | -0.0656*** (-3.3659) | -0.0655*** (-3.3632) | -0.0638** (-2.1023) | -0.0655*** (-3.3632) | -0.063*** (-3.2842) | -0.057*** (-2.9404) | -0.0655*** (-3.3632) |
| CR-5 | -0.0122 (-1.0231) | -0.0131 (-1.0917) | -0.0131 (-1.0895) | -0.0121 (-1.0073) | -0.0122 (-1.0112) | -0.0121 (-1.0073) | -0.0112 (-0.608) | -0.0121 (-1.0073) | -0.0132 (-1.1076) | -0.0167 (-1.398) | -0.0121 (-1.0073) |

续表

| | M-ACII 1.1 | M-ACII 2.1 | M-ACII 3.1 | M-ACII 4.1 | M-ACII 5.1 | M-ACII 6.1 | M-ACII 7.1 | M-ACII 8.1 | M-ACII 9.1 | M-ACII 10.1 | M-ACII 11.1 |
|---|---|---|---|---|---|---|---|---|---|---|---|
| VC-if | -0.3738 (-1.4931) | -0.3752 (-1.5) | -0.3197 (-1.2651) | -0.3706 (-1.4793) | -0.3703 (-1.4783) | -0.3706 (-1.4793) | — | -0.3706 (-1.4793) | -0.3707 (-1.4822) | -0.4157* (-1.6614) | -0.3706 (-1.4793) |
| CEO-dual_ | -0.0812 (-0.3424) | -0.0892 (-0.3763) | -0.0646 (-0.272) | -0.0818 (-0.3447) | -0.0828 (-0.349) | -0.0818 (-0.3447) | 0.2691 (0.8353) | -0.0818 (-0.3447) | -0.1019 (-0.4332) | -0.165 (-0.6983) | -0.0818 (-0.3447) |
| BS | — | -0.1842* (-1.8114) | -0.1776* (-1.7515) | -0.1606 (-1.5924) | -0.1587 (-1.573) | -0.1606 (-1.5924) | -0.2089 (-1.6316) | -0.1606 (-1.5924) | -0.1582 (-1.5729) | -0.1995* (-2.018) | -0.1606 (-1.5924) |
| ID | -0.0117 (-0.4285) | — | -0.0035 (-0.13) | -0.0071 (-0.2663) | -0.007 (-0.2615) | -0.0071 (-0.2663) | 0.0313 (0.8403) | -0.0071 (-0.2663) | -0.0106 (-0.3984) | -0.0108 (-0.4003) | -0.0071 (-0.2663) |
| Bshare | -0.0073 (-1.0788) | -0.0064 (-0.9494) | — | -0.0073 (-1.0805) | -0.0073 (-1.0767) | -0.0073 (-1.0805) | -0.005 (-0.5664) | -0.0073 (-1.0805) | -0.0082 (-1.2128) | -0.0061 (-0.9053) | -0.0073 (-1.0805) |
| WD | 0.0149 (1.4279) | 0.0142 (1.3602) | 0.0149 (1.4248) | — | 0.0147 (1.4098) | 0.0149 (1.4297) | 0.027* (1.8035) | 0.0149 (1.4297) | 0.0161 (1.5512) | 0.0173 (1.645) | 0.0149 (1.4297) |
| Dir-age | -0.0696** (-2.0819) | -0.0648* (-1.9313) | -0.0701** (-2.0959) | -0.069** (-2.0608) | — | -0.069** (-2.0608) | -0.0847* (-1.7908) | -0.069** (-2.0608) | -0.0677** (-2.0289) | -0.063* (-1.8805) | -0.069** (-2.0608) |
| Dir-edu | 0.129 (0.4333) | 0.1208 (0.4063) | 0.1551 (0.5201) | 0.1252 (0.4203) | 0.1251 (0.4205) | — | 0.2011 (0.5009) | 0.1252 (0.4203) | 0.1153 (0.3871) | 0.1832 (0.6169) | 0.1252 (0.4203) |
| FD | 0.0174* (1.7083) | 0.0174* (1.7171) | 0.0161 (1.574) | 0.0181* (1.7812) | 0.0181* (1.784) | 0.0181* (1.7812) | 0.0268* (1.811) | — | — | — | 0.0181* (1.7812) |

续表

| | M-ACII 1.1 | M-ACII 2.1 | M-ACII 3.1 | M-ACII 4.1 | M-ACII 5.1 | M-ACII 6.1 | M-ACII 7.1 | M-ACII 8.1 | M-ACII 9.1 | M-ACII 10.1 | M-ACII 11.1 |
|---|---|---|---|---|---|---|---|---|---|---|---|
| Dir-ten | 0.5721*** (3.3254) | 0.5535*** (3.2121) | 0.5841*** (3.3886) | 0.5705*** (3.3107) | 0.5707*** (3.313) | 0.5705*** (3.3107) | 0.6657*** (2.6698) | 0.5705*** (3.3107) | 0.5689*** (3.3047) | 0.5953*** (3.4551) | — |
| Y2009 | -0.8824** (-2.0684) | -0.9042** (-2.1159) | -0.8837** (-2.0676) | -0.8835** (-2.0649) | -0.8878** (-2.0746) | -0.8835** (-2.0649) | -0.8221 (-1.4767) | -0.8835** (-2.0649) | -0.9094** (-2.1239) | -0.8599** (-2.0026) | -0.8835** (-2.0649) |
| Y2010 | -0.6668** (-2.5862) | -0.6797** (-2.635) | -0.6576** (-2.5493) | -0.6644** (-2.5733) | -0.6663** (-2.5806) | -0.6644** (-2.5733) | -0.5231 (-1.4849) | -0.6644** (-2.5733) | -0.6665** (-2.583) | -0.6481** (-2.5036) | -0.6644** (-2.5733) |
| HHI | 0.1921 (0.2788) | 0.2198 (0.3189) | 0.3562 (0.5086) | 0.1747 (0.2533) | 0.1711 (0.2481) | 0.1747 (0.2533) | 0.5506 (0.5194) | 0.1747 (0.2533) | 0.1667 (0.2418) | 0.1939 (0.2802) | 0.1747 (0.2533) |
| Indu-C | -0.8282*** (-2.7261) | -0.8219*** (-2.7078) | -0.7801*** (-2.2504) | -0.834*** (-2.7439) | -0.8364*** (-2.7524) | -0.834*** (-2.7439) | -1.0799*** (-2.657) | -0.834*** (-2.7439) | -0.8261*** (-2.7243) | -0.7829*** (-2.5746) | -0.834*** (-2.7439) |
| $R^2$ | 0.2614 | 0.2645 | 0.2636 | 0.2605 | 0.2608 | 0.2605 | 0.3402 | 0.2605 | 0.2616 | 0.2559 | 0.2605 |
| F | 9.6354*** | 9.2556*** | 9.215*** | 9.5876*** | 9.6024*** | 9.5876*** | 7.1317*** | 9.5876*** | 9.6427*** | 9.3599*** | 9.5876*** |
| N | 509 | 509 | 509 | 509 | 509 | 509 | 268 | 509 | 509 | 509 | 509 |

注：***，**，* 分别表示在1%、5%、10%水平上显著相关。

表 5 - 29 第二类代理成本对董事会行为、特征的回归结果

| | M-ACII 1.2 | M-ACII 2.2 | M-ACII 3.2 | M-ACII 4.2 | M-ACII 5.2 | M-ACII 6.2 | M-ACII 7.2 | M-ACII 8.2 | M-ACII 9.2 | M-ACII 10.2 | M-ACII 11.2 |
|---|---|---|---|---|---|---|---|---|---|---|---|
| Constant | -2.7873 (-1.0049) | 1.2819 (0.3634) | -2.3723 (-0.8858) | -2.5334 (-0.9459) | -3.6112 (-0.9126) | -2.5334 (-0.9459) | -5.1219 (-1.3344) | -2.5334 (-0.9459) | -2.5031 (-0.9336) | -2.5701 (-0.9558) | -2.5334 (-0.9459) |
| Ln(BS) | 0.2215 (0.5583) | | | | | | | | | | |
| ID | | -0.1579 (-1.5231) | | | | | | | | | |
| ID$^2$ | | 0.002 (1.633) | | | | | | | | | |
| Bshare | | | -0.013 (-1.1855) | | | | | | | | |
| Bshare$^2$ | | | 0.0002 (1.4173) | | | | | | | | |
| WD | | | | -0.0024 (-0.4667) | | | | | | | |
| Ln(Dir-age) | | | | | 0.3766 (0.4776) | | | | | | |
| Dir-edu | | | | | | 0.2098 (1.4328) | | | | | |

续表

| | M-ACII 1.2 | M-ACII 2.2 | M-ACII 3.2 | M-ACII 4.2 | M-ACII 5.2 | M-ACII 6.2 | M-ACII 7.2 | M-ACII 8.2 | M-ACII 9.2 | M-ACII 10.2 | M-ACII 11.2 |
|---|---|---|---|---|---|---|---|---|---|---|---|
| VCD | | | | | | | -0.0155 (-1.6103) | | | | |
| FD | | | | | | | | -0.0102** (-2.0256) | | | |
| FD-in | | | | | | | | | -0.0089* (-1.7553) | | |
| FD-out | | | | | | | | | | -0.0054 (-0.5484) | |
| Dir-ten | | | | | | | | | | | -0.0442 (-0.5185) |
| Ln(BM) | 0.0465 (0.2719) | 0.0266 (0.1553) | 0.0294 (0.172) | 0.0461 (0.2698) | 0.0464 (0.2717) | 0.0461 (0.2698) | 0.0407 (0.1577) | 0.0461 (0.2698) | 0.0411 (0.2401) | 0.0125 (0.0735) | 0.0461 (0.2698) |
| LnAsset | 0.1222 (1.1167) | 0.1105 (1.0101) | 0.1231 (1.1266) | 0.123 (1.125) | 0.1226 (1.1212) | 0.123 (1.125) | 0.2278 (1.4729) | 0.123 (1.125) | 0.1164 (1.0639) | 0.1205 (1.0964) | 0.123 (1.125) |
| Lev | 0.0306*** (6.545) | 0.03*** (6.4073) | 0.0305*** (6.5227) | 0.0306*** (6.5424) | 0.0306*** (6.5422) | 0.0306*** (6.5424) | 0.0479*** (7.1334) | 0.0306*** (6.5424) | 0.0308*** (6.5808) | 0.0314*** (6.7258) | 0.0306*** (6.5424) |
| ROE | -0.0104 (-1.0691) | -0.0096 (-0.9897) | -0.0097 (-1.0022) | -0.0104 (-1.0646) | -0.0103 (-1.0638) | -0.0104 (-1.0646) | 0.0042 (0.2588) | -0.0104 (-1.0646) | -0.0124 (-1.2943) | -0.0139 (-1.4353) | -0.0104 (-1.0646) |

续表

| | M-ACII 1.2 | M-ACII 2.2 | M-ACII 3.2 | M-ACII 4.2 | M-ACII 5.2 | M-ACII 6.2 | M-ACII 7.2 | M-ACII 8.2 | M-ACII 9.2 | M-ACII 10.2 | M-ACII 11.2 |
|---|---|---|---|---|---|---|---|---|---|---|---|
| CR-5 | -0.0094 (-1.591) | -0.0099* (-1.6721) | -0.0099* (-1.6651) | -0.0094 (-1.5808) | -0.0093 (-1.5799) | -0.0094 (-1.5808) | -0.0337*** (-3.4507) | -0.0094 (-1.5808) | -0.0084 (-1.4325) | -0.0076 (-1.286) | -0.0094 (-1.5808) |
| VC-if | 0.0964 (0.7818) | 0.0927 (0.7526) | 0.1196 (0.9612) | 0.0959 (0.7771) | 0.0959 (0.777) | 0.0959 (0.7771) | — | 0.0959 (0.7771) | 0.101 (0.8182) | 0.117 (0.9482) | 0.0959 (0.7771) |
| CEO-dual_ | 0.1085 (0.93) | 0.1046 (0.8974) | 0.1166 (0.9989) | 0.1087 (0.9314) | 0.1088 (0.9324) | 0.1087 (0.9314) | 0.3462** (2.0348) | 0.1087 (0.9314) | 0.1263 (1.0903) | 0.141 (1.2121) | 0.1087 (0.9314) |
| BS | — | 0.0142 (0.2839) | 0.0179 (0.3578) | 0.0263 (0.5299) | 0.0261 (0.5255) | 0.0263 (0.5299) | 0.0467 (0.6887) | 0.0263 (0.5299) | 0.0298 (0.6014) | 0.0464 (0.9525) | 0.0263 (0.5299) |
| ID | 0.0131 (0.9729) | — | 0.0143 (1.0839) | 0.0126 (0.9562) | 0.0126 (0.9552) | 0.0126 (0.9562) | 0.0154 (0.7807) | 0.0126 (0.9562) | 0.0144 (1.0951) | 0.0129 (0.9655) | 0.0126 (0.9562) |
| BShare | 0.0018 (0.5449) | 0.0022 (0.6713) | — | 0.0018 (0.5469) | 0.0018 (0.5462) | 0.0018 (0.5469) | -0.0067 (-1.433) | 0.0018 (0.5469) | 0.0021 (0.6131) | 0.0008 (0.2312) | 0.0018 (0.5469) |
| WD | -0.0024 (-0.4634) | -0.0027 (-0.5316) | -0.0024 (-0.4675) | — | -0.0024 (-0.4622) | -0.0024 (-0.4667) | 0.0129 (1.6216) | -0.0024 (-0.4667) | -0.0031 (-0.6123) | -0.003 (-0.5803) | -0.0024 (-0.4667) |
| Dir-age | 0.0078 (0.4745) | 0.0097 (0.5836) | 0.007 (0.4254) | 0.0077 (0.4667) | — | 0.0077 (0.4667) | 0.0305 (1.2109) | 0.0077 (0.4667) | 0.0065 (0.3916) | 0.0049 (0.2987) | 0.0077 (0.4667) |
| Dir-edu | 0.2093 (1.4291) | 0.208 (1.423) | 0.2245 (1.5308) | 0.2098 (1.4328) | 0.2098 (1.4344) | — | 0.2456 (1.157) | 0.2098 (1.4328) | 0.2071 (1.4117) | 0.1769 (1.2104) | 0.2098 (1.4328) |

续表

| | M-ACII 1.2 | M-ACII 2.2 | M-ACII 3.2 | M-ACII 4.2 | M-ACII 5.2 | M-ACII 6.2 | M-ACII 7.2 | M-ACII 8.2 | M-ACII 9.2 | M-ACII 10.2 | M-ACII 11.2 |
|---|---|---|---|---|---|---|---|---|---|---|---|
| FD | -0.0101** (-2.0044) | -0.0104** (-2.0832) | -0.0111** (-2.1901) | -0.0102** (-2.0256) | -0.0102** (-2.0264) | -0.0102** (-2.0256) | -0.0127 (-1.6125) | — | — | — | -0.0102** (-2.0256) |
| Dir-ten | -0.0442 (-0.5182) | -0.0515 (-0.604) | -0.0367 (-0.4298) | -0.0442 (-0.5185) | -0.0443 (-0.5191) | -0.0442 (-0.5185) | 0.0532 (0.4013) | -0.0442 (-0.5185) | -0.0462 (-0.5411) | -0.0554 (-0.649) | — |
| Y2009 | 0.065 (0.3075) | 0.0509 (0.2404) | 0.0615 (0.2907) | 0.0641 (0.3025) | 0.0646 (0.3049) | 0.0641 (0.3025) | 0.4163 (1.4019) | 0.0641 (0.3025) | 0.0709 (0.3338) | 0.0358 (0.1684) | 0.0641 (0.3025) |
| Y2010 | 0.0284 (0.2222) | 0.0184 (0.1438) | 0.0295 (0.2309) | 0.0277 (0.2168) | 0.0279 (0.2186) | 0.0277 (0.2168) | 0.043 (0.2293) | 0.0277 (0.2168) | 0.0261 (0.2043) | 0.0155 (0.1212) | 0.0277 (0.2168) |
| HHI | -0.6694** (-1.9755) | -0.6432* (-1.8987) | -0.5787* (-1.6806) | -0.6663* (-1.9651) | -0.6659* (-1.9638) | -0.6663* (-1.9651) | -1.0678* (-1.9068) | -0.6663* (-1.9651) | -0.6652* (-1.9597) | -0.6784** (-1.9932) | -0.6663* (-1.9651) |
| Indu-C | -0.6507*** (-4.3251) | -0.6461*** (-4.3028) | -0.626*** (-4.1395) | -0.6502*** (-4.3224) | -0.6499*** (-4.3204) | -0.6502*** (-4.3224) | -0.6105*** (-2.8001) | -0.6502*** (-4.3224) | -0.6598*** (-4.3903) | -0.6759*** (-4.4931) | -0.6502*** (-4.3224) |
| $R^2$ | 0.1599 | 0.1646 | 0.1633 | 0.1599 | 0.1599 | 0.1599 | 0.295 | 0.1599 | 0.1581 | 0.1533 | 0.1599 |
| F | 4.8987*** | 4.806*** | 4.762*** | 4.8968*** | 4.8975*** | 4.8968*** | 5.4616*** | 4.8968*** | 4.8333*** | 4.6606*** | 4.8968*** |
| N | 509 | 509 | 509 | 509 | 509 | 509 | 268 | 509 | 509 | 509 | 509 |

注：***、**、* 分别表示在1%、5%、10%水平上显著相关。

257

表5-30　　董事会特征通过行为对第二类代理成本产生的瞬间间接效应

| | XVAL | LowerCI | THETA | UpperCI | | XVAL | LowerCI | THETA | UpperCI |
|---|---|---|---|---|---|---|---|---|---|
| BS | 6.9923 | -0.0121 | -0.0011 | 0.0043 | VCD | 0.9375 | -0.0025 | -0.0001 | 0.0014 |
| →BM | 8.4204 | -0.0108 | -0.0010 | 0.0037 | →BM | 9.6259 | -0.0026 | -0.0001 | 0.0015 |
| →AC2 | 9.8485 | -0.0099 | -0.0009 | 0.0033 | →AC2 | 18.3144 | -0.0027 | -0.0001 | 0.0015 |
| ID | 31.7712 | -0.0045 | -0.0003 | 0.0025 | FD | 10.0901 | -0.0006 | 0.0001 | 0.0010 |
| →BM | 36.9826 | -0.0028 | -0.0002 | 0.0014 | →BM | 22.3794 | -0.0005 | 0.0001 | 0.0010 |
| →AC2 | 42.194 | -0.0011 | 0 | 0.001 | →AC2 | 34.6687 | -0.0005 | 0.0001 | 0.0009 |
| Bshare | 21.291 | -0.0008 | -0.0001 | 0.0006 | FD_in | 7.9351 | -0.0006 | 0.0001 | 0.0010 |
| →BM | 40.2607 | -0.0003 | 0 | 0.0002 | →BM | 20.0859 | -0.0006 | 0.0001 | 0.0010 |
| →AC2 | 59.2305 | -0.0005 | 0.0001 | 0.001 | →AC2 | 32.2368 | -0.0006 | 0.0001 | 0.0009 |
| WD | 1.7655 | -0.0003 | 0.0001 | 0.0009 | FD_out | -3.6529 | -0.0008 | 0 | 0.0005 |
| →BM | 13.6685 | -0.0003 | 0.0001 | 0.0009 | →BM | 2.2934 | -0.0008 | 0 | 0.0005 |
| →AC2 | 25.5714 | -0.0003 | 0.0001 | 0.0008 | →AC2 | 8.2398 | -0.0008 | 0 | 0.0005 |
| Dir_age | 44.2647 | -0.0038 | -0.0004 | 0.0022 | Dir_ten | 1.5947 | -0.0199 | 0.0034 | 0.0267 |
| →BM | 47.8829 | -0.0037 | -0.0004 | 0.0021 | →BM | 2.3784 | -0.0188 | 0.0032 | 0.0252 |
| →AC2 | 51.501 | -0.0036 | -0.0004 | 0.0021 | →AC2 | 3.1622 | -0.0177 | 0.0030 | 0.0238 |
| Dir_edu | 3.0739 | -0.0053 | 0.0007 | 0.0183 | | | | | |
| →BM | 3.5169 | -0.0053 | 0.0007 | 0.0178 | | | | | |
| →AC2 | 3.9598 | -0.0052 | 0.0007 | 0.0173 | | | | | |

注：XVAL 表示解释变量的取值，每一个解释变量分别在低于均值一个标准差、均值和高于均值一个标准差处取值；THETA 表示 X 通过 M 对 Y 产生的瞬间间接效应；LowerCI 和 UpperCI 表示瞬间间接效应 90%修正偏倚 bootstrap 置信区间。

比例对第二类代理成本不具直接影响。

当 Bshare 取值为均值减一个标准差（21.2910）、均值（40.2607）和均值加一个标准差（59.2305）时，Bshare 通过 BM 对 AC2 的瞬间间接效应分别为 -0.0001、0 和 0.0001，且瞬间间接效应 90% 的置信区间均包括 0。这说明瞬间间接效应不显著，即改变持股董事比例不能通过董事会行为强度而影响第二类代理成本，董事会行为在持股董事比例与第二类代理成本之间不存在中介效应。模型显示，Bshare 对 AC2 回归的一次项和二次项系数均不显著，说明持股董事比例对第二类代理成本不具有直接影响。

当 WD 取值为均值减一个标准差（1.7655）、均值（13.6685）和均值加一个标准差（25.5714）时，WD 通过 BM 对 AC2 的瞬间间接效应均为 0.0001，且瞬间间接效应 90% 的置信区间均包括 0。这说明瞬间间接效应不显著，即提高女性董事比例无法通过强化董事会行为而降低第二类代理成本，董事会行为在女性董事比例与第二类代理成本之间不存在中介效应。模型显示，WD 对 AC2 的回归系数不显著，说明女性董事比例对第二类代理成本不具直接影响。

当 Dir_age 取值为均值减一个标准差（44.2647）、均值（47.8829）和均值加一个标准差（51.5010）时，Dir_age 通过 BM 对 AC2 的瞬间间接效应均为 -0.0004，且瞬间间接效应 90% 的置信区间均包括 0。这说明瞬间间接效应不显著，即董事会行为在董事平均年龄与第二类代理成本之间不存在中介效应。模型显示，Ln（Dir_age）对 AC2 的回归系数不显著，说明董事平均年龄对第二类代理成本无直接影响。

当 Dir_edu 取值为均值减一个标准差（3.0739）、均值（3.5169）和均值加一个标准差（3.9598）时，Dir_edu 通过 BM 对 AC2 的瞬间间接效应均为 0.0007，且瞬间间接效应 90% 的置信区间均包括 0。这说明瞬间间接效应不显著，即董事会行为在董事平均学历与第二类代理成本之间不存在中介效应。模型显示，Dir_edu 对 AC2 的回归系数不显著，说明董事平均学历对第二类代理成本无直接影响。

当 VCD 取值为均值减一个标准差（0.9375）、均值（9.6259）和均值加一个标准差（18.3144）时，VCD 通过 BM 对 AC2 的瞬间间接效应分别为 -0.0001，且瞬间间接效应 90% 的置信区间均包括 0。这说明瞬间间接效应不显著，即董事会行为在风险投资董事比例与第二类代理成本之间不存在中介效应。模型显示，VCD 对 AC2 的回归系数不显著，说明风险投资董事比例对第二类代理成本不具直接影响。

当 FD 取值为均值减一个标准差（10.0901）、均值（22.3794）和均值加一个标准差（34.6687）时，FD 通过 BM 对 AC2 的瞬间间接效应均为 0.0001，且瞬间间接效应 90% 的置信区间均包括 0。这说明瞬间间接效应不显著，即董事会行为在创始人董事比例与第二类代理成本之间不存在中介效应。模型显示，FD 对 AC2 的回归系数显著为负（$\beta = -0.0102$，$p < 0.05$），说明提高创始人董事比例对降低第二类代理成本具有直接影响。

当 FD_in 取值为均值减一个标准差（7.9351）、均值（20.0859）和均值加一个标准差（32.2368）时，FD_in 通过 BM 对 AC2 的瞬间间接效应均为 0.0001，且瞬间间接效应 90% 的置信区间均包括 0。这说明瞬间间接效应不显著，董事会行为在创始人内部董事比例与第二类代理成本之间不存在中介效应。模型显示，FD_in 对 AC2 的回归系数显著为负（$\beta = -0.0089$，$p < 0.1$），说明提高创始人内部董事比例对降低第二类代理成本具有直接影响。

当 FD_out 取值为均值减一个标准差（-3.6529）、均值（2.2934）和均值加一个标准差（8.2398）时，FD_out 通过 BM 对 AC2 的瞬间间接效应均为 0，且瞬间间接效应 90% 的置信区间均包括 0。这说明瞬间间接效应不显著，即董事会行为在创始人外部董事比例与第二类代理成本之间不存在中介效应。然而，模型显示，FD_out 对 AC2 的回归系数不显著，说明创始人外部董事比例对第二类代理成本不具直接效应。

当 Dir_ten 取值为均值减一个标准差（1.5947）、均值（2.3784）和均值加一个标准差（3.1622）时，Dir_ten 通过 BM 对 AC2 的瞬间间接效应分别为 0.0034、0.0032 和 0.0030，且瞬间间接效应 90% 的置信区间均包括 0。这说明瞬间间接效应不显著，即改变董事平均任期无法通过强化或弱化董事会行为强度而对第二类代理成本产生影响，董事会行为在董事平均任期与第二类代理成本之间不存在中介效应。模型显示，Dir_ten 对 AC2 的回归系数不显著，说明董事平均任期对第二类代理成本不具直接影响。

### 5.4.4　董事会特征与行为对信息披露的影响

#### 1. 董事会特征与董事会行为、董事会行为与信息披露

在本部分回归中，根据被解释变量信息披露质量的影响因素，加入了第 t 期信息披露质量作为控制变量。由于 2009 年深圳证券交易所披露的信息披露质量数据不全，删除这些缺失数据的样本后，本部分回归的样本数量为 408 个。表 5-31 结果显示，独立董事比例、持股董事比例、女性董事比例、董事年龄、风险投资董事比例、创始人内部董事比例等指标对董事会行为影响的显著性水平有所降低（在 15% 左右水平上显著），这可能是由于样本数量以及控制变量的选择发生变化所致，但并不影响董事会特征各指标与董事会行为关系的基本结论。

在董事会行为与信息披露质量关系方面，表 5-32 的模型 M-DIS1.2 结果显示，Ln（BM）的系数不显著（$\beta = -2.5539$，$p > 0.1$），说明增加董事会行为强度对提高信息披露质量没有影响，假设 8 未得到验证。[①]

#### 2. 董事会行为的瞬间间接效应

表 5-33 的 bootstrap 结果显示，当 BS 取值为均值减一个标准差

---

① 本书还对 BM 与 DIS 的 U 型关系进行了验证，但发现 BM 的一次项和二次项系数均不显著。

表 5 - 31　被解释变量为信息披露质量时，中介变量董事会行为对解释变量董事会特征的回归结果

| | M-DIS 1.1 | M-DIS 2.1 | M-DIS 3.1 | M-DIS 4.1 | M-DIS 5.1 | M-DIS 6.1 | M-DIS 7.1 | M-DIS 8.1 | M-DIS 9.1 | M-DIS 10.1 | M-DIS 11.1 |
|---|---|---|---|---|---|---|---|---|---|---|---|
| Constant | -6.341 (-0.9855) | -3.2018 (-0.3957) | -8.5196 (-1.3553) | -8.8722 (-1.4123) | -0.52 (-0.0572) | -8.8722 (-1.4123) | -13.8695* (-1.6706) | -8.8722 (-1.4123) | -9.0145 (-1.4362) | -9.3058 (-1.4792) | -8.8722 (-1.4123) |
| $Ln(BS)$ | -2.1789** (-2.4126) | | | | | | | | | | |
| ID | | -0.2541 (-1.1323) | | | | | | | | | |
| $ID^2$ | | 0.0029 (1.1511) | | | | | | | | | |
| Bshare | | | -0.0328 (-1.4643) | | | | | | | | |
| $Bshare^2$ | | | 0.0004 (1.5062) | | | | | | | | |
| WD | | | | 0.0169 (1.4658) | | | | | | | |
| $Ln(Dir\text{-}age)$ | | | | | -2.9000 (-1.6066) | | | | | | |
| Dir-edu | | | | | | 0.1690 (0.5157) | | | | | |

续表

| | M-DIS 1.1 | M-DIS 2.1 | M-DIS 3.1 | M-DIS 4.1 | M-DIS 5.1 | M-DIS 6.1 | M-DIS 7.1 | M-DIS 8.1 | M-DIS 9.1 | M-DIS 10.1 | M-DIS 11.1 |
|---|---|---|---|---|---|---|---|---|---|---|---|
| VCD | | | | | | | -0.0274 (-1.3295) | | | | |
| FD | | | | | | | | 0.0059 (0.5035) | | | |
| FD-in | | | | | | | | | 0.0107 (1.5252) | | |
| FD-out | | | | | | | | | | -0.0208 (-0.8751) | |
| Dir-ten | | | | | | | | | | | 0.7065 *** (3.6855) |
| LnAsset | 1.0551 *** (3.8998) | 1.0183 *** (3.7492) | 1.0429 *** (3.8504) | 1.0402 *** (3.8387) | 1.0444 *** (3.8535) | 1.0402 *** (3.8387) | 1.1643 *** (3.3265) | 1.0402 *** (3.8387) | 1.0475 *** (3.8772) | 1.0782 *** (3.9612) | 1.0402 *** (3.8387) |
| Lev | 0.0455 *** (3.8059) | 0.0447 *** (3.7272) | 0.045 *** (3.7554) | 0.0458 *** (3.8276) | 0.0458 *** (3.8309) | 0.0458 *** (3.8276) | 0.0441 *** (2.8699) | 0.0458 *** (3.8276) | 0.046 *** (3.8576) | 0.0443 *** (3.7172) | 0.0458 *** (3.8276) |
| ROE | -0.0937 *** (-2.8174) | -0.0924 *** (-2.7726) | -0.0932 *** (-2.7977) | -0.0939 *** (-2.8195) | -0.0942 *** (-2.8269) | -0.0939 *** (-2.8195) | -0.1128 ** (-2.4325) | -0.0939 *** (-2.8195) | -0.0948 *** (-2.8638) | -0.089 *** (-2.6968) | -0.0939 *** (-2.8195) |
| DIS-t | 0.0027 (0.1987) | 0.0023 (0.1699) | 0.0013 (0.0973) | 0.0028 (0.2062) | 0.0026 (0.1927) | 0.0028 (0.2062) | -0.0009 (-0.0416) | 0.0028 (0.2062) | 0.003 (0.225) | 0.0036 (0.2686) | 0.0028 (0.2062) |

续表

| | M-DIS 1.1 | M-DIS 2.1 | M-DIS 3.1 | M-DIS 4.1 | M-DIS 5.1 | M-DIS 6.1 | M-DIS 7.1 | M-DIS 8.1 | M-DIS 9.1 | M-DIS 10.1 | M-DIS 11.1 |
|---|---|---|---|---|---|---|---|---|---|---|---|
| CR-5 | -0.0119 (-0.8526) | -0.0123 (-0.8725) | -0.0129 (-0.9181) | -0.0117 (-0.8292) | -0.0118 (-0.8369) | -0.0117 (-0.8292) | -0.0092 (-0.4392) | -0.0117 (-0.8292) | -0.0114 (-0.8201) | -0.0147 (-1.0606) | -0.0117 (-0.8292) |
| VC-if | -0.3877 (-1.3446) | -0.3869 (-1.34) | -0.3332 (-1.1412) | -0.3845 (-1.3315) | -0.3848 (-1.3326) | -0.3845 (-1.3315) | — | -0.3845 (-1.3315) | -0.3738 (-1.2957) | -0.4003 (-1.3936) | -0.3845 (-1.3315) |
| CEO-dual_ | 0.0072 (0.0267) | -0.0073 (-0.0269) | 0.007 (0.0261) | 0.0039 (0.0146) | 0.0024 (0.009) | 0.0039 (0.0146) | 0.4664 (1.2743) | 0.0039 (0.0146) | 0.067 (0.0253) | -0.0635 (-0.2373) | 0.0039 (0.0146) |
| BS | — | -0.2653** (-2.2841) | -0.2641** (-2.2796) | -0.2452** (-2.1365) | -0.2443** (-2.1289) | -0.2452** (-2.1365) | -0.3198** (-2.1714) | -0.2452** (-2.1365) | -0.2393** (-2.0999) | -0.2637** (-2.3402) | -0.2452** (-2.1365) |
| ID | -0.0134 (-0.4529) | — | -0.0039 (-0.1333) | -0.0069 (-0.2358) | -0.0068 (-0.233) | -0.0069 (-0.2358) | 0.0519 (1.3055) | -0.0069 (-0.2358) | -0.0085 (-0.2924) | -0.011 (-0.3744) | -0.0069 (-0.2358) |
| Bshare | -0.0044 (-0.5931) | -0.0038 (-0.5072) | — | -0.0046 (-0.6089) | -0.0046 (-0.6123) | -0.0046 (-0.6089) | -0.0021 (-0.2157) | -0.0046 (-0.6089) | -0.0054 (-0.7152) | -0.0049 (-0.6571) | -0.0046 (-0.6089) |
| WD | 0.0168 (1.4585) | 0.0164 (1.4172) | 0.0167 (1.4518) | — | 0.0168 (1.454) | 0.0169 (1.4658) | 0.0235 (1.4488) | 0.0169 (1.4658) | 0.0172 (1.5005) | 0.0188 (1.6187) | 0.0169 (1.4658) |
| Dir-age | -0.0591 (-1.5718) | -0.0556 (-1.4737) | -0.0589 (-1.5635) | -0.0582 (-1.5459) | — | -0.0582 (-1.5459) | -0.0511 (-0.9566) | -0.0582 (-1.5459) | -0.0586 (-1.5604) | -0.0546 (-1.4537) | -0.0582 (-1.5459) |

续表

| | M-DIS 1.1 | M-DIS 2.1 | M-DIS 3.1 | M-DIS 4.1 | M-DIS 5.1 | M-DIS 6.1 | M-DIS 7.1 | M-DIS 8.1 | M-DIS 9.1 | M-DIS 10.1 | M-DIS 11.1 |
|---|---|---|---|---|---|---|---|---|---|---|---|
| Dir-edu | 0.1721 (0.5259) | 0.1614 (0.4923) | 0.1956 (0.5956) | 0.169 (0.5157) | 0.1673 (0.5109) | — | 0.1646 (0.3704) | 0.169 (0.5157) | 0.153 (0.4665) | 0.1766 (0.5411) | 0.169 (0.5157) |
| FD | 0.0046 (0.3974) | 0.0054 (0.4605) | 0.004 (0.3405) | 0.0059 (0.5035) | 0.0059 (0.5065) | 0.0059 (0.5035) | 0.0148 (0.8479) | — | — | — | 0.0059 (0.5035) |
| Dir-ten | 0.711*** (3.7151) | 0.6938*** (3.6136) | 0.7123*** (3.7165) | 0.7065*** (3.6855) | 0.7081*** (3.6944) | 0.7065*** (3.6855) | 0.7611*** (2.8943) | 0.7065*** (3.6855) | 0.7016*** (3.6663) | 0.7193*** (3.7683) | — |
| HHI | −0.0516 (−0.062) | −0.0644 (−0.0773) | 0.1094 (0.1287) | −0.0863 (−0.1036) | −0.0894 (−0.1073) | −0.0863 (−0.1036) | 1.0824 (0.8131) | −0.0863 (−0.1036) | −0.0906 (−0.1089) | −0.0503 (−0.0604) | −0.0863 (−0.1036) |
| Indu-C | −0.6766* (−1.9157) | −0.6878* (−1.946) | −0.636* (−1.7834) | −0.6927* (−1.9595) | −0.6923* (−1.959) | −0.6927* (−1.9595) | −0.8563* (−1.8111) | −0.6927* (−1.9595) | −0.6954* (−1.9746) | −0.6519* (−1.8494) | −0.6927* (−1.9595) |
| $R^2$ | 0.1958 | 0.1958 | 0.1961 | 0.1933 | 0.1937 | 0.1933 | 0.3214 | 0.1933 | 0.1945 | 0.1943 | 0.1933 |
| F | 5.5871*** | 5.2629*** | 5.2732*** | 5.4966*** | 5.5105*** | 5.4966*** | 5.4327*** | 5.4966*** | 5.5405*** | 5.5339*** | 5.4966*** |
| N | 408 | 408 | 408 | 408 | 408 | 408 | 218 | 408 | 408 | 408 | 408 |

注：***、**、*分别表示在1%、5%、10%水平上显著相关。

**表 5 -32　信息披露质量对董事会行为、特征的回归结果**

| | M-DIS 1.2 | M-DIS 2.2 | M-DIS 3.2 | M-DIS 4.2 | M-DIS 5.2 | M-DIS 6.2 | M-DIS 7.2 | M-DIS 8.2 | M-DIS 9.2 | M-DIS 10.2 | M-DIS 11.2 |
|---|---|---|---|---|---|---|---|---|---|---|---|
| constant | 29.6191 (1.1649) | 2.6039 (0.0816) | 31.05 (1.2504) | 30.5289 (1.2322) | 35.4469 (0.9866) | 30.5289 (1.2322) | 48.3453 (1.5097) | 30.5289 (1.2322) | 29.7923 (1.2031) | 60.7084 *** (4.7868) | 30.5289 (1.2322) |
| Ln(BS) | 0.9802 (0.2734) | | | | | | | | | | |
| ID | | 1.2878 (1.4546) | | | | | | | | | |
| ID$^2$ | | -0.0144 (-1.3861) | | | | | | | | | |
| Bshare | | | -0.0309 (-0.31) | | | | | | | | |
| Bshare$^2$ | | | 0.0006 (0.4337) | | | | | | | | |
| WD | | | | 0.0733 (1.6057) | | | | | | | |
| Ln(Dir-age) | | | | | -1.566 (-0.2193) | | | | | | |
| Dir-edu | | | | | | 0.448 (0.3465) | | | | | |

266

续表

| | M-DIS 1.2 | M-DIS 2.2 | M-DIS 3.2 | M-DIS 4.2 | M-DIS 5.2 | M-DIS 6.2 | M-DIS 7.2 | M-DIS 8.2 | M-DIS 9.2 | M-DIS 10.2 | M-DIS 11.2 |
|---|---|---|---|---|---|---|---|---|---|---|---|
| VCD | | | | | | | 0.0598 (0.7493) | | | | |
| FD | | | | | | | | 0.0374 (0.813) | | | |
| FD-in | | | | | | | | | 0.0466 (1.0219) | | |
| FD-out | | | | | | | | | | -0.0129 (-0.2691) | |
| Dir-ten | | | | | | | | | | | 1.053 (1.3734) |
| Ln(BM) | -2.5539 (-1.4849) | -2.4319 (-1.4156) | -2.594 (-1.5056) | -2.549 (-1.4837) | -2.5589 (-1.4893) | -2.549 (-1.4837) | 1.8134 (0.703) | -2.549 (-1.4837) | -2.585 (-1.5047) | -1.3365 (-1.5227) | -2.549 (-1.4837) |
| LnAsset | 0.484 (0.4452) | 0.5619 (0.5168) | 0.4768 (0.4382) | 0.4677 (0.4304) | 0.4749 (0.4368) | 0.4677 (0.4304) | -0.3402 (-0.2465) | 0.4677 (0.4304) | 0.5221 (0.4816) | 0.3419 (0.6123) | 0.4677 (0.4304) |
| Lev | -0.0576 (-1.2014) | -0.0526 (-1.0947) | -0.0582 (-1.2114) | -0.0573 (-1.1939) | -0.0574 (-1.1979) | -0.0573 (-1.1939) | -0.1173 * (-1.9391) | -0.0573 (-1.1939) | -0.0578 (-1.2105) | -0.0279 (-1.1457) | -0.0573 (-1.1939) |
| ROE | 0.4693 *** (3.5205) | 0.4629 *** (3.4743) | 0.4693 *** (3.5162) | 0.4688 *** (3.5162) | 0.4683 *** (3.5118) | 0.4688 *** (3.5162) | 0.3955 ** (2.1561) | 0.4688 *** (3.5162) | 0.4696 *** (3.5416) | 0.271 *** (4.0165) | 0.4688 *** (3.5162) |

续表

| | M-DIS 1.2 | M-DIS 2.2 | M-DIS 3.2 | M-DIS 4.2 | M-DIS 5.2 | M-DIS 6.2 | M-DIS 7.2 | M-DIS 8.2 | M-DIS 9.2 | M-DIS 10.2 | M-DIS 11.2 |
|---|---|---|---|---|---|---|---|---|---|---|---|
| DIS-t | 0.4148*** (7.7759) | 0.4174*** (7.8287) | 0.413*** (7.7005) | 0.4151*** (7.7798) | 0.4149*** (7.7739) | 0.4151*** (7.7798) | 0.4538*** (5.6407) | 0.4151*** (7.7798) | 0.4165*** (7.811) | 0.2288*** (8.3804) | 0.4151*** (7.7798) |
| CR-5 | -0.0475 (-0.8606) | -0.0431 (-0.7767) | -0.0482 (-0.8647) | -0.0462 (-0.8337) | -0.0464 (-0.8362) | -0.0462 (-0.8337) | -0.1827*** (-2.253) | -0.0462 (-0.8337) | -0.0479 (-0.8743) | -0.0325 (-1.1585) | -0.0462 (-0.8337) |
| VC-if | -0.7805 (-0.6835) | -0.7664 (-0.672) | -0.7106 (-0.6151) | -0.7834 (-0.6861) | -0.7819 (-0.6849) | -0.7834 (-0.6861) | — | -0.7834 (-0.6861) | -0.7667 (-0.6721) | -0.4334 (-0.7465) | -0.7834 (-0.6861) |
| CEOdual | -2.0663* (-1.9425) | -2.007* (-1.8876) | -2.0599* (-1.9344) | -2.0637* (-1.9401) | -2.0692* (-1.9451) | -2.0637* (-1.9401) | -4.4371*** (-3.1386) | -2.0637* (-1.9401) | -2.1085** (-2.0108) | -1.0955** (-2.2305) | -2.0637* (-1.9401) |
| BS | — | 0.2595 (0.5645) | 0.1294 (0.2817) | 0.1579 (0.3476) | 0.159 (0.3499) | 0.1579 (0.3476) | -0.3813 (-0.6663) | 0.1579 (0.3476) | 0.1598 (0.3541) | -0.0128 (-0.056) | 0.1579 (0.3476) |
| ID | 0.068 (0.5818) | — | 0.075 (0.6529) | 0.0709 (0.6184) | 0.0716 (0.6247) | 0.0709 (0.6184) | 0.1444 (0.935) | 0.0709 (0.6184) | 0.063 (0.5492) | 0.0143 (0.2412) | 0.0709 (0.6184) |
| Bshare | 0.0102 (0.3432) | 0.0067 (0.2263) | — | 0.0104 (0.3499) | 0.0101 (0.3424) | 0.0104 (0.3499) | 0.0054 (0.1436) | 0.0104 (0.3499) | 0.0076 (0.2558) | 0.0101 (0.6672) | 0.0104 (0.3499) |
| WD | 0.0738 (1.6197) | 0.0757* (1.6604) | 0.0731 (1.6007) | — | 0.0731 (1.6008) | 0.0733 (1.6057) | 0.1044* (1.6569) | 0.0733 (1.6057) | 0.0757* (1.6657) | 0.0428* (1.8253) | 0.0733 (1.6057) |
| Dir-age | -0.0213 (-0.1429) | -0.0343 (-0.2299) | -0.0233 (-0.1563) | -0.0221 (-0.1482) | — | -0.0221 (-0.1482) | 0.059 (0.2862) | -0.0221 (-0.1482) | -0.0206 (-0.1385) | -0.0115 (-0.1508) | -0.0221 (-0.1482) |

续表

| | M-DIS 1.2 | M-DIS 2.2 | M-DIS 3.2 | M-DIS 4.2 | M-DIS 5.2 | M-DIS 6.2 | M-DIS 7.2 | M-DIS 8.2 | M-DIS 9.2 | M-DIS 10.2 | M-DIS 11.2 |
|---|---|---|---|---|---|---|---|---|---|---|---|
| Dir-edu | 0.4471 (0.3458) | 0.4839 (0.3746) | 0.4874 (0.3757) | 0.448 (0.3465) | 0.4305 (0.3333) | — | -0.3115 (-0.1817) | 0.448 (0.3465) | 0.4085 (0.3158) | 0.1998 (0.3037) | 0.448 (0.3465) |
| FD | 0.0369 (0.8006) | 0.0397 (0.8651) | 0.0347 (0.7468) | 0.0374 (0.813) | 0.0376 (0.8191) | 0.0374 (0.813) | 0.031 (0.4593) | — | — | — | 0.0374 (0.813) |
| Dir-ten | 1.059 (1.381) | 1.1071 (1.4437) | 1.0649 (1.3865) | 1.053 (1.3734) | 1.0602 (1.3827) | 1.053 (1.3734) | 0.1419 (0.1381) | 1.053 (1.3734) | 1.0514 (1.3735) | 0.5996 (1.5356) | — |
| HHI | 2.529 (0.7692) | 2.4424 (0.7436) | 2.8306 (0.8435) | 2.5465 (0.7746) | 2.5333 (0.7706) | 2.5465 (0.7746) | 1.4269 (0.2779) | 2.5465 (0.7746) | 2.5609 (0.7797) | 1.1421 (0.6804) | 2.5465 (0.7746) |
| Indu | 2.1195 (1.5118) | 2.096 (1.4976) | 2.1899 (1.5482) | 2.1108 (1.5064) | 2.1153 (1.5098) | 2.1108 (1.5064) | 2.4129 (1.3103) | 2.1108 (1.5064) | 2.1317 (1.5266) | 1.1083 (1.5526) | 2.1108 (1.5064) |
| $R^2$ | 0.2167 | 0.2206 | 0.2172 | 0.2168 | 0.2168 | 0.2168 | 0.2615 | 0.2168 | 0.2176 | 0.239 | 0.2168 |
| F | 5.9786*** | 5.7815*** | 5.6651*** | 5.9818*** | 5.9837*** | 5.9818*** | 3.8159*** | 5.9818*** | 6.009*** | 6.7857*** | 5.9818*** |
| N | 408 | 408 | 408 | 408 | 408 | 408 | 218 | 408 | 408 | 408 | 408 |

注: ***、**、* 分别表示在1%、5%、10%水平上显著相关。

表 5—33　董事会特征通过行为对信息披露产生的瞬间间接效应

| | XVAL | LowerCI | THETA | UpperCI | | XVAL | LowerCI | THETA | UpperCI |
|---|---|---|---|---|---|---|---|---|---|
| BS | 6.9487 | -0.0002 | 0.0882 | 0.2903 | VCD | 0.7929 | -0.0384 | -0.0056 | 0.0042 |
| →BM | 8.3652 | -0.0001 | 0.0767 | 0.2545 | →BM | 9.3295 | -0.0411 | -0.0057 | 0.0043 |
| →DIS | 9.7817 | -0.0005 | 0.0683 | 0.2339 | →DIS | 17.866 | -0.0438 | -0.0059 | 0.0043 |
| ID | 31.7031 | -0.0068 | 0.0186 | 0.0837 | FD | 10.2333 | -0.0115 | -0.0017 | 0.003 |
| →BM | 37.109 | -0.0038 | 0.0103 | 0.0526 | →BM | 22.4961 | -0.0113 | -0.0017 | 0.0031 |
| →DIS | 42.5149 | -0.0149 | 0.0013 | 0.0247 | →DIS | 34.759 | -0.011 | -0.0017 | 0.0031 |
| Bshare | 20.3403 | -0.0006 | 0.0046 | 0.0191 | FD_in | 8.1018 | -0.0149 | -0.0032 | 0.0011 |
| →BM | 39.5229 | -0.0069 | -0.0003 | 0.0029 | →BM | 20.3045 | -0.0144 | -0.0032 | 0.0011 |
| →DIS | 58.7055 | -0.0243 | -0.0052 | 0.0014 | →DIS | 32.5071 | -0.0139 | -0.0031 | 0.0011 |
| WD | 1.7022 | -0.0207 | -0.0051 | 0.0001 | FD_out | -3.514 | -0.0009 | 0.0031 | 0.0145 |
| →BM | 13.7873 | -0.0198 | -0.0049 | 0.0001 | →BM | 2.1917 | -0.0009 | 0.0032 | 0.0152 |
| →DIS | 25.8724 | -0.019 | -0.0048 | 0.0001 | →DIS | 7.8973 | -0.0009 | 0.0032 | 0.016 |
| Dir_age | 44.4907 | -0.0014 | 0.0187 | 0.0652 | Dir_ten | 1.8034 | -0.6059 | -0.22 | 0.0063 |
| →BM | 48.0888 | -0.0015 | 0.0177 | 0.0627 | →BM | 2.54 | -0.5559 | -0.2069 | 0.0044 |
| →DIS | 51.6868 | -0.0013 | 0.0169 | 0.0613 | →DIS | 3.2765 | -0.5146 | -0.1952 | 0.0046 |
| Dir_edu | 3.0714 | -0.4092 | -0.0499 | 0.0482 | | | | | |
| →BM | 3.5147 | -0.3965 | -0.0495 | 0.0485 | | | | | |
| →DIS | 3.9579 | -0.3842 | -0.0491 | 0.0492 | | | | | |

注：XVAL 表示解释变量的取值，每一个解释变量分别在低于均值一个标准差、均值和高于均值一个标准差处取值；THETA 表示 X 通过 M 对 Y 产生的瞬间间接效应；LowerCI 和 UpperCI 表示瞬间间接效应 90%修正偏差的 bootstrap 置信区间。

（6. 9487）、均值（8. 3652）和均值加一个标准差（9. 7817）时，BS 通过 BM 对 DIS 的瞬间间接效应分别为 0. 0882、0. 0767 和 0. 0683，且瞬间间接效应 90% 的置信区间均包括 0。这说明瞬间间接效应不显著，董事会行为在董事会规模与信息披露之间不存在非线性中介效应。模型显示，Ln（BS）对 DIS 的回归系数不显著，说明董事会规模对信息披露质量无直接影响。

当 ID 取值为均值减一个标准差（31. 7031）、均值（37. 1090）和均值加一个标准差（42. 5149）时，ID 通过 BM 对 DIS 的瞬间间接效应分别为 0. 0186、0. 0103 和 0. 0013，且瞬间间接效应 90% 的置信区间均包括 0。这说明瞬间间接效应不显著，即改变独立董事比例不能通过董事会行为而影响信息披露质量，董事会行为在独立董事比例与信息披露质量之间不存在中介效应。模型显示，ID 对 DIS 回归的一次项和二次项系数均不显著，说明独立董事比例对信息披露质量不具直接影响。

当 Bshare 取值为均值减一个标准差（20. 3403）、均值（39. 5229）和均值加一个标准差（58. 7055）时，Bshare 通过 BM 对 DIS 的瞬间间接效应分别为 0. 0046、 - 0. 0003 和 - 0. 0052，且瞬间间接效应 90% 的置信区间均包括 0。这说明瞬间间接效应不显著，即改变董事会持股比例不能通过董事会行为强度而影响信息披露质量，董事会行为在董事会持股与信息披露质量之间不存在中介效应。模型显示，Bshare 对 DIS 回归的一次项和二次项系数均不显著，说明董事会持股比例对信息披露质量不具直接影响。

当 WD 取值为均值减一个标准差（1. 7022）、均值（13. 7873）和均值加一个标准差（25. 8724）时，WD 通过 BM 对 DIS 的瞬间间接效应分别为 - 0. 0051、 - 0. 0049、 - 0. 0048，且瞬间间接效应 90% 的置信区间均包括 0。这说明瞬间间接效应不显著，即提高女性董事比例无法通过强化董事会行为而降低信息披露质量，董事会行为在女性董事比例与信息披露质量之间不存在中介效应。模型显示，WD 对 DIS 的回归系数不显著，说明提高女性董事比例对改善信息披露质量不具有直接影响。

当 Dir_age 取值为均值减一个标准差（44.4907）、均值（48.0888）和均值加一个标准差（51.6868）时，Dir_age 通过 BM 对 DIS 的瞬间间接效应分别为 0.0187、0.0177 和 0.0149，且瞬间间接效应 90% 的置信区间均包括 0。这说明瞬间间接效应不显著，即董事会行为在董事平均年龄与信息披露之间不存在中介效应。模型显示，Ln（Dir_age）对 DIS 的回归系数不显著，说明董事平均年龄对信息披露无直接影响。

当 Dir_edu 取值为均值减一个标准差（3.0714）、均值（3.5147）和均值加一个标准差（3.9579）时，Dir_edu 通过 BM 对 DIS 的瞬间间接效应分别为 −0.0499、−0.0495 和 −0.0491，且瞬间间接效应 90% 的置信区间均包括 0。这说明瞬间间接效应不显著，即提高董事平均学历无法通过强化董事会行为而降低信息披露质量，董事会行为在董事平均学历与信息披露质量之间不存在中介效应。然而，模型显示，Dir_edu 对 DIS 的回归系数不显著，说明董事平均学历对信息披露质量不具有直接影响。

当 VCD 取值为均值减一个标准差（0.7929）、均值（9.3295）和均值加一个标准差（17.8660）时，VCD 通过 BM 对 DIS 的瞬间间接效应分别为 −0.0056、−0.0057 和 −0.0059，且瞬间间接效应 90% 的置信区间均包括 0。这说明瞬间间接效应不显著，即提高风险投资董事比例无法通过强化董事会行为而影响信息披露质量，董事会行为在风险投资董事比例与信息披露质量之间不存在中介效应。模型显示，VCD 对 DIS 的回归系数不显著，说明风险投资董事比例对信息披露质量不具直接影响。

当 FD 取值为均值减一个标准差（10.2333）、均值（22.4961）和均值加一个标准差（34.7590）时，FD 通过 BM 对 DIS 的瞬间间接效应均为 −0.0017，且瞬间间接效应 90% 的置信区间均包括 0。这说明瞬间间接效应不显著，即提高创始人董事比例无法通过强化董事会行为而影响信息披露质量，董事会行为在创始人董事比例与信息披露质量之间不存在中介效应。模型显示，FD 对 DIS 的回归系数不显著，说明创始人董事比例对信息披露质量无直接影响。

当 FD_in 取值为均值减一个标准差（8. 1018）、均值（20. 3045）和均值加一个标准差（32. 5071）时，FD_in 通过 BM 对 DIS 的瞬间间接效应均为 - 0. 0032、- 0. 0032 和 - 0. 0031，且瞬间间接效应 90% 的置信区间均包括 0。这说明瞬间间接效应不显著，即提高创始人内部董事比例无法通过强化董事会行为而影响信息披露质量，董事会行为在创始人内部董事比例与信息披露质量之间不存在中介效应。模型显示，FD_in 对 DIS 的回归系数不显著，说明创始人内部董事比例对信息披露质量不具直接影响。

当 FD_out 取值为均值减一个标准差（- 3. 5140）、均值（2. 1917）和均值加一个标准差（7. 8973）时，FD_out 通过 BM 对 DIS 的瞬间间接效应均为 0. 0031、0. 0032 和 0. 0032，且瞬间间接效应 90% 的置信区间均包括 0。这说明瞬间间接效应不显著，即改变创始人外部董事比例无法通过强化或弱化董事会行为强度而对信息披露质量产生影响，董事会行为在创始人外部董事比例与信息披露质量之间不存在中介效应。模型显示，FD_Out 对 DIS 的回归系数不显著，说明创始人外部董事比例对信息披露质量不具直接影响。

当 Dir_ten 取值为均值减一个标准差（1. 8034）、均值（2. 54）和均值加一个标准差（3. 2765）时，Dir_ten 通过 BM 对 DIS 的瞬间间接效应分别为 - 0. 2200、- 0. 2069 和 - 0. 1952，且瞬间间接效应 90% 的置信区间均包括 0。这说明瞬间间接效应不显著，即改变董事平均任期无法通过强化或弱化董事会行为强度而对信息披露质量产生影响，董事会行为在董事平均任期与信息披露质量之间不存在中介效应。模型显示，Dir_ten 对 DIS 的回归系数不显著，说明董事平均任期对信息披露质量不具直接影响。

## 5.5　稳健性检验

为了保证实证结果的稳健性，本书借鉴米勒和特里亚纳（2009）的做法，[①] 检验变量之间是否存在反向因果关系，即考察治理绩效是否在董事会特征与行为之间起到中介效应。在稳健性检验中，将第 t 期的董事会特征作为解释变量，将第 t 期的治理绩效各指标作为中介变量，第 t + 1 期的董事会行为作为被解释变量。根据前文的研究假设，治理绩效与董事会行为间存在对数曲线或倒 U（或 U）型关系；根据董事会特征与行为间关系的假设，在此预测董事会规模、董事平均年龄与治理绩效呈对数曲线关系，独立董事比例、董事股权激励与治理绩效之间呈 U 型关系，女性董事比例、董事学历、风险投资董事比例、创始人董事比例、董事任期与治理绩效间呈线性关系。前文的实证结果显示，创始人董事中主要是创始人内部董事发挥效应，因此，在稳健性检验中仅考虑了创始人内部董事比例。运用非线性中介效应的检验方法，检验董事会特征是否通过治理绩效而对董事会行为产生瞬间间接效应。

在董事会特征、ROE 对董事会行为影响的检验中，发现 Ln（ROE）与 BM 之间不存在显著相关性（$\beta = -0.0120$，$p > 0.1$）；[②] 表 5 – 34 显示，董事会特征各指标通过 ROE 对行为产生的瞬间间接效应在 90% 的置信区间内均包含 0。这说明瞬间间接效应不显著，ROE 在董事会特征与行为之间不存在中介效应。

---

　　①　Miller 和 Triana（2009）在研究创新在董事会多元化与公司业绩之间中介效应时，通过检验反向因果关系，即公司业绩是否在董事会多元化和创新之间起到中介效应的方法，进行了稳健性检验。稳健性检验的结果显示，公司业绩在董事会多元化和创新之间不存在中介效应，从而认为董事会多元化、创新对公司业绩的影响存在反向因果关系的可能性很小。

　　②　限于文章篇幅，在稳健性检验部分，仅列出了董事会特征通过治理绩效对行为的瞬间间接效应检验结果，而未列示董事会特征对治理绩效、治理绩效对行为的多元回归结果。

表 5 - 34　　董事会特征通过 ROE 对董事会行为产生的瞬间间接效应

| | XVAL | LowerCI | THETA | UpperCI | | XVAL | LowerCI | THETA | UpperCI |
|---|---|---|---|---|---|---|---|---|---|
| BS | 6.9923 | -0.0311 | -0.0010 | 0.0450 | Dir_edu | 3.0739 | -0.0590 | -0.0016 | 0.0455 |
| →ROE | 8.4204 | -0.0231 | -0.0008 | 0.0322 | →ROE | 3.5169 | -0.0553 | -0.0015 | 0.0423 |
| →BM | 9.8485 | -0.0181 | -0.0006 | 0.0254 | →BM | 3.9598 | -0.0519 | -0.0015 | 0.0403 |
| ID | 31.7712 | -0.0103 | -0.0002 | 0.0090 | VCD | 0.9375 | -0.0009 | 0.0001 | 0.0030 |
| →ROE | 36.9826 | -0.0062 | -0.0001 | 0.0061 | →ROE | 9.6259 | -0.0009 | 0.0001 | 0.0031 |
| →BM | 42.194 | -0.0047 | -0.0001 | 0.0035 | →BM | 18.3144 | -0.0010 | 0.0001 | 0.0031 |
| Bshare | 21.291 | -0.0022 | 0 | 0.0026 | FD_in | 7.9351 | -0.0023 | -0.0001 | 0.0020 |
| →ROE | 40.2607 | -0.0019 | 0 | 0.0019 | →ROE | 20.0859 | -0.0021 | -0.0001 | 0.0019 |
| →BM | 59.2305 | -0.0020 | 0 | 0.0016 | →BM | 32.2368 | -0.0019 | -0.0001 | 0.0017 |
| WD | 1.7655 | -0.0029 | 0.0001 | 0.0028 | Dir_ten | 1.5947 | -0.0617 | 0.0019 | 0.0577 |
| →ROE | 13.6685 | -0.0031 | 0.0001 | 0.0031 | →ROE | 2.3784 | -0.0701 | 0.0021 | 0.0649 |
| →BM | 25.5714 | -0.0033 | 0.0001 | 0.0035 | →BM | 3.1622 | -0.0797 | 0.0025 | 0.0777 |
| Dir_age | 44.2647 | -0.0022 | 0 | 0.0032 | | | | | |
| →ROE | 47.8829 | -0.0021 | 0 | 0.0032 | | | | | |
| →BM | 51.501 | -0.0020 | 0 | 0.0031 | | | | | |

注：XVAL 表示解释变量的取值，每一个解释变量分别在低于均值一个标准差、均值和高于均值一个标准差处取值；LowerCI 和 UpperCI 表示瞬间间接效应 90% 修正偏倚的 bootstrap 置信区间；THETA 表示 X 通过 M 对 Y 产生的瞬间间接效应。

在董事会特征、托宾 Q 对董事会行为影响的检验中，① 发现 Ln（Q）与 BM 之间不存在显著相关性（β = 0.5910，p > 0.1）；表 5 -35 结果显示，董事会特征各指标通过托宾 Q 对行为产生的瞬间间接效应在 90% 的置信区间内均包含 0，这说明瞬间间接效应不显著，托宾 Q 在董事会特征与行为之间不存在中介效应。

在董事会特征、总资产增长率对董事会行为影响的检验中，② 发现 Grow 对 BM 影响的一次项系数（β = 0.0016，p > 0.1）与二次项系数（β = 0，p > 0.1）均不显著。表 5 - 36 显示，董事会特征各指标通过总资产增长率对行为产生的瞬间间接效应在 90% 的置信区间内均包含 0，这说明瞬间间接效应不显著，总资产增长率在董事会特征与行为之间不存在中介效应。

在董事会特征、R&D 对董事会行为影响的检验中，③ 发现 R&D 对 BM 影响的一次项系数（β = -0.1067，p > 0.1）与二次项系数（β = 0.0203，p > 0.1）均不显著。表 5 - 37 显示，董事会特征各指标通过 R&D 对行为产生的瞬间间接效应在 90% 的置信区间内均包含 0，这说明瞬间间接效应不显著，R&D 投入在董事会特征与行为之间不存在中介效应。

在董事会特征、破产风险对董事会行为影响的检验中，④ 发现 Ln（Alt）与 BM 之间不存在显著相关性（β = -0.1401，p > 0.1）。表 5 - 38 显示，持股董事比例通过破产风险对行为，以及董事学历通过破产风险对行为的瞬间间接效应不包括 0，其余大部分董事会特

---

① 删除第 t 期托宾 Q 值的缺失值，董事会特征、托宾 Q 对行为的检验中的样本数量为 442 个。

② 由于部分样本点的总资产增长率为零或负数，使这一指标的对数形式没有意义，无法检验总资产增长率与行为间的对数曲线关系，因此，检验了两者之间的倒 U 型关系。

③ 由于少数样本点的 R&D 投入为零，使这一指标的对数形式没有意义，无法检验 R&D 投入与行为间的对数曲线关系，因此，检验了两者之间的倒 U 型关系。

④ 删除第 t 期破产风险的缺失值，董事会特征、破产风险对行为的检验中的样本数量为 422 个。

表 5-35　　董事会特征通过托宾 Q 对董事会行为产生的瞬间间接效应

| | XVAL | LowerCI | THETA | UpperCI | | XVAL | LowerCI | THETA | UpperCI |
|---|---|---|---|---|---|---|---|---|---|
| BS | 6.9755 | -0.0572 | -0.0175 | 0.0012 | Dir_edu | 3.0776 | -0.0211 | 0.1024 | 0.2579 |
| →Q | 8.4027 | -0.0499 | -0.0151 | 0.0011 | →Q | 3.5202 | -0.0198 | 0.0952 | 0.2383 |
| →BM | 9.8299 | -0.0453 | -0.0133 | 0.0010 | →BM | 3.9629 | -0.0177 | 0.0890 | 0.2229 |
| ID | 31.7002 | -0.0013 | 0.0052 | 0.0219 | VCD | 0.7502 | -0.0026 | 0.0003 | 0.0060 |
| →Q | 37.011 | -0.0017 | 0.0016 | 0.0118 | →Q | 9.2968 | -0.0025 | 0.0003 | 0.0056 |
| →BM | 42.3219 | -0.0099 | -0.0018 | 0.0008 | →BM | 17.8434 | -0.0025 | 0.0003 | 0.0054 |
| Bshare | 20.8264 | -0.0001 | 0.0010 | 0.0057 | FD_in | 8.1405 | -0.0002 | 0.0020 | 0.0059 |
| →Q | 39.9252 | -0.0005 | 0.0002 | 0.0028 | →Q | 20.3016 | -0.0002 | 0.0019 | 0.0056 |
| →BM | 59.0241 | -0.0057 | -0.0005 | 0.0013 | →BM | 32.4628 | -0.0002 | 0.0018 | 0.0054 |
| WD | 1.8165 | -0.0010 | 0.0001 | 0.0020 | Dir_ten | 1.7366 | -0.0911 | -0.0243 | 0.0008 |
| →Q | 13.8112 | -0.0011 | 0.0001 | 0.0019 | →Q | 2.4842 | -0.0960 | -0.0251 | 0.0006 |
| →BM | 25.8059 | -0.0011 | 0.0001 | 0.0019 | →BM | 3.2318 | -0.1001 | -0.0259 | 0.0007 |
| Dir_age | 44.372 | -0.0093 | -0.0005 | 0.0025 | | | | | |
| →Q | 47.9639 | -0.0087 | -0.0005 | 0.0023 | | | | | |
| →BM | 51.5558 | -0.0083 | -0.0004 | 0.0021 | | | | | |

注：XVAL 表示解释变量的取值，每一个解释变量分别在低于均值一个标准差、均值和高于均值一个标准差处取值；LowerCI 和 UpperCI 表示瞬间间接效应 90% 修正偏倚的 bootstrap 置信区间。THETA 表示 X 通过 M 对 Y 产生的瞬间间接效应。

277

**表 5-36　董事会特征通过总资产增长率对董事会行为产生的瞬间间接效应**

| | XVAL | LowerCI | THETA | UpperCI | | XVAL | LowerCI | THETA | UpperCI |
|---|---|---|---|---|---|---|---|---|---|
| BS | 6.9923 | -0.0483 | -0.0092 | 0.0159 | Dir_edu | 3.0739 | -0.0092 | 0.0102 | 0.0921 |
| →Grow | 8.4204 | -0.0437 | -0.0092 | 0.0124 | →Grow | 3.5169 | -0.0082 | 0.0097 | 0.0890 |
| →BM | 9.8485 | -0.0416 | -0.0090 | 0.0088 | →BM | 3.9598 | -0.0086 | 0.0093 | 0.0817 |
| ID | 31.7712 | -0.0133 | -0.0011 | 0.0017 | VCD | 0.9375 | -0.0024 | 0.0010 | 0.0076 |
| →Grow | 36.9826 | -0.0089 | -0.0006 | 0.0013 | →Grow | 9.6259 | -0.0021 | 0.0010 | 0.0072 |
| →BM | 42.194 | -0.0037 | -0.0001 | 0.0020 | →BM | 18.3144 | -0.0018 | 0.0011 | 0.0072 |
| Bshare | 21.291 | -0.0003 | 0.0004 | 0.0031 | FD_in | 7.9351 | -0.0003 | 0.0004 | 0.0041 |
| →Grow | 40.2607 | -0.0003 | 0.0004 | 0.0028 | →Grow | 20.0859 | -0.0003 | 0.0004 | 0.0038 |
| →BM | 59.2305 | -0.0005 | 0.0004 | 0.0047 | →BM | 32.2368 | -0.0003 | 0.0004 | 0.0035 |
| WD | 1.7655 | -0.0004 | 0.0005 | 0.0038 | Dir_ten | 1.5947 | -0.1407 | -0.0275 | 0.0618 |
| →Grow | 13.6685 | -0.0004 | 0.0005 | 0.0037 | →Grow | 2.3784 | -0.1788 | -0.0440 | 0.0538 |
| →BM | 25.5714 | -0.0005 | 0.0004 | 0.0032 | →BM | 3.1622 | -0.2110 | -0.0605 | 0.0527 |
| Dir_age | 44.2647 | -0.0111 | -0.0018 | 0.0024 | | | | | |
| →Grow | 47.8829 | -0.0107 | -0.0018 | 0.0021 | | | | | |
| →BM | 51.501 | -0.0103 | -0.0017 | 0.0019 | | | | | |

注：XVAL 表示解释变量的取值，每一个解释变量分别主低于均值一个标准差、均值和高于均值一个标准差；LowerCI 和 UpperCI 表示瞬间间接效应 90% 修正偏简的 bootstrap 置信区间。THETA 表示 X 通过 M 对 Y 产生的瞬间间接效应。

表5-37　　董事会特征通过R&D投入对董事会行为产生的瞬间间接效应

| | XVAL | LowerCI | THETA | UpperCI | | XVAL | LowerCI | THETA | UpperCI |
|---|---|---|---|---|---|---|---|---|---|
| BS | 6.9923 | -0.0427 | -0.0029 | 0.0274 | Dir_edu | 3.0739 | -0.2023 | -0.0212 | 0.1396 |
| →R&D | 8.4204 | -0.0301 | -0.0015 | 0.0240 | →R&D | 3.5169 | -0.1689 | -0.0099 | 0.1402 |
| →BM | 9.8485 | -0.0225 | -0.0006 | 0.0222 | →BM | 3.9598 | -0.1431 | 0.0015 | 0.1399 |
| ID | 31.7712 | -0.0166 | -0.0010 | 0.0101 | VCD | 0.9375 | -0.0140 | -0.0014 | 0.0017 |
| →R&D | 36.9826 | -0.0086 | -0.0003 | 0.0081 | →R&D | 9.6259 | -0.0118 | -0.0013 | 0.0017 |
| →BM | 42.194 | -0.0046 | -0.0001 | 0.0046 | →BM | 18.3144 | -0.0104 | -0.0012 | 0.0017 |
| Bshare | 21.291 | -0.0023 | -0.0001 | 0.0010 | FD_in | 7.9351 | -0.0046 | -0.0004 | 0.0038 |
| →R&D | 40.2607 | -0.0020 | -0.0001 | 0.0011 | →R&D | 20.0859 | -0.0040 | -0.0002 | 0.0039 |
| →BM | 59.2305 | -0.0029 | 0 | 0.0013 | →BM | 32.2368 | -0.0035 | -0.0001 | 0.0042 |
| WD | 1.7655 | -0.0038 | 0.0001 | 0.0036 | Dir_ten | 1.5947 | -0.0600 | -0.0032 | 0.0310 |
| →R&D | 13.6685 | -0.0037 | 0.0003 | 0.0042 | →R&D | 2.3784 | -0.0528 | -0.0022 | 0.0337 |
| →BM | 25.5714 | -0.0035 | 0.0005 | 0.0047 | →BM | 3.1622 | -0.0469 | -0.0012 | 0.0356 |
| Dir_age | 44.2647 | -0.0085 | -0.0003 | 0.0029 | | | | | |
| →R&D | 47.8829 | -0.0072 | -0.0002 | 0.0029 | | | | | |
| →BM | 51.501 | -0.0059 | -0.0002 | 0.0029 | | | | | |

注：XVAL表示解释变量的取值，每一个解释变量的取值分别在低于均值一个标准差、均值和高于均值一个标准差处取值；THETA表示X通过M对Y产生的瞬间间接效应；LowerCI和UpperCI表示瞬间间接效应90%修正偏倚的bootstrap置信区间。

表5-38 董事会特征通过破产风险对董事会行为产生的瞬间间接效应

| | XVAL | LowerCI | THETA | UpperCI | | XVAL | LowerCI | THETA | UpperCI |
|---|---|---|---|---|---|---|---|---|---|
| BS | 6.9755 | -0.1401 | -0.0393 | 0.0128 | Dir_edu | 3.0776 | 0.0487 | 0.1807 | 0.4504 |
| →AltZ | 8.4027 | -0.1040 | -0.0312 | 0.0108 | →AltZ | 3.5202 | 0.0508 | 0.1942 | 0.4966 |
| →BM | 9.8299 | -0.0805 | -0.0257 | 0.0093 | →BM | 3.9629 | 0.0566 | 0.2100 | 0.5535 |
| ID | 31.7002 | -0.0318 | -0.0080 | 0.0057 | VCD | 0.7502 | -0.0140 | -0.0042 | 0.0021 |
| →AltZ | 37.011 | -0.0159 | -0.0042 | 0.0046 | →AltZ | 9.2968 | -0.0133 | -0.0041 | 0.0019 |
| →BM | 42.3219 | -0.0094 | -0.0006 | 0.0079 | →BM | 17.8434 | -0.0123 | -0.0040 | 0.0020 |
| Bshare | 20.8264 | -0.0049 | -0.0015 | 0.0005 | FD_in | 8.1405 | -0.0033 | -0.0002 | 0.0024 |
| →AltZ | 39.9252 | 0.0017 | 0.0040 | 0.0076 | →AltZ | 20.3016 | -0.0032 | -0.0002 | 0.0025 |
| →BM | 59.0241 | 0.0042 | 0.0108 | 0.0203 | →BM | 32.4628 | -0.0031 | -0.0002 | 0.0025 |
| WD | 1.8165 | -0.0002 | 0.0026 | 0.0075 | Dir_ten | 1.7366 | -0.0077 | 0.0386 | 0.1058 |
| →AltZ | 13.8112 | -0.0002 | 0.0027 | 0.0080 | →AltZ | 2.4842 | -0.0077 | 0.0396 | 0.1121 |
| →BM | 25.8059 | -0.0002 | 0.0027 | 0.0086 | →BM | 3.2318 | -0.0078 | 0.0406 | 0.1189 |
| Dir_age | 44.372 | -0.0230 | -0.0068 | 0.0017 | | | | | |
| →AltZ | 47.9639 | -0.0202 | -0.0062 | 0.0016 | | | | | |
| →BM | 51.5558 | -0.0182 | -0.0057 | 0.0014 | | | | | |

注：XVAL 表示解释变量的取值，每一个解释变量分别在低于均值一个标准差、均值和高于均值一个标准差处取值；THETA 表示 X 通过 M 对 Y 产生的瞬间间接效应；LowerCI 和 UpperCI 表示瞬间间接效应 90% 修正偏倚的 bootstrap 置信区间。

征指标通过破产风险对行为产生的瞬间间接效应在90%的置信区间内均包含0，这说明瞬间间接效应不显著，破产风险在董事会特征与行为之间基本不存在中介效应。

在董事会特征、代理效率对董事会行为影响的检验中，发现 Ln（AE）与 BM 之间不存在显著相关性（$\beta = 0.3516$，$p > 0.1$）。表 5 - 39 显示，董事会特征各指标通过代理效率对行为产生的瞬间间接效应在90%的置信区间内均包含0，这说明瞬间间接效应不显著，代理效率在董事会特征与行为之间不存在中介效应。

在董事会特征、第一类代理成本对董事会行为影响的检验中，发现 Ln（AC1）与 BM 之间不存在显著相关性（$\beta = 0.0484$，$p > 0.1$）。表 5 - 40 显示，董事会特征各指标通过第一类代理成本对行为产生的瞬间间接效应在90%的置信区间内均包含0，这说明瞬间间接效应不显著，第一类代理成本在董事会特征与行为之间不存在中介效应。

在董事会特征、第二类代理成本对董事会行为影响的检验中，[1] 发现 AC2 对 BM 影响的一次项系数（$\beta = 0.1767$，$p > 0.1$）与二次项系数（$\beta = -0.0532$，$p > 0.1$）均不显著。表 5 - 41 显示，董事学历与创始人内部董事比例、第二类代理成本对行为产生的瞬间间接效应显著，其余董事会特征指标通过第二类代理成本对行为产生的瞬间间接效应在90%的置信区间内均包含0，这说明瞬间间接效应不显著，第二类代理成本在董事会特征与行为之间基本不存在中介效应。

在董事会特征、信息披露对董事会行为影响的检验中，[2] 发现 Ln（DIS）与 BM 之间不存在显著相关性（$\beta = -0.4900$，$p > 0.1$）。表 5 - 42 显示，董事会特征各指标通过信息披露对行为产生的瞬间

---

① 由于少数样本点的其他应收款率为零，使这一指标的对数形式没有意义，无法检验第二类代理成本与行为间的对数曲线关系，因此，检验了两者之间的 U 型关系。

② 删除第 t 期信息披露指标的缺失值，董事会特征、信息披露对行为的检验中的样本数量为408个。

**表 5-39　董事会特征通过代理效率对董事会行为产生的瞬间间接效应**

| | XVAL | LowerCI | THETA | UpperCI | | XVAL | LowerCI | THETA | UpperCI |
|---|---|---|---|---|---|---|---|---|---|
| BS | 6.9923 | -0.0014 | 0.0087 | 0.0369 | Dir_edu | 3.0739 | -0.1288 | -0.0393 | 0.0064 |
| →AE | 8.4204 | -0.0010 | 0.0070 | 0.0290 | →AE | 3.5169 | -0.1391 | -0.0414 | 0.0068 |
| →BM | 9.8485 | -0.0009 | 0.0058 | 0.0237 | →BM | 3.9598 | -0.1484 | -0.0437 | 0.0080 |
| ID | 31.7712 | -0.0014 | 0.0055 | 0.0251 | VCD | 0.9375 | -0.0019 | 0.0001 | 0.0041 |
| →AE | 36.9826 | -0.0007 | 0.0026 | 0.0129 | →AE | 9.6259 | -0.0018 | 0.0001 | 0.0045 |
| →BM | 42.194 | -0.0029 | 0 | 0.0030 | →BM | 18.3144 | -0.0019 | 0.0001 | 0.0046 |
| Bshare | 21.291 | -0.0043 | -0.0006 | 0.0002 | FD_in | 7.9351 | -0.0002 | 0.0010 | 0.0040 |
| →AE | 40.2607 | -0.0003 | 0.0012 | 0.0048 | →AE | 20.0859 | -0.0002 | 0.0009 | 0.0038 |
| →BM | 59.2305 | -0.0009 | 0.0026 | 0.0092 | →BM | 32.2368 | -0.0002 | 0.0009 | 0.0036 |
| WD | 1.7655 | -0.0048 | -0.0018 | 0.0007 | Dir_ten | 1.5947 | -0.0439 | -0.0081 | 0.0035 |
| →AE | 13.6685 | -0.0053 | -0.0019 | 0.0008 | →AE | 2.3784 | -0.0458 | -0.0082 | 0.0035 |
| →BM | 25.5714 | -0.0058 | -0.0021 | 0.0008 | →BM | 3.1622 | -0.0479 | -0.0084 | 0.0035 |
| Dir_age | 44.2647 | -0.0093 | -0.0012 | 0.0014 | | | | | |
| →AE | 47.8829 | -0.0089 | -0.0011 | 0.0013 | | | | | |
| →BM | 51.501 | -0.0088 | -0.0011 | 0.0012 | | | | | |

注：XVAL 表示解释变量的取值，每一个解释变量分别在低于均值、均值和高于均值一个标准差。均值和高于均值一个标准差；LowerCI 和 UpperCI 表示瞬间间接效应 90% 修正偏倚的 bootstrap 置信区间同。THETA 表示 X 通过 M 对 Y 产生的瞬间间接效应。

表 5—40　董事会特征通过第一类代理成本对董事会行为产生的瞬间间接效应

| | XVAL | LowerCI | THETA | UpperCI | | XVAL | LowerCI | THETA | UpperCI |
|---|---|---|---|---|---|---|---|---|---|
| BS | 6.9923 | -0.0182 | 0.0022 | 0.0273 | Dir_edu | 3.0739 | -0.1121 | 0.0137 | 0.1433 |
| →AC1 | 8.4204 | -0.0141 | 0.0017 | 0.0206 | →AC1 | 3.5169 | -0.0958 | 0.0121 | 0.1245 |
| →BM | 9.8485 | -0.0113 | 0.0014 | 0.0165 | →BM | 3.9598 | -0.0843 | 0.0108 | 0.1103 |
| ID | 31.7712 | -0.0035 | 0.0001 | 0.0062 | VCD | 0.9375 | -0.0008 | 0.0005 | 0.0055 |
| →AC1 | 36.9826 | -0.0019 | 0.0001 | 0.0046 | →AC1 | 9.6259 | -0.0008 | 0.0005 | 0.0059 |
| →BM | 42.194 | -0.0018 | 0 | 0.0031 | →BM | 18.3144 | -0.0008 | 0.0006 | 0.0062 |
| Bshare | 21.291 | -0.0009 | 0 | 0.0008 | FD_in | 7.9351 | -0.0006 | 0.0001 | 0.0015 |
| →AC1 | 40.2607 | -0.0005 | 0 | 0.0009 | →AC1 | 20.0859 | -0.0006 | 0.0001 | 0.0014 |
| →BM | 59.2305 | -0.0010 | 0 | 0.0018 | →BM | 32.2368 | -0.0006 | 0.0001 | 0.0014 |
| WD | 1.7655 | -0.0010 | 0.0001 | 0.0019 | Dir_ten | 1.5947 | -0.0224 | 0.0027 | 0.0399 |
| →AC1 | 13.6685 | -0.0010 | 0.0001 | 0.0018 | →AC1 | 2.3784 | -0.0211 | 0.0026 | 0.0365 |
| →BM | 25.5714 | -0.0009 | 0.0001 | 0.0017 | →BM | 3.1622 | -0.0198 | 0.0025 | 0.0350 |
| Dir_age | 44.2647 | -0.0062 | -0.0003 | 0.0019 | | | | | |
| →AC1 | 47.8829 | -0.0060 | -0.0003 | 0.0017 | | | | | |
| →BM | 51.501 | -0.0059 | -0.0003 | 0.0016 | | | | | |

注：XVAL 表示解释变量的取值，每一个解释变量分别在低于均值一个标准差、均值和高于均值一个标准差处取值；LowerCI 和 UpperCI 表示瞬间间接效应 90% 修正偏倚的 bootstrap 置信区间；THETA 表示 X 通过 M 对 Y 产生的瞬间间接效应。

表5-41　　董事会特征通过第二类代理成本对董事会行为产生的瞬间间接效应

| | XVAL | LowerCI | THETA | UpperCI | | XVAL | LowerCI | THETA | UpperCI |
|---|---|---|---|---|---|---|---|---|---|
| BS | 6.9923 | -0.0018 | 0.0318 | 0.0903 | Dir_edu | 3.0739 | 0.0291 | 0.1369 | 0.3231 |
| →AC2 | 8.4204 | -0.0015 | 0.0259 | 0.0724 | →AC2 | 3.5169 | 0.0279 | 0.1331 | 0.3082 |
| →BM | 9.8485 | -0.0013 | 0.0218 | 0.0600 | →BM | 3.9598 | 0.0278 | 0.1293 | 0.2931 |
| ID | 31.7712 | -0.0515 | -0.0073 | 0.0204 | VCD | 0.9375 | -0.0134 | -0.0016 | 0.0060 |
| →AC2 | 36.9826 | -0.0091 | 0.0036 | 0.0212 | →AC2 | 9.6259 | -0.0142 | -0.0016 | 0.0059 |
| →BM | 42.194 | 0.0016 | 0.0142 | 0.0453 | →BM | 18.3144 | -0.0147 | -0.0016 | 0.0057 |
| Bshare | 21.291 | -0.0028 | 0.0005 | 0.0042 | FD_in | 7.9351 | -0.0102 | -0.0042 | -0.0010 |
| →AC2 | 40.2607 | 0 | 0.0030 | 0.0087 | →AC2 | 20.0859 | -0.0108 | -0.0043 | -0.0010 |
| →BM | 59.2305 | 0 | 0.0054 | 0.0165 | →BM | 32.2368 | -0.0110 | -0.0044 | -0.0009 |
| WD | 1.7655 | -0.0065 | -0.0012 | 0.0030 | Dir_ten | 1.5947 | -0.0076 | 0.0404 | 0.1467 |
| →AC2 | 13.6685 | -0.0066 | -0.0012 | 0.0030 | →AC2 | 2.3784 | -0.0068 | 0.0398 | 0.1409 |
| →BM | 25.5714 | -0.0067 | -0.0012 | 0.0029 | →BM | 3.1622 | -0.0065 | 0.0392 | 0.1362 |
| Dir_age | 44.2647 | -0.0006 | 0.0084 | 0.0276 | | | | | |
| →AC2 | 47.8829 | -0.0006 | 0.0077 | 0.0247 | | | | | |
| →BM | 51.501 | -0.0006 | 0.0070 | 0.0223 | | | | | |

表5-42　董事会特征通过信息披露对董事会会行为产生的瞬间间接效应

| | XVAL | LowerCI | THETA | UpperCI | | XVAL | LowerCI | THETA | UpperCI |
|---|---|---|---|---|---|---|---|---|---|
| BS | 6.9487 | -0.0062 | 0.0118 | 0.0663 | Dir_edu | 3.0714 | -0.0090 | 0.0266 | 0.1094 |
| →DIS | 8.3652 | -0.0052 | 0.0099 | 0.0571 | →DIS | 3.5147 | -0.0089 | 0.0268 | 0.1115 |
| →BM | 9.7817 | -0.0044 | 0.0086 | 0.0499 | →BM | 3.9579 | -0.0089 | 0.0270 | 0.1143 |
| ID | 20.3403 | -0.0007 | 0.0014 | 0.0065 | VCD | 0.7929 | -0.0030 | 0 | 0.0025 |
| →DIS | 39.5229 | -0.0044 | -0.0011 | 0.0005 | →DIS | 9.3295 | -0.0029 | 0 | 0.0025 |
| →BM | 58.7055 | -0.0114 | -0.0034 | 0.0004 | →BM | 17.866 | -0.0029 | 0 | 0.0024 |
| Bshare | 20.3403 | -0.0007 | 0.0014 | 0.0065 | FD_in | 8.1018 | -0.0026 | -0.0001 | 0.0020 |
| →DIS | 39.5229 | -0.0044 | -0.0011 | 0.0005 | →DIS | 20.3045 | -0.0025 | -0.0001 | 0.0020 |
| →BM | 58.7055 | -0.0114 | -0.0034 | 0.0004 | →BM | 32.5071 | -0.0025 | -0.0001 | 0.0021 |
| WD | 1.7022 | -0.0036 | -0.0004 | 0.0010 | Dir_ten | 1.8034 | -0.0532 | -0.0080 | 0.0092 |
| →DIS | 13.7873 | -0.0036 | -0.0004 | 0.0010 | →DIS | 2.54 | -0.0521 | -0.0080 | 0.0092 |
| →BM | 25.8724 | -0.0035 | -0.0004 | 0.0011 | →BM | 3.2765 | -0.0508 | -0.0080 | 0.0093 |
| Dir_age | 44.4907 | -0.0014 | 0.0038 | 0.0155 | | | | | |
| →DIS | 48.0888 | -0.0013 | 0.0035 | 0.0147 | | | | | |
| →BM | 51.6868 | -0.0012 | 0.0033 | 0.0140 | | | | | |

间接效应在90%的置信区间内均包含0，这说明瞬间间接效应不显著，信息披露在董事会特征与行为之间不存在中介效应。

由以上稳健性检验结果可知，治理绩效在董事会特征与行为之间基本不存在显著的中介效应，因此，董事会特征、行为对治理绩效的影响不存在严重的反向因果关系，这说明本书的实证结果比较稳健。

## 5.6 实证结果讨论

### 5.6.1 董事会特征对董事会行为的影响

本章基于非线性视角，以2009～2011年的创业板上市公司为样本，验证了董事会结构、个人特征和人力资本通过董事会行为对各战略行为绩效和控制行为绩效指标的影响，发现董事会特征指标对不同治理绩效的影响路径有所差异。

（1）在董事会结构与董事会行为关系方面，董事会规模与董事会行为强度之间呈较为稳定的向下倾斜的对数曲线关系，说明创业板上市公司小型董事会能够发挥决策速度快优势，有利于强化董事会行为，同时董事会规模增加所带来的资源提供优势部分递减但并未超越小型董事会的快速决策优势，使小型董事会的正效应呈现边际效应递减趋势。这一结论并未支持钱查拉特等（2012）所认为的新经济环境中，大型和小型董事会优于中型董事会的观点；但验证了科尔斯等（2008）指出的简单公司中小型董事会更具优势的论证，同时支持了加尔西—拉莫斯和加尔西—奥拉利亚（2011）所认为的，创始人由于不希望董事提出更多建议而对扩大董事会规模以获取董事咨询建议的需求降低，从而使扩大董事会规模的正效应无法完全而仅是部分抵消大型董事会的负效应，使董事会行为随着董事会规模的增加而下降，但是下降的速度递减。

（2）独立董事比例与董事会行为强度之间呈现U型关系，说明创业板上市公司中随着独立董事比例的提高，董事会行为呈先下降后上升的趋势。当独立董事比例较低而达不到临界状态时，其对CEO造成威胁和降低决策效率的成本大于提供咨询和资源的收益，而使董事会行为强度降低；当独立董事比例达到临界值以后才能充分发挥其提高认知多元化以及作为边界扳手的优势，从而提高董事会行为强度。这一结论支持了本书提出的研究假设，并再次验证了费根尼（2005）所认为的小公司中外部董事与董事会战略参与呈 U型关系的观点。然而，这一结论却与大型董事会降低战略决策效率的观点相反（Forbes and Milliken，1999）。费根尼（2005）认为，8名或更多外部董事的董事会对于小公司的决策同样会遇到问题，而本书创业企业样本中的独立董事比例最大值为 60%，且仅有一个样本公司独立董事人数达到 7 人，因此，福布斯和米利肯（1999）所认为的负面结果可能没有被揭示。这一结论说明了小型的创业企业和大型公司中独立董事发挥作用的区别。

（3）持股董事比例与董事会行为呈 U 型关系，说明持股董事比例非常低和非常高时，能够提高董事会监督和战略行为强度；持股董事比例适中时，董事会行为强度最低，这一研究结论与假设 1c所预测的倒 U 型关系相反。尼兹和鲁斯蒂奇尼（Gneezy and Rus-tichini，2000a）发现，对家长到日托中心接孩子迟到的罚金会导致父母迟到数量的显著增加。他们的解释是，父母认为罚款是对迟到赋予的货币价格，父母可以更容易使他们的行为合理化。亚当斯和费雷拉（2008）对董事会会议费与董事出席关系的研究结论对此进行了证实。他们发现，支付会议费用少的企业中董事出勤率会降低，因为董事会认为缺席会议的价格低。据此推断，当公司不进行股权激励时，董事可能会拥有被迫参与董事会监督和战略决策的一种责任感而增加董事会行为。如果企业对董事进行股权激励但是激励水平较低，董事将对缺席会议赋予一个货币价格，从而降低董事会行为，因此，当董事股权激励处于从无到相对较低的变化区间内，董事会行为呈下降趋势。尼兹和鲁斯蒂奇尼（2000b）进一步提供实验证据表明，当支付更多而不是更少时，个人通常表现得更好；如果不计报酬，而不是仅仅支付少量，他们也表现得更好，因此，货币奖励只有"足够"大才有效。布莱克、切芬斯和克劳斯那（Black, Cheffins and Klausner, 2004）认为，董事在公司的直接财务股份通常是他们净资产以及公司价值的一小部分，他们大多数都是忙碌的人，担任董事的补偿相对于时间的机会成本来说不太多；另外，一旦董事达到事业高峰，其动机主要来源于权力和威望、声誉和职业问题、隐性激励等（Adams and Ferreira, 2008），因此，持股水平较低则不足以激励董事努力工作，只有达到足够高的持股水平才能够有效发挥股权的激励作用，提升董事监督和战略参与的行为强度（Brenner and Schwalbach, 2009；薛有志等，2010），从而当董事股权激励处于从较低到较高的变化区间内，董事会行为强度呈现上升趋势。

（4）在董事会人口学属性与董事会行为关系方面，女性董事比例与董事会行为强度呈正相关关系，说明提高女性董事比例能够对强化董事会行为具有积极影响，假设 2a 得到验证，并支持了尼尔森和休斯（2010）等的结论。董事年龄与董事会行为强度呈负向的对数曲线关系，说明对于创业型企业来说，相对年轻的董事由于更具创新能力和学习能力带来的正效应超过了经验不足的负效应，而有利于强化董事会行为，但是呈现边际效应递减的趋势，假设 2b 得到验证。董事平均学历与董事会行为强度不相关，说明董事学历对董事会行为强度没有显著影响，假设 2c 未得到验证。根据认知的局限性理论，一旦达到认知极限，个人有效处理信息的能力便会大为降低。个人不仅无法处理超越"门槛值"的额外信息，太多的信息也会干扰他们处理剩余信息的能力（Khanna, Jones and Boivie, 2013）。康纳利（Connolly, 1977）研究显示，过度的信息对个人业绩具有负面影响，信息数量过多将导致经理层决策准确性下降。康纳、琼斯和博依维（2013）发现，高水平的信息处理需求，如公司董事在其他公司董事会任职或涉及行业数量较多，将阻碍董事的经验和能力的发挥，使他们无法提供高质量的监督和有意义的咨询。他们的实证研究结论表明，当信息处理需求高时，董事会的平均教育水平的积极影响将会减弱或消失。创业板上市公司的董事大致可分为创始人董事、独立董事、风险投资董事几类，这几类董事由于面临企业创业与创新的复杂过程（如创始人董事）或是在其他公司或行业担任较多董事职务（独立董事与风险投资董事）而处于康纳等（2013）所指的高水平信息处理需求情境中，较多的信息处理需求将可能限制高学历所带来的知识、能力与智慧的有效发挥，从而使董事平均学历对董事会行为的积极效应无法显现。

（5）在董事会人力资本与董事会行为关系方面，风险投资董事比例与董事会行为负相关，这说明提高风险投资董事比例将对董事会行为产生负面影响，得到了与假设相反的结论。原因可能是创业板上市公司中风险投资董事比例过低，对履行职能的不利影响超过了有利影响。本书 268 个具有风险投资公司持股的样本中，有 98 个样本点的风险投资董事数量为 0，占风险投资参与样本总数的 36.6%；有 119 个样本点仅有 1 名风险投资董事，占风险投资参与样本总数的 44.4%。这一方面是由于我国风险投资业的发展与西方国家相比差距较大，他们对上市公司的支持还仅限于资金方面，而参与监督和战略的程度不足；另一方面可能是由于我们的样本是已在创业板上市的公司，很多风险投资公司在被投资企业上市时便退出套现，导致风险投资董事比例较低。已有研究认为，如果风险投资董事所占席位较低，则可能对其履行职能的动机和能力产生不利影响。首先，加格（2013）认为，CEO 特别是创始人 CEO 与风险投资公司的目标有冲突，他们在创建和领导公司过程中对公司形成强烈的心理依赖，使他们倾向于保持原有的企业愿景或特殊的组织文化，即使这样做可能不利于企业成长。为了减少与风险投资公司的冲突并实现个人目标，他们可能会依仗自己在企业中的权威地位，阻碍风险投资董事过多进行监督和战略参与。如果风险投资董事比例较少，没有足够的权力和能力"对抗"CEO 的阻碍且难以融入特殊的企业文化背景，便可能降低履行职能的动力和能力。其次，费根尼（2005）认为，单个或很少量的外部董事可能无法显著增加董事会认知的多样性，并且对 CEO 决策带来的不利影响可能超过有利影响，当外部董事数量较少时，外部董事比例与董事会的战略参与呈负相关关系。另外，风险投资董事数量较少可能是风险投资公司分散投资程度较高或逐渐退出被投资公司的体现，他们没有时间和精力以及动机参与投资后的监督和管理。总之，过低的风险投资董事比例会降低他们监督和资源提供的动机及能力，从而对公司价值产生不利影响，风险投资董事只有达到一定高的比例才能发挥履职的群体效应。我国风险投资公司应从价值发现型投资者转型为价值创造型投资者，通过在被投资企业中安排较高比例的董事，使之达到发挥正向作用的"门槛"，才可能对董事会行为进而对公司价值产生积极效应。

（6）创始人董事比例与董事会行为强度微弱正相关。进一步地，将创始人董事分为内部董事和外部董事进行检验发现，创始人内部董事比例对董事会行为具有非常显著的正面作用，而创始人外部董事比例对董事会行为没有影响，表明创始人董事对董事会行为的积极效应来自在公司领薪并参与日常运营的内部董事，而非外部董事。造成这种情况的原因较多。一方面，创始人内部董事具有强烈的非财务动机和财务动机参与董事会监督和战略决策，以达到维持公司生存、实现个人原始愿景和增加财富的目的；创始人内部董事由于参与公司的日常运营而具有更高质量的公司特有信息，从而更有能力参与董事会行为，因此，提高创始人内部董事比例能够强化董事会行为。另一方面，创始人外部董事比例对董事会行为无显著影响，可能是我国创业企业股东中"夫妻店""父子兵""兄弟连"现象普遍（李维安，2011），创始人外部董事可能仅是由于亲属原因而成为创始人，并非实际掌握公司运营情况而无法发挥相应的董事职能。另外，创始人外部董事可能多在会议之外履行职能。因此，在以董事会会议次数衡量董事会行为时，未能检验出创始人外部董事与董事会行为存在显著关系。为使创始人外部董事充分发挥积极效应，应该注重在会议之外加强创始人外部董事之间、创始人外部董事与其他类型外部董事、内部董事以及 CEO 之间各种形式的互动和交流。董事平均任期与董事会行为正相关，说明董事任期越长，对公司越熟悉，越有能力提升董事会行为强度，假设得到验证。

## 5.6.2　董事会行为对治理绩效的影响

本章验证了董事会行为强度与各治理绩效指标的对数曲线关系和倒 U 型关系，发现两者之间倒 U 型关系均未得到验证，而对数曲线关系部分得到验证。具体来说，董事会行为强度与战略行为绩效指标如 R&D 投入、净资产收益率、托宾 Q 值、总资产增长率、破产风险之间存在对数曲线关系，这说明随着董事会行为的强化，董事会治理的战略行为绩效得以提高，但是提高的速度越来越缓慢，假设 4 至假设 6 得到验证。然而，董事会行为强度仅与部分监督行为绩效指标呈对数曲线关系，如代理效率和第一类代理成本，说明随着董事会行为的强化，第一类代理成本得以降低但降低的速度逐渐变缓。同时发现，董事会行为强度与其他监督行为绩效指标不存在相关性，如第二类代理成本、信息披露等，相关假设未得到验证。

以上实证结果说明了两方面的结论。其一，创业类企业的董事会主要履行的是资源提供和战略参与的战略职能，而监督职能相对弱化。这与西方学者对创业型企业研究的结论一致（Zahra and Filatotchev，2004；Hillman et al.，2009），他们均认为战略职能是创业企业董事会的最主要职能。由于创业企业面临更强烈和更经常性的变革，董事会更加关注监督详细的经营活动和市场推介（Garg，2013），这无疑降低了 CEO 进行无效率和过度投资以及在职消费的可能性，因此，这类企业的董事会行为对提高代理效率、降低第一类代理成本这两个监督行为绩效指标具有积极效应。然而，创业企业董事会行为对大股东与小股东之间的第二类代理成本不存在影响，这可能是由于董事会由创始人、风险投资公司等大股东所控制，使董事会对大股东剥夺行为的监督失效所致。同时，董事会行为与信息披露无关的结论也验证了加格（2013）所指出的，创业企业董事会可能划分更少的时间监督审计和合规性活动，比如与 SOX 相关的条款。其二，提高董事会行为强度对战略行为绩效以及代理效率、第一类代理成本这些监督行为指标的积极影响，并非是先增加后降低的倒 U 型趋势，而是以递减速率增加的对数曲线趋势。这一结论验证了布里克和奇丹巴然（2010）所认为的董事会会议次数对财务绩效的正面影响是规模递减的观点，而未支持加格（2013）等所指出的，董事会的过分参与将导致绩效降低，从而两者呈倒 U 型关系的观点。可能的原因是，我国创业企业年度董事会会议次数较低，达不到能够产生负效应的拐点。有研究明确指出了能够使董事会正常发挥作用的董事会会议最低次数。如李普顿和洛尔施（1992）建议董事会每两个月至少应该开一次会。鲁桐、仲继银和孔杰（2008）通过对我国上市公司的研究发现，开会次数低于 6 次是属于走过场的董事会；召开 7 ~ 9 次会议时，董事成员只能粗浅参与各项议题；召开 10 ~ 12 次会议才能基本保证董事成员的正常参与；召开超过 13 次会议，董事会成员将会持续地正常参与董事会的各项战略与管理决策。然而，本书的样本公司中，年度董事会会议次数平均为 8 次，超过 13 次（包括 13 次）的样本点仅为 7 家，也即绝大多数创业企业的董事会召开会议的次数不到每月一次。甚至是有 21 家公司年度董事会会议次数不到 6 次，即每隔两个多月才召开一次会议。由于董事会会议次数总体水平较低，对治理绩效的影响尚处于增长趋势的区间内，虽然对治理绩效的促进作用逐渐减弱，但远未达到过分实施战略参与和监督对治理绩效产生负面作用的区间。

### 5.6.3 董事会特征通过行为对治理绩效的传导路径

董事会特征通过董事会行为的传递，对股东财富、R&D 投入、破产风险等战略行为绩效指标以及代理效率、第一类代理成本等监督行为绩效指标产生影响，但对第二类代理成本和信息披露质量无影响。

（1）降低董事会规模能够通过提高董事会行为强度而增加 R&D 投入、提升股东财富、控制破产风险、提高代理效率并降低代理成本。随着董事会规模的增加，董事会行为在董事会规模与治理绩效之间的中介效应逐渐降低，说明董事会行为的中介效应是非线性的。这说明创业企业的小型董事会规模更有利于履行战略和控制职能，从而改善治理绩效。除此以外，董事会规模与 ROE、托宾 Q 之间还存在直接的对数曲线关系，说明董事会行为在董事会规模与 ROE、托宾 Q 之间起到的是部分而非完全中介效应，董事会规模对股东财富的影响还可能存在其他路径。董事会规模对第二类代理成本和信息披露既无间接效应也无直接效应。

（2）当独立董事比例较低时，提高独立董事比例通过弱化董事会行为而对战略行为绩效、代理效率和第一类代理成本造成负面影响，而当独立董事比例适中及较高时，董事会行为的中介效应不显著。这一结论说明创业板上市公司独立董事比例较低，并未达到能够通过强化董事会行为而提升治理绩效的区间。独立董事比例与治理绩效无直接的相关性，说明独立董事比例对治理绩效的影响完全通过以会议形式表征的董事会行为为中介而不存在其他路径。独立董事比例对第二类代理成本和信息披露既无间接效应也无直接效应。

（3）董事股权激励较低时，提高股权激励通过弱化董事会行为而对战略行为绩效以及代理效率和第一类代理成本具有负面效应；当董事股权激励适中和较高时，董事会行为在董事股权激励与治理绩效之间的中介效应不显著。这说明创业板上市公司董事持股水平处于较低区间内，不足以有效激励董事通过强化行为而改善治理绩效，董事股权激励效应无效。另外，董事股权激励与破产风险和代理效率分别存在直接的倒 U 型和 U 型关系，说明董事会行为在董事股权激励与这两个治理绩效指标之间仅起部分中介作用。董事股权激励对第二类代理成本和信息披露既无间接效应也无直接效应。

（4）提高女性董事比例能够通过强化董事会行为而对战略行为绩效以及代理效率及第一类代理成本起到积极作用，且瞬间间接效应随女性董事比例的提高而逐渐减弱，说明董事会行为在女性董事与上述治理绩效指标之间起到非线性中介效应。除此以外，提高女性董事比例对降低 R&D 投入还具有直接效应，同时对控制破产风险具有直接的积极影响，这两个结论并非自相矛盾，而是恰恰反映了女性董事谨慎而保守的特征。这一方面降低了董事会对风险决策（R&D 投入）的偏好，另一方面由于审慎而降低了破产风险。另外，女性董事比例与第一类代理成本存在直接的 U 型关系，说明当女性董事比例适中时，第一类代理成本最低。以上结论说明，女性董事比例应保持适度水平，既能通过董事会行为而改善治理绩效，又可发挥对相关治理绩效指标的直接效应。女性董事比例对第二类代理成本和信息披露既无间接效应也无直接效应。

（5）降低董事平均年龄能够通过强化董事会行为而增加 R&D投入、提升股东财富、降低破产风险、提高代理效率和降低第一类代理成本，瞬间间接效应随董事平均年龄的提高而降低，董事会行为在董事平均年龄与上述治理绩效指标之间存在非线性的中介效应。这说明相对年轻的董事更有利于创业板上市公司董事会监督和战略参与，从而提升治理绩效。另外，董事平均年龄对代理效率还存在直接的负向影响，说明董事会行为在董事平均年龄与代理效率之间仅起到部分的非线性中介效应。董事平均年龄对第二类代理成本和信息披露既无间接效应也无直接效应。

（6）由于董事平均学历对董事会行为无显著影响，因此，提高董事平均学历无法通过强化董事会行为而提升治理绩效，董事会行为在董事平均学历与治理绩效之间不存在中介效应。然而，提高董事平均学历对提高 R&D 投入和控制破产风险具有直接的积极效应，对代理效率和第一类代理成本却具有直接的负面影响。董事平均学历与治理绩效的直接关系具有相互矛盾且不稳定的研究结论，可能是由于董事平均学历对治理绩效的影响中存在其他尚未发现的中介变量或调节变量，董事平均学历对治理绩效影响的路径尚未明确并存在情境依赖性。董事平均学历对第二类代理成本和信息披露既无间接效应也无直接效应。

（7）降低风险投资董事比例能够通过强化董事会行为而对提升战略行为绩效、提高代理效率和降低第一类代理成本产生积极作用，且瞬间间接效应随风险投资董事比例的提高而逐渐增强，说明董事会行为的中介效应是非线性的。风险投资董事对股东财富、破产风险、代理效率和第一类代理成本无直接影响，说明董事会行为在风险投资董事影响上述治理绩效指标的过程中起到完全中介效应。风险投资董事对 R&D 投入的影响不仅是通过董事会行为的传递而达成，还存在直接的积极效应，这可能是风险投资公司所投入的资金能够增加研发投入所引起。风险投资董事对第二类代理成本和信息披露既无直接效应，也无间接效应，说明创业企业风险投资董事监督职能的发挥是非常有限的。

（8）提高创始人董事特别是内部董事比例，能够通过强化董事会行为而对提升战略行为绩效、代理效率和降低第一类代理成本产生积极作用，且瞬间间接效应随创始人内部董事的提高而逐渐减弱，说明董事会行为的中介效应是非线性的。同时，创始人内部董事还对提高 R&D 投入具有直接影响，说明董事会行为在创始人内部董事和 R&D 投入之间仅起到部分的中介作用。创始人内部董事比例虽然无法通过影响董事会行为而影响第二类代理成本，但却对第二类代理成本具有直接的积极效应。创始人外部董事无法通过董事会行为而对治理绩效产生影响，但却对降低第一类代理成本和提升代理效率起到直接的积极影响，说明创始人外部董事具有一定的监督作用，但是监督职能可能是在董事会会议之外而履行。

（9）提高董事任期能够通过强化董事会行为而对提升股东财

富、控制破产风险、提高代理效率以及降低第一类代理成本产生积极作用，且瞬间间接效应随董事任期的提高而逐渐减弱，说明董事会行为的中介效应是非线性的。董事平均任期对总资产增长率和破产风险既存在间接效应也存在直接效应，说明董事会行为在董事平均任期影响上述治理绩效指标的过程中起到部分中介效应。董事任期对 R&D 投入仅存在直接的正面影响而不存在间接影响，这说明董事任期对 R&D 投入的影响并非通过董事会会议的中介作用而达成。

## 5.7 本章小结

本章以 2009～2011 年我国 509 家创业板上市公司为研究样本，运用海耶斯和普里彻（2010）的非线性中介效应检验程序 MED-CURVE for SPSS 对研究假设进行实证检验。用多元回归检验董事会特征与行为、董事会行为与治理绩效之间的相关性，用 bootstrap 技术对董事会特征通过行为对治理绩效的瞬间间接效应进行估值并获取置信区间。本章的实证分析得到了以下结论。

（1）创业板上市公司董事会特征对董事会行为具有显著影响，不同特征对董事会行为的影响可能是非线性或线性。

（2）创业板上市公司董事会行为对战略行为绩效和监督行为绩效的影响有所差异。董事会行为与战略行为绩效之间呈对数曲线关系，这说明随着董事会行为的强化，董事会治理的战略行为绩效得以提高，但是由于董事会过分战略参与负效应的抵减作用，战略行为绩效提高的速度越来越缓慢。董事会行为与监督行为绩效指标中的代理效率以及第一类代理成本之间存在正向的对数曲线关系，说明随着董事会行为的强化，代理效率得以提升且提升的速度逐渐变缓，第一类代理成本得以降低且降低的速度逐渐变缓。然而，董事会行为与第二类代理成本、信息披露质量等监督行为绩效指标不存在相关性。这说明创业类企业的董事会行为主要体现于提供资源和战略参与的战略行为，而监督行为相对弱化。

（3）董事会行为在董事会特征与战略行为绩效以及代理效率与第一类代理成本之间起显著的非线性中介效应。董事会行为在董事会特征与治理绩效之间的中介效应并不是固定的常数，而是随董事会特征变量的不同取值而发生动态变化，即董事会特征通过行为对治理绩效的影响存在瞬间间接效应。

# 第6章 研究结论与展望

## 6.1 研究结论与启示

### 6.1.1 研究结论

本书结合创业型企业的特点，在梳理董事会职能相关理论的基础上，基于董事会战略行为和监督行为，构建董事会特征、行为对治理绩效的传导机理模型，确定董事会战略行为绩效与监督行为绩效的多维度指标体系。从非线性视角出发，对董事会特征与行为、行为对治理绩效以及董事会行为在董事会特征与治理绩效之间的中介效应提出研究假设；以 2009～2011 年我国 509 家创业板上市公司作为样本，以董事会治理绩效作为被解释变量、董事会特征作为解释变量、董事会行为作为中介变量，运用非线性的中介效应检验方法，对相关假设进行检验，以验证我国创业板上市公司董事会特征通过行为影响治理绩效的路径。本书的主要结论和发现体现在六个方面。

**1. 董事会治理绩效由战略行为绩效和监督行为绩效两个维度组成**

创业板上市公司是创业型企业的典型代表，创新是创业企业生存和成长的关键要素；创业型企业股东和管理层重叠程度高，传统的委托代理问题并不显著；资源稀缺、内外部环境高度不确定，对董事会资源提供和战略参与需求大。因此，创业板上市公司董事会与经理层是合作的价值创造团队，董事会治理目标是通过连续创新而不是单纯降低代理成本来达到以股东主导的核心利益相关者利益最大化。

董事会是通过履行相应职能而实现治理目标。本书综合董事会各个理论视角分析认为，在资源依赖理论和管家理论的视角下，董事会主要履行资源提供和战略参与的战略职能；在委托代理理论和法律视角下，董事会主要履行监督职能。据此，董事会行为可相应划分为战略行为（包括资源提供和战略参与）和监督行为。不同情境下的董事会监督和战略行为水平是权变的，创业板上市公司董事会可能更加经常地深入到经营层面进行监督，但对经理层机会主义行为、公司合规和财务审计的监督水平较低；资源提供行为水平更高，战略参与行为更加积极，且范围不仅涉及战略层面而是深入管理边界之内，从而使创业板上市公司的董事会与战略、管理的交互融合性较强。

董事会治理绩效是董事会通过战略行为与监督行为，履行战略与监督职能而达到的治理效果。基于董事会战略行为和监督行为，治理绩效包括战略行为绩效和监督行为绩效两个维度。战略行为绩效指董事会通过战略行为履行其职能取得的效果。董事会实施战略行为的目的在于保证公司决策的科学化，通过创新而进行价值创造，实现公司股东主导下的利益相关者价值最大化，具体体现为：对组织创新的贡献、对股东财富创造的贡献、对社会责任履行的贡献以及对破产风险规避的贡献。监督行为绩效是指董事会实施对经理层的监督与控制行为所产生的治理效果。董事会实施监督行为的目的在于减少经理层的机会主义行为，具体指标包括降低代理成本、提高代理效率、改善信息披露质量、规避公司违规等。本书对董事会治理绩效测量指标体系的构建有助于董事会治理有效性的衡量以及为实证研究中被解释变量的选取提供理论依据。

**2. 董事会特征通过行为对治理绩效的影响存在双路径**

本书基于委托代理理论、资源依赖理论、管家理论以及高阶理论，考虑董事会层面的影响因素，构建了董事会治理绩效形成机理模型。借鉴产业组织理论的 SCP 范式，董事会特征对治理绩效的影响并非简单而直接，而是通过董事会行为的传递，对治理绩效产生影响。董事会特征是董事会行为的组织保障和前提基础，董事会结构、人口学属性和人力资本的制度设计对董事会战略行为和监督行为均有影响。进一步地，董事会通过资源提供行为和战略参与行为，影响公司创新、股东财富、社会责任以及控制破产风险等战略行为绩效；通过监督行为，影响代理成本、改善信息披露质量和规避违规等监督行为绩效。据此，本书建立了"董事会特征→战略行为→战略行为绩效"和"董事会特征→监督行为→监督行为绩效"的双路径传导机理模型。通过关注董事会行为的中介作用，突破了传统研究中"结构→绩效"的直接关系；通过区分董事会战略行为和监督行为对治理绩效影响路径的差异，进一步深化了 SCP 的研究范式。

**3. 创业板上市公司董事会特征作为组织保障，对董事会行为具有显著影响**

以董事会会议次数作为董事会行为的代理变量，对 2009～2011 年我国 509 家创业板上市公司董事会特征各指标与董事会行为之间的关系进行研究，得到以下结论：董事会结构对行为具有较为显著的影响，小型董事会由于具有快速决策优势，有利于提高董事会行为水平，但这种正效应呈现边际效应递减趋势；独立董事比例与董事会行为具有 U 型关系，独立董事数量需达到一定"门槛"才能发挥群体正效应；董事持股与董事会行为具有 U 型关系，董事股权激励非常低时，董事出于责任而非激励履行职能；董事股权激励非常高时，能够有效发挥对董事的激励效应；董事股权激励水平适中时，董事反而可能将其当作不履行职能的"惩罚"价格或机会成本，他们通常会认为适中激励水平所带来的机会成本较低，因而降低了履职行为的强度。董事会人口学属性对董事会行为的影响较为显著，女性董事比例越高，董事会行为强度越大，两者呈现线性关系；年长董事风险厌恶程度高并且创新和学习能力差，不有利于创业型企业董事会治理行为强度的提升，但他们的丰富经验能够在一定程度上抵消所产生负效应，使董事会行为强度随董事年龄的增加而降低，但降低的速度越来越缓慢；由于创业板上市公司信息处理需求较高，受董事认知的局限性，董事平均学历对董事会行为的积极影响未能得以体现。董事会人力资本对董事会行为具有显著的线性影响，风险投资董事未在创业板上市公司中发挥应有的正效应，反而对董事会行为产生了负面效应；创始人董事特别是创始人内部董事由于具有强烈的非财务动机和财务动机以及拥有公司专有信息，有利于强化董事会行为，但创始人外部董事对董事会行为无影响；董事任期越长，履职能力越强，董事会行为强度越高。

**4. 创业板上市公司董事会治理行为对战略行为绩效和监督行为绩效的影响有所差异**

以董事会会议次数作为董事会治理行为的代理变量，对创业板上市公司董事会治理行为与各治理绩效指标的对数曲线关系和倒 U 型关系提出假设，并以 2009～2011 年我国 509 家创业板上市公司作为样本进行检验，发现两者之间倒 U 型关系均未得到验证，而对数曲线关系部分得到验证。董事会行为与 R&D 投入、净资产收益率、托宾 Q 值、总资产增长率、破产风险等战略行为绩效指标之间存在对数曲线关系，这说明随着董事会行为的强化，董事会治理的战略行为绩效得以提高，但是由于董事会过分战略参与负效应的抵减作用，战略行为绩效提高的速度越来越缓慢。董事会行为与监督行为绩效指标中的代理效率及第一类代理成本呈对数曲线关系，说明随着董事会行为的强化，代理效率得以提升且提升的速度逐渐变缓；随着董事会行为的强化，第一类代理成本（即股东与经理层之间的代理成本）得以降低且降低的速度逐渐变缓。然而，董事会行为与第二类代理成本（即大股东与小股东之间的代理成本）、信息披露质量等监督行为绩效指标不存在相关性。这一研究结论说明，创业类企业的董事会行为主要体现于提供资源和战略参与的战略行为，而监督行为相对弱化，验证了董事会与经理层的合作关系模型。这一结论还表明资源依赖理论和管家理论更适用于作为创业型企业情境董事会治理的理论依据。

本书关于变量之间非线性关系的结论并未支持先前研究中所提倡的倒 U 型关系（如 Garg，2013；Johnson，Schnatterly and Hill，2013），即"适度最优"和"中庸路线"。倒 U 型关系似乎合理，但却可能意味着相互矛盾的结果相抵消而最终净效应为零（Golden and Zajac，2001），并且未在考虑组织权变的基础上检验董事会效应（Zona，Zattoni and Minichilli，2013）。我们所发现的董事会特征与行为、行为与治理绩效之间存在的对数曲线关系，不仅说明变量之间的非线性关系并不必然意味着对称的相反关系，还展现了创业型企业这类特殊情境下，某一变量对另一变量正、负效应之间的关系及相互抵减后的净效应。这一研究发现也拓宽了公司治理研究中对变量之间非线性关系的认知。

**5. 创业板上市公司董事会行为在董事会特征与治理绩效之间存在非线性中介效应**

基于非线性视角，首次将海耶斯和普里彻（2010）提出的非线性中介效应检验方法引入董事会治理研究中，检验董事会行为在董事会特征与治理绩效之间的非线性中介效应。研究发现，董事会结构各指标、董事会人口学属性中的女性董事比例与董事平均年龄以及人力资本各指标通过董事会行为的中介作用，而对战略行为绩效以及监督行为绩效指标中的代理效率、第一类代理成本产生影响。由于某些董事会特征指标与行为之间存在 U 型或对数曲线关系，董事会行为与战略行为绩效及代理效率、第一类代理成本之间存在对数曲线关系，因此，董事会行为在董事会特征与治理绩效之间的中介效应并不是固定的常数，而是随董事会特征变量的不同取值而发生动态变化，即董事会特征通过行为对治理绩效的影响存在瞬间间接效应。董事会行为在董事会特征与代理成本、信息披露等监督行为绩效之间不存在中介效应。本书试图通过对董事会特征在不同变量水平上通过行为而影响治理绩效做出预测和检验，提出不同于以往研究的非线性逻辑。另外，通过检验董事会行为非线性中介效应，详细呈现了在不同区间内的董事会特征变量通过治理行为对治理绩效的瞬间间接效应方向和大小的变化。

**6. 不同董事会特征对不同治理绩效指标的影响路径存在差异**

董事会特征对治理绩效直接影响的主流研究范式存在忽视董事会行为的中介效应而使逻辑跳跃过大的局限性，是导致变量之间关系微弱或研究结论不稳定的重要原因之一，甚至使学术界对董事会特征是否能够影响绩效产生了质疑。然而，一旦考虑了董事会行为的中介效应，董事会特征对治理绩效影响的脉络便清晰可见。主要分为三种情况：（1）董事会特征对治理绩效不存在直接影响，但董事会特征通过行为对治理绩效具有间接影响。这说明这些董事会特征变量不是直接对治理绩效发生作用，而是必须通过董事会行为的传导才能起作用。（2）董事会特征对治理绩效仅具有直接效应，而不是通过董事会行为的传导对治理绩效发生作用。这种情况在本书中较为少见，只存在于创始人外部董事对代理成本等绩效维度的影响以及董事学历对治理绩效的影响之中。（3）董事会特征对治理绩效既存在直接效应又存在通过行为传递而发生的间接效应。第二种和第三种情况均可能与用董事会会议次数作为董事会行为的代理变量存在局限有关。不管是哪种情况，都说明一个重要问题，即如果忽视董事会行为这一重要的中介变量而直接研究董事会特征与治理绩效的关系，将产生不稳健甚至错误的研究结论。

总之，本书的实证研究有两个特色：（1）强调了董事会行为的中介效应，使研究结论更加稳健和科学；（2）强调了董事会特征对行为、行为对治理绩效的非线性影响，以及董事会行为在特征与治理绩效之间的非线性中介效应，丰富了董事会治理的实证研究方法。

## 6.1.2　政策建议

本书的研究结论对于创业板上市公司以提升董事会治理绩效为

基点完善董事会制度设计具有较为重要的实践价值。根据研究结论，本书提出以下政策建议：

**1. 创业板上市公司董事会治理绩效测评方面的建议**

董事会业绩评价是激励制度建立的前提和基础，只有依据对董事业绩的科学评价，才能制定合理的激励方式与结构。本书发现，董事持股并未发挥应有的激励效应，其原因之一便是董事激励水平与方式的制定未建立在合理的治理绩效评价制度之上。本书构建的董事会治理绩效测量指标可作为创业板上市公司衡量董事会履行职能有效性的依据。另外，本书研究发现，创业板上市公司董事会是与经理层合作的价值创造团队，超越了传统委托代理框架下的监督控制机构。创业板上市公司董事会通过资源提供和战略参与职能行为，对创新、股东财富、破产风险规避等战略行为绩效具有显著影响，但监督职能弱化，对第二类代理成本的降低和信息披露质量的提高没有影响。因此，在对创业板上市公司董事会治理绩效进行考评时，可重点关注战略行为绩效指标的情况。在此基础上，制定合理的董事激励制度，充分发挥董事薪酬或持股的激励效应。

**2. 优化创业板上市公司董事会结构的建议**

为提高董事会治理绩效，创业板上市公司可以在适度缩小董事会规模的基础上，进一步增加独立董事数量，使之达到发挥正效应的"门槛"数值；女性董事比例的配置要适度，既要充分发挥女性董事勤勉特点和增加董事会认知多元化的优势，又要限制女性董事保守的特点对研发投入带来的负面影响；在"老中青"董事搭配的基础上，大胆选用年轻董事，以发挥他们的创新和学习能力；适度选举高学历的董事，既要发挥他们在履行战略职能中的积极作用，又要防止他们对代理成本带来的负面效应；在我国风险投资行业发展尚未成熟的阶段，谨慎选举风险投资董事，最大限度地抑制他们的履职而对治理绩效产生的不利影响；扩大创始人内部董事比例，充分利用他们拥有的公司特有信息，提高董事会履行职能的能力；在法律允许的范围内，延长董事任期，至少不应过度频繁地变更董事会成员，以保证董事对公司信息的掌握以及与经理层之间更好地沟通，从而通过提高董事会行为水平来改善治理绩效。

**3. 改善创业板上市公司董事会行为方面的建议**

创业板上市公司董事会与经理层更多体现合作关系，董事会积极履行战略职能，为战略行为绩效的提升带来显著的积极效应，但监督职能的履行效果却相对有限。然而，随着创业型企业的成长，股权结构分散化程度提高，职业经理人逐步引入，使股东与管理层的重复程度可能降低，资源的日渐丰富以及内外部环境的逐步稳定也给经理层的自利行为带来更多机会，从而使信息披露问题日益凸显。因此，董事会应逐步注重对经理层的监督，强化信息披露质量的控制，以改善监督行为绩效。然而，有研究认为，董事会的密集监督将导致战略行为绩效如创新的降低（Faleye, Hoitash and Hoitash，2011）。本书研究也发现，董事会行为在影响战略行为绩效的过程中是规模递减的，因此，董事会战略与监督行为水平并非越高越好，创业板上市公司既要保证董事会职能的履行具有足够的频率、广度和深度，又要注意成本收益原则，防止董事会行为低效对治理绩效带来的负面效应。

## 6.2　研究局限与展望

### 6.2.1　研究局限

受研究能力与精力所限，本书不可避免地存在局限性，需在今后的研究中逐步克服和完善。

（1）本书仅研究了董事会以正式会议方式进行的监督和战略行为总体情况，由于难以区别董事会会议在履行监督和战略职能方面的次数，而未能在实证检验中对董事会行为的两个维度加以区分，从而无法进一步对战略行为绩效和监督行为绩效之间是否存在替代或互补的交互关系进行检验。另外，由于数据获取所限，董事会非正式参与治理的行为没有体现。虽然实证研究的结果较好地支持了我们建立的理论假说，但总体上仍欠缺一定的说服力。

（2）仅从董事会层面研究了董事会治理绩效的影响因素，而未考虑公司层面和制度层面的因素对董事会行为与治理绩效的影响，以及各层面因素的交互效应。虽然由于公司治理的复杂性，建立一个包含所有因素的研究框架并进行实证检验是非常困难的（Adams，Hermalin and Weisbach，2010），但如果将更多因素纳入框架将更能反映董事会治理的全貌。

（3）在对董事会行为中介效应的检验中，仅借鉴现有研究对内生性问题的一般处理方法，使用 t + 1 年的董事会治理绩效各指标作为被解释变量。这种方法仅能够在一定程度上克服内生性问题，如果能够设计出在非线性中介效应检验中工具变量的应用方法，则能够更好地处理内生性问题。

### 6.2.2 研究展望

根据本书目前存在的前述局限性，未来可以就以下内容进行更为深入的探讨。

（1）使用调查或实验研究方法，进一步研究董事会会议的监督和决策过程及非正式参与治理的行为。基于行为理论，研究董事会会议的决策过程以及非正式参与治理的行为，对于打开董事会行为的"黑箱"具有关键作用。然而，由于董事会日常的行为过程难以观察，这个领域的研究很难获得更新突破。未来研究可设计有效而可信的计量方式和量表，通过小样本的访谈获取相关数据；或者结合实验经济学的研究方法，在实验室环境中获取决策行为数据并进行相关研究。

（2）综合考虑公司内外部情境因素对董事会特征、行为对治理绩效传导路径的调节作用，完善董事会治理绩效形成机理研究框架和实证研究方法。权变理论认为，不存在最佳的组织方式，最优的组织结构取决于很多情境因素，如环境复杂性、组织战略、技术和组织规模（Zona, Zattoni and Minichilli, 2012）。在某些情境下，应该推荐某种董事会设计，而在其他情境下，另一种设计可能更加重要。调节作用是最常用的权变工具（Boyd et al., 2011）。因此，制度环境、行业竞争等公司外部情境因素以及公司规模、股权结构、领导权结构等公司内部情境因素应作为调节变量，纳入"董事会特征→行为→治理绩效"逻辑之中，建立"有调节的中介"作用机理模型，完善董事会治理绩效影响因素的研究框架。由于情境因素跨越社会、组织、团队和个人等多个嵌套层次，需进一步探索多层次、非线性视角下"有调节的中介"模型的实证检验方法。

（3）进一步探索非线性中介效应检验中对内生性问题的处理方法。经济行为人为了解决他们面临的治理问题而选择治理结构，因此，治理结构的产生是内生的（Adams, Hermalin and Weisbach, 2010）。由于非线性中介效应的检验方法是海耶斯和普里彻于2010年提出的，如何处理模型中的内生性问题尚未得到有效解决。除了将被解释变量滞后一年的现有做法，未来研究可通过调查方法获取更加严格的上市公司纵向数据；在实证分析中，需要进一步探索非线性中介效应模型检验，选择和使用合适的工具变量，或者继续设计出处理联合内生性的新方法。

# 参 考 文 献

[1] 蔡卫星, 高明华. 审计委员会与信息披露质量: 来自中国上市公司的经验证据 [J]. 南开管理评论, 2009, 12 (4): 120 – 127.

[2] 蔡志岳, 吴世农. 董事会特征影响上市公司违规行为的实证研究 [J]. 南开管理评论, 2007, 10 (6): 62 – 68.

[3] 陈军, 刘莉. 上市公司董事会特征与公司业绩关系研究 [J]. 中国软科学, 2006 (11): 101 – 108.

[4] 陈运森. 独立董事的网络特征与公司代理成本 [J]. 经济管理, 2012, 34 (10): 67 – 76.

[5] 陈忠卫, 郝喜玲. 创业团队企业家精神差异性比较——基于企业相对规模的实证研究 [J]. 经济与管理研究, 2010 (12): 100 – 108.

[6] 杜育华. 双重委托代理下独立董事治理效应研究 [J]. 管理学报, 2011, 8 (7): 1081 – 1085.

[7] 费方域. 企业的产权分析 [M]. 上海三联出版社, 1998.

[8] 冯根福, 温军. 中国上市公司治理与企业技术创新关系的实证分析 [J]. 中国工业经济, 2008 (7): 91 – 101.

[9] 冯根福. 中国公司治理基本理论研究的回顾与反思 [J]. 经济学家, 2006 (3): 13 – 20.

[10] 高闯, 郭斌. 创始股东控制权威与经理人职业操守——基于社会资本的"国美电器控制权争夺"研究 [J]. 中国工业经济, 2012 (7): 122 – 133.

[11] 高汉祥. 公司治理与社会责任: 被动回应还是主动嵌入

[J]. 会计研究, 2012 (4): 58 – 64.

[12] 高雷, 宋顺林. 董事会、监事会与代理成本——基于上市公司 2002 ~ 2005 年面板数据的经验证据 [J]. 经济与管理研究, 2007 (10): 18 – 24.

[13] 高明华, 马守莉. 独立董事制度与公司绩效关系的实证分析 [J]. 南开经济研究, 2002 (2): 64 – 68.

[14] 耿建新, 张驰, 刘凤元. 风险资本能改善风险投资企业治理效率吗? ——一个盈余管理视角 [J]. 经济问题, 2012 (9): 74 – 78.

[15] 龚红. 董事会结构、战略决策参与程度与公司绩效 [J]. 财经理论与实践, 2004, 25 (3): 103 – 107.

[16] 谷祺, 于东智. 公司治理、董事会行为与经营绩效 [J]. 财经问题研究, 2001 (1): 58 – 65.

[17] 顾亮, 刘振杰. 我国上市公司高管背景特征与公司治理违规行为研究 [J]. 科学学与科学技术管理, 2013, 34 (2): 152 – 164.

[18] 韩忠雪, 尚娟, 周婷婷. 董事会激励、所有权结构与公司价值——基于中国上市公司面板数据的分析 [J]. 山西财经大学学报, 2009, 31 (4): 59 – 66.

[19] 郝云宏, 周翼翔. 董事会结构公司治理与绩效——基于动态内生性视角的经验证据 [J]. 中国工业经济, 2010 (5): 110 – 120.

[20] 郝云宏. 公司治理内在逻辑关系冲突: 董事会行为的视角 [J]. 中国工业经济, 2012 (9): 96 – 108.

[21] 贺小刚, 李新春, 连燕玲. 家族成员的权力集中度与企业绩效——对家族上市公司的研究 [J]. 管理科学学报, 2011, 14 (5): 86 – 95.

[22] 胡晓阳, 李少斌, 冯科. 我国上市公司董事会行为与公司绩效变化的实证分析 [J]. 中国软科学, 2005 (6): 121 – 129.

[23] 胡奕明, 唐松莲. 独立董事与上市公司盈余信息质量

[J]. 管理世界, 2008 (9): 149 - 160.

[24] 江维琳, 李琪琦, 向锐. 董事会特征与公司盈余管理水平——基于中国民营上市公司面板数据的研究 [J]. 软科学, 2011, 25 (5): 142 - 144.

[25] 姜国华, 岳衡. 大股东占用上市公司资金与上市公司股票回报率关系的研究 [J]. 管理世界, 2005 (9): 119 - 126.

[26] 李常青, 赖建清. 董事会特征影响公司绩效吗? [J]. 金融研究, 2004 (5): 64 - 77.

[27] 李春涛, 宋敏. 中国制造业企业的创新活动: 所有制和 CEO 激励的作用 [J]. 经济研究, 2010 (5): 55 - 67.

[28] 李国栋, 薛有志. 董事会战略参与效应及其影响因素研究 [J]. 管理评论, 2011, 23 (3): 98 - 106.

[29] 李建标, 巨龙, 李政等. 董事会里的 "战争" ——序贯与惩罚机制下董事会决策行为的实验分析 [J]. 南开管理评论, 2009 (5): 70 - 76.

[30] 李善民, 陈旭. 创业板 IPO 抑价、公司治理与发行特征——中国创业板与中小板上市公司的比较研究 [J]. 兰州大学学报 (社会科学版), 2011, 39 (5): 110 - 119.

[31] 李寿喜. 产权代理成本和代理效率 [J]. 经济研究, 2007 (1): 102 - 113.

[32] 李维安, 牛建波, 宋笑扬. 董事会治理研究的理论根源及研究脉络评析 [J]. 南开管理评论, 2009 (1): 130 - 145.

[33] 李维安, 王世权. 利益相关者治理理论研究脉络及其进展探析 [J]. 外国经济与管理, 2007, 29 (4): 10 - 17.

[34] 李维安. 创业板高成长的制度基础: 有效的公司治理 [J]. 南开管理评论, 2011 (5): 1.

[35] 梁建, 陈爽英, 盖庆恩. 民营企业政治参与、治理结构与慈善捐赠 [J]. 管理世界, 2010 (7): 109 - 118.

[36] 刘金石, 王贵. 公司治理理论: 异同探源、评介与比较

［J］. 经济学动态，2011（5）：80－85.

［37］刘运国，刘雯. 我国上市公司的高管任期与 R&D 支出 ［J］. 管理世界，2007（1）：128－136.

［38］刘运国，陶丽，廖歆欣. 终极控制权与 R&D 支出效果 ［J］. 中大管理研究，2011，6（4）：26－45.

［39］鲁桐，仲继银，孔杰. 公司治理：董事与经理手册 ［M］. 北京：中国发展出版社，2008.

［40］罗进辉. 媒体报道的公司治理作用——双重代理成本视 角［J］. 金融研究，2012（10）：153－166.

［41］马连福，冯慧群. 基于多元理论视角的董事会介入公司 战略文献评述［J］. 管理学报，2013，10（8）：1238－1247.

［42］缪柏其，杨勇，黄曼丽. 董事会领导结构与公司治理—— 基于上市公司 CEO 更换的实证研究［J］. 经济管理，2008（12）： 10－16.

［43］木志荣，李盈陆. 创业投资的增值活动真的有用 吗？——来自深圳中小板上市公司的经验证据［J］. 投资研究， 2012（2）：67－77.

［44］宁家耀，王蕾. 中国上市公司董事会行为与公司绩效关 系实证研究［J］. 管理科学，2008，21（2）：9－17.

［45］牛建波，李胜楠. 控股股东两权偏离、董事会行为与企 业价值：基于中国民营上市公司面板数据的比较研究［J］. 南开管 理评论，2007，10（2）：31－37.

［46］桑士俊，吴德胜，吕斐适. 公司治理机制与公司治理效 率——基于公司治理成本的分析［J］. 会计研究，2007（6）：83－85.

［47］上海国家会计学院. 中国上市公司社会责任报告（2008） ［M］. 北京：经济科学出版社，2009.

［48］孙永祥，章融. 董事会规模、公司治理与绩效［J］. 企 业经济，2000（10）：13－15.

［49］谭劲松，宋顺林，吴立扬. 公司透明度的决定因素——

基于代理理论和信号理论的经验研究 [J]. 会计研究, 2010 (4): 26 - 33.

[50] 谭兴民. 中国上市银行公司治理结构与治理绩效关系研究 [D]. 重庆大学博士学位论文, 2012: 47 - 50.

[51] 万寿义, 刘正阳. 制度背景、公司价值与社会责任成本——来自沪深300指数上市公司的经验证据 [J]. 南开管理评论, 2013, 16 (1): 83 - 91.

[52] 王斌, 童盼. 董事会行为与公司业绩关系研究——一个理论框架及我国上市公司的实证检验 [J]. 中国会计评论, 2008, 6 (3): 255 - 273.

[53] 王斌, 汪丽霞. 董事会业绩评价研究 [J]. 会计研究, 2005 (2): 46 - 52.

[54] 王华, 黄之骏. 经营者股权激励、董事会组成与企业价值——基于内生性视角的经验分析 [J]. 管理世界, 2006 (9): 101 - 115.

[55] 王化成, 黄磊, 杨景岩. 公司治理效率及其评价研究 [J]. 中国人民大学学报, 2008 (4): 105 - 110.

[56] 王建琼, 陆贤伟. 董事声誉、繁忙董事会与信息披露质量 [J]. 审计与经济研究, 2013 (4): 67 - 74.

[57] 王鹏飞, 周建. 董事会战略介入模式研究——基于董事会能力的分析 [J]. 外国经济与管理, 2011, 33 (12): 33 - 41.

[58] 王小兰, 赵弘. 提升民营科技企业创新力 [J]. 北京: 社会科学文献出版社, 2005.

[59] 王跃堂, 涂建明. 上市公司审计委员会治理有效性的实证研究——来自沪深两市的经验证据 [J]. 管理世界, 2006 (11): 135 - 143.

[60] 王跃堂, 赵子夜, 魏晓雁. 董事会的独立性是否影响公司绩效? [J]. 经济研究, 2006 (5): 62 - 73.

[61] 王臻, 杨昕. 独立董事特征与上市公司信息披露质量的

关系——以深证 A 股上市公司为例 [J]. 上海经济研究, 2010 (5): 54 - 63.

[62] 王宗军, 严磊, 夏天. 上市公司董事会业绩评价模型 [J]. 管理学报, 2007 (4): 297 - 301.

[63] 温军, 冯根福. 异质机构、企业性质与自主创新 [J]. 经济研究, 2012 (3): 53 - 64.

[64] 温素彬, 方苑. 企业社会责任与财务绩效关系的实证研究——利益相关者视角的面板数据分析 [J]. 中国工业经济, 2008 (10): 150 - 160.

[65] 吴晓晖, 娄景辉. 独立董事对传统内部治理机制影响的实证研究——基于多元回归模型和 Logistic 模型的中国证据 [J]. 数量经济技术经济研究, 2008 (4): 142 - 152.

[66] 吴元珍, 王梦雨, 周业安. 董事会能降低上市公司被 ST 的可能性吗? [J]. 浙江社会科学, 2012 (6): 15 - 23.

[67] 谢永珍, 赵琳, 王维祝. 治理行为、治理绩效: 内涵、传导机理与测量 [J]. 山东大学学报 (哲学社会科学版), 2013 (6): 80 - 94.

[68] 谢永珍, 徐业坤. 基于股权结构与董事会治理视角的上市公司治理风险预警 [J]. 山东社会科学, 2013 (4): 132 - 137.

[69] 谢永珍. 中国上市公司领导权结构与公司治理监督效率的实证观察 [J]. 中央财经大学学报, 2006 (5): 57 - 63.

[70] 谢永珍. 中国上市公司领导权结构与公司治理监督效率的实证观察 [J]. 中央财经大学学报, 2006 (5): 57 - 63.

[71] 徐向艺, 徐宁. 公司治理研究现状评价与范式辨析——兼论公司治理研究的新趋势 [J]. 东岳论丛, 2011, 33 (2): 148 - 152.

[72] 薛有志, 彭华伟, 李国栋. 董事会会议监督效应及其影响因素研究 [J]. 财经问题研究, 2010 (1): 99 - 105.

[73] 严若森. 公司治理成本的构成与公司治理效率的最优化

研究 [J]. 会计研究, 2005 (2): 59-63.

[74] 杨杜. 企业成长论 [M]. 北京: 中国人民大学出版社, 1996.

[75] 杨蕙馨, 侯薇, 王军. 上市公司董事会、高管层与公司绩效关系的实证研究 [J]. 财经问题研究, 2007 (9): 30-36.

[76] 杨青, 薛宇宁. 我国董事会职能探寻: 战略咨询还是薪酬监控 [J]. 金融研究, 2011 (3): 165-183.

[77] 杨瑞龙, 杨其静. 专用性、专有性与企业制度 [J]. 经济研究, 2001 (3): 3-11.

[78] 姚伟峰, 鲁桐. 独立董事与企业效率: 基于上市公司行业数据的实证研究 [J]. 软科学, 2010, 24 (1): 93-104.

[79] 叶康涛, 祝继高, 陆正飞, 张然. 独立董事的独立性: 基于董事会投票的证据 [J]. 经济研究, 2011 (1): 126-139.

[80] 伊志宏, 姜付秀, 秦义虎. 产品市场竞争, 公司治理与信息披露质量 [J]. 管理世界, 2010 (1): 133-141.

[81] 于东智, 池国华. 董事会规模、稳定性与公司绩效: 理论与经验分析 [J]. 经济研究, 2004 (4): 70-78.

[82] 于东智, 王化成. 独立董事与公司治理: 理论、经验与实践 [J]. 会计研究, 2003 (8): 8-13.

[83] 于东智. 董事会, 公司治理与绩效——对中国上市公司的经验分析 [J]. 中国社会科学, 2003 (3): 29-41.

[84] 余怒涛, 葛桓志. 独立董事审计委员会和股东制衡的有效性——基于会计报表披露的视角 [J]. 山西财经大学学报, 2010, 32 (10): 110-116.

[85] 张洪辉, 夏天, 王宗军. 公司治理对我国企业创新效率影响实证研究 [J]. 研究与发展管理, 2010, 22 (3): 44-50.

[86] 张湄. 银行公司治理结构与治理效果关系研究 [D]. 复旦大学博士学位论文, 2010: 5-6.

[87] 张晓岚, 吴东霖, 张超. 董事会治理特征: 上市公司信息

披露违规的经验证据 [J]. 当代经济科学, 2009, 31 (4): 99 - 107.

[88] 郑杲娉, 徐永新. 慈善捐赠、公司治理与股东财富 [J]. 南开管理评论, 2011, 14 (2): 92 - 101.

[89] 郑红亮. 公司治理理论与中国国有企业改革 [J]. 经济研究, 1998 (10): 20 - 27.

[90] 仲继银. 董事会的绩效评估 [J]. 董事会, 2008 (2): 91 - 93.

[91] 周建, 任尚华, 金媛媛, 李小青. 董事会资本对企业R&D 支出的影响研究——基于中国沪深两市高科技上市公司的经验证据 [J]. 研究与发展管理, 2012, 24 (1): 67 - 77.

[92] 周建, 王鹏飞, 李文佳, 陈素蓉. 创新型企业公司治理结构与绩效关系研究——基于中国创业板上市公司的经验证据 [J]. 经济与管理研究, 2012 (4): 106 - 115.

[93] 周杰, 薛有志. 公司内部治理机制对 R&D 投入的影响——基于总经理持股与董事会结构的实证研究 [J]. 研究与开发管理, 2008, 20 (3): 1 - 9.

[94] 周清杰. 公司治理效率: 一个基于制度经济学的分析 [J]. 财经科学, 2003 (3): 57 - 62.

[95] Adams R B, Ferreira D. A Theory offriendly boards [J]. The Journal of Finance, 2007, LXII (1): 217 - 250.

[96] Adams R B, Ferreira D. Do directors perform for pay? [J]. Journal of Accounting and Economics, 2008, 46 (1): 154 - 171.

[97] Adams R B, Ferreira D. Women in the boardroom and their impact on governance and performance [J]. Journal of Financial Economics, 2009, 94: 291 - 309.

[98] Adams R, Ferreira D. Regulatory pressure and bank directors' incentives to attend board meetings [J]. International Review of Finance, 2012, 12 (2): 227 - 248.

[99] Ahn S, Walker M D. Corporate governance and the spinoff

decision [J]. Journal of Corporate Finance, 2007, 13: 76 - 93.

[100] Aldamen H, Duncan K, Kelly S, et al. Audit committee characteristics and firm performance during the global financial crisis [J]. Accounting & Finance, 2012, 52 (4): 971 - 1000.

[101] Altman E I. Predicting financial distress of companies: revisiting the Z-score and ZETA models [J]. Stern School of Business, New York University, 2000: 9 - 12.

[102] Altman E I. Financial ratios, discriminant analysis and the prediction of corporate bankruptcy [J]. The Journal of Finance, 1968, 23 (4): 589 - 609.

[103] Andrews K R. Directors' responsibility for corporate strategy [J]. Harvard Business Review, 1980, 30: 174 - 184

[104] Ang J S, Cole R A, Lin J W. Agency cost and ownership structure [J]. Journal of Finance, 2000, 55 (1): 81 - 106.

[105] Ansoff H I. Corporate Strategy: An Analytical Approach to Business Policy for Growth and Expansion [M]. New York: McGraw-Hill. 1965.

[106] Ararat M, Aksu M, Cetin A T. Impact of board diversity on boards' monitoring intensity and firm performance: Evidence from the Istanbul Stock Exchange [R]. Working paper. 2010. http: //ssrn. com/abstract = 1572283.

[107] Bagley C E, Dauchy C E. The Entrepreneur's Guide to Business Law [M]. Mason, OH: South-Westem/Cengage Learning. 2008.

[108] Baker M, Gompers P A. The Determinants of Board Structure at the Initial Public Offering [J]. Journal of Law and Economics, 2003, 46 (2): 569 - 598.

[109] Barnea A, Rubin A. Corporate social responsibility as a conflict between shareholders [J]. Journal of Business Ethics, 2010, 97 (1): 71 - 86.

[110] Barnhart S W, Marr M W, Rosenstein S. Firm perform-ance and board composition: Some new evidence [J]. Managerial and Decision Economics, 1994, 15 (4): 329 – 340.

[111] Baron R M, Kenny D A. The moderator – mediator variable distinction in social psychological research: Conceptual, strategic, and statistical considerations [J]. Journal of Personality and Social Psychol-ogy, 1986, 51 (6): 1173.

[112] Baysinger B D, Butler H N. Corporate governance and the board of directors: Performance effects of changes in board composition [J]. Journal of Law, Economics and Organization, 1985, 1: 101 – 124.

[113] Baysinger B D, Kosnik R D, Turk T A. Effects of board and ownership structure on corporate R&D strategy [J]. Academy of Management Journal, 1991, 34 (1): 205 – 214.

[114] Bear S, Rahman N, Post C. The impact of board diversity and gender composition on corporate social responsibility and firm reputa-tion [J]. Journal of Business Ethics, 2010, 97 (2): 207 – 221.

[115] Belloc F. Corporate governance and innovation: a survey [J]. Journal of Economic Surveys, 2011, 26 (3): 1 – 37.

[116] Bergh D D. Size and relatedness of units sold: An agency theory and resource-based perspective [J]. Strategic Management Jour-nal, 1995, 16 (3): 221 – 239.

[117] Berle A A, Means G C. The Modern Corporation and Pri-vate Property [M]. New York: Commerce Clearing House. 1932.

[118] Bettinelli C, Boards of directors in family firms: An explor-atory study of structure and group process [J]. Family Business Re-view, 2011, 24 (2): 151 – 169.

[119] Bhagat S, Black B. The uncertain relationship between board composition and firm performance [J]. The Business Lawyer, 1999, 54 (3): 921 – 963.

[120] Bilimoria D, Piderit S K. Qualifications of corporate board committee members [J]. Group & Organization Management, 1994, 19 (3): 334 – 362.

[121] Black B S, Cheffins B R, Klausner M. Outside director liability [C] //American Law & Economics Association Annual Meetings. bepress, 2004: 11.

[122] Blair M M. Ownership and control: Rethinking corporate governance for the 21st century [M]. Washington D C: Brookings Institute, 1995.

[123] Block J H. R&D investments in family and founder firms: An agency perspective [J]. Journal of Business Venturing, 2012, 27 (2): 248 – 265.

[124] Bonini S, Alkan S, Salvi A. The effects of venture capitalists on the governance of firms [J]. Corporate Governance: An International Review, 2012, 20 (1): 21 – 45.

[125] Boyd B K, Haynes K T, Zona F. Dimensions of CEO – board relations [J]. Journal of Management Studies, 2011, 48 (8): 1892 – 1923.

[126] Brenner S, Schwalbach J. Legal institutions, board diligence, and top executive pay [J]. Corporate Governance: An International Review, 2009, 17 (1): 1 – 12.

[127] Brick I E, Chidambaran N K. Board meetings, committee structure, and firm value [J]. Journal of Corporate Finance, 2010, 16 (4): 533 – 553.

[128] Brickley J A, Coles J L, Terry R L. Outside directors and the adoption of poison pills [J]. Journal of Financial Economics, 1994, 35 (3): 371 – 390.

[129] Brown WO, Helland E, Smith JK. Corporate philanthropic practices [J]. Journal of Corporate Finance, 2006, 12 (5): 855 – 877.

[130] Carroll A B. A three-dimensional conceptual model of corporate performance [J]. Academy of Management Review, 1979, 4 (4): 497 - 505.

[131] Carver C S, Scheier M F, Weintraub J K. Assessing coping strategies: A theoretically based approach [J]. Journal of Personality and Social Psychology, 1989, 56 (2) : 267 - 283

[132] Chancharat N, Chandrasekhar K, Gary T. Board structure and survival of new economy IPO firms [J]. Corporate Governance: An International Review, 2012, 20 (2): 144 - 163.

[133] Chandler A D. Strategy and Structure [M]. Cambridge, MA: MIT Press. 1962.

[134] Charitou A, Louca C, Vafeas N. Boards, ownership structure, and involuntary delisting from the New York Stock Exchange [J]. Journal of Accounting and Public Policy, 2007, 26 (2): 249 - 262.

[135] Cheng S. Board size and the variability of corporate performance [J]. Journal of Financial Economics, 2008, 87 (1): 157 - 176.

[136] Chou H I, Chung H, Yin X. Attendance of board meetings and company performance: Evidence from Taiwan [J]. Journal of Banking & Finance, 2013, 37 (11): 4157 - 4171.

[137] Chou H I, Li H, Yin X. The effects of financial distress and capital structure on the work effort of outside directors [J]. Journal of Empirical Finance, 2010, 17 (3): 300 - 312.

[138] Christopher J. Corporate governance—A multi-theoretical approach to recognizing the wider influencing forces impacting on organizations [J]. Critical Perspectives on Accounting, 2010, 21 (8): 683 - 695.

[139] Coles J L, Daniel N D, Naveen L. Boards: Does one size fit all? [J]. Journal of Financial Economics, 2008, 87 (2): 329 - 356.

[140] Coles J, Daniel N, Naveen L. Board advising [J]. Un-

published working paper. Arizona State University, 2012.

[141] Conger J A, Finegold D, Lawler E E. Appraising boardroom performance [J]. Harvard Business Review, 1998, 76: 136 – 164.

[142] Conger J A, Lawler E E Ⅲ, Finegold D L. Corporate Boards: New Strategies for Adding Value at the Top. San Francisco, CA: Jossey-Bass. 2001.

[143] Connolly T. Information processing and decision making in organizations [J]. New Directions in Organizational Behavior, 1977, 205: 234.

[144] Cooper A C, Schendel D. Strategic responses to technological threats [J]. Business Horizons, 1976, 19 (1): 61 – 69.

[145] Dalton D R, Daily C M, Johnson J L, et al. Number of directors and financial performance: A meta-analysis [J]. Academy of Management Journal, 1999, 42 (6): 674 – 686.

[146] Dalziel T, Gentry R J, Bowerman M. Anintegrated agency-resource dependence view of the influence of directors' human and relational capital on firms' R&D spending [J]. Journal of Management Studies, 2011, 48 (6): 1217 – 1242.

[147] Davis G F, Cobb JA. Resource dependence theory: Past and future [J]. Research in the Sociology of Organizations, 2009, 28: 21 – 42.

[148] Davis J H, Schoorman F D, Donaldson L. Toward a stewardship theory of management [J]. Academy of Management Review, 1997, 22 (1): 20 – 47.

[149] Davis J P, Eisenhardt K M, Bingham C B. Optimal structure, market dynamism, and the strategy of simple rules [J]. Administrative Science Quarterly, 2009, 54 (3): 413 – 452.

[150] Demb A, Neubauer F. The corporate board: Confronting the paradoxes [J]. Long Range Planning, 1992, 25 (3): 9 – 20.

[151] Demsetz H, Villalonga B. Ownership structure and corporate performance [J]. Journal of Corporate Finance, 2001, 7 (3): 209 –233.

[152] Deutsch Y, Keil T, Laamanen T. A dual agency view of board compensation: The joint effects of outside director and CEO stock options on firm risk [J]. Strategic Management Journal, 2011, 32 (2): 212 –227.

[153] Deutsch Y. The influence of outside directors' stock-option compensation on firms' R&D [J]. Corporate Governance: An International Review, 2007, 15 (5): 816 –827.

[154] Dhaliwal D A N, Naiker V, Navissi F. The association between accruals quality and the characteristics of accounting experts and mix of expertise on audit committees [J]. Contemporary Accounting Research, 2010, 27 (3): 787 –827.

[155] Dowell G W S, Shackell M B, Stuart N V. The board of directors and firm survival: Evidence from the internet shakeout [R]. Working Paper, Johnson Graduate School of Business, Cornell University, New York, 2007.

[156] Dunn P. The impact of insider power on fraudulent financial reporting [J]. Journal of Management, 2004, 30 (3): 397 –412.

[157] Ehrlich S B, De Noble A F, Moore T, et al. After the cash arrives: a comparative study of venture capital and private investor involvement in entrepreneurial firms [J]. Journal of Business Venturing, 1994, 9 (1): 67 –82.

[158] Eisenberg T, Sundgren S, Wells M T. Larger board size and decreasing firm value in small firms [J]. Journal of Financial Economics, 1998, 48 (1): 35 –54.

[159] Elenkov D S, Judge W, Wright P. Strategic leadership and executive innovation influence: an international multi-cluster com-

parative study ［J］. Strategic Management Journal, 2005, 26 （7）: 665 –682.

［160］ Faleye Olubunmi, Hoitash Rani, and Hoitash Udi. Advisory Directors. Working paper, 2012.

［161］ Fama E F, Jensen M C. Separation of ownership and control. Journal of Law and Economics, 1983, 26 : 301 –326.

［162］ Fama E. Agency problems and the theory of the firm ［J］. Journal of Political Economy, 1980, 88: 287 –307.

［163］ Fiegener M K. Determinants of board participation in the strategic decisions of small corporations ［J］. Entrepreneurship Theory and Practice, 2005, 29 （5）: 627 –650.

［164］ Field L, Lowry M, Mkrtchyan A. Are busy boards detrimental? ［J］. Journal of Financial Economics, 2013, 109 （1）: 63 –82.

［165］ Finegold D, Benson G S, Hecht D. Corporate boards and company performance: Review of research in light of recent reforms ［J］. Corporate Governance: An International Review, 2007, 15 （5）: 865 –878.

［166］ Finkelstein S, Mooney A C. Not the usual suspects: How to use board process to make boards better ［J］. The Academy of Management Executive, 2003, 17 （2）: 101 –113.

［167］ Fischer H M, Pollock T G. Effects of social capital and power on surviving transformational change: The case of initial public offerings ［J］. Academy of Management Journal, 2004, 47 （4）: 463 –481.

［168］ Fiske S T, Taylor S E. Social Cognition （2nd edn） ［M］. McGraw-Hill: New York. 1991.

［169］ Forbes D P, Milliken F J. Cognition and corporate governance: Understanding boards of directors as strategic decision-making groups ［J］. Academy of Management Review, 1999, 24 （3）: 489 –505.

［170］ Fosberg R H. Outside directors and managerial monitoring

[J]. Akron Business and Economic Review, 1989, 20 (2): 24 -32.

[171] Francis B B, Hasan I, Wu Q. Do corporate boards matter during the current financial crisis? [J]. Review of Financial Economics, 2012, 21 (2): 39 -52.

[172] Freeman R E. A stakeholder theory of the modern corporation: Kantian capitalism [M]. 1988.

[173] Freeman, Edward R. Strategic Management: A Stakeholder Approach [M]. Boston: Pitman, 1984.

[174] Fried V H, Bruton G D, Hisrich R D. Strategy and the board of directors in venture capital-backed firms [J]. Journal of Business Venturing, 1998, 13 (6): 493 -503.

[175] Friedman M. Comment on Tobin [J]. The Quarterly Journal of Economics, 1970, 84 (2): 318 -327.

[176] García-Ramos R, García-Olalla M. Board characteristics and firm performance in public founder-and nonfounder-led family businesses [J]. Journal of Family Business Strategy, 2011, 2 (4): 220 -231.

[177] García-Sánchez I M. The effectiveness of corporate governance: board structure and business technical efficiency in Spain [J]. Central European Journal of Operations Research, 2010, 18 (3): 311 - 339.

[178] Garg S. Venture boards: Distinctive monitoring and implications for firm performance [J]. Academy of Management Review, 2013, 38 (1): 90 -108.

[179] Gneezy U, Rustichini A. Pay enough or don't pay at all [J]. The Quarterly Journal of Economics, 2000, 115 (3): 791 -810.

[180] Gneezy U, Rustichini A. A fine is a price [J]. Journal of Legal Studies, 2000a, 29: 1 -17.

[181] Golden B R, Zajac E J. When will boards influence strategy? Inclination × power = strategic change [J]. Strategic Management

Journal, 2001, 22 (12): 1087 – 1111.

[182] Gompers P, Lerner J. The venture capital revolution [J]. Journal of Economic Perspectives, 2001: 145 – 168.

[183] Grossman S J, Hart O D. An analysis of the principal-agent problem [J]. Econometrica: Journal of the Econometric Society, 1983, 51 (1): 7 – 45.

[184] Gul F A, Srinidhi B, Tsui J S. Board diversity and the demand for higher audit effort [J]. Available at SSRN, 2008.

[185] Hambrick D C, D'Aveni R A. Large corporate failures as downward spirals [J]. Administrative Science Quarterly, 1988, 33 (1): 1 – 23.

[186] Hambrick D C, Fukutomi G D S. The seasons of a CEO's tenure [J]. Academy of Management Review, 1991, 16 (4): 719 – 742.

[187] Hambrick D C, Mason P A. Upper echelons: The organization as a reflection of its top managers [J]. Academy of Management Review, 1984, 9 (2): 193 – 206.

[188] Hamilton R, Vohs K D, Sellier A L, et al. Being of two minds: Switching mindsets exhausts self-regulatory resources [J]. Organizational Behavior and Human Decision Processes, 2011, 115 (1): 13 – 24.

[189] Hayes A F, Preacher K J. Quantifying and testing indirect effects in simple mediation models when the constituent paths are nonlinear [J]. Multivariate Behavioral Research, 2010, 45 (4): 627 – 660.

[190] Helland E, Sykuta M. Who's monitoring the monitor? Do outside directors protect shareholders' interests? [J]. Financial Review, 2005, 40 (2): 155 – 172.

[191] Hellman T, Puri M. The interaction between product market and financing strategy: The role of venture capital [J]. Review of

Financial Studies, 2000, 13 (4): 959 – 984.

[192] Hellmann T, Puri M. Venture capital and the professionalization of start-up firms: Empirical evidence [J]. The Journal of Finance, 2002, 57 (1): 169 – 197.

[193] Hendry K, Kiel G C. The Role of the Board in Firm Strategy: integrating agency and organisational control perspectives [J]. Corporate Governance: An International Review, 2004, 12 (4): 500 – 520.

[194] Hermalin B E, Weisbach M S. Endogenously chosen boards of directors and their monitoring of the CEO [J]. American Economic Review, 1998, 88 (1): 96 – 118.

[195] Hermalin B E, Weisbach M S. The effects of board composition and direct incentives on firm performance [J]. Financial Management, 1991 (20): 101 – 112.

[196] Hill R P, Ainscough T, Shank T, et al. Corporate social responsibility and socially responsible investing: A global perspective [J]. Journal of Business Ethics, 2007, 70 (2): 165 – 174.

[197] Hillman A J, Dalziel T. Boards of directors and firm performance: Integrating agency and resource dependence perspectives [J]. Academy of Management review, 2003, 28 (3): 383 – 396.

[198] Hillman A J, Shropshire C, Certo S T, et al. What I like about you: A multilevel study of shareholder discontent with director monitoring [J]. Organization Science, 2011, 22 (3): 675 – 687.

[199] Hillman A J, Withers M C, Collins B J. Resource dependence theory: A review [J]. Journal of Management, 2009, 35 (6): 1404 – 1427.

[200] Holmstrom B. Moral hazard in teams [J]. The Bell Journal of Economics, 1982, 13 (2): 324 – 340.

[201] Holmstrom B. Pay without performance and the managerial power hypothesis: A comment [J]. Journal of Corporation Law,

2005, 30: 703 -713.

[202] Hsu H H, Wu C Y H. Board composition, grey directors and corporate failure in the UK [ J ]. The British Accounting Review, 2013.

[203] Hung H. Directors' roles in corporate social responsibility: A stakeholder perspective [ J ]. Journal of Business Ethics, 2011, 103 (3): 385 -402.

[204] Huse M, Hoskisson R, Zattoni A, et al. New perspectives on board research: Changing the research agenda [ J ]. Journal of Management & Governance, 2011, 15 (1): 5 -28.

[205] Huse M. Boards of directors in SMEs: A review and research agenda [ J ]. Entrepreneurship & Regional Development, 2000, 12 (4): 271 -290.

[206] Iwasaki Ichiro. Global financial crisis, corporate governance, and firm survival: The Russian experience [ J ]. Journal of Comparative Economics, 2014, 42, (1): 178 -211.

[207] Coles J L, Daniel N D, Naveen L. Board Advising [ R ]. Working paper. 2012.

[208] Jensen M C, Meckling W H. Theory of the firm: Managerial behavior, agency costs and ownership structure [ J ]. Journal of Financial Economics, 1976, 3 (4): 305 -360.

[209] Jensen M C. Eclipse of the public corporation [ J ]. Harvard Business Review, 1989, 67 (5): 61 -74.

[210] Jensen M C. The modern industrial revolution, exit, and the failure of internal control systems [ J ]. Journal of Finance, 1993, 48 (3): 831 -880.

[211] Jensen M C. Value Maximization, Stakeholder Theory, and the Corporate Objective Function. Corporate Governance at the Crossroads, Edited by Donaed H. chew, Jr. and stuart L. Gillan, 2005.

[212] Jiang G H, Lee M C, Yue H. Tunneling through Inter-corporate Loans: The China Experience [J]. Journal of Financial Economics, 2010 (98): 1 - 20.

[213] Jo H, Harjoto M A. Corporate governance and firm value: The impact of corporate social responsibility [J]. Journal of Business Ethics, 2011, 103 (3): 351 - 383.

[214] Johnson S G, Schnatterly K, Hill A D. Board composition beyond independence social capital, human capital, and demographics [J]. Journal of Management, 2013, 39 (1): 232 - 262.

[215] Judge W Q, Zeithaml C P. Institutional and strategic choice perspectives on board involvement in the strategic decision process [J]. Academy of Management Journal, 1992, 35 (4): 766 - 794.

[216] Kamardin H, Haron H. Internal corporate governance and board performance in monitoring roles: evidence from Malaysia [J]. Journal of Financial Reporting and Accounting, 2011, 9 (2): 119 - 140.

[217] Kaplan R S, Norton D P, Horv6th P. The Balanced Scorecard [M]. Boston: Harvard Business School Press, 1996.

[218] Khanna P, Jones C D, Boivie S. Director human capital, information processing demands, and board effectiveness [J]. Journal of Management, 2013: 0149206313515523.

[219] Kiel G C, Kawamoto C. A conceptual model of strategic management [R]. Paper presented at the British Academy of Management Annual Conference, London. 1997.

[220] Kim B, Burns M L, Prescott J E. The strategic role of the board: The impact of board structure on top management team strategic action capability [J]. Corporate Governance: An International Review, 2009, 17 (6): 728 - 743.

[221] Kimberly J, Zajac E. The dynamics of CEO board relationships. In: Hambrick, D. (ed.) The Executive Effect: Concepts and

Methods for Studying Top Managers. Korn Ferry International, NY. 1988.

[222] Knockaert M, Ucbasaran D. The service role of outside boards in high tech start-ups: A resource dependency perspective [J]. British Journal of Management, 2013, 24 (1): 69 – 84.

[223] Kor Y Y. Direct and interaction effects of top management team and board compositions on R&D investment strategy [J]. Strategic Management Journal, 2006, 27 (11): 1081 – 1099.

[224] Kristie J. The power of three [J]. Dir. & Boards, 2011: 35 (5), 22 – 32.

[225] Kroll M, Walters B A, Le S A. The impact of board composition and top management team ownership structure on post-IPO performance in young entrepreneurial firms [J]. Academy of Management Journal, 2007, 50 (5): 1198 – 1216.

[226] Larcker D F, Richardson S A, Tuna I. Does corporate governance really matter [J]. The Wharton School University of Pennsylvania. Working Paper, 2004.

[227] Lazonick W. The US stock market and the governance of innovative enterprise [J]. Industrial and Corporate Change, 2007, 16 (6): 983 – 1035.

[228] Lehn K, Patro S, Zhao M. Determinants of the size and structure of corporate boards: 1935 – 2000 [J]. Financial Management Journal, 2009, 38: 747 – 780.

[229] Lipton M, Lorsch J W. A modest proposal for improved corporate governance [J]. The Business Lawyer, 1992, 48 (1): 59 – 77.

[230] Liu Yu, Wei Zuobao, Xie Feixue. Dowomen directors improve firm performance in China? [J]. Journal of Corporate Finance, 2013, doi: 10. 1016/j. jcorpfin. 2013. 11. 016. Accepted Manuscript.

[231] Lorsch J W. Pawns or Potentates: The Reality of America's

Corporate Boards [M]. Boston: Harvard Business School Press, 1989.

[232] Louden J K, Zusman J. The Director: A Professional's Guide to Effective Board Work [M]. American Management Associations, 1982.

[233] Lynall M D, Golden B R, Hillman A J. Board composition from adolescence to maturity: A multitheoretic view [J]. Academy of Management Review, 2003, 28 (3): 416 –431.

[234] MacCallum R C, Zhang S, Preacher K J, et al. On the practice of dichotomization of quantitative variables [J]. Psychological Methods, 2002, 7 (1): 19.

[235] Mace M L G. Directors: Myth and Reality. Boston: Division of Research Graduate School of Business Administration Harvard University, 1971.

[236] Machold S, Huse M, Minichilli A, et al. Board leadership and strategy involvement in small firms: A team production approach [J]. Corporate Governance: An International Review, 2011, 19 (4): 368 –383.

[237] Marra A, Mazzola P, Prencipe A. Board monitoring and earnings management pre-and post-IFRS [J]. The International Journal of Accounting, 2011, 46 (2): 205 –230.

[238] McConnell J J, Servaes H. Additional evidence on equity ownership and corporate value [J]. Journal of Financial Economics, 1990, 27 (2): 595 –612.

[239] McNulty T, Florackis C, Ormrod P. Boards of directors and financial risk during the credit crisis [J]. Corporate Governance: An International Review, 2013, 21 (1): 58 –78.

[240] McNulty T, Pettigrew A. Strategists on the board [J]. Organization Studies, 1999, 20 (1): 47 –74.

[241] Miller T, Triana M. Demographic diversity in the board-

room: Mediators of the board diversity – firm performance relationship [J]. Journal of Management Studies, 2009, 46 (5): 755 – 786.

[242] Minichilli A, Zattoni A, Zona F. Making boards effective: An empirical examination of board task performance [J]. British Journal of Management, 2009, 20 (1): 55 – 74.

[243] Mitchell R K, Agle B R, Wood D J. Toward a theory of stakeholder identification and salience: Defining the principle of who and what really counts [J]. Academy of Management Review, 1997, 22 (4): 853 – 886.

[244] Mintzberg H, Ahlstrand B W, Lampel J. Strategy Safari: A Guided Tour Through the Wilds of Strategic Management [M]. New York: Free Press. 1998.

[245] Mizruchi M S. Who controls whom? An examination of the relation between management and boards of directors in large American corporations [J]. Academy of Management Review, 1983, 8 (3): 426 – 435.

[246] Morck R, Shleifer A, Vishny R W. Management ownership and market valuation: An empirical analysis [J]. Journal of Financial Economics, 1988, 20: 293 – 315.

[247] Nakano M, Nguyen P. Board size and corporate risk taking: further evidence from Japan [J]. Corporate Governance: An International Review, 2012, 20 (4): 369 – 387.

[248] Nicholson G J, Kiel G C. A framework for diagnosing board effectiveness [J]. Corporate Governance: An International Review, 2004, 12 (4): 442 – 460.

[249] Nielsen S, Huse M. The contribution of women on boards of directors: Going beyond the surface [J]. Corporate Governance: An International Review, 2010, 18 (2): 136 – 148.

[250] O'Sullivan Mary. Contests for Corporat e Control [M]. Ox-

ford University Press. 2000.

[251] Payne G T, Benson G S, Finegold D L. Corporate board attributes, team effectiveness and financial performance [J]. Journal of Management Studies, 2009, 46 (4): 704 –731.

[252] Peng M W. Outside directors and firm performance during institutional transitions [J]. Strategic Management Journal, 2004, 25 (5): 453 –471.

[253] Pfeffer J, Salancik G R. The External Control of Organizations: a Resource Dependence Perspective [M]. New York: Harper and Row, 1978.

[254] Pfeffer J. Size and composition of corporate boards of directors: The organization and its environment [J]. Administrative Science Quarterly, 1972: 218 –228.

[255] Platt H, Platt M. Corporate board attributes and bankruptcy [J]. Journal of Business Research, 2012, 65 (8): 1139 –1143.

[256] Prajogo D I, Sohal A S. The integration of TQM and technology/R&D management in determining quality and innovation performance [J]. Omega, 2006, 34 (3): 296 –312.

[257] Pugliese A, Bezemer P J, Zattoni A, et al. Boards of directors' contribution to strategy: A literature review and research agenda [J]. Corporate Governance: An International Review, 2009, 17 (3): 292 –306.

[258] Pugliese A, Minichilli A, Zattoni A. Integrating agency and resource dependence theory: Firm profitability, industry regulation, and board task performance [J]. Journal of Business Research, 2013.

[259] Pugliese A, Wenstøp P Z. Board members' contribution to strategic decision-making in small firms [J]. Journal of Management & Governance, 2007, 11 (4): 383 –404.

[260] Pye A, Pettigrew A. Studying board context, process and

dynamics: some challenges for the future [J]. British Journal of Management, 2005, 16 (s1): S27 – S38.

[261] Ravasi D, Zattoni A. Exploring the political side of board involvement in strategy: A study of mixed-ownership institutions [J]. Journal of Management Studies, 2006, 43 (8): 1671 – 1702.

[262] Reeb D M, Zhao W. Director capital and corporate disclosure quality [J]. Journal of Accounting and Public Policy, 2013, 32 (4): 191 – 212.

[263] Roberts K H, O'Reilly C A. Some correlations of communication roles in organizations [J]. Academy of Management Journal, 1979, 22 (1): 42 – 57.

[264] Robeson D, O'Connor G C. Boards ofdirectors, innovation, and performance: An exploration at multiple levels [J]. Journal of Product Innovation Management, 2013, 30 (4): 608 – 625.

[265] Robinson D, Robinson M, Sisncros C. Bankruptcy outcomes: Does the board matter? [J]. Advances in Accounting, 2012, 28 (2): 270 – 278.

[266] Rosenstein J, Bruno A V, Bygrave W D, et al. The CEO, venture capitalists, and the board [J]. Journal of Business Venturing, 1993, 8 (2): 99 – 113.

[267] Rosenstein J. The board and strategy: Venture capital and high technology [J]. Journal of Business Venturing, 1988, 3 (2): 159 – 170.

[268] Ruigrok W, Peck S I, Keller H. Board characteristics and involvement in strategic decision making: Evidence from Swiss companies [J]. Journal of Management Studies, 2006, 43 (5): 1201 – 1226.

[269] Sah R K, Stiglitz J E. The quality of managers in centralized versus decentralized organizations [J]. The Quarterly Journal of Economics, 1991, 106 (1): 289 – 295.

[270] Sah R K, Stiglitz J. The architecture of economic systems: Hierarchies and polyarchies [J]. American Economic Review, 1986, 76: 716 –727.

[271] Schmidt S L, Brauer M. Strategic governance: How to assess board effectiveness in guiding strategy execution [J]. Corporate Governance: An International Review, 2006, 14 (1): 13 –22.

[272] Schwartz-Ziv M, Weisbach M S. What do boards really do? Evidence from minutes of board meetings [J]. Journal of Financial Economics, 2013, 108 (2): 349 –366.

[273] Shleifer A, Vishny R W. A survey of corporate governance [J]. Journal of Finance, 1997, 52 (2): 737 –783.

[274] Siebels J F, zu Knyphausen-Aufseβ D. A review of theory in family business research: The implications for corporate governance [J]. International Journal of Management Reviews, 2012, 14 (3): 280 –304.

[275] Stiles P. The impact of the board on strategy: an empirical examination [J]. Journal of Management Studies, 2001, 38 (5): 627 –650.

[276] Stockmans A, Lybaert N, Voordeckers W. The conditional nature of board characteristics in constraining earnings management in private family firms [J]. Journal of Family Business Strategy, 2013, 4 (2): 84 –92.

[277] Suchard J A. The impact of venture capital backing on the corporate governance of Australian initial public offerings [J]. Journal of Banking & Finance, 2009, 33 (4): 765 –774.

[278] Taylor R N. Age and experience as determinants of managerial information processing and decision making performance [J]. Academy of Management Journal, 1975, 18 (1): 74 –81.

[279] Thornhill S. Knowledge, innovation and firm performance

in high-and low-technology regimes [J]. Journal of Business Venturing, 2006, 21 (5): 687 – 703.

[280] Vafeas N. Board meeting frequency and firm performance [J]. Journal of Financial Economics, 1999, 53 (1): 113 – 142.

[281] van Ees H, van der Laan G, Postma T J B M. Effective board behavior in the Netherlands [J]. European Management Journal, 2008, 26 (2): 84 – 93.

[282] Vance S C. Corporate Leadership: Boards, Directors, and Strategy [M]. New York: McGraw-Hill, 1983.

[283] Vroom V H, Pahl B. Relationship between age and risk taking among managers [J]. Journal of Applied Psychology, 1971, 55 (5): 399.

[284] Waddock S A, Bodwell C, Graves S B. Responsibility: The new business imperative [J]. The Academy of Management Executive, 2002, 16 (2): 132 – 148.

[285] Walls J L, Berrone P, Phan P H. Corporate governance and environmental performance: is there really a link? [J]. Strategic Management Journal, 2012, 33 (8): 885 – 913.

[286] Westphal J D. Collaboration in the boardroom: Behavioral and performance consequences of CEO-board social ties [J]. Academy of Management Journal, 1999, 42 (1): 7 – 24.

[287] Wiersema M F, Bantel K A. Top management team demography and corporate strategic change [J]. Academy of Management Journal, 1992, 35 (1): 91 – 121.

[288] Wincent J, Anokhin S, Örtqvist D. Does network board capital matter? A study of innovative performance in strategic SME networks [J]. Journal of Business Research, 2010, 63 (3): 265 – 275.

[289] Wu H L. How do board-CEO relationships influence the performance of new product introduction? Moving from single to interde-

pendent explanations [J]. Corporate Governance: An International Review, 2008, 16 (2): 77 -89.

[290] Yermack D. Flights of fancy: Corporate jets, CEO perquisites, and inferior shareholder returns [J]. Journal of Financial Economics, 2006, 80 (1): 211 -242.

[291] Zahra S A, Filatotchev I. Governance of the entrepreneurial threshold Firm: A knowledge-based perspective [J]. Journal of Management Studies, 2004, 41 (5): 885 -897.

[292] Zahra S A, Pearce J A. Boards of directors and corporate financial performance: A review and integrative model [J]. Journal of-Management, 1989, 15 (2): 291 -334.

[293] Zahra S A. Predictors and financial outcomes of corporate entrepreneurship: An exploratory study [J]. Journal of business venturing, 1991, 6 (4): 259 -285.

[294] Zenger T R, Lawrence B S. Organizational demography: The differential effects of age and tenure distributions on technical communication [J]. Academy of Management Journal, 1989, 32 (2): 353 -376.

[295] Zerni M, Kallunki J P, Nilsson H. The entrenchment problem, corporate governance mechanisms, and firm value [J]. Contemporary Accounting Research, 2010, 27 (4): 1169 -1206.

[296] Zhang J J, Baden-Fuller C, Pool J K. Resolving the tensions between monitoring, resourcing and strategizing: structures and processes in high technology venture boards [J]. Long Range Planning, 2011, 44 (2): 95 -117.

[297] Zhang J Q, Zhu H, Ding H. Board composition and corporate social responsibility: An empirical investigation in the post Sarbanes-Oxley era [J]. Journal of Business Ethics, 2013, 114 (3): 381 -392.

[298] Zona F, Zattoni A, Minichilli A. A contingency model of boards of directors and firm innovation: the moderating role of firm size [J]. British Journal of Management, 2013, 24 (3): 299 –315.

[299] Zona F, Zattoni A. Beyond the black box of demography: Board processes and task effectiveness within Italian firms [J]. Corporate Governance: An International Review, 2007, 15 (5): 852 –864.